新世紀叢書

當代重要思潮・人文心靈・宗教・社會文化關懷

THE SEDUCTION OF UNREASON

THE INTELLECTUAL ROMANCE WITH FASCISM FROM NIETZSCHE TO POSTMODERNISM

向法西斯靠攏

從尼采到後現代主義

非理性的魅惑

理查・沃林 Richard Wolin＿著　閻紀宇＿譯

英文版相關評論：

任何人如果想將啟蒙主義與笛卡兒一起揚棄，都應該讀一讀理查・沃林這本傑作。沃林讓讀者眼界大開，兼顧深度與廣度，不讓極端思想炫惑耳目。他洞燭許多陰暗的角落，揭露那些思想的騙局、自欺與傲慢，如何以自由之名橫行於人禍連綿的二十世紀。這正是一門譜系學！「非理性」從此有了全新的意義。

——陶德・吉特林（Todd Gitlin）

——哥倫比亞大學，*The Twilight of Common Dreams* 一書作者

理查・沃林清楚告訴我們，對自由主義與議會政府的鄙夷，在政治上會導致何等惡果；無論這種鄙夷是來自右派或是左派、反現代或後現代。

沃林以旁徵博引、發人深省的筆法，呈現當代反美主義的「譜系學」，將會令這種思想在歐洲與美國的支持者忐忑不安。

——**麥克·沃爾澤（Michael Walzer）普林斯頓高等研究院**

我要熱忱推薦這本強而有力的批判大作。它已具備長遠的學術價值，同時學院之外的人士也應該開卷一讀。在美國與歐洲關係擾攘不安之際，沃林的大作將讓美國讀者更深入了解法國與德國的心態。

——**傑佛瑞·赫孚（Jeffrey Herf）馬里蘭大學**

本書運用淵博的解讀與直截的思考，廣泛而深入地批判後現代思想，對後現代思想在政治領域的局限與失敗尤其鞭辟入裡。理查·沃林將書中思想家與當代歐洲政治狀況相互對照，使他的批判更具份量。

——**傑若德·席格爾（Jerrold Seigel）紐約大學**

向法西斯靠攏：從尼采到後現代主義

（原書名：非理性的魅惑）

【目錄】本書總頁數共528頁

序

希特勒迫使人類接受一項新的定言令式（categorical imperative）：好好引導你的思想與行為，不要再讓奧許維茲（Auschwitz）集中營重現人間，不要讓類似的事件再度發生。

——阿多諾（Theodor W. Adorno），《否定辯證法》（*Negative Dialectics*）

本書探討的主題令許多人諱莫如深，它重新檢視了一九三〇年代知識份子與右派政治複雜斑駁的歷史，以及兩者關係對於當前政治的意涵。

有些人一廂情願地認定，法西斯主義是一種反智現象，只能吸引罪犯與惡徒。然而時至今日，我們已然知道實情並非如此。當年歐洲大陸有許多知識份子菁英，爭先恐後地跳上法西斯主義的政治列車。畢竟在第一次世界大戰與一九二九年的經濟大蕭條之後，民主政治的信譽已經沉淪到史無前例的谷底。我們不妨列舉幾位法西斯主義在文學與哲學領域的支持者，但他們只代表冰山一角：容格爾（Ernst Jünger）、班恩（Gottfried Benn）、海德格（Martin Heidegger）、施米特（Carl Schmitt）、布拉席亞緒（Robert Brasillach）、拉羅舍爾（Pierre Drieu La Rochelle）、塞利納（Louis-Ferdinand Céline）、德曼（Paul de Man）、龐德（Ezra Pound）、真蒂萊（Giovanni Gentile）、馬利內提（Filippo Marinetti）、鄧南遮（Gabriele d'Annunzio）、葉慈（W. B. Yeats）與劉易斯（Wyndham Lewis）。再者，馬克思主義學派著眼於法西斯主義經濟根源的詮釋，已經一蹶不振，因此我們對於極右派政治的思想淵源，實有必要嚴肅地重新探討。

知識份子與極右派的瓜葛關聯，在許多層面影響了當代的政治論述。歐洲的極右派政黨如海德（Jörg Haider）的奧地利自由黨（Austrian Freedom Party）與法國勒朋（Jean-Marie Le Pen）的國家陣線（Front National），在一九九〇年代的選舉中大有斬獲。帶有種族中心與本土主義色彩的政黨，也在斯堪地納維亞半島、比利時與幾個剛解除桎梏的東歐國家趾高氣揚。因此評論家必然要一探究竟：法西斯主義的幽靈是不是已再度出現？

在學院的領域，後現代主義（postmodernism）向來受到尼采（Friedrich Nietzsche）、海德格、布朗修（Maurice Blanchot）、德曼等人學說的滋養，這些人都預示或實際淪為所謂的「法西斯主義狂熱」知識份子。可想而知，一幅令人憂心的景象已經出現：一九三〇年代的反民主風潮正在死灰復燃，只不過這一回它是託身在學院左派的羽翼之下。這種淵源傳承令人憂心忡忡，猶如再度印證了一句歷史悠久的政治格言：「物極必反」（les extrêmes se touchent）。

勢力龐大的後現代主義在今日似乎已陷入困境，除了畫地自限的學術界之外，它的「揮別理性」（farewell to reason）計畫一直未能落地生根。後現代主義關於人類解放的「後設敘事」（metanarratives）已然結束的大膽宣示，迴響也稀稀落落。更有甚者，當年以言論和行動激發「一九八九年革命」的東歐國家異議人士，已經成功地運用「人權」的論述來搖撼極權統治。藉由這種方式，一度被文化界左派貶抑為美國霸權工具的西方人文主義（Western humanism），又再度整裝出發。

一九八〇與一九九〇年代，學院左派曾經嘗試以「認同政治」（identity politics）這個旗幟鮮明的反普世價值概念，來取代關於民主合法性的論述；然而這種作法充滿矛盾、困難重重。認同政治是一種文化自我肯定的反政治（anti-politics），在憲政與法治基礎穩固的政治實體中，看似理據充分而且引人入勝。憲政與法治的條件能夠創造出一個政治空間，一道免於政府干涉的「魔牆」（magic wall），讓人們在探討文化認同各項要素的時候，不至於鄙夷踐踏其他與之競逐的認同要素。但是在憲政法治保障付諸闕如的地方，例如波士尼亞（Bosnia）、盧安達（Rwanda）與阿爾及利亞（Algeria），認同政治卻會引發難以言辭形容的悲劇。這些前車之鑑應驗了政治現代化的一條金科玉律：要確保相互包容與共存共榮的價值，程序民主的正規保障是不可或缺的先決條件。以當代政治理論的術語來說就是，這些地區的經驗印證了「作法正確」優先於「用意良善」。

事後回顧，後現代主義認定「理性」與「進步」的體制化只會導致宰制（domination）的強化而非解放，傅科（Michel Foucault）的作品在這方面最言之鑿鑿；但這種觀點實在過於犬儒，而且經不起實證。一九八〇年代與一九九〇年代橫掃東歐、南美洲以及（較具試探性）亞洲的「第三波」（Third Wave）民主化風潮，已經彰顯了民主人文主義的歷史貢獻，確實能夠存之久遠。相反地，我檢視了一九三〇年代以降的例子，發現從原則層面敵視民主價值的心態，很容易就會帶來一發不可收拾的政治後果。

當代最大的諷刺之一就是，法國既是公認的後現代主義哲學發源地，也是後現代主義消沉最快、最徹底的國度。從一九七〇年代到一九八〇年代，人文主義形同一座堅強的堡壘，足以抵擋「革命主義」（revolutionism）的倒行逆施，後者在東歐、毛澤東的中國、波布（Pol Pot，曾經留學巴黎）的柬埔寨，引發沒有人可以否認的災難。法國知識份子很快就體認到，後現代主義者軟弱的相對主義立場，欠缺道德上與觀念上的資源，無法抗衡暴政在國內與國外造成的不公不義。因此法國知識份子重新肯定人權，視之為當代政治不可踰越的一道地平線。

正因如此，後現代主義在今日的式微，與近年的政治環境息息相關。人文主義的復興意謂著後現代主義的凋亡。極權政體是二十世紀最具代表性的政治經驗，它加諸予我們一項新的定言令式（categorical imperative）：讓蘇聯的勞改營（Gulag）或納粹的奧許維茲（Auschwitz）集中營從此絕跡。如今我們已經知道，民主與極權這兩種政權有無可化解的差異。儘管民主政體在實務層面留下許多敗筆，但仍然具備極權社會望塵莫及的內部政治變革能力。像後現代主義這樣的論述，一方面大力宣揚文化相對主義，一方面對民主規範態度模稜，顯然已經無法滿足這個時代在道德與政治層面的要求。

儘管本書的主旨是要探討知識份子與法西斯主義之間的糾葛，其中有幾位是後現代主義的大師；但是我並無意將他們連坐入罪（guilt by association）。在歷史上，法西斯主義一心鼓吹富國強兵的價值，然而後現代主義的政治思想傾向於哲學的無政府主義，全面質疑包括民主在內的各種政治體制。從實務的觀點來看，這種態度意謂著後現代主義告別了現實世界的政治，轉而訴諸虛無飄渺、揣測紛紜的「政治」

（the political）討論。

本書批判後現代主義另有一番目的。我關切的重點在於：就某個層面而言，後現代主義對於「理性」與「真理」的敵視，言之既難以成理，在政治上也是自廢武功。它對邏輯與論證的不信任已走上偏鋒，導致其信徒茫然無所適從，一遇上道德與政治問題就束手無策。為了實踐新尼采（neo-Nietzschean）學派「懷疑的詮釋學」（hermeneutic of suspicion），理性與民主被降格為無法信任的對象，從而導致政治上的無能為力：放棄在人世間採取有效行動的能力。專為一群門徒量身打造的深奧理論，恐怕會淪為虛有其表的作法，本身之外別無目的。

由是之故，後現代左派陣營正干冒風險，在民主最需要規範性資源的歷史時刻，將這些資源剝奪殆盡。每逢危機時刻，諸如當前全球對抗明目張膽危及人類基本權利與自由的恐怖主義，當務之急是維繫「最低限度民主」（democratic minimum）的要素。然而後現代政治思潮貶抑合縱連橫與尋求共識的重要性，轉而青睞認同政治與政治鬥爭，形同將這個傳統打入冷宮，也因此繼承了「左翼主義」（leftism）最有問題的特質：以犬儒心態認定，所謂民主規範不過是掩護既得利益階層的一道帷幕。不可諱言，民主規範有可能也的確會淪為一道帷幕，但是它們也提供了一股非常重要的倫理力量，足以揭露並轉化那些宰制社會的利益階層。過去三十年來，許多原先僻處邊緣的社會團體（女性、同性戀、少數族裔），在政治領域大有斬獲，驗證了一種海納百川的政治邏輯，顯示民主的準則與體制確實能夠讓政治與時俱進。將這些潛在價值完全揚棄，就等於是封殺了政治進步的可能性。

後現代主義界定（Note on Postmodernism）

「後現代主義」無疑是學術界用得最浮濫也最混淆的術語之一，因此基本的意涵釐清與界定有其必要。

關於後現代主義的討論，主要濫觴於第二次世界大戰之後建築與藝術的演進。在這兩個領域，現代主義美學的核心觀念如形式主義、困難性、深度以及作為「天才」的藝術家，都已經日暮途窮。因此後現代藝術另闢蹊徑，強調通俗化、實用化與平民化的精神，沃荷（Andy Warhol）的普普藝術（pop art）畫像，范裘利（Robert Venturi）的重新發現美國建築語法（「向拉斯維加斯學習」），都是這種新精神的反映。在視覺藝術領域，後現代主義標誌著從抽象表現主義（abstract expressionism）的錯綜複雜，轉向一九六〇年代藝術界的「新直接性」（new immediacy）：歐普藝術（op art）、觀念藝術（conceptual art）、表演藝術（performance art）與即興演出（happenings）。至於建築領域，後現代主義隱含著對「國際風格」（international style）的排斥，撻伐千篇一律令人窒息的「玻璃與鋼鐵盒子」（包浩斯〔Bauhaus〕的功能主義），推行以隨機或特定的方式借用傳統手法。文學領域的後現代主義趨向，在於嘗試各種「後設小說」（metafiction）的可能性：探討或質疑文學自身存在理由（raison d'être）的文學。

後來在「後結構主義」（poststructuralism）或法國「理論」（theory）的衝擊之下，後現代主義擴大攻擊現代性的知識論與史料學（historiography）預設觀念：客觀真理與歷史進程。一九八〇年前後，後現代主義（藝術領域）與後結構主義（哲學領域）的信條，在北美洲學院知識份子的思維想像中融合為一。

本書論及後現代主義時，主要是指涉前文所述最後一種現象：以「權力意志」（will to power，尼采）、「主權」（sovereignty，巴岱伊）、「另一個開端」（other beginning，海德格）、「延異」（différance，德希達）或「殊異的身體和快感經濟」（different economy of bodies and pleasures，傅科）之名，來否定現代性對於知識和文化的預設觀念。

紐約市，二〇〇三年四月

謝辭

本書第二章與第三章的初稿，曾刊登於《新共和》（*The New Republic*）雜誌，受益於該刊文學主編威塞提爾（Leon Wieseltier）之處頗多，他獨具隻眼，充分掌握知性的明晰與敘述的連貫。〈政治附記二〉原先收錄於戈爾森（Richard Golsan）主編的《法西斯主義的復活》（*Fascism's Return*）一書，非常感謝內布拉斯加大學出版部（University of Nebraska Press）惠予版權。

本書部分章節曾在北美洲與歐洲的幾所大學講授：加州大學柏克萊分校（University of California, Berkeley）、新學院大學（New School University）、紐約大學（New York University）、瑞德學院（Reed College）、加拿大卑詩省大學（University of British Columbia）、塞門佛瑞瑟大學（Simon Fraser University）、里斯本的皮亞傑中心（Intituto Piaget）以及布拉格的中歐大學（Central European University）。本書第六章〈打倒法律：

解構與正義問題〉，在二〇〇三年發表於耶魯大學鮑德溫——達爾比較文學講座（Baldwin-Dahl Lecture in Comparative Literature），我要特別感謝耶魯大學兩位東道主韋納（Alison Weiner）與哈菲茲（Hiba Hafiz）的盛情邀約及殷勤款待。

誠摯感謝普林斯頓大學出版部的編輯倫柏格（Brigitta van Rheinberg），他運用獨到的眼光，將我粗具規模的文稿轉化為一部焦點明確的著作。紐約市立大學研究生教務長凱利（Bill Kelly），是一位心胸開放、堪為典範的行政主管，他允許我請假一個學期，讓我得以完成本書大部分內容。

兩位頂尖的思想史專家赫孚（Jeffrey Herf）與席格爾（Jerry Seigel），對我提出了極具啟發性的意見。如果不是他們兩位珍貴且具建設性的參與，本書勢必不會有今日這般面貌。長期以來，另一位傑出的歷史學家傑伊（Martin Jay）以其耐心與洞見，一直是我在理念上的諍友，尤其當我們觀點不一致的時候。舒爾曼（William Scheuerman）論「法治」（rule of law）的著作讓我心領神會，對本書第六章提供了許多有益的見解。在成書的最後階段，兩位研究生沃斯納（Martin Woessner）與福克斯（Brian Fox）也及時貢獻了不少建議。

最後我要感謝妻子梅莉莎（Melissa），感謝她的耐心、鼓勵與無盡的支持。

導論
Introduction

問題回答：何謂反啟蒙思想？

Answer to the Question:
What Is Counter-Enlightenment?

為了紀念啟蒙運動（Enlightenment）的發揚昌盛，十八世紀經常被後世稱之為「光明」（lumière）的世紀。啟蒙運動的鼓吹者自視為「人性黨」（party of humanity）：他們致力於使自身成為人類「普遍意志」（general will）的代表，避免局限於特定的利益團體與社會階層。啟蒙運動領導人標舉理性，用以分析並消解各種教條、迷信與缺乏正當性的社會權威。他們對政治的不滿議論最後匯整為「陳情書」（Cahiers de Doléances），在一七八八年法國召開三級會議（Estates General）時遞交給路易十六（Louis XVI）國王，其中嚴厲批判路易十六與其祖父路易十五（Louis XV）絕對君權體制造成的不公不義與貪污腐敗。除了少數顯著的例外（譬如盧梭〔Jean-Jacques Rousseau〕），領導啟蒙運動的「啟蒙哲學家」（philosophe）都是政治上的溫和派，他們相信君主制度能夠與時俱進，因此也認同由上而下、步步為營的政治改革。可以想見，他們大多支持所謂的「開明專制」（Enlightened Despotism），其中的親英派人士（Anglomaniac）則青睞英國式的君主憲政。然而僵化的君主體制讓他們一再碰壁，從此轉而走上民主共和之路。一七八九年六月二十七日那一天，接受啟蒙思想理念洗禮的第三等級（the Third Estate）代表，進入國民會議（National Assembly）之後在議事廳的**左方**坐定，現代政治的「左派」於焉誕生①。

當然，同樣一系列事件也催生了現代政治的右派；在一七八九年那意義重大的一天，他們的代表坐在凡爾賽宮會議廳的另一邊。然而事實上，這場政治戰鬥早在幾十年前就已經擺開陣勢。十八世紀中期，「舊體制」（ancien régime）的捍衛者已經體認到，推動文化的力量掌握在「人性黨」手中。一群新出現的「反啟蒙哲學家」（**anti-philosophe**）起而質疑「理性黨人」（Party of Reason）提出的知識論與政治學異端，他們正是反啟蒙思想的使徒。反啟蒙哲學家手握神學論證的尚方寶劍，質疑批判性的思考、知識的傲慢與理性的濫用。他們強調必須不計一切代價來維繫既有秩序，將祭壇與王位視為政治穩定的兩大支柱。他們深信自身的理念無可置疑，任何挑戰質疑都將破壞社會的整體架構。他們認定有一個觀點是不證自明，而且許多啟蒙哲學家其實也心有戚戚焉：世間的凡夫俗女基本上無法管理自己；罪惡既是人類處境的起點，也是終點；唯有絕對的權威與永恆天譴的威嚇，才能防止人類過度擴張其與生俱來的劣根性。啟蒙哲學家鼓吹人們肆無忌憚地運用理性，只會招致災難與浩劫。反啟蒙思想旗手希瓦洛（Antoine de Rivarol）是柏克（Edmund Burke）《法國大革命反思錄》（*Reflections on the Revolution in France*）的主要靈感來源之一，他在一七八九年寫道：「從君王向臣民諮詢意見的那一天開始，君權從此被架空……當人民不再滿懷敬畏，也就不再唯命是從。一個通則就是：受到君王諮詢的人們，剛開始雖然會宣誓效忠，但最後必然要貫徹自身意志。」②

希瓦洛與其同儕聲稱，道德淪喪、肉慾橫流、人性墮落、政治腐化、經濟衰退、農作歉收與糧價高漲的罪魁禍首都是「哲學」。法國大革命引發的社會動亂，諸如暴民橫行、教會式微、無政府狀態、內戰四起、恐怖統治與獨裁政體，讓反啟蒙哲學家更加深信自己的洞燭機先。

柏林（Isaiah Berlin）在一篇傳誦一時的文章中指出，法西斯主義的起源可以追溯至梅斯特（Joseph de Maistre）、哈曼（Johann Georg Hamann）等反啟蒙思想的理論家[3]。柏林的確言之有理，因為法西斯主義宣示的目標之一，就是要終結十九世紀源自啟蒙運動的世界觀：對於科學、理性、民主政治、社會主義與個人主義的崇尚。當年希特勒（Adolf Hitler）崛起掌權之後不久，他的傳聲筒戈培爾（Joseph Goebbels）一語中的：「一七八九年自此從歷史上消聲匿跡。」[4]然而梅斯特與其同輩對劇烈的變化戒慎恐懼，因此寧可選擇由上而下改革的「反向革命」（contrary revolution），而不是只會激化以暴治暴惡性循環的「反制革命」（counter-revolution）。

相較之下，法西斯主義者悍然跨越這道界線，再也不曾回頭。他們很清楚，在總體戰爭的時代，情勢發展已經走上一條不歸路：絕不可能重回深受傳統影響的舊體制，作繭自縛。他們要以暴力、戰爭、全面動員等革命性的手段，顛覆法國大革命的價值觀。因此他們為現代性引介了另一番面貌，試圖取代一七八九年啟蒙哲學家與政治支持者的立場觀點。

誰害怕啟蒙思想？（Who's Afraid of Enlightenment?）

當代的怪現象之一就是，對啟蒙思想傳統發動攻擊的人士，除了向來質疑它的政壇右派之外，還有一群摩拳擦掌的學院左派。一位敏銳的評論家不久前才說，今日「對啟蒙思想的攻詰撻伐，已經演變成一種知識份子的血腥運動，將左派與右派齊聚在同一陣線之前。」⑤奇特的現象於焉產生：反啟蒙思想的論述原本是政壇右派獨享的專利，如今卻在文化左派的代言人手中重獲新生。更令人訝異的是，檢視相關文獻就可以發現，後現代主義的幾位領銜人物，都以反啟蒙思想的傳人自居。依據他們的想法，既然民主是無數政治弊病的主因，而對現代民主的批判又是起自反啟蒙哲學家，因此他們當然可以後現代政治批判之名，援引這些前輩強而有力的論點。一位後現代政治理論的旗手曾指出，反啟蒙思想的論點只需以新的「陳述」（articulation）來呈現（這是一種刻意保持模糊的說法），就可以讓後現代左派陣營運用⑥。然而倡導這種極右派與極左派權宜結合的人士，並無法保證其最終結果帶來的將是更大的自由，而不是一敗塗地的政治慘劇。

這種問題叢生的右——左結合，背後有一個關鍵因素，代表思想史上一段詭異的發展：幾位晚近的反啟蒙哲學家如尼采與海德格，在第二次世界大戰之後成為法國知識界的偶像，後結構主義者（poststructuralist）如德希達（Jacques Derrida）、傅科（Michel Foucault）、德勒茲（Gilles Deleuze）對他們尤其心嚮往之。弔詭的是，對於理性和民主徹頭徹尾的懷疑譏諷，原本是反動思想的註冊商標，如今卻已然成為後現代左派的一貫立場⑦。熟稔法國知識界的人士屢屢指出，德國雖然在戰場上吃了敗仗，後來卻在研討室、書店與拉丁區（Latin Quarter）的咖啡廳扳回一城。一九六〇年代，史賓格勒（Oswald Spengler）之流的「西方文明」批判，一度讓德國右派知識份子領袖津津樂道，後來也跨越萊茵河，風行於法國。諷刺的是，反啟蒙思想的信條在德國淪為禁忌，因為它與法西斯主義的淵源太過明顯；畢竟尼采曾經被納粹政權奉為御用哲學家，海德格更是明目張膽的納粹哲學代言人；但是這些信條反而能夠迎合「文化悲觀主義」（Kulturpessimismus）瀰漫的戰後法國知識界。對於啟蒙哲學家的最新一波攻勢，竟然來自啟蒙運動的搖籃，實在是情何以堪。

反啟蒙思想的宗旨之一，就是要對人文主義的各項預設口誅筆伐。啟蒙哲學家質疑絕對君權的神聖基礎，從而干犯了「存有的巨鏈」（the Great Chain of Being），導致道德敗壞與社會混亂。在反啟蒙哲學家看來，從文藝復興的人文主義、清教徒的異端信仰直到啟蒙運動的無神論，其間一脈相承。梅斯特在一七九七年的《論法蘭西》（*Considerations on France*）一書中，試圖捍衛歷史傳統的特殊性，抗拒啟蒙運動人文主義的全面席捲；後者的登峰造極之作就是一七八九年八月二十日問世的〈人權與公民權利宣言〉（Declaration des Droits de L'homme et du Citoyen）。身為保皇黨的梅斯特將唯名論（**nominalism**）立場發揮到極致，宣稱他曾經遇過法國人、義大利人、俄羅斯人，甚至波斯人（其實只是在孟德斯鳩的書裡遇到），然而所謂的「人性」或「普遍意義的人類」，只不過是某個狂熱啟蒙哲學家的幻想虛構，這種意義的「人」並不存在⑧。

對人文主義的百般攻擊，也是法國結構主義的當行本色；在許多層面，這種傾向都預示了後結構主義更激進的信條。一位批評家曾巧妙地點出：「結構主義是……一種運動，致力於**翻轉**十八世紀對理性的頌揚以及『光明』的信念。」⑨秉持這樣的精神，結構主義開創者之一的李維史陀（Claude Lévi-Strauss）試圖運用人類學來進行文化評論。眾所周知，李維史陀將二十世紀的恐怖現象——全面戰爭、種族屠殺、帝國殖民、核武威脅——全都歸咎於西方人文主義。他在一九七九年接受訪問時說：「我們歷經的每一樁苦難，首先是帝國殖民、然後是法西斯主義、最後是納粹集中營；這些事件在萌芽成形時，其實都並不違背所謂的人文主義……甚至可以說是人文主義的**自然而然的延續**。」⑩李維史陀並預見了後結構主義的信條，進一步宣稱人類科學活動的目標「並不是要建構人類，**而是要拆解人類**。」⑪走到這裡只需再邁出一小步，就會得出傅科《事物的秩序》（*The Order of Things*）一書中著名的新尼采主義名言：「人類已死」（death of man）⑫。

對李維史陀而言，人權完全是西方人文主義的意識型態的產物，因此在倫理學上無法自圓其說。他信奉一種徹底的文化相對主義（「每一個文化都已做出某種『選擇』，我們必須予以尊重。」）並且極力反對不同文化之間的溝通。李維史陀認定唯有阻絕文化溝通管道，才能夠保存固有文化的多元性與歧異性⑬。他對文化混融的強烈批判，令人不寒而慄地聯想起「歐洲種族主義之父」戈比諾伯爵（Comte Arthur de Gobineau）的主張。在《人類不平等的起源》（*Essai sur l'inegalite des races humaine*，*1853-55*）一書中，這位法國貴族聲稱，種族通婚是導致歐洲衰微的根本因素。一九八〇年代，法國知識份子在對抗勒朋（Jean-Marie Le Pen）「國家陣線」（Le Front National）的意識型態時，終於學到一個教訓：以文化相對主義（cultural relativism）為基礎的反種族主義，很容易就會背道而馳，反過來為種族隔離主義而辯護⑭。

李維史陀對於西方人文主義的爭議性批判，有一部分可以追溯到反啟蒙思想初期，赫德（Johann Gottfried Herder）在一七七四年寫下《歷史哲學別論》（Yet Another

Philosophy of History）一書，大力捍衛文化特殊主義（cultural particularism）。赫德向來反對理性的無所不包與一視同仁，因此他當然會認為：「人類的每一種偏好都受到……民族與時代的影響……各具特質……每一個民族都有其自身的福祉中心，就如同每一個球體都有其重心。」⑮雖說赫德的觀點也許有助於矯正啟蒙運動的某些思潮流派（例如高度啟蒙思想〔High Enlightenment〕的機械化唯物論；畢竟拉梅特希〔Julien Offray de La Mettrie〕就曾試圖「將人類視為機器」）。但是在今日看來，赫德標舉的文化相對主義對當時的政治情勢太過順從。致力宣揚政治解放的人士為了達成目標，需要一種更為激進、更為堅定的表述方式，於是他們自然而然地訴諸現代的天賦權利理念，這些理念來自伏爾泰（Voltaire）、盧梭、狄德羅（Denis Diderot）、孔多塞（Marquis de Condorcet）等啟蒙哲學家。

一九六〇年代的法國知識界，文化相對主義逐漸取代了自由主義的「包容」（tolerance）價值觀；後者的規範仍然要求對人類的正直健全保持基本的尊重。由反人文主義者（antihumanist）激發的西方世界自我憎恨，與種族的相對主義結合，萌生出一種照單全收的「第三世界主義」（Third Worldism），其極致表現就是傅科熱烈響應伊朗的伊斯蘭革命⑯。由於伊朗的「伊斯蘭教士專政」（dictatorship of the mullahs）具有反現代、反西方、反自由主義的色彩，因此在第三世界主義者看來，這場革命相當符合「進步」的政治判準。李維史陀也有類似的傾向，他不願意以進步或倒退來劃分現代政治的各個流派——例如民主政治與法西斯主義，從而為結構主義埋下危機。結構主義者偏愛「隔岸觀火」（view from afar）或「長期研究」（longue durée），因此和往昔的反啟蒙哲學家一樣，對人類自覺與意志的能力大加詆毀。在他們看來，歷史猶如一道麻木不仁的命運之流，完全沒有韻律與理由，根本就無從理解⑰。

最近有一篇關於梅斯特思想的研究，巧妙地分析了反啟蒙思想與戰後法國思潮的前呼後應。布萊德禮（Owen Bradley）以獨到的技巧來呈現這個問題：

「梅斯特在當今的論戰中缺席，反而令人分外訝異，因為他的著作與近年法國思潮主流實在是同聲一氣。巴代伊（Georges Bataille）以神聖經驗為人類存在的最重要特徵……布朗修（Maurice Blanchot）標舉出一切話語和書寫的暴力……傅科討論法國大革命之前歐洲懲罰體系的社會功能……所有這些主題……梅斯特的著作都已經廣泛討論。」⑱

這些意涵豐富的評論，在許多方面觸及了一個尚未徹底研究、原因耐人尋味的領域：反啟蒙思想與後現代主義信條之間的志同道合。這也正是本書要探索的領域。

非理性的主權事業（The Sovereign Enterprise of Unreason）

在《瘋狂與文明》（*Madness and Civilization*）一書的結論中，傅科頌揚「非理性的主權事業」永遠不會屈服於那些號稱能夠「治癒」（cured）的手段。一邊是與笛卡兒（Rene Descartes）《方法論》（*Discourse on Method*）同時崛起、具排他性的現代科學世界觀；一邊是「瘋狂」做為理性的「他者」（other）的反傳統規範能力；傅科將兩者對立標舉，重新界定了一整個世代法國知識份子的理論綱領。就連強力批判傳科觀點的德希達，基本上也同意他的核心理念：理性在本質上是一種壓迫的機制，其運作方式不外乎排斥、限制與禁止。德希達自己在控訴「邏各斯中心主義」（logocentrism）——亦即理性的暴政——時也與傅科有志一同：從柏拉圖（Plato）時代以降，西方思想就表現出一種對於歧異、他者性（otherness）與異質性（heterogeneity）的全面排擠。解構主義者要循著尼采與海德格的足跡，起而推翻並拆解理性壓制生機、唯我獨尊的偏見。

李歐塔（Jean-François Lyotard）以同樣的理路，提出一個令他聲名昭彰的爭議性說法，將「共識」（consensus）等同於「恐怖」（terror）。李歐塔主張，所謂非強制性、理性的協議，只是一個虛幻的概念；你情我願的表象之下，總是潛藏著權力運作。這種特別針對以語言來論斷爭議的嘲諷質疑，正是後結構主義的註冊商標之一。然而我們不得不懷疑，除了借助於傳統的哲學論證方法、援引證據與說服力來支持某一觀點之外，李歐塔還有什麼方法可以說服讀者接納他的觀點？如果確實就像李歐塔所暗示的，一切都只是「權力」的運作，那麼我們有何憑據在不同的觀點之間作選擇？李歐塔與其後結構主義同僚一心要以修辭學、美學或不可知論來取代哲學論證的準則，但究極而言，這種嘗試恐怕潛藏某些深層的缺陷⑲。

本書將鋪陳出一種思想的譜系學（intellectual genealogy），試圖揭露反啟蒙思想與後現代主義之間諱莫如深的關聯。因此本書也可以視為挖掘後現代理論的考古學。一九七〇與八〇年代，德希達、傅科、德勒茲與李歐塔的作品大量迻譯為英文，對美國知識界造成深遠的影響。其中許多論著的靈感是來自尼采的反文明思想：人類關於美、道德與真理的最高理想，在本質上都是虛無的。對一九六〇年代政治亂象深感幻滅的一整代知識份子，欣然接納這樣的觀點。尼采建議人們要「拿著鐵鎚來做哲學」（philosophize with a hammer）；也就是說，如果某種事物已經搖搖欲墜，人們就應該給它最後一擊。在一個絕望沮喪的年代，尼采大破大立的論調的確很容易得到迴響。然而那些急著進入尼采門牆的學者，卻輕忽了他思想中的反自由意涵。

更有甚者，如今回顧那個世代的知識份子，許多代表性人物都是在大學教職上養尊處優，他們只是將**激進的**政治換成**文本的**政治：以揭露性的「二元對立」（binary opposition）取代積極參與政治的精神⑳。追根究柢，「理論」的誘惑似乎已經將原本旺盛的政治能量，轉移到安穩的學術領域。就如評論家經常提及的，在一九八〇年代，當共和黨掌控美國的政治機器時，「理論」黨人也攻陷「現代語言學會」（Modern Language Association）以及美國各大學英語系的要塞。

諷刺的是，在同樣那段期間，讓美國學界忙著融會貫通的法國典範，在大西洋的彼岸卻每況愈下。對法國本土而言，這套東西被視為過氣的政治風尚：左傾主義（gauchisme）或者「一九六〇年代的法國哲學」㉑。到了一九八〇年代中期，法國知識份子已經通過反極權主義（antitotalitarianism）的熬煉㉒，影響最深的是以開路先鋒之姿揭露蘇聯勞改營（Gulag）的索忍尼辛（Aleksandr Solzhenitsyn），以及格魯克斯曼（Andre Glucksmann）、雷威（Bernard-Henri Lévy）等「新哲學家」適時而巧妙的共產主義批判，他們對柬埔寨赤柬（Khmer Rouge）領袖波布（曾經在一九五〇年代留學法國）的「殺戮戰場」以及蘇聯入侵阿富汗事件深感震駭。後來法國知識份子開始回歸本國的民主共和傳統；相較之下，一九六〇年代左派人士的哲學無政府主義，已是明日黃花。第三世界主義的倒行逆施，諸如中國的文化大革命、卡斯楚（Fidel Castro）的古巴、阿敏（Idi Amin）的烏干達、莫布杜（Mobutu Sese Seko）的薩伊、杜華利（François Duvalier）的海地，終結了人們的幻象，不再冀望「世上的苦難人們」（wretched of the earth）會建立社會主義的烏托邦。突然間，過去被後結構主義者嗤之以鼻的西方人文主義藥方，又再度受到重視。

一九六〇年代，後結構主義者企圖以發軔於尼采與海德格、更為激進的「文明」批判，來取代馬克思主義。他們對於西方人文主義的指控，非常契合當時的世界末日氛圍，尤其是越南戰爭與核武強權的「相互保證毀滅」（mutually assured destruction）戰略。然而籠罩東歐直到一九八九年的極權主義經驗，顯示人權理念已成為進步政治的必要條件。此外還有另一個深層的歷史諷刺，在一九七〇與八〇年代，法國知識界的**馬克思主義同情者**（marxisant）移樽就教，透過東歐的知識份子重新體認公民人文主義，後者包括哈維爾（Vaclav Havel）、米契尼克（Adam Michnik）、康拉德（George Konrad）與沙卡諾夫（Andrei Sakharov）。到這時候，「一九六〇年代的法國哲學」已經讓位給「一九八〇年代的法國哲學」的新人文主義（neohumanism）㉓。

後結構主義式微的另一個原因，來自一連串難堪的政治醜聞，時間可上溯至一九三〇年代，但是一直到一九八〇年代才東窗事發。第一樁眾所矚目的事件涉及法國文學批評家布朗修，這位解構主義先驅於一九三〇年代，在親法西斯主義、反猶太的刊物《戰鬥》（*Combat*）中，發表了幾篇內容令人不忍卒睹的文章。在一九三六年的一篇作品中，布朗修提及法國的「人民陣線」（Popular Front）政府時，感嘆「布魯姆（Léon Blum）堂而皇之的政治試驗實在可憎……一個光鮮亮麗的組合、神聖的結盟，將蘇聯、猶太人與資本家的利益湊在一起。」㉔在那個年代裡，將共產黨、猶太人與資本家連成一氣的謾罵（絲毫不顧基本的政治邏輯），正是法國右派的慣用伎倆，他們的口號是「法國人的法國」（France for the French）和「與其布魯姆，寧可希特勒」（better Hitler than Blum）。

布朗修青年時代政治偏差的曝光，雖然沒有造成太大的負面效應，但是接下來的兩樁醜聞就沒有那麼幸運了，當事人分別是海德格與解構主義的美國代言人德曼（Paul de Man）。這兩人不堪回首的過往，已經在無數的書籍與文章中出現，到了令人生厭的地步，此處也不打算再贅述㉕。然而法國「理論」傳承人物的憾事一再東窗事發，衍生出許多棘手的問題，後結構主義的捍衛者在這方面一直無法自圓其說，而且他們的無力辯護與事實本身同樣具有殺傷力。在德曼法西斯背景事件論戰的關鍵時刻，德希達「解構」了這位比利時裔學者年輕時代的一篇文章；在這篇寫於一九四〇年代早期的文章中，德曼強力主張將歐洲的猶太人驅逐出境，當時納粹徹底消滅猶太人的「終極解決方案」（Final Solution）已經啟動；德希達卻牽強地聲稱，德曼這篇文章顯示他是一位不露形跡的反抗人士（closet resistant）㉖。海德格的納粹爭議也有類似的情況，幾位後結構主義者強作解人，說這位德國哲學家是因為過度的人文主義傾向，才會受到納粹的誘惑；他們還辯稱，晚年明確自居為「反人文主義者」的海德格，居然是一位道地的反法西斯主義者。

後結構主義者與其前輩結構主義者之間的區別，在於他們摒除了「總體性」（totality）與「總體化」（totalization）的觀念。德希達指出，後結構主義的基本宗旨在於：文本一致性（textual coherence）的概念是子虛烏有。後結構主義彰顯了「中心無法維持」（center does not hold），追求知識論的「終極性」（finality）或「封閉性」（closure）也是徒勞無功。語言在本質上是多重意義的（polysemic）與多重聲音的（plurivocal），因此它的裂隙與滑動會衝擊黑格爾意義的「絕對知識」（Absolute Knowledge）理想。然而結構主義者崇尚「科學的封閉性」（scientific closure），並試圖限制意義的自由展現，因此重蹈了西方形上學的覆轍。結構主義屈服於傳統形上學的基礎主義（foundationalism）要求，從而暴露出自身的「邏各斯中心」本質，顯示它只不過是另一種「第一哲學」（first philosophy）。

在傳統觀點看來，後結構主義與後現代主義都與政治左派密不可分。但本書的寫作宗旨之一，就是要挑戰這種老生常譚。畢竟從歷史上考察，左派一直是堅定的理性主義者與普世主義者，致力於捍衛民主、平等與人權。政治左派的標記之一，就在於願意面對「社會正義」的問題，全面檢討導致貧富嚴重不均的片面自由定義，要求形式平等能夠照顧社會弱勢群體的需求。左派一而再、再而三地迫使中產階級社會遵循民主規範，並質疑狹隘的個人主義權利觀念，以及政治與經濟菁英的特權政治野心㉗。因此我們在檢視現代社會的發展軌跡時，將察覺到一股斷斷續續的進程，由民權平等、政治平等一路走向社會平等。

對於上述這些問題，後現代主義者幾乎跟不上左派的步伐。由於他們堅持「文化主義者」（culturalist）導向，因此根本無從覺察左派向來關切的社會正義問題。既然後現代主義者都自命為「後馬克思主義者」（post-Marxists），政治經濟在他們著作中就淪為可有可無的角色。然而在全球化的年代之中，市場儼然成為決定一切的力量，因此對於任何一種關涉政治的理論而言，這樣的輕忽都將形成致命傷㉘。

從尼采與海德格等晚近的反啟蒙哲學家，後結構主義者繼承了對理性和民主的不信任，並標舉出延異（différance，德希達）、踰越（transgression，傅科）、精神分裂（schizophrenia，德勒茲與瓜塔里〔Felix Guattari〕）等概念取而代之，然而卻無法博得世人信服。他們對於理性諸般缺陷的批判，令人有似曾相識之感：從反啟蒙思想的發軔時期開始，這類批判就是歐洲反動思想的例行公事。後結構主義者針對「理性」

與「真理」發動一場新尼采主義（neo-Nietzschean）的攻擊，但卻停留在理論抽象的層面，反而讓資本主義輕鬆過關。究極而言，他們對於政治進步可能性的無限悲觀，似乎只會導致消極退縮與束手無策；例如傅科就認為，解放的理念其實是由「治理性」（governmentality）力量所設下的陷阱，以便將「主體」（subject）納入「權力——知識」的掌握之中。畢竟如果傅科所言為真，「權力」無所不在，那麼去質疑它也成了白忙一場。後現代主義者並沒有實際挑戰宰制的力量，他們寧可戀棧相對而言較安全的「後設政治」（metapolitics）領域；那是一個不食人間煙火的「理論」天地，主要的風險僅止於「觀念」，而實際政治則化為虛無飄渺。

然而以「文化主義」的方法來處理權力，卻無法觸及宰制的結構成分，因此也無從質疑挑戰。這種方法的自以為是，出現在傅科《性史》（*The History of Sexuality*）的論述中，他認為傳統左派的社會變遷典範已經不值得信任，必須以「殊異的身體和快感經濟」來取代㉙。風險因此浮現：以自戀傾向的「生活方式的政治」（lifestyle politics）來取代「運動的政治」（movement politics）；「認同政治」（identity politics）篡取了傳統左派對社會正義的關懷。文化差異固然必須得到尊重，但是不能盲目崇拜。無條件地頌揚「差異」，很可能會導致一種新的本質論（essentialism），將群體認同的問題提升到第一原理（first principle）的層級。既然尋求共識的努力被嗤之以鼻，因此政治共同體的意義也無從恢復。從歷史上來看，最後結果就是文化左派在政治上的邊緣化與分裂化。以狹隘的心態來關注群體認同，不但未能激發積極論辯的精神，反而鼓動了政治上的消極退縮。一位犀利的評論家曾經指出，今日的「文化政治」（cultural politics）信徒：

> 「在對待異己時，根本談不上平等、無私、寬容、支持或公平，他們連表面功夫都不屑為之。文化政治最惡劣的一面，正是政治平等與民主的反面，實際例證就是惡質的民族主義、種族中心主義、排斥異己的群體特殊主義，在世界各地此起彼落。我們不得不懷疑，這種政治趨向是否已剝奪了我們的語言和觀念資源，使我們無從抗衡極權政體對於文化差異的強調，從而讓反民主勢力坐收漁翁之利。」㉚

認同無須論證，它直接訴求於「生命」或某種粗暴的存在形式，與論證的基本原則南轅北轍。一位歐洲友人曾經如是說：「從一九三三年到一九四五年間，認同政治就是德國政治的全貌。」文化政治的失敗，反映了新左派（New Left）的衰弱，萊許（Christopher Lasch）與塞尼特（Richard Sennett）如此描述：棄絕了對立的、公共的政治領域，轉而擁抱一種內在導向、自我陶醉的「自戀文化」（culture of narcissism）㉛。

後現代主義者在無意中倚賴反啟蒙思想的論證與立場，但這並不意謂他們屬於保守人士，更不能一概歸之為反動陣營。本書的研究也不是要將他們羅織入罪。然而，這樣的倚賴卻顯示他們的觀點自相混淆；他們在知識論上的激進本質與其政治傾向（雖然以「進步」為名，但通常難以明確界定）的分裂，導致一種根本的矛盾。另一方面，後現代主義者也不像右派批評者所指稱的特別「危險」。雖然他們對民主態度冷淡，政治嚮往又帶有激進色彩，但他們仍然受益於奉包容為基本價值的現代政治文化。

在《結構主義發展史》（*History of Structuralism*）一書中，杜塞（François Dosse）指出後結構主義者對民主的敵意，其實代表一種知識份子的自我憎恨㉜。杜塞也談到，這種敵意居然盛行於盧梭的故鄉以及現代共和體制與「一七八九年理念」的發祥地，實在是諷刺至極。雖然說民主之所以體現在歐洲政治文化中，都是拜法國大革命之賜；然而近來在法國人眼中，這場革命與其說是國家榮耀的表徵，不如說是難堪的淵藪㉝。弔詭的是，對於政治現代性（人權、法治、憲政）的深惡痛絕，原本是反革命思想家的看家本領，如今卻成為文化左派的流行思潮。後現代主義將民主與「柔性極權主義」（soft totalitarianism）畫上等號，他們聲稱自由民主以伸張公眾理性與公眾利益之名，成功地壓制異己。當然，我們很容易就可以做出反向論證：從歷史發展來看，民主與法治無疑是文化多樣性與政治多元性的頭號捍衛者。一九八〇年代，關於「差異」的論辯出現險惡的轉折，歐洲新右派在法國勒朋的領軍之下，標舉「保持差異的權利」（right to difference）來為其種族分離主義張目辯護㉞。後來勒朋在選舉中頗有斬獲，也令歐洲左派大為警惕，堅定地回歸民主共和的陣營。

儘管德希達近來耐人尋味地表示，對所謂的「未來的民主」（democratie à venir/avenir）頗感興趣，但是他對於這個後設政治的信條只是泛泛而論，沒有觸及多少實質內容，因此其確切意涵只能任人揣測。藉由否定民主的解放能力，並淡化民主與極權的重大差異，後現代左派等於是將自己逼到政治圈的邊陲地帶。因為就法治國家而言，無論他們在實務層面有多少缺失，至少都還有包容內部政治變革的能力，但是無自由可言的政權在這方面就付諸闕如。過去四十年來，女性、反戰、生態、公民與同性戀權益運動的成就進展，已經彰顯了這個政治基本原則。

後結構主義的興起，正逢法國政治發展史的關鍵時刻：內戰的動亂破壞（阿爾及利亞戰爭及其後遺症）、第三世界主義天花亂墜、戴高樂派政權不循憲政常軌而掌握大權（被許多觀察家視為獨裁），以及政治左派的積弱不振。所有從傳統承襲而來的理論與政治選項，在那個時代全都信用破產，許多人都恨不得與傳統一刀兩斷。然而，抽離了這場獨特知識份子運動的起源背景，再來掌握其精神，恐怕會問題叢生。北美洲學術界面對法國「理論」時，正是如此徹底抽離，沒有什麼人注意這套理論萌芽時法國的狀況。結果就是，這套理論的北美洲信徒對它幾乎是不加批判地接受。藉由填補這些歷史與知識的罅隙，本書希望能夠大幅充實相關論辯的要素。

第一部分〈重探德國意識型態〉（The German Ideology Revisited）重新探討三位德國思想家的遺緒，三位都是足以左右當代知識界的人物。我特別關注德國「存在哲學」（Existenzphilosophie）對戰後法國思想的深遠影響；在這方面，尼采的論著是不可或缺的參考基準。如果沒有尼采的橫衝直撞，當代法國思想界將不會是今日這般風貌。而且法國的反基礎主義者（antifoundationalist）、風格獨具的文學作家與美學自我陶鑄（aesthetic self-fashioning）的鼓吹者，也就是所謂的「法國尼采學派」（French Nietzsche），後來也成為北美洲後現代主義者的典範。

然而以後現代主義為著眼點來研究尼采，會遭遇幾個棘手的詮釋兩難。首先是人物時代歸屬的問題，尼采畢竟是與福樓拜（Gustave Flaubert）、馬拉美（Stephane Mallarmé）與杜斯妥也夫斯基（Fyodor Dostoevsky）同時代的人物，這些人都可算是古典意義的「現代主義者」；但是後現代主義頂多只能上溯到第二次世界大戰結束之後，我們要如何才能將尼采與後現代主義接榫？

另一個問題在於，將尼采視為一個美學家的作法，在深入的分析之下顯得過於偏頗和牽強。採用這樣一種詮釋為出發點，顯然是想幫尼采與奉他為「御用哲學家」的納粹劃清界線。後現代主義者擁抱尼采的問題之一就是，他們既然刻意忽視尼采眾多的信念，又如何能聲稱自己是在探討尼采？

隨著後現代女性主義的興起，榮格（**Carl Jung**）的學說也大舉進軍學術界㉟；他的理念以傳說與神話置換了弗洛依德（**Sigmund Freud**）的科學主義（**scientism**），因此頗具吸引力。對一般公眾而言，榮格對於通俗心理學和新時代（**New Age**）思潮的影響，早已昭昭在人耳目。無論是在學術界抑或公眾領域，弗洛依德都被視為維多利亞時期道德教條的保守鼓吹者，但榮格卻像一個興致勃勃的探險家。弗洛依德依循正統的啟蒙思想理路，尋求以分析理性來平撫、收伏桀驁不馴的潛意識。但榮格反其道而行，寧可面對非理性的本來面目，因此也與貶抑理性的後現代主義者志同道合。榮格與弗洛依德分道揚鑣，試圖將心理分析重塑為個人救贖的工具，一種新的宗教。因此他和同時期的非理性主義者——諸如通神論（**Theosophy**）、人智論（**Anthrosophy**）——不謀而合，大肆探索亞利安（**Aryan**）宗教的神話，並從而推衍出他的核心理念：原型（**archetype**）與集體潛意識（**collective unconscious**）理論。

然而榮格就像現代的浮士德一樣，要為自己的沉迷於智慧禁果付出代價。當納粹在一九三三年奪取政權，大肆揮舞卐字旗並宣揚新異教主義（**neopaganism**），榮格與之相見恨晚：以為親眼看到自己的理論獲得實現。自從與弗洛依德決裂之後，榮格一直深信亞利安原型在系統發生學（phylogeny）上的優越性。而且榮格將理性貶為一種較劣等的認知活動，因此對納粹的訴諸亞利安象徵與神話備感親切；他深信希特勒是北歐神話主神佛旦（Wotan）的人間化身，是當代的薩滿祭司（shaman）。榮格原本蝸居在瑞士的避風港，後來卻欣然投身納粹陣營。

長久以來，高達美（Hans-Georg Gadamer, 1900-2002）似乎一直是德國學術界眾望所歸的成功典範，他與啟蒙恩師海德格不一樣，從未加入納粹黨。在一個極權主義橫行的年代，高達美總有辦法超然於政治紛爭之外。納粹統治期間，高達美據稱是藉由「內在流亡」（inner emigration）來避過劫難。但是更深入檢視他這段時期的動向，我們終將發現，在當時的環境之下，知識份子不向獨裁政權低頭，幾乎等於是斷送學術前途。

一九四〇年代早期，高達美曾經自告奮勇充當納粹政權的傳聲筒，遠赴巴黎發表一場演講，以「赫德思想中的民族與歷史」（Volk and History in Herder's Thought）為題，鼓吹納粹宰制歐洲的正當性。高達美聲稱啟蒙理念已經破產，納粹在戰場上的勝利反映了德國「文化」（Kultur）的優越性。赫德及其傳人提出的「民族」（Volk）理念，終將在新歐洲風行草偃。高達美個人政治歷程的重重疑雲，正突顯出反啟蒙思想與政治反動力量在意識型態上的志同道合。

在哲學上，高達美仍然是詮釋學（hermeneutics）最具代表性的人物之一，強調各種真理訴求的處境化（situated）與局部性（partial）本質，以及人類知識無可擺脫的脈絡基礎。高達美思想的傳統取向——對於「傳統的發生」（happening of tradition）的強調——似乎與後現代主義格格不入；然而在美國學術界，高達美的「反基礎主義」（anti-foundationalism）——否定「第一原理」與康德意義的普世道德——向來被視為後現代主義否定客觀真理的重要先驅㊱。因此後現代主義與詮釋學的結合，乍看匪夷所思，其實有跡可尋。

我在〈法西斯主義與詮釋學：高達美與「內在流亡」的曖昧性〉（Fascism and Hermeneutics: Gadamer and the Ambiguities of 'Inner Emigration'）一章中指出，高達美對納粹獨裁政權的順從，有其哲學以及個人背景的基礎。詮釋學對於啟蒙思想理性的懷疑，會讓納粹宣揚的德國獨特性——亦即德國「方式」的意識型態——不僅無可置疑，而且在某些方面極具政治吸引力。當時的德國高等文官傳統，一直認定德國政壇已經腐敗不堪，因此與其和其他政治團體妥協，還不如找希特勒及其黨羽來一場魔鬼交易。在這個關鍵時刻，倫理學與政治學的相對主義觀念，開始探索另一種毫無保留的認知與道德「真理」，並且為之大聲疾呼。

在《法國意識型態》（*L'Idéologie française*）一書中，雷威點出一個現象，一直到最近，大部分的法國人都不願意探討一個問題：當代法國歷史不但不是共和政體理想邁向勝利的康莊大道，反而每況愈下，執迷於「統合民族主義」（integral nationalism）的誘惑，訴諸以「血統」、「家鄉」之類的反自由價值觀來重新定義公民身分。從一八八〇年代與一八九〇年代的布朗熱事件（Boulanger Affair）與德雷福斯事件（Dreyfus Affair），到一九三〇年代具有法西斯主義雛形的「聯盟」（leagues），再到貝當（Philippe Pétain）元帥維琪政權（Vichy regime）與戴高樂（Charles de Gaulle）第五共和（Fifth Republic）的專制威權，法國知識份子對於「右翼革命」（revolution from the Right）的誘惑一直無法免疫。

本書第二部分「法國的教訓」（French Lessons）以巴代伊（Georges Bataille）為例，探討這種誘惑。巴代伊是後結構主義的開路先鋒之一；一直到最近，他的傳世名聲主要是法國頂尖文學評論雜誌《批評》（*Critique*）的創刊總編輯。其實早在一九三〇年代，他就已加入一系列的前衛文化團體，其中幾個有著鮮明的反共和體制色彩。當時是一個政治上的「反傳統規範」（non-conformism）時期：一個跨越疆界與破除禁忌的年代，知識份子與政治人物積極尋覓共產主義與自由主義之間的「第三條路」（Third Way）。法國知識界有一大部分成員，認定一九二九年的經濟大蕭條與隨之而來的政治動盪，已經讓民主政治的威信蕩然無存，因此紛紛陷入所謂的「法西斯狂熱」。墨索里尼（Benito Mussolini）與希特勒的法西斯政權似乎能夠將整個社會凝聚起來，但是自由民主政體一直力有未逮。許多人因此認為，「為法國量身打造的法西斯主義」（fascism à la française），也值得進一步探究。

就在這種情境之中，巴岱伊與其「社會學學院」（College of Sociology）的同仁開始扮演「魔法師的門徒」（sorcerer's apprentices）的角色：能夠恢復神話、領袖、超凡魅力（charisma）與共同體（community）等要素的菁英階層，缺乏這些要素正是導致現代社會敗壞衰微的罪魁禍首之一。學院成員以祕密團體自居，上承中世紀的聖殿騎士團（Knights of the Templar）或宗教修會，一旦政治條件成熟，就要挺身而出領導眾人；他們並且將納粹德國黨衛軍（Schutzstaffel, SS）訓練中心「騎士團城堡」（Ordensburgen）視為與之分庭抗禮的機構。一九三九年，學院存在的最後一年，巴岱伊發表一場演講：「希特勒與條頓騎士團」（Hitler and the Teutonic Order），題目本身就透露出他與他反傳統規範的同道，為了追尋共產主義與自由主義之間的「第三條路」，願意干冒何等的思想風險。

戰後法國思想界不斷出現的一個主題，是探討「呈現」（representation）的缺陷：人類語言能力與實在之間的本體論鴻溝。索緒爾（Ferdinand de Saussure）在《普通語言學教程》（*Course on General Linguistics*）提出「能指」（signifier）的任意性；語言中使用的音素（phoneme）與其指涉的觀念或「所指」（signified）之間，並不存在必然的關聯。對於下一代深受結構主義影響的法國知識份子，索緒爾的洞見有如天啟。對照過去兩百年來法國知識界領導風騷的思想傳統：笛卡兒的理性主義、啟蒙思想的唯物主義、孔德（Auguste Comte）的實證主義（positivism）與新康德主義（neo-Kantianism），我們就可以了解後現代法國知識份子走了多麼長的一段路。

在〈布朗修：沉默的運用與濫用〉（Maurice Blanchot: The Use and Abuse of Silence）這一章，我檢視布朗修的奇特生涯與「雙重身分」（一九三〇年代的右派政治記者、戰後法國的首席文學評論家）之後認為，對於「呈現」的批評本身深受歷史情境影響。傳統知識典範之所以失去人心，原因至少有一部分要歸諸一連串的歷史與政治創傷：戰爭、失敗、佔領與去殖民化的重重挫折，剝奪了法國知識份子關於理性至高無上的傳統信念。結果導致一種奇特的逆轉，法國知識界菁英向來崇尚的知識價值——清晰、明確與客觀，一夕之間全都成了口誅筆伐的目標；新一代思想家念茲在茲的是不確定、相對性與流變。

德希達是巴岱伊與布朗修的精神傳人，他早期幾篇論文發表在巴岱伊創辦的《批評》，第一本專著《書寫與差異》（*Writing and Difference*）之中有長篇專論巴岱伊的

「普遍經濟學」（general economics）觀念——以一種超越政治經濟實用取向的方式，來探討交換的行為。巴岱伊對「他者性」（otherness）——不受中產階級社會經濟與邏輯規則約束的現象——的關切，也成為德希達論「書寫」（écriture）的標誌之一。最後一點，巴岱伊與德希達筆下的「文本」，都會刻意挑戰文學與哲學的傳統文類界線。

德希達有一句膾炙人口的箴言：「文本之外，一無所有」（il n'y a pas de hors texte）。很少人會質疑，解構主義的精彩之處在於它對艱深的文學與哲學作品的「精讀」（close reading）；相對而言，解構主義的弱點就是它在涉足歷史、政治與社會等「非文本」（non-textual）領域時，總不免事倍功半。因此到了一九九〇年代初葉，解構主義就被幾種更深入政治的典範超越：「文化研究」（cultural studies）、受到傅科啟發的「新歷史主義」（new historicism）[37]。

過去十年來，德希達步步為營，試圖補救解構主義這個缺憾，縱論正義、倫理與政治各方面的議題。但是這些挺進「政治性」領域的攻勢是否真的能造成「差異」？當塵埃落定之後，我們還是會懷疑，德希達的「政治性」論述畢竟只是一種後設政治（metapolitical）的遁辭，用以迴避「真實的」政治領域。

德希達的觀點有一個獨特的問題，他從早年聲名初噪時，就開始上承海德格的反人文主義（antihumanism），不斷對西方世界進行「總體批判」（total critique）。他認為人文主義的最高點就是「支配意志的意志」（will to will），二十世紀的政治恐怖——種族屠殺、極權政體、核子戰爭、環境破壞——都是隨之而來的必然結果。然而德希達的政治論述遭遇一項兩難：我們在接受「反人文主義」與「總體批判」的觀念框架之後很難——甚至不可能——自圓其說，繼續參與合乎理性的民主政治。在〈打倒法律：解構主義與正義問題〉（Down By Law: Deconstruction and the Problem of Justice）一章中，我重新評估德希達的理論成就並斷言：「真實存在的民主」固然有其弊病，然而海德格與尼采倡議的反民主方法並不是矯治之道。

儘管德希達絕對不能歸類為反啟蒙思想家，但是從解構主義的脈絡來看，「理性」的確是暴政與壓迫的根源。類似的偏見也纏繞著傅科的「話語羅網」（discursive regime），同樣將「話語」（discourse）視為支配的淵藪。無論解構主義在方法學上有何意向，其實際效應總是會與反啟蒙思想家殊途同歸。一旦解構主義走完其哲學史路程，恐怕不會留下多少痕跡。人們總難免會受到誘惑，要逃向神話、奇幻、瘋狂、幻象或狂喜的領域尋求慰藉；相形之下，「文明」的吸引力似乎乏善可陳。最後的結果就是，解構主義的信徒將被遺棄在理論的無人荒原上，周遭一片淒涼貧瘠，有如海德格自己的描述：一個「苦惱的年代」（age of affliction），舊日的神祇已經逃亡，未來的神祇還不知在何方。

本書第一部分與第二部分之後，各有一段政治附記（Political Excursus），討論反啟蒙思想對於現代政治的威脅。這兩章指出反啟蒙思想並非明日黃花，歐洲新右派承繼了它對現代自然法（natural law）的反革命批判，對他們而言，種族（ethnos）的地位更高於民主（demos）。依循這種觀點，文化歸屬感的優先性壓倒了對於「權利」的考量。因此，新右派正試圖透過議會政治來推動種族淨化；就如同兩次大戰間的法西斯主義支持者一樣，今日的反民主人士一心想利用憲政體制國家的開放性，來斲喪民主政治的規範。後現代政治哲學也陷入他們的圈套之中，認為人權是一種邏各斯中心的返祖現象（logocentric atavism）：一種偽裝成解放姿態的論述，用以隱藏我們與「權力」糾葛不清的關係。

第一篇政治附記探討德國新右派，其鼓吹者將東、西德統一視為良機，企圖以修正主義（revisionist）的謬論來掩飾德國歷史。多虧德國民主體制健全，才讓這些嘗試鎩羽而歸。這也是有史以來頭一遭，德國的民主不再只是空談虛論，而是人民衷心秉持的信念。

第二篇政治附記討論當代法國政治的對應現象：法國新右派（Nouvelle Droite）的崛起，以及勒朋領導的「國家陣線」如何縱橫政壇。過去二十年來，威權型態、民粹性格的民族主義政黨——例如奧地利政客海德（Jörg Haider）領導的「奧地利自由黨」（Austrian Freedom Party）——在歐洲各國的選舉大有斬獲，趨勢令人憂心。更嚴重的是，在這個全球競爭激烈、經濟壁壘高築的年代，這些政黨搶攻主流政黨的舞台，喧賓奪主，並且企圖影響公眾論述，以符合他們仇視外國、仇視移民的政綱。

本書結論〈「災難之地」：現代思潮中的美國形象〉（'Site of Catastrophe': The Image of America in Modern Thought），探討反啟蒙思想與後現代論述之中，歷久不衰的反美主義（anti-Americanism）。針對美國的合理批評——尤其是美國在內政與外交政策上的妄為與失策——不僅應予鼓勵，而且不可或缺。人們甚至大可以認定，在一九八九年之後的新世界秩序（New World Order）中，美國強權如入無人之境，因此對它的批判已經成為一種義務。然而，在我們探討的諸般論述中，「真實的」美國幾乎不見蹤影，反而充斥著想像或隱喻的美國——這個新世界成為歐洲人恐懼的投射：進步、現代性、民主以及日漸加速的社會變遷。

就傳統而言，以反烏托邦觀點來看待美國，一直是梅斯特、戈比諾與史賓格勒之類反革命作家的慣用手法。這些觀點近來再度挺進，深獲後現代左派健將的青睞，例如布希亞（Jean Baudrillard）與齊澤克（Slavoj Zizek）。在他們的理論中，美國是後現代科技霸權（technological Moloch）的化身：一個缺乏歷史與傳統的國度，任由媒體主宰的大眾文化，製造出無數誘惑與幻象，儼然成為無可撼動的霸權。後現代主義者指控說，家庭、共同體與政治的傳統取向，已經在「超真實」（hyperreality）狂熱妄想的進逼之下節節敗退。今日我們深受「擬像」（simulacra）的支配擺布，媒體生產的複製品雖然毫無原創性可言，卻能夠自動自發地大肆流通。後現代主義者這種心態足以解釋，為何布希亞會對九一一恐怖攻擊事件興高采烈，視為「美夢成真」（dream come true）；布希亞指出，儘管實際動手的是恐怖份子，然而由於美國的強權是如此傲慢，全世界其實都對這樁事件樂觀其成㊳。

註釋

①《陳情書》參見Roger Chartier, "Culture populaire et culture politique dans l'Ancien Regime: quelques reflexions, " in The French Revolution and the Creation of Modern Political Culture, vol. 1, The Political Culture of the Old Regime, ed. Keith Michael Baker（Oxford: Pergamon Press, 1987）, 243-258。

盧梭作為啟蒙哲學家的地位顯然值得商榷，從 Discourse on the Arts and Sciences 或 Emile 這兩部作品來判斷，同時考慮他與同輩啟蒙哲學家的對立，盧梭似乎應該算是啟蒙運動最嚴厲的批判者。然而如果考量他Social Contract 中的政治哲學，盧梭又是人民主權與自然法的熱忱捍衛者，政治現代性的堅定倡導者。

② Rivarol, cited in Jacques Godechot, The Counter-Revolution: Doctrine and Action, 1789-1804, trans. S. Attanasio（Princeton: Princeton University Press, 1981）, 33.

對於反啟蒙思想的超歷史詮釋，亦即將它理解為自聖經與 Aristophanes 以降，針對智慧與知識的傲慢與虛偽進行長期挑戰，參見 Mark Lilla, "Was ist Gegenaufklaerung?" Merkur 566（1996）, 400-411。

③ Isaiah Berlin, "Counter-Enlightenment, " in Against the Current（New York: Viking. 1980）, 1-24. 想釐清 Berlin 與反啟蒙運動關係的複雜性與矛盾性，請參見 Graeme Garrard, "The Counter-Enlightenment Liberalism of Isaiah Berlin, " Journal of Political Ideologies 2（3）（1997）, 281-296。

④ Goebbels, cited in Karl Dietrich Bracher, The German Dictatorship（Fort Worth: Holt, Rinehart, 1970）, 10.

⑤ Darrin MacMahon, Enemies of the Enlightenment: the French Counter-Enlightenment and the Making of Modernity（New York: Oxford University Press, 2001）, 12.

⑥ See Chantal Mouffe, "Radical Democracy, " in Universal Abandon: The Politics of Postmodernism, ed. A. Ross（Minneapolis: University of Minnesota Press, 1988）, 38-39。根據 Mouffe 的看法，後現代主義與反啟蒙思想的共同性在於一樁事實：「保守思想不像自由主義與馬克思主義，後兩者都是和解與主宰的信念；但保守思想憑藉人類的暫時性、不完美與局限性。」另參見 Mouffe, The Democratic Paradox（London: Verso, 2000）。

⑦參見 Seyla Benhabib, "Democracy and Difference: Reflections on the Metapolitics of Lyotard and Derrida, " Journal of Political Philosophy2（1）（1994）, 3。這篇文章批評「後現代主義者對『西方實存民主政治』的懷疑。後結構主義運動發軔於哲學與「人類科學」領域，排斥代表科學封閉性的結構主義理想，偏愛強調知識論不可決定性與開放性的路向。然而結構主義與後結構主義儘管有差異，兩者仍有幾項共同的關鍵思想前提，顯示它們在本質上的共同性。

⑧ Maistre, Considerations on France, trans. R. Lebrun（Montreal: McGill-Queens University Press, 1974）, 97.

⑨"Translator's Preface, " François Dosse, History of Structuralism, vol. I, trans. D. Glassman（Minneapolis: University of Minnesota Press, 1997）, xiv.

⑩ Lévi-Strauss, "Entretien avec Jean-Marie Benoisc, " Le Monde January21-22, 1979, 14（emphasis added）.

⑪ Lévi-Strauss, The Savage Mind（Chicago: University of Chicago Press, 1966）, 247（emphasis added）.

⑫ Foucault, The Order of Things, trans. A. Sheridan（New York: Pantheon, 1994）, xxiii:「然而令人感到安慰而且如釋重負的是，想到人的概念只是一種新近的發明，一個歷史還不到兩百年的形象，我們的知識中一道新的皺痕：等到知識發現新的形式，人的概念也就會消失。另參見 Nietzsche's indictment of "the last man" in Thus Spoke Zarathustra, trans. R. J. Hollingdale（New York: Vintage, 1961）, 45-47。

⑬ Tzvetan Todorov, On Human Diversity（Cambridge: Harvard University Press, 1992）。60-89. 對李維史陀作品中這些要素有精湛的探討與批判。

⑭ For a fuller discussion of this problem, see chapter 4, "Designer Fascism."

⑮ J. G. Herder on Social and Political Culture, ed. F. Barnard（Cambridge: Cambridge University Press. 1969）, 184, 186.

⑯ For Foucault's positions, see "Inutile de se soulever? " Le Monde May 11, 1979, 12; translated into English translation as "Is it Useless to Revolt?, " Philosophy and Social Criticism, VIII（1）（Spring 1981）, 1-9; "Iran: the Spirit of a World Without Spirit, " in Michel Foucault: Politics, Philosophy, Culture（New York: Routledge, 1988）, 211-226;"Una polveriera chiamata Islam, " Corriere della Sera, 104（36）（13 February 1979）. See also Janet Afaray, "Sh'I Narratives of Karbala and Christian Rites of Penance: Michel Foucault and the Culture of the Iranian Revolution, 1978-1979, " Radical History Review 86（Spring 2003）, 7-35.

⑰李維史陀的結論參見 Tristes Tropiques, trans. J. Weightman and D. Weightman（New York: Penguin, 1992）, 414，這位人類學家與啟蒙運動大相逕庭，興高采烈地以「非知識的偉大宗教」作為結論。

⑱ Owen Bradley, A Modern Maistre: The Social and Political Thought of Joseph de Maistre（Lincoln: University of Nebraska Press, 1999）, xi-xii. Bradley 如此評論：「梅斯特有一項信念特別有現代意義：社會『正常』運作的關鍵，藏在社會放肆動亂的『不正常』之中；因此社會理論不僅要考量穩定的時期，也要考量轉型與踰越的時期。梅斯特的另一項觀點同樣歷久彌新：秩序的立足點是在語言、想像與象徵的領域。」

⑲ 對於後現代主義與政治競爭學在其他方面的相似性，參見 Mouffe, "For an Agonistic Pluralism, " in The Return of the Political（London: Verso, 1993）1-8; and Mouffe, "For an Agonistic Model of Democracy, " in The Democratic Paradox, 80-107.

⑳ See also Russell Jacoby's remarks in Dogmatic Wisdom: How the Culture Wars Divert Education and Distract America（New York: Doubleday, 1994）, 164。「『文化戰爭』之中最令人驚異的現象之一，就是那些新派教授如何輕易地為其專業名聲、專業術語、精細的理論、出名的友人而辯護，對新聞記者與落伍的圈外人士則是無比鄙夷。」

㉑ For background, see Luc Ferry and Alain Renaut, French Philosophy of the Sixties, trans. M. Cattani（Amherst: University of Massachusetts Press, 1989）.

㉒ See, for example, Julian Bourg, Forbidden to Forbid: Ethics in France, 1968-81（Ph.D. Dissertation, University of California, Berkeley, 2001）以及 Michael Christofferson, French Intellectuals Against the Left: The Antitotalitarian Movement of the 1970s（New York: Berghahn Books, 2004）.

㉓ See Thomas Pavel, The Feud of Language: A History of Structuralist Thought（Cambridge, Mass.: Blackwell, 1992）.

㉔ Cited in Jeffrey Mehlman, Legacies of Anti-Semitism in France（Minneapolis: University of Minnesota, 1982）, 108.

㉕我對這些問題的討論也見於："Deconstruction at Auschwitz: Heidegger, de Man, and the New Revisionism," in Labyrinths: Explorations in the Critical History of Ideas（Amherst: University of Massachusetts Press, 1995）。

㉖ Jacques Derrida, "Like the Sound of the Sea Deep Within a Shell: Paul de Man's War," Critical Inquiry 15（4）（Summer 1989）, 647. See Dasenbrock, "Reading the Demanians Reading de Man," South Central Review11（1）（Spring 1994）, 37：「德希達堅持文本脈絡的開放性上有一種『有限性』，也是任何閱讀都不可或缺的暫時性。然而德希達對德曼的解讀卻沒有任何暫時性可言。他說如果我們要審判德曼，那麼我們扮演的角色將不僅是法官，更是審查員，行徑一如焚書，重現了納粹大屠殺的滅絕姿態……藉由宣稱他的再脈絡化的詮釋優勢地位，排除其他針鋒相對的再脈絡化；宣稱他的詮釋才符合德曼的本意，因此具有優勢地位；德希達在這裡所扮演的，正是他指控別人的警察角色。」

㉗ On this point, see Geoff Eley, Forging Democracy: The History of the Left in Europe, 1850-2000（New York: Oxford University Press, 2002）.

㉘ Karen Arenson, "Cuts in Tuition Assistance Put College Education Beyond the Reach of Poorest Students," New York Times January 27, 1997, Bl. See the debate between Judith Butler, "Merely Cultural," New Left Review, 227（1998）, 45-53, and Nancy Fraser, "Heterosexism, Misrecognition and Capitalism: A Response to Judith Butler," New Left Review 227（1998）, 140-49.

㉙ Foucault, The History of Sexuality, trans. R. Hurley（New York: Pantheon, 1990）, 159.

㉚ Jean Cohen, "Democracy, Difference, and the Right to Privacy" in Democracy and Difference: Contesting the Boundaries of the Political, ed. S. Benhabib（Princeton: Princeton University Press, 1996）, 188.

㉛ Christopher Lasch, The Culture of Narcissism（New York: Norton, 1978）; Richard Sennett, The Fall of Public Man（New York: Norton, 1992）.

㉜ Dosse, History of Structuralism, vol. I, xx.

㉝ See Steven Kaplan, Farewell, Revolution: The Historians Feud: The French Revolution, 1789/1989（Ithaca: Cornell University Press, 1995）. See also Jean-Pierre Mathy, "The French Revolution at Two Hundred: The Bicentennial and the Return of Rights Liberalism, " in French Resistance: The French-American Culture Wars（Minneapolis: University of Minnesota Press, 2001）, 57-85.

㉞ See Political Excursus II, "Designer Fascism: On the Ideology of the French New Right, " in part II of this book.

㉟ For a good example, see Susan Rowland, Jung: A Feminist Revision（New York: Routledge, 2002）.

㊱ Richard Rorty's Philosophy and the Mirror of Nature（Princeton: Princeton University Press, 1979）, 357-364。對高達美的探討相當具影響力。參見 Mouffe, The Democratic Paradox, 34，將高達美視為後現代主義者與反基礎主義者，與德希達、羅逖、維根斯坦、海德格、拉岡、傅科等人並列。

㊲ For more information about these two approaches, see Simon During, The Cultural Studies Reader（New York: Routledge, 1993）and Catherine Gallagher and Stephen Greenblatt, Practicing New Historicism（Chicago: University of Chicago Press, 2001）.

㊳ Jean Baudrillard, "L'Esprit du terrorisme, " Le Monde, November 3, 2001. Baudrillard, The Spirit of Terrorism and Requiem for the Twin Towers, trans. C. Turner（London: Verso, 2002）.

I

重探德國意識型態

The German Ideology Revisited

1

查拉圖斯特拉前進好萊塢：論後現代的尼采詮釋

Zarathustra Goes to Hollywood: On the Postmodern Reception of Nietzsche

如果你要為我留下片言隻字……請你想清楚——只可惜這是不可能的，你可以形容我、「描述」我，但是不要「評價」我……任何人都沒有必要為我辯護，甚至連這個念頭都不該有。相反地，對我懷著某種質疑的心態，彷彿面對一株奇花異草，再加一點嘲諷的抗拒心態，這樣才是無比明智的立場。」

——尼采，致卡爾．傅克斯信函（letters to Carl Fuchs），1888.7.29 ①

事實上，我們是出類拔萃的相對主義者，在相對主義結合尼采及其「權力意志」（Will to Power）之後，義大利的法西斯主義已經成為個人與國家「權力意志」最偉大的創造物。

——墨索里尼，〈相對主義與法西斯主義〉，（Relativismo e Fascismo）②

橫渡盧比孔河（Crossing the Rubicon）

一八八八年，尼采期盼已久的大突破終於近在咫尺。那一年尼采創作力泉湧，一口氣完成五部作品：《華格納事件》（*The Case of Wagner*）、《偶像的黃昏》（*Twilight of the Idols*）、《上帝之死：反基督》（*The Antichrist*）、《瞧！這個人》（*Ecce Homo*）與《尼采反駁華格納》（*Nietzsche contra Wagner*）。尼采長年追求的世人肯定，這時也終於湧現。丹麥哲學家布蘭迪斯（Georg Brandes）進行一系列史無前例的尼采哲學講座，結果大獲成功：每一場都吸引了至少三百名聽眾，擠滿小小的演講廳。一時間，尼采之名遍傳丹麥首都哥本哈根（Copenhagen）。約莫與此同時，尼采開始與瑞典戲劇作家史特林堡（August Strindberg）頻繁通信，後來史特林堡寫信時都以一句警語「讀讀尼采！」（Read Nietzsche）代替簽名。全球各地都有人來函，向尼采討教他的哲學意涵。俄羅斯聖彼得堡（St. Petersburg）一位公主也對尼采的作品興致勃勃，尼采形容她是「俄羅斯社會最了不起的女性之一」③。另一位美國記者則自告奮勇，要寫一篇文章詳論尼采哲學。過去尼采的著作出版之後，能賣出一百本就算暢銷，他經常得自掏腰包分攤出版經費；如今情況大不相同，尼采的書可是洛陽紙貴。

隨著尼采時來運轉，他的書信中也開始洋溢著一股奇特的愉悅興奮。自從走上哲學之路之後，尼采長期遭到嚴厲批判或輕蔑嘲弄，現在他覺得世人總算認清了自己的天才。當時尼采定居義大利北部的杜林（Turin），在他的心靈世界中，生活上的枝微末節都帶有重大的歷史意義。尼采聲稱，杜林各行各業的人士都認識他，對他極為尊重、關懷備至；當他來到一家餐廳用餐，侍者一定會將最精美、最豐富的菜色保留給他，而且價錢還特別打折！尼采的誇大狂症狀越來越嚴重，既可悲又可憐。一八八八年十二月，他寫了一封信給母親：

「從各方面來看，妳的寶貝兒子如今可說是大名鼎鼎……在仰慕者眼中，我的天才不容置疑——現在沒有任何一個人的名聲與受到的尊重，能夠與我相提並論。最得意的一點就是：我沒有頭銜、沒有爵位、沒有財富，但是在這裡每個人都把我看成王公貴族，連賣水果的小販也不例外，她總是堅持要為我挑選最甜的葡萄。」④

不久之後，洪水決堤，尼采的誇大幻想無限膨脹。在一封寫給妹妹的信中，他聲稱自己「一手掌握了人類的未來」⑤。對音樂學者傅克斯（Carl Fuchs），尼采宣稱既然舊日的上帝已經退位，因此「從現在開始我將統治全世界」⑥。對老友與巴塞爾大學的老同事歐佛貝克（Franz Overbeck），尼采寫道：「我正在寫一份致歐洲各國王室的備忘錄，他們有意組成一個反德國的聯盟。我將為德意志帝國罩上一副鐵甲，激勵它投身於一場全力以赴的戰役。」⑦一八八八年的除夕，尼采寫信給作曲家蓋斯特（Peter Gast），清楚描述自己的精神狀態，形容自己已經橫渡「那著名的盧比孔河」⑧。緊接著是一封寄給史特林堡的明信片：尼采宣布他將在羅馬召開一場大會，各國王侯都將與會；他還想槍決年輕且剛即位的德國皇帝威廉二世（Wilhelm II）（史特林堡的反應是：「親愛的博士！發瘋真是令人愉快啊！」）⑨。尼采也意識到自己的走火入魔，最後幾封信的簽名都是「戴奧尼索斯」（Dionysus）與「釘在十字架上的人」（The Crucified）。

終於，尼采徹底崩潰。一八八九年一月三日那天早上，尼采離開杜林的寓所之後，走到卡洛艾伯托廣場（Piazza Carlo Alberto），看到一輛出租馬車的車伕正兇狠地鞭撻一匹馬，尼采撲上前去想以身護馬，卻昏厥在人行道上。歐佛貝克先前剛接到尼采又一封滿紙荒唐言的信函（下令槍決所有反猶太份子），聞訊後立刻趕赴杜林，試圖挽救這位神智已然錯亂的好友。歐佛貝克乘火車抵達之後，發現尼采一個人蹲在寓所的角落，手中緊抓著《尼采反駁華格納》一書的校樣，不由自主地顫抖著。尼采站起身來擁抱老友，開始歇斯底里地啜泣，然後又癱了下去；歐佛貝克眼見好友病入膏肓，也不禁悲從中來。

到底是什麼因素將尼采逼到絕境？近代的診斷研究顯示，他可能罹患第三期梅毒（tertiary syphilis）。但是尼采表現在外的症狀，在當時很容易被誤判，他的原始病歷資料也有問題。固然，尼采的「橫渡盧比孔河」應該有其重要的生理學原因；不過，他同時也是自身誇大狂心態的受害者。糾纏尼采一生的被迫害情結（他曾經預言，自己的理念要等五十年後才會出現知音），到了晚年卻轉變成自尊自大的錯覺。

尼采自認是先知或救世主。在他看來，他的著作並非「文字作品」，而是「戰爭宣言」，征伐對象是籠罩歐洲的精神危機。尼采將自己視為一座「戰場」，未來兩百年歐洲歷史都將在此開展。對他而言，查拉圖斯特拉（Zarathustra）與戴奧尼索斯這兩個人物絕非比喻而已，他自己就是查拉圖斯特拉與戴奧尼索斯，就是預示「超人」（Superman）與「無窮回復」（eternal recurrence）的先知。在杜林最後那段時期，尼采沉溺於其中的上帝情結（他曾經寫信給友人柏克哈特〔Jacob Burckhardt〕表示：「其實，我寧可當一個巴塞爾大學的教授，也不要當上帝。但是我還沒有自私到那種程度，我無法拒絕以上帝的身分來創造世界。」），與他在一八八〇年代誇大的自我描述，其實只有一步之差⑩。遭到誤解、備受侮辱以及被釘上十字架，都在尼采對自身命運的期待之中；儘管到頭來，這種先見之明還是無法幫助尼采承擔自身的命運。在尼采崇高的自我期望與世人對其作品的善意忽視之間，存在著一股極為強大的張力，（「他們都在談論我……但卻沒有人會思索我！我知道這是一種新的沉默，人們的聒噪在我的觀念上覆蓋了一襲罩袍。」）到最後終於讓尼采不堪負荷，壓垮了他的精神，造成一場崩潰的悲劇。

任何人只要認真檢視近數十年來的尼采研究，就一定會注意到，他的政治思想受到莫名其妙的封鎖禁錮。如今人們眼中的尼采只是一個美學家：一個「文化人」

（Kulturmensch）、一個致力於風格的作家，一如同時期的波特萊爾、福樓拜與馬拉美。沒有多少人注意到尼采曾屢次強烈批判「為藝術而藝術」（l'art pour l'art），視之為一種了無新意的浪漫主義。「無關政治的尼采」迷思於焉誕生——對於一位將最後五年生命投入一部名為《權力意志》（*Will to Power*）鉅著的思想家，如此的形象轉變實在奇特。

尼采對於「權力」（Macht）的著迷，也正是他揮別歐洲自由主義「中庸之道」（juste milieu）的方式。托克維爾（Alexis de Tocqueville）雖然有其貴族背景的成見，但仍相信民主是一股無可避免的趨勢，因此也是人類所能依循的最佳途徑；然而尼采卻張牙舞爪地反抗這個最終必然結果。身為一個古典學者，尼采深信偉大成就是社會菁英階層的禁臠，而功績主義（meritocracy）卻是庸碌凡俗（mediocrity）的同義詞。

在《瞧！這個人》一書中，尼采將自己描述為「最後一個反政治的德國人」（the last antipolitical German），然而這句名言經常遭到誤解⑪。其實尼采本意是拒斥當時歐洲政治人物熱中追求、但卻粗俗不堪的實力政治（Machtpolitik），俾斯麥（Otto von Bismarck）正是他批判的對象之一。然而尼采還是為查拉圖斯特拉的人間化身提供了其他的選擇；一八八〇年代，他的政治思想一路推向「大政治」（Great Politics）信念，並上溯至羅馬、雅典與拿破崙等歷史帝國。尼采一方面是追求文化輝煌成就的使徒，但另一方面也是權力、殘酷與戰士精神的堅定捍衛者，一心傾慕幾位歷史上形象較為正面的暴君，諸如亞歷山大大帝（Alexander the Great）、凱撒（Julius Caesar）與拿破崙（Napoleon Bonaparte）。後世詮釋者將尼采思想「美學化」（其實也就等於麻痹化）時會引發一個問題，就如同他自己在《遺稿》（*Nachlass*）中指出的，對他而言，征服事業與文化興盛的關係如影隨形：「新哲學家只可能與一個統治階層聯袂崛起，代表其最高層次的精神成就。這時統治全世界的『大政治』也將應運而生。」⑫

當然，尼采也絕對不是個體系井然的思想家，其結果就是詮釋者對他的作品眾說紛紜，爭議激烈。但無論如何，「權力意志」與「大政治」確實是尼采晚期思想的主幹；任何人如果對這兩個觀念略而不論，恐怕都會扭曲尼采的哲學意圖核心。

從實力政治學者到美學家（From Machtpolitiker to Aesthete）

尼采對於後世文化最正面的影響，至今仍是爭議不休。二十世紀最偉大的幾位哲學家——海德格、雅斯培（Karl Jaspers）、傅科與哈伯瑪斯（Jürgen Habermas）——無論是贊同他抑或反對他，都必須對尼采的思想表明立場。然而尼采思想的負面影響範例卻毫無疑義，一九三三年十一月二日，德國新任總理希特勒來到威瑪

（Weimar）的尼采檔案館（Nietzsche Archive），向這位哲學家致意。尼采的妹妹伊麗莎白（Elisabeth）出面款待希特勒，她是檔案館的負責人，曾經大幅篡改、藏匿與偽造尼采的文稿，一心要將他塑造成德國的民族主義者與反猶太份子，雖然尼采根本不是。（一八八五年，伊麗莎白嫁給反猶太出版商佛斯特〔Bernhard Förster〕，但尼采很討厭這個妹夫。一年之後，伊麗莎白偕同夫婿遠赴南美洲的巴拉圭，創立一個亞利安民族的烏托邦「新德國」〔Nueva Germania〕。又過了四年，佛斯特被指控侵吞其他殖民者的公款，隨即自殺。）希特勒的自傳《我的奮鬥》（*Mein Kampf*）沒有片言隻字提及尼采，但是在希特勒造訪之後，早已辭世的尼采就被尊奉為納粹的哲學源頭。尼采生前命運多舛，死後更是每況愈下。馬克思主義哲學家盧卡奇（Georg Lukács）一九五二年在《理性的毀滅》（*The Destruction of Reason*）一書中斷言：「尼采以最為堅實確鑿的方式，預示了希特勒的法西斯意識型態。」⑬一九八一年，頗具影響力的德國新聞雜誌《明鏡》（*Der Spiegel*）有一期的封面故事，將尼采與希特勒的肖像並置，標題聳人聽聞：「希特勒——執行者，尼采——構思者」（Hitler Perpetrator，Nietzsche Thinker）。

第二次世界大戰之後，為尼采平反的運動逐步展開。在英語世界要特別歸功哲學家考夫曼（Walter Kaufmann），他以精湛的編纂與翻譯讓尼采的作品大行於世。然而追根究柢，考夫曼呈現的尼采其實顯然是「非尼采」；透過他的翻譯與評論，我們看到尼采是一個文質彬彬的歐洲人，傾向自由主義，沒有多少爭議性；整體而言，有如一個脾氣稍微壞了一點的伏爾泰。這樣的形象錯失了尼采「拿著鐵鎚來做哲學」的一面，況且他還曾傲然宣稱自己的作品有如「暗殺的企圖」，同時他也是「積極虛無主義」（active nihilism）的信徒，深信如果當代歐洲已經走向崩潰，我們應該再推一把、幫它送終⑭。

考夫曼的自由派色彩尼采問世之後，重塑尼采的策略又推陳出新，這一回的路向是「後現代的尼采」，與納粹將尼采視為實力政治代言人的觀點，可說是背道而馳。根據這種新詮釋，尼采的作品其實與政治了無瓜葛，他現身為一個形上學的批評者、堅定的相對主義者，同時也可以算是一位美學家。所謂的「觀點主義者」（perspectivist）尼采於焉誕生：他曾經宣稱「沒有事實、只有詮釋。」「所有觀察都涉及觀點，所有知識亦復如是。」⑮他在《權力意志》一書中斬釘截鐵地嘲弄客觀真理：「真理是一種謬誤；但是缺少了它，某個物種就無法生存。」⑯

尼采除了被視為觀點主義者之外，也被看做一個對於「風格」問題念茲在茲的美學家，兩種形象緊密結合。尼采在《歡愉的科學》（*The Gay Science*）中寫道：「有一件事不可或缺——對自己的性格『賦予風格』，這是何等偉大而珍貴的藝術！做得到的人都能夠看清自己本質上的優點與缺點，並且將自身融入一個藝術的計畫之中。」⑰尼采在此處宣揚的是「自我超越」（self-overcoming）：針對世紀之末厭倦人世的「最後之人」（last men）（尼采認為他們「人性化，太人性化」），尼采標舉出性格堅定、心志高尚，必要時不惜殘酷的「超人」與之抗衡。然而只從美學或文學角度來解讀尼采的「自我超越」，卻會剝離這個概念在他作品中的「權力意志」理論脈絡，使它成為一個獨立的概念，強調生命是一個持續不斷、沒有方向的自我轉化過程。既然「自我」在本質上純屬虛構，那麼自我轉化的目的也只有美學目的可言：不斷以「風格」堆疊在沒有根基的自我之上，讓它變得更為迷人而有趣。後世學者認為尼采就是依循此一精神脈絡，在《權力意志》中將世界形容為「一件自我創生的藝術品」，並進一步指出，「我們擁有藝術，因此才不會被真理毀滅。」⑱

在後現代的解讀中，尼采遭到改頭換面，以應付厭世的「後哲學文化」（post-philosophical culture）（後人文主義、後工業化、後弗洛依德——任君選擇）的需求；在這種文化氛圍之中，沒有什麼事物具備真正的重要性。我們看到的是一個溫馴的、「適於呈現的」（presentable）的尼采，可能也是搭火車長途旅行的好伴侶。連自居為「後現代中產階級自由主義者」的羅逖（Richard Rorty），都可以欣然接納這樣的尼采。

近年來，尼采思想的後現代解讀已經躍居為正宗，但是較為實質、宏觀的探討反而遭到摒棄；這種發展態勢主要應歸因於法國尼采學的影響。尼采作品的大行其道，可說是戰後法國知識界最重要的一項發展。戴康柏（Vincent Descombes）在《現代法國哲學》（*Modern French Philosophy*）一書中描述法國知識界從馬克思（Karl Marx）到尼采的重大轉變：「這個世代焚毀了過去崇奉的偶像，將辯證法貶斥為最高層級的幻象，為了尋求解脫，轉而倚賴尼采。」⑲在一九六〇年代的十年之間，原本以笛卡兒、康德、黑格爾化的馬克思（Hegelianized Marx）為正宗的法國知識界，集體轉而投靠查拉圖斯特拉的「積極虛無主義」信念。一直到最近，法國本土的新自由主義（neoliberalism）勃興，這股思想潮流才開始退潮；費瑞（Luc Ferry）與雷諾（Alain Renaut）的《為什麼我們不是尼采信徒》（*Why We Are Not Nitzscheans*）一書，正是新觀點的代表。

當代歐洲知識界最大的反諷之一就是，當尼采在其祖國德國遭到排斥之際，法國後結構主義者卻對他奉若神明。尼采在一夕之間大行其道，有其複雜的來龍去脈；一部分要歸因於法國第三共和（Third Republic）一敗塗地之後，與笛卡兒「主體的哲學」（philosophy of subject）息息相關的法國傳統哲學模式也快速傾頹。戰後的一段時期，沙特（Jean-Paul Sartre）等人鼓吹存在主義的馬克思主義（existential Marxism），一度似乎為思想與政治的重新出發提供了契機，然而隨著一九五六年蘇聯入侵匈牙利，以及沙特為莫斯科當局發出的辯護（儘管他強烈譴責這次入侵行動，但是仍堅稱蘇聯自身的社會主義本質並沒有改變），這一點希望也立刻幻滅。從此以後，法國知識份子將存在主義與馬克思主義看成難兄難弟，在政治上與思想上都有嚴重缺陷，都代表一種官僚化世界的社會，其中兩種意識型態——資本主義與共產主義——其實是一體的兩面。

做為一種信條，尼采主義（Nietzscheanism）讓法國知識份子在維持一種絕不妥協的激進哲學立場的同時，得以迴避所有道德或政治的直接承諾（傅科偶一涉足人權議題，算是例外）。尼采主義同時也提供了一個理想的立足點，讓知識份子大肆批判只顧自身存續的第五共和（**Fifth Republic**）：戴高樂主義（Gaullism）、興盛的消費活動，以及象徵法國國力的「核子打擊武力」（force de frappe），榮光日漸黯淡。當馬克思主義被拆穿只是另一種階級壓迫的意識型態之後（在整個戰後時期，沒有任何一個西方國家的共產黨像法國共產黨一樣，堅守史達林主義立場），人們如果還想繼續強力批判現代群眾社會，除了轉向尼采之外，吾誰與歸？馬克思主義提出了辯證法批判的理念，反覆宣揚其整體性或綜合性煥然一新的黑格爾式前景。但是法國的尼采學派刻意與這些誘惑一刀兩斷，他們選擇性地攫取幾個較聳動人心的尼采理念（最受青睞的一段來自《偶像的黃昏》：「不先證明就無以為繼的事物，一文不值。」）⑳，大剌剌地擁抱一種知識論的虛無主義，先將虛構與實在、真理與幻象的差異解構，再完全泯滅。法國尼采學者斷言，真理這個概念已經被歷史上的哲學宏論盜用與把持，無論是馬克思主義或中產階級思想都是一樣。因此他們的結論是：放眼未來，唯有完全排斥真理的概念，才能避免這種誘惑。

克洛索斯基的尼采（Klossowski's Nietzsche）

法國尼采復興運動的幕後功臣是克洛索斯基（Pierre Klossowski）。談到克洛索斯基《尼采與惡性循環》（*Nietzsche and the Vicious Circle*）一書的影響力，傅科說：「這本書與尼采本人的著作，是我讀過最偉大的哲學作品。」㉑法國知識界向來不乏特立獨行之士，克洛索斯基正是其中佼佼者。他是新人像風格（neofigurative）畫家巴爾蒂斯·克洛索斯基（Balthus Klossowski）的兄長，一九〇五年生於巴黎，一九三六年將班雅明（Walter Benjamin）的經典之作《機械複製時代的藝術品》（*The Work of Art in the Age of Mechanical Reproduction*）迻譯為法文（克洛索斯基自己的「擬像」〔simulacrum〕理論——某一想像構造體的美學化身——就是受到班雅明的啟發。班雅明認為在一個科技的時代，複製品會比所謂的原作更為重要。）一九三〇年代晚期，克洛索斯基轉向兩個由巴岱伊創立的知名前衛文化團體：「無頭會」（Acéphale）與社會學學院，然而一事無成，於是他又進入一間天主教道明會（Dominican Order）的修院，直到一九四七年才重出江湖。第二次世界大戰之後，克洛索斯基出版了一本頗獲好評的薩德侯爵（Marquis de Sade）研究，同時也以小說家身分揚名文壇。到了一九七〇年前後，克洛索斯基放棄文學事業，專注於畫家生涯，而且相當成功。

「無頭會」是一個刻意模仿薩德「犯罪之友協會」（Society of the Friends of Crime）的祕密組織。雖然它的入會儀式諱莫如深，但是巴岱伊和他的信徒一直對活人祭祀興致勃勃。「無頭會」受到莫斯（Marcel Mauss）與杜梅澤爾（Georges Dumézil）的人類學理論啟發（莫斯是涂爾幹〔Emile Durkheim〕的外甥，人類學經典《禮物》〔*The Gift*〕的作者，他曾經譴責「無頭會」濫用他的理念），這批新原始人（neoprimitives）希望能夠激發出神聖與神話的重生，以對抗當代歐洲社會的唯物主義、世俗主義（secularism）與個人主義。運作較為公開的社會學學院（一九三七年至一九三九年）也承襲了「無頭會」的新異教（neopagan）組織方式。

巴岱伊與克洛索斯基的志同道合之處，也包括對於尼采哲學的興趣。尼采一以貫之的破壞偶像作風、義無反顧的理性批判，以及重振直覺與意志力量的主張，都讓他的思想有如為激進批判理論量身打造。一九三〇年代從馬克思轉進尼采的運動，預示了一九六〇年代一場性質雷同、影響更為深遠的哲學變化。在這兩個階段中，克洛索斯基都是主要的參與者，甚至可以說是綰合兩個世代的關鍵人物。

就如《尼采與惡性循環》書名所顯示的，克洛索斯基的詮釋聚焦於尼采的「無窮回復」理念。在克洛索斯基看來，尼采這個「偉大思想」（一八八一年他在瑞士阿爾卑斯山上健行時頓悟所得）是一種身體騷動的心靈顯現。一八七〇年代的尼采纏綿病榻，甚至在一八七八年被迫辭去巴塞爾大學的教職。尼采的病徵不一而足，其中之一就是劇烈的偏頭痛，往往一發作就持續數日，使他完全無法閱讀或寫作。唯一能緩解痛苦的方法，是紋風不動地坐在一個黑暗的房間中，連續幾個小時。雖然先前有些批評家言過其實，試圖將尼采哲學貶抑為病態的表現；但克洛索斯基卻認為尼采的「囈語」正是他偉大成就的象徵。尼采的心智不但不是缺陷，而且代表他受到神靈附身，得天獨厚，能夠直探宇宙潛藏的奧祕。尼采的身體遂成為一種「媒介」，他的病痛與「情緒」則是一種「傳導作用」（channeling）。

對克洛索斯基而言，尼采的偉大在於他運用「全然的晦澀」（total obscurity），洞見一切存有背後的渾沌本質，並且藉此「對『清晰性』（lucidity）的概念本身發起攻擊」[22]。在精神病醫師與專家的共謀之下，理性的體系（Regime of Reason）表面上試圖治癒尼采，其實卻是要讓他從此噤聲，埋沒他令人不安的真相與洞察。

根據克洛索斯基的說法，尼采的思想到後來無法再透過推理或語言來傳達；他的瘋狂顯示他已經「達到認同與實在原則的極限」。因此在尼采生命的最後十一年，他退入一言不發的境地。他留下的深奧教誨——尤其是「無窮回復」理念——代表的是徹底排斥一切文化與權威的先天結構。克洛索斯基詮釋：

「尼采的**宣言**（declarations）將他的（生理）靜默狀態（muteness）轉化為思想，在過程中會遭遇來自外界的文化抗拒（亦即大學、科學家、權力當局、政黨、神職人員與醫師的**言語**）……文化（知識的集合體）……就是要觀察靈魂的色調（tonality）與強度，既不能傳授也無法學習。」㉓

雖然文化永遠都在喋喋不休、故作姿態，但是尼采的退處沉默卻說出了真相。克洛索斯基並沒有宣稱他忠實呈現了尼采的觀點，在《尼采與惡性循環》的第一頁，他就承認自己寫的是一份「偽研究」（false study）。在更早期的一篇文章中，克洛索斯基更認為所有對於尼采的詮釋，都無可避免地會成為「戲仿」（parody）。

在克洛索斯基看來，尼采的「無窮回復」否定並超越了他先前所有的理念。一八八一年之前，尼采思想尚未跨出觀念論的範疇：他仍然相信「文化」的價值。一直要等到「無窮回復」理念問世，尼采這才揚棄了觀念論，轉而擁抱一切存有背後的渾沌本質。尼采其他的觀念，諸如「權力意志」，都具有目的論（teleology）的色彩：仍然緊扣著一種幻象，相信人世存在著值得追求的價值與目的。唯有提出「無窮回復」，尼采才能夠斷然擺脫這種幻象。一旦尼采體悟了所有語言與人類目的之虛幻本質，「沉默」就成為他唯一可行與誠實的回答。訴諸「意識」與「理性」只會抹殺這種深刻的體悟。

克洛索斯基書名中所謂的「惡性循環」，點出了這樣的兩難處境。將「無窮回復」轉化為一種「信條」，就有可能破壞它的真實性，將一種深不可測的洞見轉換成語言傳統或「文化」之中的老生常譚。「無窮回復」代表一種新的「清晰性」（lucidity），然而弔詭的是，這種「清晰性」必須保持在無法表述的狀態。

「如果這種『清晰性』無法達致，『惡性循環』原理就會顯示輪迴中的『信念』會依附著生命的無可理喻，其自身帶有一種在別處無法實現的『清晰性』。我們無法揚棄語言，我們的企圖與意志也是一樣；然而我們在評估這些意志與企圖時，可以拋開固有方式，另闢蹊徑——也就是依循『惡性循環』的『法則』。」㉔

「惡性循環」呈現了人類處境的基本弔詭：「我們對抗奴役的唯一方式，就是明瞭我們並不自由。」㉕我們無法逃離籠罩一切存有的決定論。儘管如此，能夠看清這種情境的洞見，卻讓精神的菁英階層——「清醒的少數」（lucid few）——獲得一種悲劇的優越性。

克洛索斯基對尼采的「戲仿」，具有驚人的反智意涵，幾乎形同刻意揚棄理性、歷史與自由。就其本身來看，克洛索斯基的觀點足以掩人耳目、引人遐思。然而且讓我們審視一樁事實：克洛索斯基將尼采理解為「文化的敵人」，而且一整個世代的法國思想家對此都深信不疑，相關論證充斥於德勒茲、德希達、傅科與李歐塔；對他們而言，克洛索斯基的開路工作不可或缺；如此一來，一幅陰暗的景象於焉浮現，我們不禁要問：虛無到這種地步的觀點，到底是如何擄獲眾多的法國頂尖哲學家與知識份子？

在這個問題上，幾項歷史因素的核心重要性無可置疑。成長於廿世紀中期的法國知識份子，親身經歷一連串慘痛的歷史創傷：國家的淪陷、被納粹佔領並與之合作的恥辱、冷戰與核武年代的存在不確定性、法國在中南半島的一敗塗地，以及導致第四共和垮台、國家瀕臨內戰的阿爾及利亞獨立戰爭。這段時期，法國社會與文化的變遷同等深遠；社會從鄉村形態走向都市形態，傳統文化價值飽受新興大眾文化的威脅。法國原本是歐洲強權之一，這時卻被迫調整心態，降級為國際政治舞台上的次要角色。

對法國知識份子而言，紛至沓來的事件令他們難以消受，因此不約而同對語言、文化與理性等觀念，產生極端的不信任感，甚至是全盤推翻。法國知識份子聲稱，近來的歷史災難都與這些觀念脫不了關係。只有一種遠遠背離西方傳統及其災難的另類思想，一種某些人所謂的「外來的思想」，一種弔詭的「沉默的語言」，才能夠因應新的歷史情境。這類主題與比喻成為戰後法國知識份子的老生常譚，屢見於各式各樣的文化場景，從荒謬劇場（theater of the absurd）、新小說（nouveau roman）到巴特（Roland Barthes）的「寫作零度」（writing zero degree）概念。如果我們想對法國哲學界的虛無主義，以及法國知識份子拆解揚棄個體、理性與真理等觀念的熱切心態，做一番追本溯源的工夫，那麼這一連串歷史因緣將是不可或缺的潛在文本（sub-text）與背景。

理性的回歸（Reason's Return）

費瑞與雷諾在《為什麼我們不是尼采信徒》一書中，重建了他們當年的思想歷程：

「我們這個世代的學生從一九六〇年代踏上求學之路；對我們而言，啟蒙思想的觀念只是個蹩腳的笑話、乏善可陳的騙人把戲；至少我們是受到這樣的教誨。當時的思想界祭酒是傅科、德勒茲、德希達、阿圖塞（Louis Althusser）與拉岡（Jacques Lacan）。人文主義者梅洛龐蒂（Maurice Merleau-Ponty）早已過氣，沙特也幾乎無人問津。從巴黎第五區雲姆街（rue d'Ulm）的高等師範學院（Ecole Normale Superieure）到法蘭西學院（Collège de France），觸目所及都是懷疑的哲學家：馬克思、弗洛依德、海德格，但最最重要的還是尼采。」㉖

從這種將啟蒙思想視為「蹩腳笑話」的新正統（neo-orthodox）觀點開始，我們可以重溯那條蜿蜒之路，從法國後結構主義在思想上的五體投地，到美國後現代主義自我犧牲的陳腔濫調。

尼采無疑是一個激進的理性批判者，他希望昭告世人，一面倒向工具理性主義（instrumental rationalism）價值觀的現代西方世界，已經全面排除了其他更為優越的價值觀。尼采一路挺進，試圖揭示「文化的理性化」（cultural rationalization）（韋伯語）導致的偏倚與失落。他曾經感嘆現代西方受害於「知識界的過度膨脹」（hypertrophy of the intellect），傷害了人類在其他方面可敬可貴的才能；如此說來，有誰會不贊同尼采？然而在當代這股將尼采激進化的熱潮之中，法國知識界一方面大量援引尼采，進行論戰，一方面也刻意迴避、掩飾其思想觀點的精微變化。到了法國人手中，尼采從一位理性的原則性批評家搖身一變，成為理性的世仇死敵。

理性的批判濫觴於蘇格拉底，到啟蒙思想登上高峰，突顯出理性訴求與現存社會體制非理性特質之間的緊張關係。理性訴求就其本身而言，總是與缺乏正當性的社會權威格格不入。對於爭取權威的不正當主張，以及理性本身更具通則性的「普世」立場，理性會揭示兩者之間的差距。一如後世歷史學家所指出的，假若舊體制的崩壞已成定局，那麼它必然是被「光明之士」（lumières）與啟蒙哲學家——所謂的「理性黨人」——摧枯拉朽。

在傅科眼中，尼采的獨到之處就是將啟蒙思想的批判觀念發揮到極致，而且將批判的尖銳矛頭轉向理性自身。尼采指出，理性在本質上就是要抗衡所有的形上學教條與固有觀念。諷刺的是，儘管如此，有一項教條仍然屹立不搖：**理性自身**。理性深信自身公正不阿，其他與之抗衡的真理信念都已受到污染。傅科指出，對理性天真的自我認識做出致命一擊的人，正是尼采。理性原本是扮演「揭露者」的角色，尼采卻揭露了理性如何千方百計掩飾其本質上的成見與偏私。

「真理是這個世界的事物」，傅科在《真理與權力》（*Truth and Power*）一書中如是說。真理既不超然、也不中立，而是必須被理解為「一個由條理井然的程序構成的體系，用以製造、管制、分配、散布與操縱各種陳述。」如此一來，真理「與各個製造並維持它的權力體系形成一種循環關係，同時也與它引發、擴展的權力效應息息相關。」㉗換言之，認定真理與權力分庭抗禮的傳統觀點，其實是夢幻泡影。真理充其量只是經過偽裝的權力信使。由此看來，真理比起直接爭取權力的訴求更為狡詐危險，因為它披上客觀性的外衣，企圖全盤掩飾隱瞞自身的偏見。

傅科對於真理與權力關係的重新詮釋，上承尼采餘緒，充滿懷疑嘲諷，等於是從本質上泯滅了兩者的差異。「真理」只是權力在現代西方「知識」（episteme）統御之下的偽裝。基督教興起之前，權力並不需要惺惺作態，以「道德」自命來遮掩自身主宰事物的意志。然而就如尼采在《道德譜系學》（*The Genealogy of Morals*）中指出，在猶太教——基督教「奴隸的道德反叛」（slave revolt in morals）之後，每一種權力都必須借「道德」或「正義」之名來取得正當性。

「權力——知識」已經成為美國傅科門徒的戰鬥口號。傅科的《尼采、譜系學、歷史》（*Nietzsche, Genealogy, History*）詳盡探討尼采做為一位真理批判者的重要意涵，也徹底表露了這種將知識降格為權力的犬儒觀點。傅科說：「對於這種惡性的知識意志（will to knowledge）進行歷史分析，將會揭發所有的知識都奠基於不公不義；就連在求知的過程中，人們也沒有權利要求真理或真理的某種基礎；而且人們對於知識的本能反應也是**惡意的**（具有兇暴的特質，違背人類福祉）。」㉘

我們必須挑明地講：傅科對於「知識」的批判可謂驚世駭俗。他將知識——不只是特定層面的知識——定性為「惡意的」，基於某種信念——標準何在有待釐清——指稱知識是「具有兇暴的特質，違背人類福祉」，是既不誠實又反智。這種觀點在美國受到熱烈響應，衍生為各種版本與形式，造成知識界的混亂態勢，以及以學術為名的鄉愿風氣；影響之大，超乎想像。歸根究柢，傅科的立場等於是鼓勵將所有「權利」或「正義」的訴求都視為權力的運作。權力的觀念在他的作品中無限上綱，已經到了怪異的地步：權力儼然成為形上學「不可動搖之基礎」（fundamentum inconcussum）。傅科的口吻一如中世紀神學家談論上帝，或者海德格訴諸全知全能的「存有」。

戴康柏指出，法國的尼采學者探討知識時有個致命傷：將「起源」（genesis）與「有效性」（validity）兩個問題混為一談。戴康柏的觀點頗有道理，在我們發現是「誰」在說話與「為何」說話的同時，並沒有對於這番話語的命題內容做任何陳述。他如此解釋：

「如果思想史與哲學之間能夠作出某種區分，那是因為我們能夠區分一項論證的成功與其內涵。論證的『效力』有兩層意義：⑴在某些特定情況下，論證撼動人心的力量（更精確地說，就是一種『心理動能』）；⑵論

證經由邏輯程序衍生出各種結果的能力（其哲學『意義』的力量）。」㉙

論證的規則告訴我們，來自某一斷言的邏輯說服力的「較佳論證的效力」（force of the better argument），不應與論證被接納時的心理與實際情況混為一談，這正是傅科落入的陷阱。費瑞與雷諾曾如此警惕：「對於論證的憎惡，意謂著在原則上重回權威的懷抱。」㉚換句話說，一旦真理的觀念遭到排斥，被權力的考量取而代之，人們將倒退陷入霍布斯（Thomas Hobbes）筆下的世界：一場人與人之間相互對抗的全面戰爭。霍布斯的《利維坦》（*Leviathan*）一書指出，在那樣的世界中，「制定法律的不是真理，而是權威。」（Auctoritas, non veritas, facit legem）

「風格」的必要性（The Imperatives of "Style"）

美國學界對於尼采的後現代文學詮釋，在尼哈瑪斯（Alexander Nehamas）的《尼采：文學生活》（*Nietzsche: Life as Literature*）達到一個高峰。在尼哈瑪斯看來，尼采對於「風格」的強調，直接源自他的知識論觀點主義，以及他對客觀知識的否定。一旦傳統的真理觀念遭到揚棄，人唯一能做的就只有在美學的基礎上重建自我：將自我視為一件藝術品或文學作品。尼哈瑪斯在他的大著中開宗明義：「尼采將自己創造為一件藝術品、一種作為哲學家的文學作品角色，這番努力也代表他要提出一種正向的觀點，同時避免再度淪入他完全無法信任的教條傳統……因此他的美學主義與觀點主義是一體兩面。」[31]歷代的尼采詮釋者一直困惑於（本應如此）這位哲學家變化莫測的作者身分（authorial personae）——古典主義者、華格納研究者、法國道德主義者、虛無主義者、先知、狂人。尼哈瑪斯的觀點頗具啟發性，他聲稱尼采這些姿態都是一種自覺的策略，目的在於藉由文學來超越哲學；也就是說，尼采試圖將其作品與人生轉化為一場宏偉的文學績業。這種大膽的詮釋方式也相當「經濟」，將數十年來困擾尼采詮釋者的幾個理論難題一筆勾銷。如果尼采立場的變化多端應該視為一場大規模的字謎遊戲，那麼他作品中的規範性矛盾自然也就無關緊要：分析到最後，這些都可以歸結為一部長篇敘事作品的創作，在其中「風格」比「真理」更為重要。尼哈瑪斯認為，一旦我們放掉傳統的真理觀念，一如尼采不厭其煩地揭示真理只是「權力意志」的彰顯，全然否定真理的「客觀」與「超然」，那麼前方唯一的路向就只剩下「美學觀點」。身為一位思想家，尼采不屈不撓地捍衛他的定見，揭露西方哲學整體的空虛本質——一味追尋根本不存在的形上學第一原理或「物自身」（things-in-themselves）。設若真理一如尼采的名言，只是「某個物種賴以維生的幻象」，那麼一切就只剩下「表象」（**Schein**、**Erscheinungen**）㉜。尼采晚期作品中呼之欲出的美學信念躍進，顯示他的確具有實現信念的勇氣。

尼哈瑪斯研究的巧妙之處在於，他也對自己的信念滿懷勇氣。他在導論中坦承：「對於我所鑽研的尼采作品，其他人可以寫出觀念迥然不同的論著。」因此讀者不得不懷疑，我們有何理由要接受他的觀點，不去理會先前無數論著提出的詮釋㉝。尼哈瑪斯在直言不諱的同時，也嘗試扮演一個理所當然的觀點主義者。然而毫無疑問的是，在宣揚將尼采視為文學家或美學家的理念時，尼哈瑪斯相信自己掌握了其他尼采作品詮釋者失之交臂的要旨——他另闢蹊徑，見人之所未見，看穿尼采哲學事業的**真實**本質。

然而在深入分析之下，尼哈瑪斯的立場浮現太多疑問，無法解釋尼采對於哲學探索基礎層面歷久不衰的熱情執著；這份執著一直持續到他最後淪入瘋狂的悲慘境地。更重要的是，尼哈瑪斯的觀點有其弔詭之處：如果尼采的哲學意圖在本質上主要是美學的，其作品也應該視之為文學著述，那麼我們對他晚期論著中沉重的道德與宇宙論訓誨，也不必嚴肅看待，那些話語只代表尼采文學技巧的展現。而且我們在詮釋尼采其他的非美學論述時，也應該「有所保留」（**cum grano salis**）。

尼哈瑪斯認定觀點主義就是尼采知識論探求的定論，恐怕也值得商榷。歷來的尼采詮釋者早已熟稔這個問題：自我指涉（self-reference）。如果一切的真理主張都只是不同觀點的呈現，就如尼采所說：「所有觀察都涉及觀點，所有的認知亦復如是。」那麼「觀點主義」自身也不過是眾多觀點其中之一，其主張也淪為一種非相關的真理。當然，尼采可以避開自相矛盾的風險，指稱觀點主義只是一種價值取向的偏好，而不是認知實在本質的深刻洞察。然而有一項事實仍然必須面對：尼采晚期作品中躍然紙上的觀點主義論述，並不只是一種不假思索的主觀偏好，他其實另有所圖㉞。而且尼采對於西方形上學的巴門尼德（Parmenides）取向（「一」勝於「多」、「同」勝於「異」、「實體」勝於「偶然」）的駁斥，似乎正是基於他以觀點主義信念為代表的知識理論㉟。尼哈瑪斯在《尼采：文學生活》一書中，很早就體認到這個問題：「儘管尼采經常試圖這麼做，但是我們仍然不是十分理解，一個人如何能夠在聲張某種立場的同時，並不認定此一立場為『真實』——這是唯一適用的術語。」㊱

在尼采的世界觀之中，美學與風格是否真的佔據如此核心的地位？抑或這種觀點只是想遮掩當今後現代主義者不願對尼采提出斬釘截鐵的看法？以尼采的觀點主義為由，將他的哲學視為與文學現代主義的宗旨息息相關，這種解讀是否正確？的確，在尼采的作品中，美學幻象的慰藉有其核心地位，但他絕不是當代藝術毫無異議的支持者。尼采向來不曾含糊其辭，他在《權力意志》中將「為藝術而藝術」貶為「一群絕望而顫抖的青蛙，在沼澤中發出煞有介事的嘓嘓聲。」[37]況且身為古典主義者的尼采，還曾經盛讚古希臘雅典悲劇（Attic tragedy）大膽揭露人類存在最深層的真相，這又如何解釋[38]？尼采年輕時深受叔本華（Arthur Schopenhauer）影響，初出茅廬之作《悲劇的誕生》（*The Birth of Tragedy*）指出，古希臘的獨到成就在於，透過日神阿波羅的藝術形式慰藉，坦然面對生命的存在意義。思想成熟之後的尼采，投身於「權力意志」與「無窮回復」之類籠罩一切的宇宙論信條，將思想的源頭明確回溯至前蘇格拉底時期，難道他最後會放下這些考量，只為了滿足相對而言微不足道的「風格」問題？一如後現代主義學者所云，尼采的確嚴格批判知識論的「主體」；然而諷刺的是，在尼采成熟時期的作品之中，用以取代笛卡兒與康德「主體」的信念卻是「超人」（Ubermensch），對他而言無異是一種「超越」善惡問題的「超級主體」（mega-Subject）。雖然人類世紀末情境的虛無主義與碎裂割離，令後現代主義諸大師振奮不已，但尼采的「超人」卻一心要遏阻衰微沒落的強大趨勢。我們不禁要高度質疑，歷史上的尼采是如此崇尚「陽剛氣概」與「意志」，相形之下，後現代的尼采形象卻是如此軟弱，充斥著認知的不確定性、道德相對主義，以及一種貧瘠的美學主義[39]。因為當尼采宣示他的作品將引領出「重新估定一切價值」（Transvaluation of All Values）時，他心意所在並不是要對傳統道德判斷來一場大風吹遊戲，而是一如《道德譜系學》所云，要重振荷馬史詩中以陽剛甚至殘酷為尚的貴族精神；這種精神在兩千年前被猶太教——基督教的倫理學「奴隸反叛」所顛覆。因此尼采將「超人」描繪成一個「綜合一切、涵蓋一切、獨立自足的人」，將衍生出「更高層次的存有」㊵。儘管後現代主義者欣然從事於消解傳統價值典範，沉浸在虛無主義之中樂不可支，然而尼采的查拉圖斯特拉卻反其道而行，他是一個深具古典色彩的律法制定者，其存在理由就是要遏阻人類的頹勢。

柏寇維茲（Peter Berkowitz）的《尼采：非道德主義者的倫理學》（*Nietzsche: The Ethics of an Immoralist*）以及理察森（John Richardson）的《尼采體系》（*Nietzsche's System*），都想矯治風行一時的後現代尼采詮釋。這兩部論著鞭辟入裡、旁徵博引，同時也都可以「不合時宜」（這是尼采最喜歡的用語之一）來描述，因為他們將尼采界定為一位嚴肅的思想家，而不是口若懸河的反哲學家，與當前學界風行的見解格格不入。在兩位學者筆下，尼采不再是真理的死對頭，他嚴厲批判前輩哲學家的原因，在於他們對待真理的方式不夠嚴肅。尼采正是秉持這種精神，在《瞧！這個人》中回顧平生作品時強調「查拉圖斯特拉比任何一個思想家更為真實，唯有他的教誨才能夠**將真實性標舉為至高無上的美德**。」㊶

柏寇維茲研究的前提是一種深刻的覺察：思想成熟之後的尼采，仍然在許多方面堅守其古典學者的素養。的確，尼采曾鄙視古典學為一種僵化的學院「古物研究學」（**antiquarianism**），無法體認古代文化在歷史當下對生活的實用價值。在巴塞爾大學任教時，尼采甚至一度想掙脫古典學的教職，但未成功，因為他覺得自己的嚴肅目標唯有在哲學系方能實現，這恐怕不是一位「反哲學家」的作為。儘管一般都將尼采視為柏拉圖及其學派的天敵，然而柏寇維茲作了一番突破，指出尼采的理論大方向仍然是蘇格拉底學派的餘緒。當然，尼采無法歸類為一位「柏拉圖主義者」，但柏寇維茲正確地體認到，尼采首先是一位美德或人類優越性的哲學家：「尼采的觀點一言以蔽之就是：最高的典型必須藉由正確的認知，來從事正確的行為。」㊷

尼采從未放棄嚴肅哲學探討的使命，在他浩瀚的哲學思維之中，貫穿著兩項蘇格拉底原則：沒有經過探索的人生不值得活、美德就是知識。無可否認，尼采強烈排斥柏拉圖的道德哲學玄論（理型〔**idea**〕的理論：人世間的一切都只是虛無飄渺的「形式」的拙劣複製品），然而尼采終其一生深信智慧或真理是人類得以欣欣向榮的關鍵，這也正是不折不扣的蘇格拉底信念。尼采對於歐洲現代性的嚴厲指控，在本質上並不虛無；他的觀點主義也沒有淪為淺薄的相對主義。其實尼采希望他的「重新估定一切價值」是一座中繼站，通往一系列更崇高、更健全、更確切的價值理念。

蘇格拉底與柏拉圖作品中對於「靈魂」福祉的熱忱關懷，同樣也見於尼采的著作。亞里士多德（Aristotle）將人生分為兩種：苟且度日（mere life）與美好生活（good life），前者沒有任何較崇高的目標，只是「活著」而已；後者則以美德為行事依據；這種意義重大的區分，也是推展尼采哲學的內在動力。柏寇維茲對此有適切的評語：「尼采的思想滿懷對真理的熱愛、勇氣，以及對善的渴望，促使他致力於藉由闡述最美好的生命型態，度過深刻探索的一生。忽略了這個層面，等於是錯失了了解尼采思想的良機。」㊸

尼采不僅從未放棄對於「第一哲學」的興趣，而且以一種相當一致而嚴謹的方式來探討形上學問題。的確，尼采偏好警句箴言與哲學短論的風格特色，導致對他的思想進行體系化詮釋時頗具風險。然而，尼采依舊坦然面對形上學的基本問題，並試圖提供令人信服、見解獨到的答案。尼采的哲學關懷有時顯得極為傳統，甚至可用「保守」來形容；這個層面特別值得我們注意，因為尼采強烈排斥政治與文化的現代性。畢竟，尼采的「無窮回復」與「權力意志」不是都試圖掌握存有的本質要義，以及最純粹的形上學嗎？在一個文化淪落、知識庸俗化的年代，尼采的超人學說不就是要力挽狂瀾、重新定義「美德」與「最美好的生命」？尼采觀點主義背後的原動力，不就是渴望對真理的本質獲致更百花齊放、更為健全的理解，充分展現真理的豐沛與多元的內涵？理察森如是說：

「尼采導引我們克服自身的謬誤，涵攝並超越那些（劣質心理的）典型，以更完善的方式來追尋真理。因此尼采的批判預先認定，觀點可以變得越來越趨近於真理，只要我們能夠涵攝更多的觀點，並且自我淨化個人的身心健康或活動力……同樣的道理，當尼采否認他的真理是『人人適用』時，他並不是在暗示其他人也可以提出等量齊觀的真理，而是其他人無法或不願承受這麼豐富、這般內涵的真理。」㊹

歸根究柢，尼采在《歡愉的科學》中宣稱：「我們對於知識的信仰，仍然是一種形上學信仰。今日我們這些求知者，這些沒有上帝的反形上學家，仍然是從一個已燃燒數千年的信仰火堆中取火，它既是基督教的信仰也是柏拉圖的信仰：上帝就是真理，真理實為神聖。」這樣的尼采如果不是一位「愛智者」、一位哲學家，會是什麼？㊺

「超人」與「命運之愛」（Superman vs. Amor Fati）

尼采歷史取向的作品，諸如《悲劇的誕生》、《歷史的運用與濫用》（*The Use and Abuse of History*）與《道德譜系學》，勾勒出一個價值評估的框架，並且在他一八八〇年代更具系統性的著作中燦然大備。這三部作品的共同主題是美德的脆弱性，以及人類偉大特質的短暫虛幻。無可避免地，人類的登峰造極成就諸如雅典悲劇、貴族精神、增進生命的歷史知識，都是稍縱即逝，必須排除萬難才能勉強維繫。尼采的整個創作生涯都在思索，如何才能夠在強調社會平等、講求人人一致、「群體」大獲全勝的現代世界中，重新捕捉這種難能可貴的美德典範。

尼采認定《查拉圖斯特拉如是說》（*Also sprach Zarathustra*）是他的扛鼎之作。他曾告訴好友莎樂美（Lou Andreas Salome），儘管現實生活中的他並沒有子嗣，但這部作品在藝術上等於是他的兒子，同時也是「過去十年累積的各種力量，一古腦地爆發出來。」《查拉圖斯特拉如是說》殺青時，尼采陷入他典型的、無法控制的狂喜：「藉由這部作品，我相信我已將德語推向爐火純青的境界，在路德（Martin Luther）與歌德（Johann Wolfgang von Goethe）之後，必須有人邁出第三大步——告訴我……還

有誰能寫出這種兼具力量、變化與音律之美的作品。」㊻

《查拉圖斯特拉如是說》也是尼采最具自覺性的文學創作。查拉圖斯特拉這位命運坎坷隱士的傳奇，充滿了不可思議的預兆以及奧祕難解的寓言，彰顯出尼采最厭世、甚至也最怪誕的一面。在一幕令人不安的場景中，查拉圖斯特拉看到一名年輕的牧羊人「扭動著身體，幾乎無法呼吸，表情痛苦不已，一條碩大的黑蛇從他的嘴裡冒出來。」查拉圖斯特拉大喊：「咬掉牠的頭！快咬！」後來才知道，這條蛇——「又大又黑，無與倫比」——代表「人類」，必須加以「征服」。書中的男男女女全都是既可悲又可憐的角色；能夠理解查拉圖斯特拉預言的，只有兩隻對他忠心耿耿的動物：一條蛇與一隻老鷹。就風格而言，這部作品是《新約聖經》福音書的戲仿之作，但目的卻是顛覆整個早期基督教的基本信念：服從、憐憫、愛自己的鄰人。查拉圖斯特拉倡議以新立法者「超人」的價值觀，取代這些信念；一旦有必要時，「超人」絕不迴避暴力與殘酷：「他若要成為善與惡的創造者，首先必須成為毀滅者，並打破既有價值觀。因此最大的惡也歸屬於至高的善……惡是人類最強大的力量。『人類要變得越來越好，也要越來越邪惡。』——這就是我的教誨。超人至高的善需要最大的惡。」㊼

尼采也在《查拉圖斯特拉如是說》中發展出「無窮回復」的理念。先前一八八二年的《歡愉的科學》有一段標題為「最大的重量」（The Greatest Weight）的文字，尼采提出這個爭議性理念的雛型：

「如果在某一個白天或夜間，有個魔鬼偷偷跟著你，闖進你最孤獨的情境之中告訴你：『你現在過的這一生，將來還要再過無數次，而且沒有任何變化，你生命中所有的痛苦、歡樂、思索、嘆息，以及微不足道與偉大無比的事情，都將回歸到你身上，次序也一成不變——就連你眼前的蜘蛛與樹林間的月光……存在的永恆沙漏上下倒置，一次又一次，而你只不過是其中的一粒細沙！』」㊽

尼采宣揚「無窮回復」的理念，視為一種肯定的、「大聲說是」的理想，只有最強韌的心靈才能夠承擔。這個理念表現出一種對於生命深沉而且全心全意的擁抱，尼采稱之為「命運之愛」（**amor fati**）。

尼采這方面的理論與其「權力意志」信念格格不入，因此遭致質疑。開門見山地說，如果「無窮回復」理論意謂著一種涵攝一切的宿命論，那麼「權力意志」信念則是突顯出人類意志百折不撓的本質。《查拉圖斯特拉如是說》有一段重要的文字〈論救贖〉（Of Redemption），尼采暗示這兩個基本理念弔詭的「不可共量性」（incommensurability）：

「救贖活在過去的人們，並且將所有的『已如是』改造為『我曾要它如是』——這才是我所謂的救贖！意志——這是解放者與報佳音者的名字；朋友們，我曾如是教導你們！現在再學學這一點：意志本身也是一名囚犯。意志解放一切，然而又是什麼囚禁了這位解放者？『已如是』——意志的咬牙切齒之恨與孤寂至極的悲愁。意志無力改變既成事實，因此它滿懷怒氣觀看所有過去的事物。意志不能溯及既往，不能粉碎時間以及時間的貪求——這就是它孤寂至極的悲愁。」㊾

「無窮回復」與「權力意志」的衝突似乎無從化解。根據尼采的說法，「超人」作為權力意志的最高典型，具有「獅子般的意志」，不會容許任何事物阻礙他實現自身意志。他是至高無上的立法者、「判決者、復仇者、作法自斃者。」㊿相較之下，尼采將歐洲的虛無主義形容為意志的癱瘓。《查拉圖斯特拉如是說》在描述權力意志時，尼采有時似乎暗示意志可以矯正過去以及過去的「已如是」：「意志是一個創造者，所有的『已如是』都是碎片、謎團與可怕的意外——直到創造性的意志對它說：『我現在要它如是，將來也要它如是。』」㉛然而我們已經看到，這種說法全然牴觸尼采所謂的「意志不能溯及既往」（The will cannot will backward.）。

洛維特（Karl Löwith）認為——我也有同感——「無窮回復」理論帶有本質上的矛盾。尼采在兩種基本互斥的信念之間徘徊：第一種信念具有唯意志論（voluntarism）與「人類學」的色彩，符合權力意志理論，並將無窮回復的觀念視為一種新的定言令式：好好活過每一個片刻，讓自身的意志永遠不斷地作用於每一個片刻；第二種信念則較具文學與「宇宙論」色彩，認為無窮回復的全方位循環完全不受人類意志作用影響。㊷

偉大政治（Great Politics）

有些研究認為，尼采哲學的最大敗筆在於為一種「政治生活的徹底貶抑」背書㊸。尼采認定自己是「最後一個反政治的德國人」，毫不留情地批判當代歐洲政治。在《查拉圖斯特拉如是說》中，尼采形容國家是「所有冷血怪物中最冷酷的一種」；他還說：「一場大規模的死亡卻被扭曲頌揚為生命，這種體系我稱之為國家。」因此「偉大的靈魂」與「自由的精神」唯有在政治領域之外，才能夠欣欣向榮。尼采指出：「只有在國家消滅的地方，非多餘之人才會誕生：不可或缺之人的歌曲、獨具一格且無可取代的旋律，才會開始傳唱。」[54]進而言之，既然尼采認為文化優越性更高於政治目的，於是他似乎對政治上的不公不義漠不關心。更令人難以接受的是，根據尼采希臘神話式的倫理考量，為了讓少數的「高等人」（Higher Man）得以誕生，群眾有必要犧牲受苦。尼采在《道德譜系學》中說：「為了讓一個更為強健的人類品種得以繁衍，人類舉行集體獻祭——這將是一大進展。」《權力意志》中也有類似的論調：「高等人向普通人宣戰勢不可免……一種信念必須足夠強大，能夠作為一種繁衍的原動力：讓強者更強大、讓厭世者癱瘓毀滅。衰敗種族的覆滅……主宰這個人世，是為了製造出更高等的存有。」[55]

諷刺的是，雖然上一代的批評家駁斥尼采的哲學，是因為其中令人厭惡的政治訊息；後現代主義者卻大力頌揚他的「非政治主義」（apoliticism）。然而不需要多麼獨到的詮釋能力就可以看出，上一段的引文絕對不能說是「非政治」，其中充斥著政治的指示與意涵。後現代主義者誇大尼采的美學家地位，全面淡化他作品中的政治成分。無可否認，尼采是嚴厲批判當時歐洲的政治，視之為庸儒平凡與一成不變。但這絕不意謂尼采是個非政治的思想家；相反地，尼采大刺刺地擁抱階層、暴力與「戰士典型」的陽剛氣魄，並結合了對於利他主義（altruism）與政治平等的深刻厭惡，因此尼采的信念在有意無意之間，預示了二十世紀實力政治與總體戰（total war）的陰暗面向。

任何人只要是嚴肅地探討尼采的哲學成就，都必須面對他令人難以消受的政治與道德觀點。相對而言，任何人若是只關注尼采這方面的思想，也都會淪於以管窺天。尼采對於現代思想與文學的影響之深，難以衡量，風格南轅北轍的作家如里爾克（Rainer Maria Rilke）、葉慈（William Butler Yeats）、梵樂希（Paul Valéry）、勞倫斯（D. H. Lawrence）與蕭伯納（George Bernard Shaw），都曾接受尼采的教誨。湯瑪斯·曼（Thomas Mann）的《浮士德博士》（*Doctor Faustus*）也以尼采作為書中作曲家主角萊佛康（Adrian Leverkuhn）的人物原型。一九三〇年代晚期，海德格曾經花了五年時間專門講授尼采。作家班恩（Gottfried Benn）一語中的，他在一九四〇年代晚期對一位朋友表示：「說真的，尼采預示並且構想出一切，我們探索追尋的一切——過去五十年來我們念茲在茲的，就是大肆宣揚他的浩瀚思想與巨大痛苦。」[56]

除了精湛的風格展現之外，沒有任何一位作家能像尼采一樣，將世紀末歐洲的精神方向錯亂展現得淋漓盡致。身為一位文化分析家與歐洲道德敗壞的診斷家，尼采的敏銳心智無人能及。尼采以一個「好歐洲人」自居，並以一種近乎怪誕的方式察覺到，當時歐洲正朝向深淵前進，無人能夠遏阻。《瞧！這個人》的一段文字呈現出不可思議的未卜先知，任誰都無法忽視：

「當真理向千年的謊言開戰，我們將見識到天翻地覆的場景，連夢境都難以企及……政治觀念將會完全融入一場精神戰爭，舊社會的權力結構將全面解體……前所未有的戰爭必然爆發。從我開始，世界才體會到什麼叫做『偉大政治』。」㊼

沒有人像尼采一樣，強有力而透徹地揭示歐洲虛無主義的兩難處境。他深知舊歐洲倚重的宗教、道德與政治價值都已奄奄一息，注定要取而代之的新價值卻仍未出現。尼采自認是這些新價值的「助產士」；但他也很清楚，自己遠遠超越時代。身為虛無主義的先知，尼采察覺歐洲已失去道德南針，在倫理上漂移不定。《權力意志》開宗明義就為虛無主義驗明正身：「最崇高的價值會貶抑自身，毫無目的可言，『為什麼？』永遠找不到答案。」隨著現代的到來，查拉圖斯特拉宣示令人不寒而慄的「上帝已死」，歐洲在陰影籠罩之下飽受折磨，似乎走向一條存在意義蕩然無存的不歸路。在尼采看來，唯一的救贖之道，就是寄望於超人誕生，他在《權力意志》中說：

「為了對抗將人類矮化的企圖，反對將人類限縮為特定用途，我們需要一場反其道而行的運動——製造一個綜合一切、涵蓋一切、獨立自足的人，其存在的前提是將人類轉化為一部機器，並以之為基礎，發明更高層次的存有……唯有藉由恐怖與暴力的開展，一個宰制的族群才會誕生。**二十世紀的蠻族，你們在哪裡？**」㊽

對於尼采這個挑動人心的問題，答案很快就會浮現。

尼采果真是「非政治」的嗎？儘管他批判當時的主流政治運動毫不留情，但也同時鍥而不舍地宣揚「偉大政治」，這是他晚期著作中一個鮮明的主題。對尼采而言，文化的偉大與政治的偉大息息相關，他不僅熱中荷馬、歌德與華格納，更無比仰慕凱撒、波吉亞（Cesare Borgia）與拿破崙。在許多方面，尼采對於「偉大政治」的省思就像他對文化與哲學主題的探索一樣，前後連貫、自成體系。尼采在《超越善惡》（*Beyond Good and Evil*）中自信滿滿地宣示：「猥瑣政治的年代已經終結。就在下一個世紀，一場爭奪世界主宰權的戰爭即將展開——不由自主地邁向偉大政治。」在這方面，尼采的取向也是受到自身古典學術訓練的影響。縱觀西方文化登峰造極的古代世界，尼采認定階層化的社會與政治組織是天經地義。他完全認同巴塞爾大學同事柏克哈特的見解：民主的興起加速了雅典的衰敗。對於尼采政治傾向最中肯的評論來自布蘭迪斯，這位丹麥的仰慕者標舉出尼采「貴族化的激進主義」（aristocratic radicalism），尼采本人也欣然同意。貴族政治意謂者「菁英統治」（rule of the best），在尼采看來，唯有本質最健全、最強而有力的「菁英」才能夠統治，而且必須鐵腕行事。尼采在《道德譜系學》中說道：「期待『力量』不要展現自身的能耐，不要展現為征服、分配、樹敵的慾望……這種想法荒謬至極，就如同期待『軟弱』偽裝成力量……沒有任何一種暴力、劫掠、剝削、毀滅的行為在本質上是『不公不義的』，因為生命本身就是暴力的、劫掠的、剝削的、毀滅的。」[59]只有猶太教——基督教的倫理學「奴隸反叛」才膽敢反其道而行，藉由貶抑力量為惡並頌揚軟弱為善，陰險狡詐地讓「主人」從此屈居下風。基督教強調上帝面前、人人平等，在尼采看來，民主全然只是這種孱弱心態的政治化而已。

對於尼采認定階層有益於世、平等形同孱弱的信念，我們要如何轉化為一種前後一貫的政治立場？這是尼采做為政治哲學家的兩難，而「偉大政治」就是他找到的解決良方。尼采堅信階層有其必要性，這一點在政治上意義深遠，並表現在他的一項信念：「多數人的福祉與少數人的福祉，形成兩種對立的價值觀。」如果一個人要像尼采一樣，矢志追求偉大，那麼他就得坦然做出不可或缺的結論；儘管從人道主義觀點來看，這樣的結論可能相當殘酷。當然，尼采本人絕對是勇往直前，他在《教育家叔本華》（*Schopenhauer as Educator*）中說：「『人民』只是自然的一趟迂迴繞道，目的是尋找六或七位偉大的人物。」⑥⓪在《權力意志》的註腳中，尼采認真探討「主宰種族」（master race）的理念：

「從現在開始，對於形式更為廣泛的宰制，會出現更為有利、前所未見的先決條件……成立一個國際性種族聯盟的契機已經浮現，這個聯盟的使命將是培育一種『主宰種族』、未來的『地球主人』，一個新生、強大的貴族階層，以最嚴格的自我立法為其基礎。如此一來，掌握權力的哲學人物以及藝術家暴君，其意志將可歷經千年而不衰。」⑥①

尼采在《瞧！這個人》中公開討論，一旦他的信念「成功」實現（「我企圖終結兩千年來的違反自然與人類扭曲」）將有何結果。尼采描述的景象令人不寒而慄：「高尚的『生命之黨』（Party of Life）將接手最偉大的任務：孕育更高等的人類，無情地滅絕（Vernichtung）所有墮落與寄生的事物。如此才能夠讓戴奧尼索斯國度的大地上，生命恣意地再度滋長。」[62]尼采對於啟蒙主義「進步」信念的鄙夷是如此明顯，身為歷史哲學家與先知，他認為自己有必要挺身而出、捍衛理念。唯有大規模的動亂滅絕，而非哲學家對於「人類趨向完美的無限可能性」的天真信念，才能夠為戴奧尼索斯精神的超人營造肥沃的土壤；對尼采而言，這種超人是人類存在的唯一理由。

「對於大災難的美學狂熱」（Lust nach Untergang）既是德國反動派文化批評（Kulturkritik）常用的比喻，也是納粹企圖付諸實現的觀念——也許是直接取材於尼采本人的「命運之愛」信念，也許是來自他頗具影響力的傳人如史賓格勒或容格爾（Ernst Junger）。畢竟，納粹在描述其「總體戰」信條以及史無前例的種族滅絕，正是借用尼采的術語——「偶像的末日」（Götzendämmerung），一種最極致的恐怖美學景觀。有文獻證明顯示，納粹黨衛軍甚至將尼采的「生活在危險中」與「自我超越」訓誡訂為信條，從其中尋求執行「最終解決方案」的意識型態靈感[63]。法國法西斯主義者德阿（Marcel Déat）在第二次世界大戰最慘烈時期曾說：「尼采關於挑選『好歐洲人』的理念，如今已在戰場上由武裝黨衛軍（Waffen SS）實現。戰爭創造出一種貴族與騎士階層，將是未來歐洲堅實而純淨的核心。」[64]納粹發現尼采的「好歐洲人」自我理解，正相應於他們窮兵黷武的帝國主義目標：做為歐陸政治霸權的意識型態根據。納粹在坦能堡紀念堂（Tannenberg Memorial）慶祝第一次世界大戰德國擊敗俄羅斯的戰役時，第三帝國的御用思想家認定只有三本書可以展出：《我的奮鬥》、羅森伯格（Alfred Rosenberg）的《二十世紀神話》（*Myth of the Twentieth Century*）以及尼采的《查拉圖斯特拉如是說》[65]。儘管納粹也曾嘗試利用德國詩人如歌德與席勒（Friedrich Schiller）來為自家主張背書，但是他們對歐洲人文主義傳統理念的堅持，構成難以跨越的障礙。尼采就沒有這方面的顧慮；艾許亨（Steven Aschheim）在《德國的尼采遺緒》（*The Nietzsche Legacy in Germany*）一書中說：

「這位思想家在學理與論調上似乎都可以好好利用，可以為納粹提供更高層的哲學背景，為他們的世界觀（weltanschauung）的核心理念提供基本原理。紐曼（Franz Neumann）在一九四三年指出，尼采『為納粹提供了一個思想上的父親；這個父親既偉大又機智，風格華美而不會令人厭惡，能夠清楚陳述對資本主義壟斷與無產階級崛起的憎惡。』」[66]

尼采宣揚「實力政治」、主張消滅弱勢族群、試探「主宰種族」概念、鄙視以懦弱的「奴隸道德」侵蝕歐洲貴族文化論述的猶太人；然而尼采的辯護者還是大力為他撇清「納粹御用哲學家」的名號，這種說法能令人信服嗎？尼采執迷於蓄育、滅絕與征服，並且一概冠上「種族淨化」（racial hygiene）之名，以培育最高等的人種為目的；因此歷史學家諾特（Ernst Nolte）認為，尼采構想中的戰爭，其規模恐怕遠遠超過希特勒及其黨羽的能耐：

「尼采心中所想的是一場『純粹的』內戰。如果將這個理念推向它的邏輯結論，那麼必須滅絕（vernichtet）的將是人類自古典時代以來，所有的發展傾向……基督教教士、啓蒙運動的世俗倡導者、民主人士、社會主義者，以及所有衰弱與墮落的族群。如果以字面意義來理解『滅絕』，將意謂著一場讓納粹『最終解決方案』相形見絀的大開殺戒。」㊻

這樣的事實應該會讓當代文化左派佇足沉思，他們相信自己可以援引尼采的種族信念，同時迴避這些信念可憎的政治後果。

當然，以歷史的後見之明來看，人們很難否認尼采的主張就是納粹惡行的前驅，但是這種認定也會出現誤導作用。納粹對於尼采念茲在茲的文化興盛毫無興趣；更重要的是，尼采表彰的貴族化激進派人士，一定無法見容於納粹的中產階級狹隘心態與民粹虛偽作風，從「歡樂力量」（strength-through-joy）慶典之類極盡媚俗能事的活動就可以看出。

為尼采物色政治門徒的人——所謂的「二十世紀的蠻族」——應該看看墨索里尼的義大利。前法西斯時代的政治菁英理論家如莫斯卡（Gaetano Mosca）與帕累托（Vilfredo Pareto），都相當熟稔尼采的貴族政治觀點。義大利未來主義者（Futurist）的宣言充斥著尼采式的措辭與意象，並且很快就成為墨索里尼「新羅馬」（New Rome）的藝術附庸。「我們要頌揚戰爭——對治人世的唯一藥方——與軍國主義、愛國主義、無政府主義的毀滅手段，以及大開殺戒的美好理念。」這是馬里內蒂（Filippo Tommaso Marinetti）一九〇九年在〈未來主義宣言〉（Futurist Manifesto）中的放言高論⑱。

二十世紀思想史最諱莫如深的祕密之一，就是「領袖」（Duce）本人也是尼采的知音與仰慕者。早期還是一個年輕的社會主義者時，墨索里尼就深深傾倒於尼采對生命力與意志的頌揚，將他與馬克思等量齊觀。墨索里尼早年輟學，一路自修，他對馬克思主義的理解相當不正統，其中部分原因就在於尼采的影響。墨索里尼在尼采身上發現一種剛強的作風，足以對治其他社會主義者的反戰主義與改革主義心態。墨索里尼對喬利蒂（Giovanni Giolitti）之流的義大利自由派，根本不屑一顧。

墨索里尼在一九〇二年到一九〇四年間旅居瑞士的「荒野」（wilderness）時期，吸收了柏格森（Henri Bergson）的生機論（vitalism），並認為足以取代歐洲社會主義者崇奉的、猥猥瑣瑣的啟蒙運動理性主義信念。墨索里尼也是在這段期間與尼采初次邂逅：他開始學習德文，細讀《超越善惡》與《道德譜系學》。如果說歐洲的勞動階級深受資本主義機械化的殘害，那麼生機論做為一種信念，不正可以恢復勞動階級失落的使命感與精神？一九〇八年，墨索里尼讀到索雷爾（Georges Sorel）受尼采啟發的《對暴力的思索》（*Reflexions sur la violence*），並經歷了一番頓悟。從索雷爾的作品中，墨索里尼發現一種關於戰鬥、意志與力量的好戰論調，並認定唯有這些概念才能夠讓義大利振衰起敝，成為與英國、法國、德國分庭抗禮的歐洲強權。畢竟，在恩格斯（Friedrich Engels）與考茨基（Karl Kautsky）以科學模式進行系統化研究之前，馬克思主義一直都是一種革命的信念，充斥著暴力與鬥爭的論調，其理論領航人鼓動貧苦大眾揭竿而起，發動一場決定性的血腥戰鬥，並且「剝奪那些剝奪者」（expropriate the expropriators）。簡而言之，讀過尼采之後，墨索里尼逐漸變成一個非正統的社會主義者，並為日後的政治信仰「改宗」奠定思想基礎。墨索里尼透過尼采的觀點來重新評估社會主義的信條，「他一步一步走向一種原創的革命理論，與馬克思主義日漸疏遠，最後反而成為反馬克思主義的法西斯主義者。」⑲

尼采與馬克思的聯姻真有那麼匪夷所思嗎？年輕墨索里尼的作品顯示，這種結合絕非難以想像：「我有一個『野蠻的』社會主義觀念。在我的理解中，社會主義是一種最偉大的否定與毀滅……前進吧，新一代的蠻族們！……就像所有的蠻族一樣，你們是新文明的前鋒。」⑳針對反戰主義者與議會政治支持者，墨索里尼堅持社會主義的宗旨在於「運動、鬥爭與行動」㉑。在他這段時期的作品中，已經出現這位日後獨裁者最喜歡引用的口號，那是居友（Jean-Marie Guyau）的名言：「人活著並不是要算計，而是要行動！」（To live is not to calculate, but to act!）㉒

考量墨索里尼早期對於柏格森與索雷爾的涉獵，他與尼采的邂逅也是勢所必然。尼采思想中最為墨索里尼五體投地的一點，就是他對基督教的強烈憎惡。在墨索里尼眼中，教會散播的宗教理念讓革命大眾長期處於消極被動、無所作為的狀態，從而衛護資本家與其意識型態同路人的利益。在這方面，墨索里尼自認可以調和尼采的感覺論（sensualism）——人應該憑藉直覺來從事哲學——與馬克思的人類學唯物論。

循著如出一轍的政治理由，墨索里尼很早就傾倒於尼采思想中的菁英意涵。當時歐洲雖然連續十年遭到經濟危機重創，但是馬克思預言的社會主義樂園依然是空中樓閣。在墨索里尼以及許多社會主義領袖眼中，革命的一事無成是馬克思主義的一大危機。傳統的社會主義作法與策略無法奏效，因此亟需汰舊換新。尼采不僅診斷出基督教助紂為虐，製造出百依百順「群眾」；而且當代無產階級也近乎尼采在《道德譜系學》中對群體道德的苛刻描述：孱弱、墨守成規、畏首畏尾。

那麼我們要如何對這些懶散的農夫與工人下手，將他們改造成馬克思歷史哲學徵召的革命打擊部隊？諾特指出，就在這個關鍵點上，尼采與列寧（Vladimir Ilyich Lenin）的思想在墨索里尼的世界觀之中融合為一[73]。如果現階段的無產階級無力發動一場革命，那麼尼采的「自我超越」理念就可以派上用場：無產階級必須將自身轉化為「超人」。一九〇八年，墨索里尼在一篇文章中談到：「平民大眾是如此深受基督教與人道主義影響，永遠無法理解我們需要一種更高層的惡，才能夠讓超人勃興……超人一心一意要發動革命。現存的一切都必須加以摧毀。」[74]根據這種新的想法，以及無產階級在政治上的倒退，列寧主義者倡議共產黨必須挺身而出，成為代表無產階級的「超人」。對於無產階級怯懦「群體」無法超越的中產階級體制，共產黨抱持的態度是一概消滅。第一次世界大戰爆發時，歐洲的社會主義政黨紛紛放棄國際主義、擁抱愛國主義（義大利是比較值得注意的例外，雖然為期不長），此時墨索里尼快速而精準地算出日後的政治發展：民族主義終將取代社會主義，成為革命鬥爭的旗手，法西斯主義於焉誕生[75]。

班雅明有一個著名的論斷：將暴力美學化是法西斯主義最顯著的特徵之一[76]。革命鬥爭的血腥必然性，在馬克思只是達成目標所需的手段，在法西斯主義卻成為目標本身。墨索里尼還有幾段話不僅透露出強烈的尼采色彩，更預示了未來法西斯主義者的萌芽過程（statu nascendi）：「我們必須將革命視為瘋狂對於人類健全理解力的報復。因為革命是不理智的、暴力的、愚蠢的、野蠻的，就像戰爭一樣，要縱火焚燒羅浮宮，要將公主剝光衣服丟到大街上，要殺戮、劫掠、毀滅。這是一場人為的大洪水，偉大的美感正在其中。」[77]

一九一四年的干預主義危機（interventionist crisis）期間，很可能就是尼采強調英雄主義、神話與戰鬥榮耀的價值觀，終於促使墨索里尼與其社會主義同志分道揚鑣，加入「法西斯革命團」（Fasci d'Azione Rivoluzionaria），這個組織是他戰後創立「義大利國家法西斯黨」（Partito Nazionale Fascista Italiano）的前身。為了表示對自身思想源頭的尊重，墨索里尼在一九三一年捐款兩萬里拉（lira）給威瑪的尼采檔案館。

做為二十世紀「實力政治」的先知，尼采的地位既不應誇大，更不該迴避。在坦然面對這個問題的時候，人們將學到一項在現代主義文學的記錄上斑斑可考（龐德、劉易斯、班恩、德曼與容格爾）的教訓：一位偉大的作家與思想家，也有可能在政治上是一個法西斯主義者——或者像尼采一樣，是法西斯主義的先行者（protofascist）。我們對偉大的思想成就向來有一些習以為常的觀念，但這項教訓構成一大挑戰，讓我們再三省思。

註釋

① Selected Letters of Friedrich Nietzsche, ed. and trans. C. Middleton（Indianapolis: Hackett, 1996）, 305.

② Mussolini, Opera omnia（Florence: La Fireze, 1951-63）, 17: 267-269.

③ Selected Letters of Friedrich Nietzsche, 337.

④ Ibid., 337.

⑤ Ibid., 339.

⑥ Ibid., 335.

⑦ Ibid., 341.

⑧ Ibid., 344.

⑨ Ibid.

⑩ Ibid., 346.

⑪ Nietzsche, "Why I Am So Wise, " in Ecce Homo, trans. W. Kaufmann（New York: Vintage, 1967）, 225。對尼采政治取向的討論，參見 Tracy Strong, Nietzsche and the Politics of Transfiguration（Berkeley: University of California Press, 1988）, Mark Warren, Nietzsche and Political Thought（Cambridge: MIT Press, 1988）, and

Keith Ansell-Pearce, An Introduction to Nietzsche as Political Thinker（New York: Cambridge University Press, 1994）。

⑫ Nietzsche, The Will to Power, trans. W. Kaufmann（New York: Vintage, 1967）, 612.

⑬ Georg Lukács, The Destruction of Reason, trans. P. Palmer（Atlantic Heights, N.J.: Humanities Press, 1981）.

⑭ Nietzsche, The Twilight of the Idols, or How to Philosophize with a Hammer, trans. R. Hollingdale（New York: Penguin, 1968）.

⑮ Nietzsche, The Genealogy of Morals, trans. W. Kaufmann and R. J. Hollingdale （New York: Vintage, 1967）, III, 12.

⑯ Nietzsche, The Will to Power, 272.

⑰ Nietzsche, The Gay Science, trans. W Kaufmann（New York: Vintage, 1974）, 232.

⑱ Nietzsche, The Will to Power, 419.

⑲ Descombes, Modern French Philosophy, trans. By L. Fox and J. Harding （New York: Cambridge University Press, 1980）, 10.

⑳ Nietzsche, Twilight of the Idols, 31.

㉑ Foucault, letter to Pierre Klossowski, July 3, 1969, in Cahiers pour un temps（Paris: Centre Pompidou, 1985）, 85-88.

㉒ Klossowski, Nietzsche and the Vicious Circle（Chicago: University of Chicago Press, 1997）, xvii。對於法國學界接納尼采各個階段的更詳盡探討，參見 Jacques Le Rider, Nietzsche en France de la fin du XIXe siècle au temps present（Paris: Presses Universitaires de France, 1999）. See also, Douglas Smith, Transvaluations: Nietzsche in France 1872-1972（New York: Oxford University Press, 1997）。

㉓ Klossowski, Nietzsche and the Vicious Circle, xix.

㉔ Ibid., 53.

㉕ Ibid., 54.

㉖ Why We Are Not Nietzscheans, ed. L. Ferry and A. Renaut, trans. R. de Loaiza（Chicago: University of Chicago Press, 1997）, vii.

㉗ The Foucault Reader, ed. P. Rabinow（New York: Pantheon, 1987）, 74.

㉘ Ibid., 95.

㉙ Why We Are Not Nietzscheans, 73.

㉚ Ibid., 106.

㉛ Alexander Nehamas, Nietzsche: Life as Literature（Cambridge: Harvard University Press, 1985）, 8.

㉜ See Nietzsche, "Truth and Lies in an Extra-Moral Sense, " in Philosophy and Truth: Selections from Nietzsche's Notebooks of the Early 1870s, ed. D. Brazeale（Atlantic Heights, N.J.: Humanities Press, 1979）, 84: "Truths are illusions which we have forgotten are illusions. "

㉝ Nehamas, Nietzsche, 9.

㉞尼采在 The Genealogy of Morals, III, 12 對自己的觀點主義有更詳盡的闡述：「所有觀察都涉及觀點，所有的『認知』亦復如是。我們談論一件事物時賦予的情感愈多，觀察事物的角度愈多，那麼我們對這件事物的『觀念』、我們的『客觀性』也就愈完整。然而如果將意志完全消除，凍結每一種情感——假設我們做得到的話，這與將思想閹割有何差別？」

㉟在理解尼采的觀點主義時，我們會遇到另一種可能性，讓尼采得以避開這種信條的相對主義意涵：儘管人類的知識是無可救藥地受限於觀點，然而各式各樣觀點的累積總和——一個人類知識無法企及的立場——

卻能夠產生近似真理的事物。不過這種假設有可能導致人們認定尼采的思考走上傳統形上學的「兩個世界」路向（表象的世界與物自身的世界），而這正是尼采本人亟欲避免的路向。

㊱ Nehamas, Nietzsche, 4. On page 6，尼哈瑪斯也提出一個類似的異議，指涉尼采與基督教的著名衝突：「尼采能否一方面宣稱已經揭示基督教最本質也最可鄙的特質，一方面避免暗示他的揭示與指控都是正確的？如果尼采這麼做，他不是就違背了自家的觀點主義，淪入他亟欲逃離的教條傳統？」
關於尼采觀點主義問題的相關討論，參見 Maudemarie Clark, Nietzsche on Truth and Philosophy（New York: Cambridge University Press, 1990）。反駁尼哈瑪斯並質疑他不應將「美學主義」歸咎於尼采，參見 Brian Leiter, "Nietzsche and Aestheticism, " Journal of the History of Philosophy 30（1992）, 275-290。

㊲ Nietzsche, The Will to Power, 427.

㊳ See M. S. Silk and J. P. Stern, Nietzsche on Tragedy（New York: Cambridge University Press, 1981）.

㊴ 對於尼采與後現代主義關係的合理懷疑，參見 Robert Solomon, "Nietzsche, Postmodernism, and Resentment, " in Nietzsche and Postmodernism: Essays Pro and Contra. ed. C. Koelb（Albany: SUNY Press, 1990）, 267-293。

㊵ Nietzsche, The Will to Power, 464.

㊶ Nietzsche, Ecce Homo, trans. W. Kaufmann and R. Hollingdale（New York: Vintage, 1967）, 328.

㊷ Peter Berkowitz, Nietzsche: The Ethics of an Immoralist（Cambridge: Harvard University Press, 1995）, 262.

㊸ Ibid., 21.

㊹ John Richardson, Nietzsche's System（New York: Oxford University Press, 1996）, 290.

㊺ Nietzsche, The Gay Science, para. 344.

㊻ Selected Letters, 221.

㊼ Nietzsche, Thus Spoke Zarathustra, trans. R. Hollingdale（New York: Penguin, 1969）, 299.

㊽ Nietzsche, The Gay Science, para. 341.

㊾ Nietzsche, Thus Spoke Zarathustra, 169.

㊿ Ibid., 296.

(51) Ibid., 137.

(52) Karl Löwith, Nietzsche's Philosophy of the Eternal Recurrence of the Same, trans. H. Lomax（Berkeley: University of California Press, 1997）.

(53) See Berkowitz, Nietzsche, 2.

(54) Nietzsche, Thus Spoke Zarathustra, 75-77.

(55) Nietzsche, The Will to Power, 458-459.

(56) Cited in J. P. Stern, A Study of Nietzsche（New York: Cambridge University Press 1979）; see also Karl Löwith's remarks in Nietzsche's Philosophy of Eternal Recurrence of the Same, 195-196: "André Gide and Antoine de Saint-Exupéry, D. H. Lawrence and T. E. Lawrence, Stefan George and Rilke, Rudolf Pannwitz and Oswald Spengler, Robert Musil and Thomas Mann, Gottfried Benn and Ernst Jünger—they are all unthinkable without Nietzsche."

(57) Nietzsche, Ecce Homo, 326-327.

(58) Nietzsche, The Will to Power, 465.

(59) Nietzsche, Genealogy of Morals, 76（translation altered）.

(60) Nietzsche, Beyond Good and Evil, trans. Walter Kaufmann（New York: Vintage, 1966）, 87.

(61) Nietzsche, The Will to Power, 504.

(62) Nietzsche, Ecce Homo（quoted in Nolte, Nietzsche u. Nietzscheanism, 193-194）; emphasis added.

㊸ See George Lichtheim, Europe in the Twentieth Century（New York: Praeger, 1972）, 186：「這麼說並不為過：如果沒有尼采，做為希特勒的鬥爭主力與運動核心的黨衛軍，將會缺乏思想激勵，難以在東歐展開大規模屠殺。」Also see the memoir written by Charlemagne Brigade propagandist Marc Augier, Götter Dämmerung: Wende und Ende einer grossen Zeit（Buenos Aires: Editorial Prometheus, 1950）。

湯瑪斯．曼在一九四〇年代的札記中提到，他感覺納粹主義瀰漫著一股正宗的尼采精神：「知識——精神的法西斯主義，揚棄了人性的原則，訴諸暴力、嗜血、非理性、殘酷、對真理的戴奧尼索斯式否定、自暴自棄於本能以及肆無忌憚的『生活』；後者其實等於死亡。」Cited in T. J. Reed, Thomas Mann: the Uses of Tradition（Oxford: The Clarendon Press, 1996）, 364。

㊹ Déat, Pensée allemande et pensée française（Paris: 1944）, 97-98, cited in Zeev Sternhell, "Fascist Ideology, " in Fascism: A Reader's Guide, ed. Walter Laqueur（Berkeley: University of California Press, 1976）, 344.

㊺ Peters, Zarathustra's Sister: the Case of Elisabeth and Friedrich Nietzsche（New York: Crown, 1977）, 221.

㊻ Aschheim, The Nietzsche Legacy in Germany, 1890-1990（Berkeley: University of California Press, 1992）, 235-236.

㊼ Nolte, Nietzsche und Nietzscheanismus（Frankfurt and Berlin: Propyläen,1990）, 194-195.

㊽ F Marinetti, "The Founding Manifesto of Futurism, " in Selected Writings （New York: Farrar, Straus, Giroux, 1971）, 42。關於未來主義與義大利法西斯主義關聯的更詳盡討論，參見Walter Adamson, Avant-Garde Florence: From Modernism to Fascism（Cambridge: Harvard University Press, 1993）。

㊾ Mario Sznajder, "Hitler, Mussolini and Italian Fascism, " in Nietzsche: Godfather of Fascism?（Princeton: Princeton University Press, 2002）, 250。墨索里尼同時也接納了史賓格勒的哲學：在一九三二年的一場訪談中：「墨索里尼也回憶他對史賓格勒的景仰以及兩人之間的友誼，並認為他的著作上承尼采。墨索里尼提到，

史賓格勒在尼采身上發現一種構想，可以用來對付當前現實狀況中的科學定律與馬克思主義預測，並提供一套可以替代帝王制度的作法。領袖進一步宣稱，要克服史賓格勒關於西方世界沒落的預言，尼采的『超人』觀念將帶來大好時機。墨索里尼與其追隨者正在身體力行，要成為新歐洲的創建者。」（255）。

⑰ Mussolini, Opere, III, 66（emphasis added）.

⑱ Ibid., 206.

⑲ Mussolini, Opere II, 53.

⑳ Nolte, "Marx und Nietzsche im Sozialismus des jungen Mussolini," Historische Zeitschrift 191（1960）, 249-335.

㉑ Mussolini, "La filosofia dell forza: Postille alla conferenza dell' on. Treves, " Opere I, 174-184.

㉒在這方面，Zeev Sternhell的論點認為法西斯主義出自「馬克思主義的危機」的爭議性，就技術層面而言是正確的。參見 Sternhell, Neither Right Nor Left （Princeton: Princeton University Press, 1996）。

㉓ Benjamin, "The Work of Art, in the Era of Mechanical Reproduction," in Illuminations, ed. H. Arendt, trans. H. Zohn（New York: Schocken, 1969）.

㉔ Mussolini, Opere V, 141-143.

2

被釋放的普羅米修斯：榮格與亞利安宗教的誘惑

Prometheus Unhinged:
C. G. Jung and the Temptations of Aryan Religion

> 猶太民族就其整體而言……擁有的潛意識無法與亞利安民族相提並論。創造性的個人姑且不論，一般的猶太人太過於自覺、分別心太重，無法孕育不可知未來的精神張力。對於亞利安這個還沒有完全脫離蠻族狀態的年輕民族而言，潛意識的潛能高於猶太民族，既是優點也是缺點。在我看來，今日的醫學心理學界已犯下大錯……不分青紅皂白地將猶太民族的範疇，套用到基督教世界的日耳曼與斯拉夫民族身上。正因如此，日耳曼民族最珍貴的奧祕——創造與直覺的靈魂深度，才會一直被視為一灘平庸幼稚的泥淖。
>
> ——榮格，〈心理治療現況〉（The State of Psychotherapy Today）

> 我們這個協會最重要的任務之一，就是呼籲醫師、教育家、所有關心如何引導人類的同胞們，還有軍方與工商業界的人士：千萬不要忽略潛意識！如果你還沒有開始探討潛意識，就不可能完全了解人類。
>
> ——戈林（M. H. Göring），第三帝國德國心理學研究與心理治療學會（German Institute for Psychological Research and Psychotherapy）主席，1940

後現代主義的鼻祖（Progenitor of Postmodernism）

第二次世界大戰結束之後多年，榮格的思想一直四面楚歌。當年榮格曾是納粹心理學界的領導人，因此戰後盟軍一度考慮將他視為戰犯、加以起訴；此外榮格還曾多次公開表態，支持德國與義大利的法西斯主義；這些都是他無法抹滅的污點。榮格的認同納粹，印證了許多人對他「分析心理學」（analytical psychology）怪異觀點的質疑。自從一九一四年與弗洛依德公然決裂之後，榮格的治學途徑愈來愈具有通神論（Theosophy）的觀念，這種思想同時也是納粹世界觀早期的重要來源①。弗洛依德總是以自身的啟蒙思想傳承為傲，但榮格汗牛充棟的理論著作，卻大力譴責西方文明的缺失，論調有如史賓格勒。啟蒙思想及其捍衛者鼓吹「自主的主體性」（autonomous subjectivity）觀念，視之為認知與倫理的理想；然而在榮格看來，這種知識主義（intellectualism）的路向只會產生欠缺深度、膚淺不堪的人格型態——艾略特（T. S. Eliot）所謂的「空洞的人」（Hollow Man）。

一九三〇年代，納粹將心理分析污名化為「猶太人的科學」。弗洛依德的追隨者為了逃避迫害，紛紛移居英語系地區重建事業，而且相當成功。但是對榮格的追隨者而言，爭取接納是一場艱苦的戰鬥。

在潛意識地位的問題上，弗洛依德與榮格的差異最為涇渭分明。弗洛依德認為，潛意識代表諸多令人困擾不安、從而遭到壓抑的經驗，因此也是神經與心理疾病的重要源頭；獲致健全人格的關鍵，在於讓意識照亮這一層被掩埋的經驗。弗洛依德就像上一代的啟蒙哲學家，認定理性的自我覺察——心理分析的目標所在——才是人類自我解放的鎖鑰。

榮格對潛意識的研究則迥然不同，在許多方面他襲用弗洛依德的觀念，並且反其道而行。根據分析心理學的批判，對個人自我實現而言，理性的自我是一種障礙而非資產。在榮格學派的術語中，真正的「啟蒙」是要將自我聯結到更原始的底層人類經驗：集體潛意識（collective unconscious）。如果說弗洛依德學派尋求的是讓受分析者重新認識其「內在兒童」（inner child），那麼榮格學派就是要讓受分析者重新回到其「內在祖國」（inner Fatherland）。依照靈魂輪迴（metempsychosis）的信念，個體的生命不只是一生一世，唯有再度聯結其先前、古老、神祕的自我，才能夠達到精神的圓滿俱足；可是讓科學與宗教分道揚鑣的啟蒙運動卻走上歧路。榮格從來不想掩飾他的企圖：將分析心理學轉化為一門新宗教，而且唯有一個新的精神菁英階層才有緣皈依。一位與榮格及弗洛依德同時代人士，在一九三〇年如此評論：「相當有趣的是，科學的法西斯化必須改變弗洛依德理論的要素，這些要素起源自崇尚啟蒙思想與物質主義的中產階級時期……對於這些黑暗的朋友，弗洛依德挖掘得還不夠深……榮格跳過這種對於啟蒙的除魅……尋求原始的藝術想像與宗教神話權利……就在潛意識之中。」②

我們也可以從類似的角度來探討比較弗洛依德與榮格對「神話」的運用。弗洛依德習慣將神話當成寓言或文學敘述，用以說明他的理念，最有名的例子就是伊迪帕斯（Oedipus）的故事。榮格卻很不一樣，他大張旗鼓，賦予神話與傳說更崇高的知識論地位。像密斯拉教（Mithraism）這類榮格喜歡引用的神話，都以豐富的象徵性展現出更崇高的認知價值。

隨著戰爭的記憶逐漸淡去，分析心理學也開始進軍「富裕社會」。弗洛依德引以為傲的「文化悲觀論」（Kulturpessimismus）是在兩次大戰之間暗潮洶湧的歐洲淬煉而成，無法符合富裕社會與日俱增的期望。當講求承擔獻身的一九六〇年代讓位給「自戀的文化」，一道文化的缺口也隨之浮現，讓榮格學派乘虛而入，一吐怨氣。社會期望的日漸升高，意謂著人們不必再畏懼「本我」（id），從此可以安心地進行探討。另一方面，消費者社會的精神空虛，激發出對於意義的渴求，因此比起嚴肅冷靜的心理分析，榮格的擬宗教（pseudo-religiosity）似乎更有無窮的可能性。對於經濟寬裕又有退休金保障的新時代（New Agers）子民，榮格思想成為取代宗教的不二法門。

然而一直到最近，學術界對於分析心理學的「抗拒」一直相當強烈。甚至連正宗弗洛依德學派早已撤守的大學心理系所，也不願意賦予榮格正統地位，畢竟他的方法學太過於神祕與隱晦。人類學家尼達姆（Rodney Needham）曾經指出，榮格的學術成果是「一連串意象、對應、模式、幻覺與象徵形式名副其實的大雜燴。」③因此以正統學術界的批判論述與理性分析來處理榮格的見解，實在沒有什麼道理，榮格本人也曾公開反對這種作法。與大部分神祕主義者一樣，對榮格來說，「公共理性」（public reason）的判準無法觸及分析心理學的真理，反而是一件光彩的事。就這個層面而言，榮格的見解與主張根本就是「不可否證」（unfalsifiable），不受傳統的理性與真理標準規範，接受者必須暫時卸下懷疑。

但是隨著一九八〇年代後現代主義大舉進軍，對於榮格的猶豫疑慮也逐漸消褪，讓榮格的地位猶如浴火鳳凰般神奇攀升。在最近出版的《劍橋榮格導讀》（*Cambridge Companion to Jung*）一書中，編者傳達了學界的共識：「榮格的許多理念都預示了當今『後現代』的知識與社會文化議題。」④既然榮格很早就與道地的現代主義者弗洛依德決裂對峙，因此榮格與後現代主義的對應似乎就非常值得探討。畢竟榮格曾經批評科學理性的認知潛能，遠遜於神祕與宗教經驗，這種觀點似乎正符合後現代主義對於啟蒙主義的幻滅失望，以及對於「另類」知識源頭的追尋。與傅科、德希達與李歐塔對西方文化理性的口誅筆伐相比，榮格的批判似乎還算溫柔敦厚⑤。認為理性具有「男性主義」（masculinist）與「陽具崇拜」（phallocratic）傾向的女性主義人士，也將榮格視為同道中人；因為榮格的「陰性基質」（anima）觀念——兩性都擁有的原始女性「內在自我」——似乎正是婦權派（gynecological）或「差異」（difference）女性主義的前驅。羅蘭（Susan Rowland）在《榮格：女性主義者的重探》（*Jung: A Feminist Revision*）一書中寫道：「榮格的陰性基質做為一種不可知潛意識的能指（signifier），可視為榮格本人在後現代的化身。」⑥

最後一點，近年來心理分析學界也遭逢危機，這個領域不再像早年那麼緊密團結，逐漸開始接納新的方法學：客體關係（object relations）、自我心理學（ego psychology）與人本心理學⑦。在如此多元化的知識氛圍中，心理分析學界愈來愈難繼續排斥榮格與其理論。

年少迷途（Prodigal Youth）

從各方面資料來看，榮格的早年生涯都相當特異。他成長於十九世紀的瑞士巴塞爾，但是與父母親營造的環境格格不入，因此退入內心自省的世界。八歲時榮格發明一種遊戲，他坐在石頭上問自己：我是榮格還是石頭？後來榮格自白：「答案是完全無法確定。」兩年之後，他開始舉行一種儀式，將一把尺的上半部刻成人偶形狀，情緒不穩定時就將這具圖騰拿出來，平日則藏在閣樓的地板下方，旁邊還放了一卷以祕密文字書寫的小小卷軸。後來他描述這些儀式「具有非常強大的影響力」、「是我童年生活的高潮與總結」⑧。榮格在學校的人緣極差（他的一位同學日後回憶：「我從來沒有遇過這麼不合群的怪胎。」）因此他經常假裝昏倒，以逃避同學的凌辱，但卻讓他的父母親驚慌失措⑨。青少年時期，榮格著迷於一種想法，認為自己其實是「另一個人」；他從此開始搜尋他所謂的「第二」人格。榮格上溯一則家族傳說——他的祖父是歌德的私生子——做出結論：他那如影隨形的第二個自我，就是這位偉大的德國詩人。後來榮格進一步認定，自己根本就是歌德的轉世化身。

榮格青少年時代最關鍵的事件，是他著名的「大教堂幻覺」（cathedral fantasy）。他在自傳中寫道：「我的整個青少年時期，都可以透過這個祕密來理解。」⑩年僅十二歲的時候，榮格經歷了一種預言式的幻覺。在一個陽光普照的夏天，榮格放學回家時，注視著鎮上宏偉的大教堂，彷彿看到上帝坐在教堂上方的黃金寶座中。榮格原本對這幅輝煌壯麗的景象滿懷敬畏，後來心中卻產生強烈的衝突，困擾持續好幾天。這場內在危機最後是靠另一幅幻覺景象化解：一塊「巨大的糞土」從上帝的寶座降下，將教堂打得粉碎，榮格說他當時感到如釋重負，甚至可說是興高采烈。

榮格的父親是一位新教牧師，對兒子而言，他代表優柔寡斷和中產階級的卑微拘泥。因此後來發生的大教堂幻覺，不僅象徵榮格與父性權威以及教會傳統的伊迪帕斯決裂，同時也形同一種徵兆，鼓勵他一心一意追求非正統、超自然與精神性的真理。因此事後來看，榮格的幻覺似乎促成了今日榮格學派最具代表性的異教神話；這種探索涉及原始的意象或「原型」（archetype）的灰色領域，深埋在人類的集體潛意識之中。

有一段時間，榮格似乎注定要在臨床心理學界揚名立萬，展開他優渥的中產階級生涯。一九〇〇年，二十五歲的榮格從醫學院畢業，到瑞士蘇黎世（Zurich）世界知名的伯格爾茨利（Burghölzli）精神病院擔任住院醫師，師事於大名鼎鼎的布洛伊勒（Eugen Bleuler）醫師，並在任職期間接觸到弗洛依德的著作。一九〇六年，榮格在弗洛依德潛意識理論的啟發之下，設計出一種字詞聯想測驗，奠定自己的名聲。同一年，這兩位心理分析運動開創期的大師開始通信；他們的友誼在一九〇九年達到最高峰，結伴坐船橫渡大西洋，到美國麻薩諸塞州的克拉克大學（Clark University）講學。據說當他們的郵輪抵達紐約時，弗洛依德轉身對榮格說：「他們不知道我們將帶來一場瘟疫嗎？」⑪

日後回顧，我們可以判定弗洛依德與榮格的關係，是一種深刻的相互移情作用（mutual transference）。世紀之交的伯格爾茨利，是當時最負盛名的精神病院；以維也納為基地的弗洛依德則頗有孤立之感。所謂的「心理分析運動」當時只是由弗洛依德這位大師帶著幾名猶太裔門徒，每星期三晚上集會一次，缺少一個可以作為基地的機構。弗洛依德在通信中坦白表明，他將「蘇黎世學派」（Zurich School）的榮格與布洛伊勒視為理想的代言人，可以協助他將心理分析的福音傳送到非猶太人的世界，為這個運動與他本人博得應有的國際名聲。如此一來，就可以跨越心理分析被世人貶抑為「猶太人的科學」的障礙。此外，弗洛依德相當瞧不起他在維也納的同行，相較之下，榮格高大英俊、才情煥發，而且是純種「條頓人」（Teuton），讓時年五十歲的弗洛依德自認為找到了衣缽傳人、心理分析運動的王儲。在一九〇八年的一封信中，弗洛依德告訴榮格：「的確只有你才能為心理分析做出原創性的貢獻。」⑫三年之後，弗洛依德對瑞士心理學家賓斯萬格（Ludwig Binswanger）透露：「在我死後，唯有榮格才能繼承我創建的這個領域。」⑬因此一九一〇年國際精神分析協會（International Psychoanalytic Association）創立時，榮格在弗洛依德支持之下當選為第一任主席，令維也納人士大感意外；榮格擔任主席長達四年，一直到他與弗洛依德決裂為止。

榮格相信，他在比他年長近二十歲的弗洛依德身上，找到了童年時期缺乏的父親形象（兩人的通信充斥著「父子」語彙），以及他極度渴望的學術專業肯定。榮格從來不隱瞞他對弗洛依德的同性愛慕之情，坦然談論這份情感的「無可否認的情慾意味」，並且類比為一種「宗教般的迷戀」的敬意。然而弗洛依德告誡他，這種宗教般的讚美只會以變節叛教終結；果然一語成讖。

以「一見鍾情」來形容弗洛依德與榮格，或許失之誇張，然而一九〇七年他們首度見面時，就連續暢談了整整十三個小時，當時弗洛依德剛與弗里斯（**Wilhelm Fliess**）決裂，痛苦記憶猶新，因此他在與榮格的通信中，一再要求對方保證忠誠；而榮格也幾乎都是俯首聽命。弗洛依德最不放心的就是，榮格是否心悅誠服於他的精神疾病起源於性衝動學說，也就是心理分析學派基礎所在的「慾力理論」（**libido theory**）。當兩人準備登上一艘蒸汽郵輪，前往克拉克大學演講時，弗洛依德的伊迪帕斯恐懼似乎化為現實。幾杯葡萄酒下肚之後，榮格開始絮絮叨叨地講述幾個史前考古遺址的最新發現，例如比利時出土的「泥炭沼澤木乃伊」（**peat bog mummies**）。弗洛依德試圖轉移話題，但榮格卻繼續挺進，說個不停。弗洛依德深覺榮格在這方面的興趣猶如一種詛咒，當場昏厥過去⑭。

在這趟橫渡大西洋的航程中，弗洛依德與榮格會相互分析對方的夢境，以此自娛。而兩人關係的基本裂痕，也就是在某一次分析過程中浮現。當時榮格為弗洛依德分析一場夢境，要求他提供一些私生活細節，以便讓詮釋更為完整；但弗洛依德拒絕，認為這麼做將危及自身的權威地位。在榮格看來，弗洛依德的拒絕是一個轉捩點，顯示這位心理分析的開創者對於權威的重視更甚於真理。

弗洛依德對榮格幾乎是傾囊相授，視之為他欽定的心理分析王位的繼承人。因此弗洛依德也曾想盡辦法，要將榮格留在心理分析運動陣營，但卻徒勞無功。一九一一年前後，當榮格開始寫一部怪異且錯綜複雜的學術作品《慾力的轉化與象徵》（*Transformations and Symbols of the Libido*），他與弗洛依德的通信狀況也急轉直下，兩人的思想路向從此分道揚鑣，再也不曾相會。弗洛依德一直堅持心理分析首先是一種科學，他的思想精神扎根於啟蒙運動傳統；心理分析讓原本隱晦的潛意識浮上意識層面，尋求讓個體解脫過往經驗的桎梏，從而恢復其主體性。弗洛依德曾簡潔地描述心理分析之目的：「有本我之處必有自我。」⑮

後來弗洛依德很快就得悉，榮格已經改宗另一套思想傾向與價值觀。對榮格而言，心理分析絕不僅止是科學。科學具體象徵著西方理性主義：一種了無生氣的知識主義，只會導致慾力的扼殺與集體性的精神官能症。在許多方面，科學要為現代人類廣泛的社會病態現象負直接責任——它本身是一種疾病而非療癒方式。另一方面，心理分析如果要因應現代艱鉅的精神挑戰，它就必須精益求精：成為一種**新宗教**、一種世界觀，取代奄奄一息、虛無的基督教西方世界價值觀。

弗洛依德在一九一〇年提出一個問題：心理分析運動若與某種精神相近的倫理運動相聯結，對其自身有何裨益？榮格在回答時大膽表白心跡：

「我認為除了聯結一種精神相近的倫理運動之外，心理分析還有一種更為細緻、更為廣泛的使命。我們必須讓心理分析有充裕的時間，從許多中心滲透進入人群，恢復知識份子對象徵與神話的感受，溫和漸進地將基督轉化為祂的本來面目——有預言能力的葡萄樹之神（God of the vine），並藉此來汲取**基督教狂喜本能的力量，目的是要讓宗教崇拜與神聖回歸舊觀——歡樂的酩酊饗宴，人類在其中重新獲取動物的精神與聖潔**。那正是古典宗教的美好特質與目的所在。」[16]

弗洛依德對榮格這番告白大感意外，並且對他將心理分析與宗教畫上等號非常不以為然：「你不該將我視為宗教的創立者，我沒有那樣的意圖……我念茲在茲的並不是宗教的替代品，這種需求應該要予以昇華。」[17]但儘管弗洛依德諄諄善誘，榮格卻充耳不聞。

顯然，榮格建議的「將基督轉化為有預言能力的葡萄樹之神」，與其說是振興基督教的良方，不如說是一種新異教的祕笈，取法於尼采和德國浪漫主義。「有預言能力的葡萄樹之神」正是戴奧尼索斯，其神話地位對應於酩酊大醉與淫慾狂歡。榮格就是以這類離經叛道的術語，重新詮釋弗洛依德的「慾力理論」，不再只是指涉「精神疾病起源於性衝動」，而是要揭示一種受到壓抑的前基督教時期的神話象徵與行為，並且透過榮格的「主動想像」（active imagination）技巧釋放出來，將能夠協助現代人與其原始自我重新達致諧和。從這裡就可以明顯看出，為何後來的新時代運動——鐵約翰（Iron John）、與狼奔走的女人（Women Who Run With Wolves）、否認靈魂（Denial of the Soul）——會將榮格奉為大祭司與大宗師。「文明」造成的扭曲只會掩蓋並糟蹋這個極為重要的發生學——神話學（phylogenetic-mythological）遺產，而始作俑者正是理性知識份子與猶太人——如同本章題詞引文所顯示的，榮格向來不避諱這一點。

「猶太人沒有這種意象」（"The Jews Do Not Have This Image"）

過去幾年以來，各方對於榮格的反猶太觀點已經多所討論。支持榮格的人士忙不迭地指出，榮格有許多猶太裔的同事與門徒，而且他對猶太女性的情有獨鍾也是眾所皆知——只不過大部分人也同意，要拿這個因素來佐證榮格親善猶太人，恐怕大有問題。在一篇早期的文章中，榮格甚至拐彎抹角地談到自己有一種「猶太女性情結」（Jewess complex）⑱。任職伯格爾茨利精神病院期間，榮格與一位猶太裔女病患史碧爾倫（Sabina Spielrein）有過一場斷斷續續的熾熱戀情，史碧爾倫後來也成為弗洛依德學派的心理分析師。幾年之後，舊事重演，榮格愛上另一位猶太裔女病患伍爾芙（Toni Wolff），直到她一九五三年過世之前，伍爾芙一直是榮格的同事與情婦。榮格曾在與弗洛依德的通信中坦然誇耀自己的「一夫多妻傾向」，後來又宣稱：「對我而言，美好婚姻的先決條件，就是要容許婚外情。」看來榮格還真的言行合一⑲。

眾所皆知，榮格的原型理論具有濃厚的亞利安民族色彩。他自己一直堅持，蘊藏在亞利安民族集體潛意識中的原型，在本質上截然不同於猶太民族集體潛意識的原型（也就是亞利安民族比較優越）。諾爾（Richard Noll）在《榮格崇拜》（*The Jung Cult*）一書中指出，「榮格認為，猶太文化並不像古代亞利安文化一樣，直接奠基於『原始宗教』（Ur-religion）的自然源頭，因此猶太文化也無法透過成年禮來直接體會神聖經驗，從而獲致『神祕性』（mysteries）。」⑳事實上，《慾力的轉化與象徵》一書的主要參考資源之一，狄特立希（Albrecht Dieterich）的《密斯拉教儀式》（*A Mithra Liturgy*），將這種觀點表白得更為清楚。狄特立希談到「透過成年禮而重生」這個亞利安／異教的中心主題時說：「**猶太人沒有這種意象。**」㉑

在一九三四年的一篇專論〈論心理治療現況〉（The State of Psychotherapy Today）中，榮格將心理分析視為「猶太人的科學」的貶抑，達到狂熱的程度（此外，榮格大放厥辭的同時，正安穩地蝸居在瑞士庫斯納希特（Küsnacht）的家中，因此並沒有黨衛軍之類的惡勢力強迫他言不由衷。）榮格這篇文章開宗明義就宣稱：「弗洛依德狂熱地偏重性關係與性慾，一言以蔽之，偏重『唯樂原則』（pleasure principle）……幾乎是把人類的慾望與貪婪當成心理學的最高原則。」㉒提出這些指控之後，榮格訴諸反猶太的老生常譚來攻詰弗洛依德及其理念：心理分析是猶太人的科學，它對性慾的過度關注正是猶太人的本色；在天性上，猶太人主要是受制於貪婪與淫蕩的動機。當時正逢納粹獨裁政權剛站穩腳根，殘暴統治一一施展，因此榮格的指控特別不可原諒。這篇文章的結論部分更大肆醜化猶太人與其卑微的歷史起源：

「猶太人的特質與女性有共通之處，他們的身體較為虛弱，因此對抗敵人時必須瞄準其盔甲的縫隙；而且就因為這種數百年來被迫學習的伎倆，他們總是在別人最脆弱的地方，得到最穩固的保護……身為一個有三千年文明的種族，猶太人就像文化深厚的中國人一樣，具備比我們更寬廣的心理意識。因此，猶太人在否定自身的潛意識時，**通常**也比較不會那麼危險。相較之下，亞利安民族的潛意識蘊藏著未來的爆發力量與種子，而且這些力量與種子不能等閒視之，當成不具精神危險性的幼稚浪漫主義。仍屬年輕的德國民族，絕對有能力從每個個體潛意識的黑暗領域中，開創出新穎的文化形式——種子爆發出能量，並且大肆擴張。然而猶太人就像遊牧民族一樣，從來沒有創造出屬於自己的文化形式，未來也看不出有這種能耐；因為他們所有的直覺與才能，都必需依附另一個文明程度較高或較低的國家，才能夠發揚光大。」[23]

根據榮格對種族原型觀念的曲解，猶太人這種古老的民族，受到一神教壓迫與戕害——尼采的「奴隸的道德」——要比亞利安民族更久，因此儘管猶太人的「智能」與「意識」仍然相當敏銳（就榮格學派的觀點而言，這種說法未必是恭維），但他們的潛意識——所有創造力、活力與生命的泉源——卻是無藥可救地乏善可陳。對於當務之急的文化復興工作，能冀望於猶太人的部分少之又少。亞利安民族則迥然不同，他們只被猶太教——基督教桎梏了一千年，因此還算「年輕」，他們的潛意識也豐富得多，未來的希望無可限量。

榮格心理學的核心理念「集體潛意識」，與當時的種族思想淵源深厚（他的《慾力的轉化與象徵》以正面角度援引納粹思想的聖經——張伯倫〔Houston Stewart Chamberlain〕的《十九世紀的基礎》〔*The Foundations of the Nineteenth Century*〕），因此他在第三帝國初葉可說是如魚得水。榮格積極地與戈林（M. H. Göring）領導的「德國心理學研究與心理治療學會」（German Institute for Psychological Research and Psychotherapy）合作，在納粹的「心理治療醫學會」（General Medical Society for Psychotherapy）擔任主席，並主編該機構的《心理治療學報》（*Zentralblatt für Psychotherapie*）。日後榮格一直撇清，說他接受這些職位的動機是要保護猶太裔同事；儘管不是完全不可能，但是這類親善猶太人的事後表白，卻無法遮掩榮格多次在公開論述中，直指亞利安民族與猶太人從根源上就涇渭分明。在一九三三年的一場演講中，榮格大力讚揚義大利法西斯主義的勝利：「義大利全國歡呼迎向領袖，其他國家卻還在哀嘆他們欠缺強而有力的領導人。」這篇演講稿在一九三四年再版時，榮格又加了一段：「在我寫下這段話之後，德國也找到了自己的領袖（Führer）。」㉔

而且榮格在這段時期的演講中，也不時對希特勒揄揚一番。納粹向來認為心理學過於強調個人，因此懷疑它是否能夠符合種族共同體的集體目標。一九三三年榮格在柏林接受廣播電台訪問（內容見於《榮格訪談錄》〔*C. G. Jung Speaking*〕），他仔細闡述自己的「分析心理學」與納粹革命是何等志同道合，他說：「我認為心理學的終極目標在於個體的自我發展，唯有這種發展才能夠為集體性的運動培育出富於責任感的代言人與領導者。就如希特勒最近提到的，領導者必須能夠獨斷獨行，雖千萬人吾往矣。」在這場訪談中，榮格還讚揚「領導統御」原則（「無論國家的體制如何，群體的需求都必須由領導者承擔」），並批判民主體制（「唯有在漫無目標的沉寂停滯之中，漫無目標的議會論政才能苟延殘喘」），言辭中充斥著納粹的色彩㉕。一九三九年一月《赫斯特國際雜誌》（*Hearst's International Cosmopolitan*）刊出一篇榮格訪談錄，他興高采烈地描述第三帝國的領袖：

> 「毫無疑問，希特勒隸屬於神祕的巫醫（medicine man）類型。日前在紐倫堡（Nürnberg）舉行黨代表大會時，有人如此形容：自從穆罕默德（Mohammed）以來，沒有任何人物的出現能與希特勒比擬。希特勒的神祕特質是如此顯著，以致於他的行事會令我們覺得違反邏輯、無從解釋、特立獨行與不可理喻……由此可見，希特勒是一位巫醫、一具神靈之器（spiritual vessel）、一位半神半人（demigod），甚至根本就是一則神話。」㉖

考克斯（Geoffrey Cocks）在《第三帝國時期的心理治療》（*Psychotherapy in the Third Reich*）一書中指出，榮格學派強調不同種族的獨特集體經驗，因此在納粹時期特別受到歡迎。在許多第三帝國人士看來，這兩種世界觀之間的密切關係，可謂顯而易見、無可置疑。所以當弗洛依德的理論遭到禁絕、著作被人公開焚燒時，榮格的理念卻大為風行，而且榮格本人對這番榮景也樂觀其成。大戰結束後的一九四六年，英國外交部甚至一度考慮要把榮格送上戰犯法庭，並將相關罪證彙編為《榮格博士案卷：偽科學家與納粹幫兇》（*The Case of Dr. Carl G. Jung: Pseudo-Scientist and Nazi Auxiliary*）。然而後來英國外交部打消此意，轉而集中心力對付更重要的戰犯㉗。

的確，過了一段時間之後，榮格終於見識到納粹政權特有的邪惡狂熱，開始保持距離。只是為時已晚，一如榮格情有獨鍾的浮士德（Faust）傳奇（其中一個著名的版本就是出自他的曾祖父），他已經將靈魂賣給魔鬼。因此榮格必須為自己的錯誤付出代價，至少要接受輿論的審判。儘管榮格並不是道地的納粹黨人，但他依舊是納粹的同路人，而且諸多核心理念與納粹的世界觀如出一轍；這兩個問題至今仍然陰魂不散。

近來有兩樁相當戲劇性的檔案資料發現，為榮格的反猶太問題提供了新的證據，而且顯然對這位瑞士心理學家相當不利。首先是一封榮格於一九一三年寫給一位瑞士的同仁的信函，提到與弗洛依德的決裂激發了他的反猶太傾向，在信的結尾更大膽表白：「在此之前，我並不是反猶太人士；但從此以後，我相信自己將會走上這條路。」㉘第二項證據來自諾爾的《榮格崇拜》：「榮格在一九一六年提出亞利安民族獨有的救贖之道，而蘇黎世分析心理學俱樂部（Analytical Psychology Club）組織章程的『祕密附件』，正是佐證。」㉙根據這項祕密附件，俱樂部對猶太人的會員資格有嚴格「限制」：正規會員中的猶太人比例不得超過一〇%，臨時會員的上限則為二五%。榮格一直到一九五〇年才取消這項限制，當時關於他勾結納粹的爭議正沸沸揚揚，威脅到他的心理治療王國。諾爾認為，這項證據「印證了榮格長期掩飾的反猶太立場。」

摯友葛羅斯（Close Encounter with Otto Gross）

一九一一年前後，榮格反覆宣稱自己飽受「神話狂想的九頭蛇」（hydra of mythological fantasy）折磨㉚。到底是什麼邪惡的力量導致榮格——布洛伊勒醫師性情溫和的左右手、心理分析界的明日之星——突然陷入迷惑幻覺與戴奧尼索斯式的官能狂亂？這是榮格心理學家生涯的轉捩點之一，為了深入了解，我們必須將焦點轉向葛羅斯（Otto Gross）這位縱慾的反道德人士、離經叛道的心理學家；榮格與他的交往對榮格本人有深遠影響。

在心理分析學派發展初期，葛羅斯似乎注定要揚名立萬。只要是認識他的人，幾乎都會折服於他的天分和與生俱來的領袖魅力。心理學家瓊斯（Ernest Jones）如此形容：「以浪漫主義的定義而言，葛羅斯是我見過最名副其實的天才。」㉛弗洛依德也說過，葛羅斯與榮格都是「能夠為心理分析作出原創性貢獻」的少數菁英㉜。

然而葛羅斯自身問題重重。他的父親漢斯．葛羅斯（Hanns Gross）是現代犯罪學的奠基者。老葛羅斯雖然出生於奧地利，但卻是個無比嚴厲的典型普魯士父親。因此葛羅斯的許多反叛行為，都有其深層的伊迪帕斯情結根源。葛羅斯沉溺於古柯鹼與嗎啡，無法自拔；他從尼采與弗洛依德得到啟示，認定單一對象的性關係是當代文明的主要病原；因此他大肆鼓吹百無禁忌的縱慾。一九一〇年代，葛羅斯的放蕩生涯走火入魔，被父親宣布為不具法律行為能力。當局並對他發布通緝令，跨國追緝行動也隨之展開。後來葛羅斯遭到逮捕囚禁，中歐的波西米亞知識份子遂發起一場「釋放葛羅斯」運動。出獄之後的葛羅斯定居布拉格（Prague），和卡夫卡（Franz Kafka）結為好友，兩人同病相憐，經常談到父親的專制作風。某些學者認為，葛羅斯的法庭苦難正是卡夫卡小說《審判》（*The Trial*）主角K（Josef K.）的人物原型與靈感來源。

在崇尚素食主義、自由戀愛與異教神靈的慕尼黑——蘇黎世——阿斯科納（Ascona）反文化圈子中，葛羅斯是一位常客。然而對那些世紀末的前衛人士而言，葛羅斯的習性還是太過怪異；後來據說他因為參加雜交派對而被阿斯科納的「真理山」（Monte Verità）社區逐出門牆。一九〇七年，葛羅斯帶著他的慾力救贖福音北上，來到學術聖地海德堡（Heidelberg），著名的韋伯（Max Weber）學派重鎮。葛羅斯在那裡認識了馮里希托芬家族（von Richthofen）的一對姊妹花：艾爾絲・亞菲（Else Jaffe）與佛麗妲・威克里（Frieda Weekly）。葛羅斯和馮里希托芬姊妹都已婚，但他仍輪番引誘兩人。就在那一年，艾爾絲與葛羅斯的髮妻——也叫佛麗妲——各自為他產下一子，而且兩個女人都將新生兒命名為彼得（Peter）。幾年之後，佛麗妲・威克里與英國小說家勞倫斯（D. H. Lawrence）私奔，締造了二十世紀最著名的一段文學羅曼史。勞倫斯也因為佛麗妲的緣故，深受葛羅斯影響。總而言之，葛羅斯可能算得上是二十世紀歐洲文學界背後的幢幢巨影之一。一九二〇年，葛羅斯英年早逝，他的結局並不出人意外：無家可歸，活活餓死在柏林街頭㉝。

時間回到一九〇八年，葛羅斯的生涯再度嚴重觸礁。長期吸毒且一文不名的他，接受弗洛依德建議，到伯格爾茨利精神病院尋求榮格協助，進行心理分析治療的最後嘗試。雖然榮格剛開始有點猶豫，但他和葛羅斯一見如故，開始相互分析對方，一談就是十二個小時甚至更久，猶如一場接一場的馬拉松。後來榮格向弗洛依德報告：「每當我陷入困境，葛羅斯就會分析我；從而讓我的心理健康更上一層樓。」

㉞榮格對葛羅斯讚不絕口：「無論他過去如何，他都是我的朋友；因為在心靈深處，他仍然是一個好人，擁有獨特的心靈……在葛羅斯身上，我發現自身真實本性的許多層面，他就像我的雙胞胎兄弟一樣——**只除了罹患早發性癡呆（Dementia praecox）之外。**」㉟後來的發展顯示，這個「除此之外」關係重大。

葛羅斯終究「結束」了這段分析療程，不告而別離開伯格爾茨利精神病院，逃往慕尼黑。但無論如何，榮格與葛羅斯的確曾在療程中交換角色：葛羅斯擔任分析者，榮格變成病人。藉由這樣的轉換過程，葛羅斯將榮格從中產階級的一夫一妻戒律中解放出來，從此進入縱慾的享樂主義。事實上，葛羅斯失蹤之後不久，榮格就開始在書信中津津樂道自身的「一夫多妻傾向」。榮格在《慾力的轉化與象徵》中呼應葛羅斯的觀點：「陽具崇拜與狂歡縱慾的祕教，並不一定意味著一種特別淫亂放蕩的生活；就如同基督教禁慾苦修的象徵主義，並不一定代表道德特別高尚的生活。」㊱諾爾更指出：「榮格與葛羅斯結識之後，他與史碧爾倫的關係也突然間變得情慾盎然。」㊲

史碧爾倫接受榮格治療期間的日記，為葛羅斯對榮格的影響留下充分的證據：

「我坐在那裡等待，沮喪到點極。這時榮格來到，笑容可掬，興奮地談起葛羅斯，談到他剛剛才發表的獨到見解（也就是一夫多妻）。榮格不想再壓抑他對我的感情，坦承我是他第一位紅粉知己……等等（當然他的妻子例外），而且他要對我吐露自身的一切。」㊳

後來史碧爾倫似乎是以「詩歌」（poetry）作為代號，指稱她與榮格交往時期的多次幽會。

諾爾認為，在葛羅斯接受榮格心理分析治療的過程中，真正發生改變的其實並非身為分析對象的葛羅斯，而是進行分析的榮格：

「葛羅斯以其性慾解放思想、尼采理論、透過心理分析來改變世界的烏托邦夢想，折服了榮格。在此之前，榮格想必已經知道有一個他不敢涉足的世界，一個與他珍視的一切價值格格不入的波希米亞國度。榮格與葛羅斯促膝長談，聽他描述他在海德堡的性出軌，如何引誘馮里希托芬姊妹，如何生下兩個私生子，以及關於素食主義、鴉片和雜交派對的種種。葛羅斯還暢談施瓦賓（Schwabing）、蘇黎世、阿斯科納的反文化團體；當榮格聽到新異教信徒、神智主義者與太陽崇拜（sun worship）人士都已在他的祖國

瑞士建立聚落時，不禁驚嘆不已。」㊴

從這個時候開始，榮格逐漸揚棄中產階級的科學理性與社會體統，全心投入新異教神祕教派與奧祕儀式的奇幻世界；榮格因此臣服於他在致弗洛依德信中提及的「神話狂想的九頭蛇」。這類主題與影響，充斥在榮格一九一〇年至二〇年間的論著與講學中，當時正是他「分析心理學」成形的關鍵年代，陰性基質、陽性基質（animus）、人格面具（persona）、集體潛意識、原型等觀念燦然大備。

同時榮格也重新審視心理分析，明確樹立一種反啟蒙精神。對榮格而言，這麼做意謂著他克服了意識心靈（人格面具）的金科玉律，從此直接面對深藏在集體潛意識中的古老幽靈——分析對象的「內在祖國」。諾爾指出：「由猶太教——基督教信仰以及其他政治與價值體系構成的『文明』鐵籠，必須揚棄，才能夠恢復真實的文化，恢復靈魂與民族（Volk）的原始基礎。而揚棄文明的不二法門就是：恢復內在的『古代人』（archaic man），讓伊甸園與亞利安民族過往的幽冥力量，再度發揚光大。」㊵「亞利安民族的心理分析」的信念於焉誕生。榮格學派分析工作的目標，是它自身追求的返魅（reenchantment）與神話，而不是弗洛依德著重的成熟與自治。還有一點相當重要：榮格在這段時間經歷的民族——新異教頓悟（《慾力的轉化與象徵》第二部提供了豐富的證據），其實絕非單一特殊事件，而是緊密扣合了德國對於現代文化「沒落」的批判，以及對於亞利安精神（Aryanism）、古老宗教、靈性主義與太陽崇拜之類增進生命的價值觀的鼓吹。

亞利安宗教（Aryan Religion）

榮格所謂的「自我神化」（self-deification）經驗，對他的生命與學術而言，都是一個重大的轉捩點；在一九二五年的一場研討會課程中，榮格詳細描述了這段經驗，但課程講稿一直到最近才曝光。榮格提到一九一三年時，他經歷了一連串自我誘發、充滿幻覺的催眠狀態，並且遇見許多神話中的半神半人，其中最重要的就是費勒蒙——以利亞（Philemon-Elijah）——密斯拉教傳說中的人物，留著一嘴長長的白鬍鬚，還長出一對翠鳥（kingfisher）的翅膀。此外莎樂美（Salome）也出現了，日後榮格認為她代表他的「陰性基質」。莎樂美相信榮格能夠治癒她的失明，於是開始對他頂禮膜拜。榮格問她：「妳為何膜拜我？」莎樂美開門見山：「你就是基督。」緊接著登場的是這幅景象：

「我看到一條蛇爬向我，她越靠越近，把我纏繞起來，逐漸縮緊，一直纏繞到我的胸口。我一邊掙扎一邊想到，自己這個樣子就像是被釘上十字架。在痛若與掙扎之中，我大汗淋漓，汗水多到向四面八方流去。這時莎樂美站起來，她已經重見光明。當那條蛇在壓迫我的時候，我只覺得自己的臉變成一張猛獸的臉——一頭獅子或老虎。」㊶

榮格透過古老的密斯拉教神祕崇拜，完成一場異教的自我神化經驗。在這場靈視的追尋過程中，榮格化身為密斯拉教——亞利安傳奇中的獅頭神（Deus Leontocephalus）。唯有「主動想像」本領深厚的人，才有緣體會這種印歐民族古老過往的原始層面（ur-stratum）。後來榮格回憶：「導致神化過程的重要因素，是那條蛇的纏繞。莎樂美的膜拜就是神化。我感覺自己變化而成的動物臉孔，就是密斯拉教神話中著名的獅頭神。」㊷

密斯拉教是一種二元論（dualism）宗教，興盛於上古時代晚期，其根源可以追溯到波斯的瑣羅亞斯德教（Zoroastrianism）。它的禮拜儀式包含一套祕密的入會禮，分為七個階段。密斯拉教儀式的關鍵部分是聖餐饗宴，信徒在其中分享經過祝聖的麵包與水，祭司高唱頌歌並搖鈴奏樂；這些禮儀似乎是基督教的前身。儀式中最神聖的一刻，就是揭示一幅主神密斯拉屠殺一頭公牛的畫像——密斯拉教著名的「屠牛祭」（tauroctony）。在榮格的《慾力的轉化與象徵》一書中，密斯拉教具有重要的地位；榮格還特別在扉頁上印了一幅屠牛祭的畫像，表明密斯拉教在他心中的地位。而且書中內容也充斥著亞利安——密斯拉教的意象與儀式。

可以想見的是，弗洛依德讀過《慾力的轉化與象徵》之後不久，就批評榮格及其瑞士同仁對於慾力觀念太著重發生學的探索：「如今他們開始懷疑嬰兒時期情結的影響，轉而訴諸種族差異性，以解釋理論的扞格出入。」並進而說道：「榮格現在一定是興高采烈……我原本企圖讓猶太人與非猶太人攜手合作，共同推動心理分析，如今卻走上歧路。這兩類人就像油和水一樣，終究無法融合。」㊸

榮格一九一三年的自我神化經驗，後來成為其學派的基石與靈感來源。因此榮格自身與其神話先輩或「原型」的初始遭遇——例如變形為密斯拉教的獅頭神，也轉變成他心理分析方法的模式。榮格試圖藉由這種方式，融會當時他關注的各種異端知識——亞利安宗教、太陽崇拜、靈性主義、古老神話祕教，將它們全都納入自己的分析心理學之中。在《榮格崇拜》一書中，諾爾解釋榮格在暢論「人類靈魂的發生學」時，其背後的意識型態意圖：

「在個體的心理中，有過去兩千年來基督教的沉積層。兩千年的基督教使我們無法認清自己。就個人而言，中產階級——基督教文明的內化，猶如形成一副面具，遮蔽了內在的亞利安真神，祂是一位自然之神、太陽神，甚至就是密斯拉本人……在社會中亦復如是，基督教成了一副疏離的面具，遮掩住我們與生俱來的真正宗教，一種崇拜太陽與天空的自然宗教。這種說法的科學證據來自幾位罹患早發性癡呆的病人，榮格及其蘇黎世大學的助手曾記錄他們的病史，顯示潛意識心靈中，確實有一層基督教創立前的神話，它非常古老，對應於我們祖先的思想與靈魂，與後者的關係尤其密切。」㊹

因此，榮格學派的分析：

「變成一種形同入會禮的過程，進入潛意識的心靈中，直接遭遇諸神的超越領域，激發個人的轉化……對於那些曾經與神祇正面遭遇、而且沒有被擊潰的人，榮格保證他們會重生為一個真正的『個人』，從此擺脫任何壓迫機制，也就是關於家庭、社會、神明的傳統信念。」㊺

在此同時，榮格對於那段密斯拉教自我神化經驗的記述，似乎有重大甚至無可彌縫的瑕疵。榮格對於密斯拉教的描述，顯然是引用當時廣為人知的一部著作：比利時學者庫蒙（Franz Cumont）的兩卷專論《密斯拉的奧祕》（*The Mysteries of Mithra*）。庫蒙這本書在一九〇三年迻譯為德文，榮格在《慾力的轉化與象徵》中也有引用。基本上，榮格所有關於密斯拉教的認知，都來自庫蒙此書中的一章：〈密斯拉教的儀式、教士與信徒〉（The Mithraic Liturgy, Clergy, and Devotees）。無庸贅言，如果榮格是透過當代學者的著作來認識密斯拉教，那麼他宣稱自己藉由「主動想像」過程、獲致密斯拉教入會禮的真實體驗，恐怕也完全是無根之談。他這些說法若不是穿鑿附會，就是出自「隱藏記憶」（cryptomnesia）——被榮格遺忘或壓抑的記憶，在自我催眠時重新浮現。無論原因為何者，這個自我神化為密斯拉教獅頭神的著名故事，這個做為榮格分析心理學基礎的經驗，都只不過是一場幻想或虛構。當然我們可以委婉其詞，但榮格的確是個騙徒。諾爾說：「集體潛意識或許煞有介事，但只存在於榮格書房的書架上。」㊻

榮格對庫蒙的過度倚賴，突顯出另一個問題：從後世的考古學發現來看，庫蒙對密斯拉教儀式與圖像的意義推敲，若不是要徹底翻修，就是漏洞百出。例如羅馬時代密斯拉教的波斯淵源，以及其中心意象「屠牛祭」的救恩論（soteriology）意義，都必須畫上問號。事實上，現今的學者經常談到「庫蒙學派共識觀點的瓦解」，並指出庫蒙的重建與詮釋有其「神話虛構」的部分。因此，榮格的新異教重生靈視不僅是取材自當時的文獻，而且是奠基於有歷史錯誤的分析與詮釋。

當然，榮格與其瑞士同僚宣稱，他們在分析精神官能症病患時，發現亞利安——密斯拉教意象的充分證據。榮格主張這類臨床事證無可置疑，證明集體潛意識有如一座原始意象的寶庫，儲藏著印歐民族的過往。果真如此，我們又該如何解釋這些榮格病人言之鑿鑿的原型靈視？

答案很簡單，榮格及其同僚的病人大部分來自慕尼黑——蘇黎世——阿斯科納的反文化圈子；在這些地方，異教——神話的主題甚囂塵上。許多病人都很容易接觸到宣揚新異教靈性的資料——小冊、報刊與書籍。因此毫無疑問，榮格病人的「復原記憶」（recovered memory）所顯示的內涵，與其說是印歐民族的史前意象，不如說是當時文化界的的心態。最後一點，有鑑於當時榮格剛開始對神話興趣盎然，他的助手在進行分析治療時很可能會受到指示，一有機會就要刻意發掘這類主題。此外暗示的作用也不可小覷，足以解釋許多起源回憶的虛假案例。

太陽陽具人（Solar Phallus Man）

榮格曾屢次講述一樁具有里程碑意義的病例：一位被榮格學派稱之為「太陽陽具人」（Solar Phallus Man）的病患。一九五九年，榮格病逝前兩年，他在英國廣播公司（BBC）電視網留下一段著名的訪問，特別提到就是因為這個病例，使他開始相信集體潛意識確實存在㊼。榮格學派學者夏姆達薩尼（Sonu Shamdasani）也指出，太陽陽具人「肩負著證明集體潛意識存在的重責大任」㊽。然而在檢視這個著名病例的相關細節之後，榮格的知識騙局卻是昭然若揭。

榮格最早是在《慾力的轉化與象徵》一書中討論這個病例，描述一名精神病患看到的幻覺：一根勃起的陽具從太陽中伸出來；隨著這根陽具的擺盪，風也陣陣吹襲。在一九一一年版的《慾力的轉化與象徵》，榮格提到他的助手奧乃格（Johann Jakob Honegger）是這位病患的主治醫師。榮格說：「我們一直無法解釋這個奇特的幻覺，直到我熟悉了密斯拉教的儀式與靈視之後，情況才有了進展。」㊾他接著引述米德（G. R. S. Mead）一九〇七年的著作《密斯拉教儀典》（*A Mithraic Ritual*）做為立論根據，將太陽陽具的意象與遠古的密斯拉教儀式聯結。

奧乃格在一九一一年自殺。後來榮格再談到太陽陽具人這個病例時，竟然刪除了奧乃格參與的部分；他首先是從一九三〇年的一篇文章〈心靈的結構〉（The Structure of the Psyche）開始扯謊，將發現這個病例的功勞歸於自身；一九五二年版的《慾力的轉化與象徵》也略去了奧乃格的名字，直接聲稱太陽陽具人是他的病人；在一九五九年的BBC專訪中，榮格再度強調這一點。更有甚者，從一九三〇年代開始，榮格將事件的時間往前調到一九〇六年，如此一來，一九〇九年才進入伯格爾茨利精神病院任職的奧乃格，自然不可能治療太陽陽具人。

榮格調整事件時間的原因，似乎是想避免他人質疑：太陽陽具人的幻覺不是發源自集體潛意識深層，而是取材自當時的文獻。因為米德的《密斯拉教儀典》出版於一九〇七年，因此榮格如果想釋眾疑，一個辦法就是將病例的時間提前至一九〇六年。然而榮格決定竄改日期之後，奧乃格的關鍵角色就必須犧牲，因為他是從一九〇九年才開始治療病患。

榮格還知道狄特立希一九〇三年的著作（他有時會引用此書的一九一〇年版）中，對密斯拉教的儀式有相當詳盡的描述。於是榮格的編輯為了幫大師掩飾，指稱太陽陽具人早在一九〇三年之前就已住進精神病院，因此不可能看過狄特立希的書。然而諾爾信而有徵地指出，就算那位編輯所言屬實，但是當時已經有多種相當風行的出版品，可以提供相關的資訊：

> 「就算是一個精神病患，他也可以找到一本通神論的雜誌，了解近來學術界如何以神祕主義角度詮釋希臘魔法書（Greek Magical Papyri，包括密斯拉教儀式）、古希臘神祕教派、希臘—羅馬多神教、瑣羅亞斯德教……奧乃格的病人……接觸到這些讀物的可能性相當高。儘管榮格與其同僚聲稱，這些潛意識內容並不是出自人為的資料；但通神論學會（Theosophical Society）的出版品汗牛充棟，其神話資料絕對足以填滿任何人的潛意識。」[50]

奧乃格本人的文件在神祕失蹤八十年之後，最近被美國國會圖書館（Library of Congress）典藏。儘管外界已知其中有奧乃格關於太陽陽具人的筆記，但榮格學派的組織仍然拒絕公開這批資料。

結論（Conclusion）

今日榮格學派的事業已遍及世界各地，每年營收數億美元。全球各主要城市幾乎都設有「榮格教育中心」（C. G. Jung Educational Center），以招納信徒、病患、學生與捐贈者，但更重要的目的還是推廣榮格學派的信條。負責在全世界出版並翻譯榮格著作的「波林根基金會」（Bollingen Foundation），多年來一直受到富商巨賈的資助。在《亞利安的基督》（*The Aryan Christ*）一書中，諾爾細述了一位麥柯米克（Edith Rockefeller McCormick）女士如何由病人變為捐助者，她是洛克斐勒家族的傳人之一，榮格能夠走過事業早期的慘澹歲月，麥柯米克的財力與影響力居功厥偉。一九七〇年代以來，榮格對「新時代」之類靈性思潮運動的影響，與日俱增。稍微誇張一點地說，隨便挑一個巫師，十之八九會挑到榮格的徒子徒孫。

對於榮格本人與其思想的風行一時，我們該如何解釋原因？簡而言之，榮格的觀念滿足了一個得天獨厚菁英階層的靈性飢渴；對他們而言，傳統宗教早就淪於空洞無物、陳陳相因。榮格思想提供了一道藥方，來對治黑格爾（Georg Wilhelm Friedrich Hegel）所謂的「世界的散文」（prose of the world）；對治一個越來越不在乎救贖的現代社會的徹底世俗化。榮格思想在這方面讓世俗主義立場堅定的弗洛依德相形失色，提出弗洛依德避之唯恐不及的承諾：救贖。榮格心理學的基本術語——陰性基質、人格面具、原型與集體潛意識——歸根究柢，其實只是天花亂墜的詭辯遁詞。但是沒有關係，這套東西對榮格的信徒而言還是相當靈驗。榮格學派聲稱可以讓一個人接觸到神祕力量，從孤立疏離、靈性匱乏的個人存在超脫出來。在一個救贖無望的虛無宇宙之中，他們保證提供整體性與意義。榮格心理學自告奮勇，要將「存有的巨鏈」之中熙熙攘攘的孤獨個體，重新結合起來。

儘管如此，這一切還是潛藏隱憂。從許多方面來看，後現代時期的榮格心理學，有如中古時代基督教會販賣贖罪券（indulgence）的作法。如果榮格本人與其思想在觀念上與歷史上都是問題叢生，那麼榮格學派極力散播——當然是待價而沽——的神祕慰藉，到底有多少實質意義？歷史曾一再重演，在動盪不安、壓力沉重的年代裡，國家與個人都會願意採納最誇張的神話學作法，為混亂的世界賦予秩序與意義。也許榮格思想從一開始，就是訴諸這股無所不在的存在需求。

註釋

①對於這些相似性的確認，參見 Goodrick-Clarke, The Occult Roots of Nazism: Secret Aryan Cults and Their Influence on Nazi Ideology: The Ariosophists of Austria and Germany, 1890-1935（New York: New York University Press, 1994）. See also Brigitta Hammann, Hitler's Vienna: A Dictator's Apprenticeship （New York: Oxford University Press, 1999）。

② Ernst Bloch, The Heritage of Our Times, trans. Neville Plaice and Stephen Plaice（Berkeley: University of California Press, 1990）, 313.

③ Joseph Needham, Science and Civilization in China（New York: Cambridge University Press, 1983）, vol. 4, 3.

④ The Cambridge Companion to Jung, ed. P. Young-Eisendrath and T. Dawson（Cambridge: Cambridge University Press, 1998）, xii.

⑤類似的論點參見 Christopher Hauke, Jung and the Postmodern: the Interpretation of Realities（New York: Routledge, 2000）。

⑥ Susan Rowland, Jung: A Feminist Revision（New York: Routledge, 2002）, 140.

⑦例如 Samuels 為 The Cambridge Companion to Jung 所寫的序論"Jung and the Post-Jungians,"，榮格被廣泛地（在我看來，太廣泛了）認定為，預示了後弗洛依德心理學的所有發展面向。

⑧ John Kerr, A Most Dangerous Method: The Story of Jung, Freud, and Sabina Spielrein（New York: Vintage, 1993）, 46-47.

⑨ Ibid., 46.

⑩ Jung, Memories, Dreams, Reflections（New York: Random House, 1961）, 41.

⑪ Cited in Richard Noll, The Jung Cult: Origins of a Charismatic Movement（Princeton: Princeton University Press, 1994）, 47.

⑫ Freud to Jung, 11 March 1908, The Freud /Jung Letters: the Correspondence Between Sigmund Freud and C. G. Jung, trans. R. Mannheim and R. F. C. Hull, ed. W. McGuire（Princeton: Princeton University Press, 1974）, 134.

⑬ Linda Donn, Freud and Jung: Years of Friendship, Years of Loss（New York: Charles Scribner, 1998）, 129。弗洛依德後來對瑞士心理學家透露：「當我離開這個我創建的領域，唯有榮格才能夠繼承。」

⑭ Peter Homans, Jung in Context: Modernity and the Making of Psychology（Chicago: University of Chicago Press,

1995）, 53.

⑮ Freud, The Standard Edition of the Complete Psychological Works of Sigmund Freud, trans. J. Strachey（London: Hogarth Press, 1953）, vol. 2, 305.

⑯ The Freud /Jung Letters, 294.

⑰ Ibid., 295.

⑱ Cited in Kerr, A Most Dangerous Method, 58.

⑲ The Freud /Jung Letters, 289.

⑳ Noll, The Jung Cult, 129.

㉑ Cited in ibid.

㉒ Jung, "The State of Psychotherapy Today, " in Civilization in Transition, Collected Works, vol. 10（Princeton: Princeton University Press, 1970）, 160.

㉓ Ibid., 165-166.

㉔ Jung, "Vom Werden der Persönlichkeit, " in Wirklichkeit der Seele（Zurich: Rascher Verlag, 1934）, 180n. In the English version, this last phrase is mistranslated. See C. G. Jung Speaking: Interviews and Encounters （Princeton: Princeton University Press, 1977）, 65.

㉕ C. G. Jung Speaking, 59-66.

㉖ Jung, "Diagnosing the Dictators, " C. G. Jung Speaking, 115-135.

㉗ Paul Roazen, "Jung and Anti-Semitism, " in Lingering Shadows: Jungians, Freudians, and Anti-Semitism, ed. A. Maidenbaum and S. A. Martin（Boston and London: Shambhala, 1991）, 218-219.

㉘ Cited in Noll, The Aryan Christ, 114.

㉙ Noll, The Jung Cult, 260-261.

㉚ The Freud/Jung Letters, 483-484.

㉛ Ernest Jones, Free Associations: Memories of a Psychoanalyst（New York: Basic Books, 1959）, 172-173.

㉜ Ibid., 126.

㉝ For the best accounts of Gross, see Martin Green, Mountain of Truth: The Counterculture Begins, Ascona, 1900-1920（Hanover: University Press of New England, 1986）, 17 and following, and The von Richthofen Sisters: the Triumphant and Tragic Modes of Love（New York: Basic Books, 1974）, 31 and following.

㉞ The Freud /Jung Letters, 153.

㉟ Ibid., 156.

㊱ C. G. Jung, Psychology of the Unconscious: A Study of the Transformations and Symbolisms of the Libido, trans. B. Hinkle（Princeton: Princeton University Press, 1991）, 326, para. 249.

㊲ Noll, The Jung Cult, 159.

㊳ Cited in ibid., 159.

㊴ Noll, The Aryan Christ, 84.

㊵ Ibid., 115.

㊶ Jung, Analytical Psychology: Notes of the Seminar Given in 1925 by C. G. Jung, ed. W. McGuire（Princeton: Princeton University Press, 1989）, 96.

㊷ Ibid., 98.

㊸ The Correspondence of Freud and Sandor Ferenczi, vol. 1, ed. E. Brabant et al.（Cambridge: Harvard University Press, 1992）, 399.

㊹ Noll, The Jung Cult, 128.

㊺ Noll, The Aryan Christ, 141.

㊻ Ibid., 133.

㊼ See Noll, The Aryan Christ, 269.

㊽ Sonu Shamdasani, "A Woman Called Frank, " Spring 50（1990）, 40.

㊾ Jung, Psychology of the Unconscious: A Study of the Transformations and Symbolisms of the Libido, trans. B. Hinkle（New York: Moffat Yard, 1916）, 109. Also see Noll, The Aryan Christ, 268ff.

㊿ Noll, The Aryan Christ, 270.

3

法西斯主義與詮釋學：高達美與「內在流亡」的曖昧性

Fascism and Hermeneutics: Gadamer and the Ambiguities of "Inner Emigration"

德國人的獨特之處或許就在於他們有一股狂熱，探討某些觀念並試圖轉化為現實。他們的偉大成就、他們的一敗塗地、他們的政治悲劇，都充斥著這種危險的理想主義。如果大部分的人是環境的受害者；那麼我們可以說，整體而言，德國人是任憑各種觀念擺布。

——巴特勒（E. M. Butler）

《德國的希臘暴政》（*The Tyranny of Greece over Germany*）

學術界的哥白尼變革（A Copernican Turn in Scholarship）

對於德國學者在第三帝國時期扮演的角色，探討的禁忌已經在過去十年一一解除。「另一個德國」、「內在流亡」這些歷久不衰、轉移焦點的迷思，也因此遭到嚴重打擊。

一九八〇年代晚期，柏里（Michael Burleigh）在關於所謂「東方研究」（Ostforschung）的開創性研究中，揭露德國歷史學家在第三帝國殖民與奴役東歐人民過程中扮演的關鍵角色①。如今我們知道，這些歷史學者——絕大部分都算不上「納粹信徒」——為黨衛軍提供了不可或缺的後勤與人口資料，讓他們得以順利籌劃並執行

「最終解決方案」。因此這些學者也成為名副其實的「滅絕的先知」（Vordenker der Vernichtung）。一九九八年又有類似的新發現，德國歷史學家協會（Deutscher Historikertag）舉行年會時大受震撼，他們的諸多前輩東窗事發，當年曾致力於正當化納粹種族滅絕帝國主義的意識型態②。而且柏里與其他學者的研究也顯示，德國知識界對政治霸權的闡述捍衛，絕不是納粹思想的專利，其支持者包括許多政治立場殊異、但都具有民族主義傾向的學者。

我們首先必須體認：論及德國的帝國主義地緣政治時，納粹與德國保守派人士其實所見略同。近來學術界發現最值得注意的一點是，像高達美這類傳統德國民族主義者，居然可以安然接受納粹的政策。從這些發現來看，硬將納粹與高達美之類的保守派民族主義者截然二分，只會產生誤導作用，無法正確理解幫助納粹得以掌權的政治聯盟的本質。

浩斯曼（**Frank-Rütger Hausmann**）在《第二次世界大戰時期的德國詮釋學：「瑞特布許行動」》（*Deutsche Geisteswissenschaft im Zweiten Weltkrieg: die "Aktion Ritterbusch"*）一書中，信實地描述德國人文學領域——藝術史、古典學、德國研究（Germanistik）、歷史、哲學——的學者如何爭先恐後地迎合納粹政權。德國人文學者擔心自己會落後於法律、醫學、工程等較具實用性的學門，因此他們從德國文化優越性出發，試圖證明第三帝國爭奪歐洲政治霸權的正當性③。在基爾大學（Kiel University）法學教授瑞特布許（Paul Ritterbusch）的領軍之下，一項名為「人文學戰爭論述」（Kriegeinsatz der Geisteswissenschaften）的計畫於焉誕生，宣稱要「將精神的反抗力量組織起來，對抗德國敵人的精神與價值世界。」為了達成目標，瑞特布許與其同僚籌劃了一系列冠蓋雲集的學術會議，並且出版規模宏大的成套專書。納粹政權也有同樣的想法，從一九四〇年代開始，在歐洲佔領區建立多所披著學術外衣的「德國研究中心」（German Institute）。這些中心充當納粹的傳聲筒，許多在納粹上台之前就已名聲籍甚的學者紛紛表態支持，甚至參與運作④，他們試圖勸說被征服的歐洲菁英階層接受德國文化的優越性，從而讓納粹的佔領工作更為順利。

高達美的導師海德格尤其是眾所矚目的焦點。近來出版的海德格《全集》（*Gesamtausgabe*）第十六卷，充分顯示這位哲學家當年將風行一時的納粹種族意識型態，深刻地內化為個人思想。擔任夫來堡大學（Freiburg University）校長期間，海德格積極遊說巴登邦文化部長，企圖設立一個「種族研究與遺傳學」講座（Race Studies and Genetics）。海德格認為，「新德國的指導架構（Befehlskraft）」應該奠基於「遺傳」與「健康」的原則；而這兩大原則又倚賴一個民族的政治與歷史發展。海德格進一步指出：為了國家的「健康」著想，安樂死的可行性應該認真考慮⑤。這些議論曝光之後，那些企圖讓海德格「基本存有論」（fundamental ontology）與納粹種族信條脫鈎的遁詞，顯然已無法自圓其說。

高達美本人涉足第三帝國政治的情況，也已經東窗事發。在自傳之中，高達美勉強承認自己曾經在一九三三年十一月，簽署一份由德國大學教授發起、在國際間流傳的支持希特勒請願書（當時希特勒發動公民投票，表決德國是否退出國際聯盟〔League of Nations〕，從此不再受國際法規範）。對於德國所謂的「教育階層」（Bildungsbürgertum）菁英人士，這類性質的請願書非同小可，形同為成立初期、舉步維艱的納粹政權賦予高度的合法性。又過了三年之後，高達美為了自身學術前途而自告奮勇，進入一個納粹營隊接受政治「再教育」。此外這位哲學家後來絕口不提一件事：他曾經加入「國家社會黨教師協會」（Nationalsozialistschen Lehrerbund），因此他與納粹政權的淵源，恐怕比其自傳所透露的更為深厚。（格隆丹〔Jean Grondin〕最近出版了一本厚達五百頁的高達美傳記，同樣也遵循傳主的選擇性記憶，略去這樁往事。）⑥

近來一連串關於第三帝國人文學界扮演角色的揭露，掀起陣陣風潮，其中有一樁事件特別值得注意。前述的一九九八年德國歷史學家年會上，一位學者蒙森（Hans Mommsen）站上講台，慷慨激昂地籲請同僚揚棄他們對那段歷史的合理化與護短作法。數十年來，德國學術界一直靠著各種似是而非的遁辭與半真半假的陳述，迴避自身不堪回首的過往。然而蒙森指出，真相水落石出之後，學界若只是委婉承認自身曾與納粹「關係密切」，已經無法交代搪塞；當年那些涉案學者，其實是納粹世界觀的虔誠信徒⑦。

由於新資料一一出爐，我們對於德國學術界與納粹關係的認識，可說是發生了一場（借用一個著名的比喻）「哥白尼變革」（Copernican turn）。過去大家以為，德國知識份子與納粹合作只是少數特例，其實那根本是當時的常態。就如同德國第二次世界大戰時期國防軍（Wehrmacht）「不涉政治」的意識型態迷思，最近被漢堡社會研究中心（Hamburger Institut für Sozialforschung）舉辦的國防軍展覽戳穿點破；聲稱德國學術界不受第三帝國意識型態籠絡的說法，也一樣站不住腳。

針對各個領域知識份子與納粹合作的新個案研究，導致一項明確的結果：我們終於察覺到，這類問題的傳統詮釋典範已經捉襟見肘。過去學者在探討這類問題的相關因素時，對於何謂「參與」總是抱持過於狹隘的定義與觀念，因此除非能夠證實某人是一名徹頭徹尾的納粹份子——成為黨員、秉持最激進的納粹世界觀；否則他對希特勒政權的支持只能視為有所保留，不能算是真心誠意。而且納粹的意識型態在本質上就來源駁雜、型態多變，因此過於嚴格的畫地自限，只會讓研究者迷失方向⑧。數十年來，政治立場頗有問題的德國大學教授，總是以一句老話：「他又不是**真正的**納粹份子。」當做「脫罪策略」（strategy of exoneration）。然而最近關於德國學者參與納粹實驗的研究再一次顯示：納粹暴行的共犯不一定是「道地的納粹份子」；而且對納粹份子的定義加以嚴格界定，只是一種障眼法。納粹政權在其十二年歷程中，表現出多元化的意識型態：傳統的德國民族主義者、極端保守主義者、種族主義者與反猶太人士，各方勢力結合起來，助紂為虐，讓納粹在內政與外交上不可一世。第三帝國於一九四五年五月八日投降之後，盟軍很快就驚訝地發現：整個德國找不到任何一個「道地的納粹份子」，原來德國學術界十二年來都是處於一種「內在流亡」的狀態。

可以想見的是，那些政治野心勃勃的學者，處心積慮要主導或影響納粹政權的意識型態（諸如海德格、施米特〔Carl Schmitt〕、柯瑞克〔Ernst Krieck〕等人），反而會遭到納粹黨高層的抗拒甚至批判。基本上，一個學者只要未曾公開批評當局，支持德國文化在意識型態上的優越性，並且明確反對共產主義與自由主義，那麼來自上層的政治干涉將會降到最低程度。諷刺的是，高達美之類的學者雖然並不具備強烈的政治信念，但仍願意與納粹政權的基本意識型態妥協，他們往往比那些政治信念一板一眼的學者更能如魚得水。

此外，特別是對學術界人士而言，「投效」納粹的門檻始終不會太高。納粹政權很早就明白，他們如果只肯接納旗幟鮮明的納粹份子，將無異於自掘墳墓。納粹領導階層也將這種務實的作法，延伸入德國社會其他重要的領域，例如國防軍與文官體系。如果納粹檢驗政治立場時採取比較狹隘的標準，那麼德國大學體系（勢必會有大批教師因意識型態問題被解聘）遭到的破壞將更為嚴重。納粹對待高等教育和對待其他領域的方式一樣：穩定運作比整齊畫一的意識型態更為重要——況且意識型態本來就不容易界定釐清。因此，「教育界與學術圈的徹底納粹化，根本無從推動，因為並沒有一個中央機構來界定哪些意識型態立場必須堅守，讓願意合作的學者有明確的準則可以依循。」⑨這種頗具彈性的意識型態「灰色區域」，在人文學（Geisteswissenschaften）領域尤其顯著；因為「傳統、保守、重視民族、傾向民族主義、樂見『德意志勃興』（Deutschtümelei）的立場，與旗幟鮮明的納粹主義立場，兩者之間的界線」始終變動不居⑩。

有些學者以狹隘的意識型態觀念，來解釋納粹獨裁政權的成功，但反而因此誤解了此一現象的本質。畢竟，德國在一黨專政之前的最後一場自由選舉中（一九三二年十一月），納粹黨只拿下三三．一%的選票（比他們一九三二年七月的最好成績倒退了四．三%）。既然納粹無法全憑恐怖手段統治，他們獲得的支持到底來自何方?納粹奪取政權的過程中有一個關鍵因素，就是德國傳統保守派人士的合作，高達美在政治上就屬於這個族群。儘管保守派民族主義者未必能苟同納粹的手段——例如衝鋒隊（Sturmabteilung, SA）的粗暴殘酷、希特勒瘋狂的反猶太思想，然而他們與納粹一樣，深信自由派的「體制」已經破產，德國政治需要以極權統治撥亂反正。歸根究柢，他們與納粹的志同道合之處，已經足夠讓雙方攜手合作；否則這個政權絕對支撐不了那麼久。魏勒（Hans-Ulrich Wehler）在他研究「德國的特殊道路」（German Sonderweg）的經典之作中指出：希特勒在一九三三年掌握大權的真正功臣，其實是**傳統德國菁英階層**，諸如軍人、普魯士地主貴族（Prussian Junker）、工業家，以及所謂的「精神反動派」上層人士，後者也成為頗具影響力的反民主「意見領袖」。魏勒認為，在納粹統治之下，「既然帝國官僚體制、軍隊、教育體系、政黨、經濟、壓力團體，大致上都得以維持舊觀；因此至少有一點可以確定：傳統的權力菁英能夠將權柄交給希特勒。」⑪

馬堡時期（Marburg Days）

從各種角度來看，高達美的學術生涯都是一帆風順。在他歡度九十五歲生日時，一篇頌詞稱他為「德國最成功的哲學家」，可謂實至名歸⑫。在世紀之交的一九〇〇年，高達美出生於馬堡，他在自傳中提到，自己的成長過程相當平順，但不時會經歷劇烈的科技變革：「從煤氣照明變成電力照明、第一輛汽車問世……齊柏林飛船（Zeppelin）首度飛越布勒斯勞（Breslau）、鐵達尼號（Titanic）郵輪沉沒。」當他身為大學化學教授的父親，將這場海難的死傷比擬為整個村莊毀於一旦，早熟的高達美回答（他自己也坦然承認）：「噢，那就不過是死了一堆種田的。」⑬當時他們的管家就在旁邊的廂房傾聽，因此高達美的父親立刻要求他道歉。

不過對高達美青少年時期影響最大的一件事，顯然是他在馬堡大學的思想朝聖之旅。馬堡原本是新康德主義（neo-Kantianism）的重鎮，然而一九一〇年代的兩樁事件粉碎了新康德主義者對理性、科學、進步三位一體的信心：第一次世界大戰的爆發，以及一九一八年哲學家柯亨（Hermann Cohen）的辭世。對德國青年而言，導致歐洲狼煙四起的心靈狀態必須改變，尼采學派的「重新估定一切價值」蓄勢待發，躍居主流。因此當年輕的高達美在一九一九年奠定其哲學基礎時，各式各樣破舊立新的文化勢力，已進軍原本平靜沉悶的大學校園，引進的理念趨勢與新康德主義大師柯亨、納托爾普（Paul Natorp）及其傳人枯燥的知識主義背道而馳。在〈我的哲學旅程反思〉（Reflections on My Philosophical Journey）一文中，高達美描述當時文化界動盪不安的氣氛：

「齊克果（Soren Kierkegaard）的思想開始影響德國，對真理的追求也冠上『存在』之名。存在主義面對的真理，與其說是以普世適用的命題或知識來呈現，不如說是訴諸個人的自身經驗，以及個人的絕對獨特性。杜斯妥也夫斯基在這方面表現得淋漓盡致，每個德國知識份子的書桌上都擺著他的小說，派柏出版公司（Piper）的紅色封面格外顯眼。梵谷（Vincent van Gogh）的書信集與齊克果辯駁黑格爾的《非此即彼》（*Enten-Eller*）召喚著我們；當然，我們與存在的接觸——還沒有對文化中浪漫的傳統主義形成明顯的威脅——瀰漫著大膽與冒險的特質，背後聳立著尼采的巨大身影，以及他對一切事物——包括自我意識的幻象——的狂熱批判。我們不禁要問：哪一位思想家才具備充分的哲學力量，能夠因應尼采提出的巨大議題？」⑭

四年之後，德國學生對於「尼采重臨」（Nietzsche redivivus）的祈求，終於得到回應，海德格翩然駕到。

根據高達美的描述，海德格「這位來自黑森林（Black Forest）、穿著滑雪屐長大的仁兄」在馬堡的形象別具一格，他不像一般學者那樣穿黑西裝打領帶，而是穿著家鄉黑林山（Schwarzwald）傳統服飾的吊襪帶與短褲（學生暱稱之為「存在主義服裝」）⑮。高達美對於海德格馬堡時期授課的回憶，不時流露諷刺意味。海德格對年輕學生可謂循循善誘，講課時散發著一種「麻醉劑」的作用，他的門徒會在思想上與老師亦步亦趨。有一回在課堂上，海德格挑出謝林（Friedrich Schelling）一個頗具爭議性的論斷——「對生命的恐懼，會迫使人類偏離中心。」然後宣稱：「有誰能夠從黑格爾的著作中，找出深度不相上下的一句話！」高達美回憶：「每一門課，課堂上的學生都可以從大師身上學到一些東西，不過大部分是學他清喉嚨和吐痰的姿態。」海德格的門徒還經常模仿他最具特色的「窮追猛問」，以及哲學的「摧枯拉朽」。然而正如高達美直率地指出，這些海德格徒子徒孫的夸夸其談，其實並無法掩飾他們「實質的空虛」。高達美自己在一九三〇年代受教於海德格時也會懷疑，這位哲學家流露異端色彩與戰鬥精神的表達方法，到底是在「傳達思想抑或宣示一種新異教的神話。」海德格有一回在講課時，不得不打斷說到一半的句子與糾纏繚繞的思緒，倖倖然地說：「這句話簡直有如中文！」至於高達美自身，朋友為他發明了一種科學測量單位「高達」（Gad），用來計算一個哲學解釋中有多少個累贅的枝節⑯。

第一次世界大戰結束之後的政治動盪與社會騷亂，瀰漫著一股末日與災難的氣氛，因此海德格深思熟慮的哲學論述，正合戰後德國青年的胃口。當時德國正統的大學哲學家，仍然堅持其一絲不苟的學究風格，但海德格的講論卻不時提出當時德國青年渴望的「經驗」，諸如：「焦慮」、「掛念」、「真實性」，以及最受新世代關注的「面對死亡的存有」（Being-toward-Death）。同樣重要的是，當海德格解讀希臘哲學之類的「古典」文獻時，會視之為當前問題與弊病的先見之明。在各種原因推波助瀾之下，德國青年轉向海德格尋求哲學導引。他的課程充斥著關於「存有」與「生命」的問題，都是其他哲學教授怯於提出的。後來高達美就是受到這種精神的感召，成為一位古典主義者。高達美說：

「相較之下，當時學院派的哲學蒼白無力，運用疏離異化的康德式或黑格爾式語言，企圖讓超越的觀念論再度臻於完美境地，或者乾脆超越它！突然間，對於每一個察覺到學院派哲學已經走入死胡同的人，柏拉圖與亞里斯多德成為他們的同志與戰友……從希臘學者身上，人們學到一件事：負責任的哲學思考在體系上未必要依循一種理念——哲學必然有其做為最高原則的最終基礎；相反地，哲學思考永遠要接受另一種思想的導引——思考必須以原始的世界經驗做為基礎，這種經驗是透過語言的觀念與直覺力量來獲取。對我而言，柏拉圖對話的祕密就在於，它教導我們體會這個觀念。」⑰

高達美接受馬堡大學古典學者佛瑞德蘭德（Paul Friedländer）的指導，在一九二八年完成取得任教資格的論文〈柏拉圖的辯證倫理學〉（Plato's Dialectical Ethics）並獲得通過。但是他又耗了一段時間才拿到大學教授職位，原因是德國政治情勢快速惡化。高達美誨人不倦，從事古代語文學的研究，顯然無視於德國逐漸形成的政治風暴，當一位朋友問他是否讀過一本論述時事的書，高達美一本正經地回答：「基本上，我只讀兩千年以前的書。」⑱隨著一九三三年逼近，高達美就像其他德國上層社會人士一樣，根本不把納粹的大放厥辭與裝腔作勢當一回事。

「那是一次可怕的覺醒，我們無法原諒自己怠忽了公民的責任……我們都沒讀過《我的奮鬥》，雖然我注意到羅森伯格的《二十世紀神話》……納粹思想的知識基礎……當時知識界普遍相信希特勒掌權之後，將會揚棄他用來煽動人心的謬論，其中也包括反猶太思想。然而結果卻出乎我們意料之外。」⑲

希特勒上台之後幾個星期，德國大學的政治氣氛劇烈變化。大批猶太裔與左傾的教授被學校解聘。德國大學體系的「一體化」（Gleichschaltung）如火如荼地展開，高達美的導師海德格也在夫來堡大學帶頭施行。為了遵循納粹的「政治科學」觀念，政治標準成為大學教職晉用的關鍵因素之一。高達美敬重的猶太裔朋友與同事，一個一個被迫流亡，他回憶道：「當洛維特前往國外，面對茫茫不可知的未來，那些留下來的人都應該感到羞愧……一方面要顧及自己的學術前途，一方面又要讓同事與學生信任你的為人，保持適當的平衡越來越困難。」不久之後，情勢的發展就不再容許兩全其美：高達美的老友、黑格爾專家柯羅納（Richard Kroner）因為種族背景被基爾大學解聘，但高達美卻興沖沖地接下他的遺缺。從高達美後來的回憶錄中，完全看不出當時嚴峻的政治情勢，他欣然說道：「對我而言，這是一段收穫豐富的教學生涯。」⑳

由於基爾大學的教職只是臨時性質，因此高達美必須另覓其他的晉升之途。他如此形容當時他的學術生涯困境：「一九三〇年代，我的小船觸礁。該如何讓它再度啟航，這是一個大問題。」不過答案隨即浮現，一九三六年，他自願參加一個由納粹旗下的「大學教師協會」（Dozentenbund）開辦的政治「改造營」。改造營的處境還不至於太糟，而且也滿足了高達美的願望，讓他先後拿到馬堡大學（一九三七年）與萊比錫大學（一九三八年）的教職。在改造營的日常活動（「晨間體操、運動比賽、唱愛國歌曲行進，都是些帶有軍事意味的無聊活動。」）之外，這位年輕的語文學家還做了一趟短途旅行，到坦能堡（Tannenberg）參觀，親眼見到「領袖」本人卓別林一般（Chaplinesque）的風采：「他給我的印象是單純，甚至有點笨拙，就像個裝扮成士兵的男孩。」㉑

高達美在德國大學體系的一帆風順，充分彰顯出他「好兵帥克」（The Good Soldier Schweik）般的韌性。政權起起落落，但高達美屹立不搖，聲望也少有損傷。隨著一九四一年德軍入侵蘇聯，「總體戰」信念成為指導綱領，納粹高層對大學菁英階層意識型態的忠誠度，似乎也不再那麼計較。高達美在一九九〇年的一場訪問中解釋：「真正的納粹對我們（哲學教授）其實沒多大興趣。」㉒而且高達美一直沒有加入納粹黨，因此戰爭結束之後，他是少數完全未因戰時行為遭受譴責的德國學者之一。萊比錫（Leipzig）原本是由美軍佔領，高達美也晉升為哲學系主任。一九四五年秋天蘇聯進佔之後，認定萊比錫大學校長的政治立場有問題，因此改由高達美接任。接下來幾年裡，高達美歷經幾次校園政治整肅，這回雖是以左派之名進行，但他覺得與納粹的整肅同等可憎。當時一位同僚抗議說：「我們脫掉褐色約束衣（譯註，納粹衝鋒隊別名「褐衫軍」），並不是為了要換上一件赤色的約束衣。」但是當局一如預期地充耳不聞[23]。高達美在校長任期中花了不少心力，將優秀的同仁轉介到西方世界的大學，而他自己在萊比錫的日子顯然也屈指可數。一九四七年，高達美把握稍縱即逝的良機，逃往盟軍佔領區，來到法蘭克福大學任教。兩年之後他遷居海德堡，在當地終老，並建立自己的戰後名聲。

傳統與「正向偏見」（Tradition and "Positive Prejudice"）

一九六〇年，高達美出版了廣受讚譽的經典之作《真理與方法》（*Truth and Method*），為他奠定「哲學詮釋學」（philosophical hermeneutics）祭酒的地位：提出一種理解文本的路徑，強調詮釋者立場觀點的「不可化約的情境性」（irreducible situatedness）。當代詮釋學濫觴自一八〇〇年代初期，神學家施萊爾馬赫（Friedrich Schleiermacher）了解到，像《聖經》之類的權威文本，已不再是以不經中介、無庸置疑的方式與我們對話。相反地，經過長久的時間與一系列「教條化的」詮釋扭曲（主要是來自教士階層的權威），我們對於這類文本的理解已然被一層誤解覆蓋。職是之故，施萊爾馬赫將「詮釋學」界定為一門**避免誤解**以獲致文本真實意義的藝術。施萊爾馬赫因此對「過往」——對比「現代性」的傲慢與曲解——基本上抱持著肯定的態度，這同時也是德國浪漫主義的特質之一。然而在高達美看來，施萊爾馬赫一味強調「避免誤解」，反而陷入一種「客觀主義的錯覺」（objectivistic delusion），亦即後來各家各派詮釋學的最重要特質：誤以為人們能夠以直接、原始的方式，來獲取某個文本或歷史時期的廬山真面目。高達美指出，這種側重於「方法」的新詮釋學本身就是一種扭曲的發展，由施萊爾馬赫在德國歷史學界的傳人推波助瀾。重新掌握過去的詮釋慾望，表現在蘭克（Leopold von Ranke）著名的方法學定律上：恢復過去的「本來面貌」——也就是說，完全排除歷史學家自身的主觀因素。高達美正確地看出這種信念的極度天真：蘭克及其同僚其實非常貼近當時的傳統，他們的方法成為德國民族史料編纂學界的典範，著重於頌揚「偉人」、國家、權力政治等等。狄爾泰（Wilhelm Dilthey）在一八八三年的《人文科學概論》（*Introduction to Human Sciences*）一書中，強調自然科學與人文科學（Geisteswissenschaften）在方法學上的不可共量性——前者尋求嚴謹的、法律般的解釋，後者則致力於「理解」（Verstehen）人類生活的各種面貌。但是狄爾泰最終仍陷入類似的錯覺：他雖然正確地批判自然科學的客觀主義路向，卻又認定「理解」的前提是否定個人的歷史觀點，如此才能對存有本身與歷史研究對像保持忠實。

一九二〇年，高達美在馬堡大學投入海德格門下，從此開啟超越傳統歷史學家方法學缺陷的契機。海德格將「此在」（Dasein）描述為「在世存有」（Being-in-the-world），由一系列無法超越的存有模態（modality）——「拋入」、「掛念」、「話語」、「焦慮」、「日常性」等等——所宰制，這種理論形同從根本挑戰現代思想的科學化主張。傳統的笛卡兒學派主張，人類在各個層面的有限性都應一掃而空，轉而擁抱「絕對確定性」（absolute certainty）；但是海德格將這種必要性翻轉過來，指出人類的有限性實為不可或缺，世界與其中的一切事物，都必須藉由它才能呈現在我們面前。由此可見，「方法」哲學眼中的阻礙，對海德格而言卻是基礎。高達美在《真理與方法》中說道：「對於科學與方法的傳統觀念或者獲致歷史知識的主觀條件而言，原本的阻礙現在成了**基本探索的中心**。」[24]歷史學家想盡辦法要消解自己的歷史情境性，但高達美繼承海德格的餘緒，認為歷史性（historicity）是「在世存有」不可或缺的特質；我們不應該試圖逃避，而應該面對它，進而營造出一場我們與歷史過往的豐富對話。

「歷史並不隸屬於我們，但我們卻歸屬於歷史。早在我們藉由自我檢視而了解自身之前，就已經先以一種不證自明的方式，透過家庭、社會與國家來了解自身。主體性的焦點有如一副哈哈鏡，在歷史生命的封閉迴路之中，個體的自我意識就像一道閃光。因為如此，真正構成個體存有的歷史實體要素，是一個人的偏見而非判斷。」㉕

因此，雖然早期哲學家將「客觀性」視為方法學上的不可或缺，但高達美認定它對於絕對判準（absolute criteria）的追求實為弊大於利，歷史理解的本質在於一種永無止境的過程，詮釋者與文本的相互對話，過去與現在的「視域融合」（fusion of horizons）。

《真理與方法》引發爭議的焦點之一，在於高達美標舉出「偏見」（prejudice）這個概念。啟蒙思想著重真理的客觀性，相較之下，偏見只不過是「虛假的意識」（false consciousness），但高達美重新審視偏見，視為人類知識情境性或「在世存有」的基本要素。他指出：「構成我們存有的要素，與其說是我們的判斷，不如說是**我們的偏見**。這是一種引人入勝的想法，我要藉由它來恢復**關於偏見的正向觀念**在我們的語言使用中，被法國與英國啟蒙運動剝奪的應有地位……偏見雖然無可避免地會扭曲真理，但未必缺乏理據也未必錯誤。事實上，以存有的歷史性為前提，偏見就其本義而言，構成了我們整個體驗能力的初始直接性（initial directedness）。」㉖如此熱烈地為偏見的正面作用辯護，在當時可能令人側目，但卻是連繫高達美第二次世界大戰之前與之後思想的關鍵環節。

《真理與方法》另一個議論紛紜的層面，與高達美對「偏見」的辯護息息相關：他大力聲張傳統的權威，用以對抗啟蒙思想的分析（因此摧毀傳統）能力。高達美並指出，啟蒙思想另一個有害無益的偏見，就是它特有的對於權威的反感；這種傾向在歷史上導致一種無所不為的政治激進主義。高達美宣稱：「因此，對於權威的認同必然聯繫著一個觀念：傳統所陳述的內涵既不違背理性也不武斷，在原則上可以視為真實不虛。老師、長輩與專家所標舉的權威，在本質上就是如此；他們樹立的偏見由他們自身背書。這些偏見的有效性，使得人們對其提出者另眼相看……如此一來，權威的本質將融入一種偏見的理論脈絡，從而擺脫啟蒙思想的極端主義。」高達美還說：「多虧浪漫主義，我們才能矯治啟蒙思想的弊端。傳統的存在理由讓理性論辯鞭長莫及，而且在很大的程度之內決定我們的體制與心態。」㉗

高達美對於「權威」與「傳統」的大力辯護，從德國意識型態脈絡來看特別啟人疑竇，在論及「傳統的發生」時，他強調我們只能被動接受傳統，這裡最能看出海德格的影響。基本上，傳統是「降臨在我們身上」，而我們的職責就是默認接受它的權威。高達美如是說：「真正重要的不是我們在做什麼，不是我們應該做什麼，而是**超乎我們的期待與作為而發生在我們身上的事**……『理解』本身與其被視為一種主體性的行動，不如視為**進入傳統的發生**，過去與現在不斷在其中交會。」㉘

我們可以這麼說，在高達美汗牛充棟的著作之中，社會正義或人權並不是他特別關注的議題。因此，高達美詮釋學最重大的缺陷，就在於它對傳統權威不加批判地崇奉。高達美對於「洞察」（insight）與「反思」（reflection）能力的貶抑，也正是反啟蒙思想世界觀的基石：既然人類的「洞察」在本質上不值得信任，因此我們應該盡可能地限制它的運用。如果權威與理性之間發生衝突，那麼我們寧可相信權威。然而這種觀點恐怕比較適合誤入歧途的學童，而不是心智成熟的公民。歸根究柢，儘管高達美本人可能不願承認，但《真理與方法》的確含有許多道地的「德意志意識型態」（German ideology）成分。因此，「哲學詮釋學」的主要觀念與德意志特殊主義（German particularism）若合符節。哈伯瑪斯在一篇關於高達美著作的重要評論指出，高達美藐視由德國觀念論傳承而來的哲學「反思」傳統，原因在於「他沿襲十九世紀德國的局限性觀點，對於啟蒙思想採取一種非辯證的觀念，從而為我們德國人一吐怨氣，讓我們危險地自以為是，認定自身具備與西方傳統分庭抗禮的優越性。」[20]

政治的柏拉圖（The "Political Plato"）

前文的闡述基本上是來自高達美哲學自傳的夫子自道，見於他自己的〈哲學學徒生涯〉（Philosophical Apprenticeships）以及〈我的哲學旅程反思〉（《高達美哲學》〔The Philosophy of Hans-Georg Gadamer〕一書的序言）。這番夫子自道雖然可視為「真實」，但也相當不完整，從而損害了高達美說法的準確性，以及他關於「真實」的聲稱。

高達美在文章或訪談錄中談到自己時，總是將自己描繪成一個「自由主義者」（liberal）[30]。就德國的情況而言，這個名詞其實指的是「民族自由主義者」（national liberal），支持法治與議會政治，但並不反對透過傳統的實力政治手段，來實踐民族的目標（韋伯的行徑堪為範例。一九一四年八月德國宣戰之後，韋伯穿著全副軍裝，主持他著名的星期日研討會）。然而，當我們檢視高達美在一九三〇年代與一九四〇年代發表的少數論著，對他的政治取向又會有一番不同的體認。高達美從未表現出對納粹的全然認同，他畢竟不是海德格，書香門第的家世背景使他瞧不起納粹中產階級卑瑣又做作的「快樂的力量」；然而高達美對德意志意識型態的吸納，確實超出他日後回顧時所承認的程度，這一點殆無疑義。

高達美在納粹年代發表的兩篇文章，對這個問題具有關鍵意義。第一篇〈柏拉圖與詩人〉（**Plato and the Poets**）探討柏拉圖《理想國》（***Republic***）第二部中最具爭議性的內容——詩人的放逐。這篇文章發表於一九三四年，當時納粹已在前一年建立獨裁政權。第二篇論文是高達美一九四一年在巴黎「德國研究中心」發表的演講（也是他在納粹時期出版的唯一一篇學術論著），光是標題就意味深長：〈赫德思想中的民族與歷史〉（**Volk and History in Herder's Thought**）。

〈柏拉圖與詩人〉大力為柏拉圖放逐詩人的主張辯護，為了充分理解高達美的論點，我們首先要認識當時德國古典學界的政治取向。

在溫克爾曼（**Johann Winckelmann**）的教誨之下，德國學者早在十八世紀就奠定了今日古典學研究的規矩戒律。溫克爾曼對希臘藝術的著名界定：「高貴的單純與靜穆的偉大」（**noble simplicity and calm grandeur**），為新古典主義的復興吹響了號角，將藝術從巴洛克（**baroque**）與洛可可（**rococo**）的繁縟風格中解放出來。然而溫克爾曼的見解雖然在許多方面都有獨到之處，後來仍被德國浪漫主義取而代之；後者崇尚內在自我的盡情表現。到了尼采的《悲劇的誕生》，更是徹底顛覆了溫克爾曼學派對於古希臘文明特質以和諧為尚的理解，揭露了古希臘藝術中長期被後人漠視壓抑、狂亂激情的戴奧尼索斯層面。

尼采對於古希臘精神魔性層面的洞察，深刻影響了世紀末的哲學與文學。但是在尼采那個時代，他石破天驚的創見受到維拉莫維茨——默倫多夫（Ulrich von Wilamowitz-Moellendorff）的排擠，因此並沒有對一灘死水的古典語文學激起多少波瀾。當時德國位居主流的古希臘學者，滿足於實現自身的思古幽情，並且致力於維持自家高高在上的傳統學術威嚴。

隨著第一次世界大戰帶來的兵荒馬亂，這種學術威嚴也開始解體。德國古典學者就像其他學門的同行一樣（例如寫《小販與英雄》〔*Traders and Heroes*〕的社會學家宋巴特〔Werner Sombart〕、寫《戰爭天才與德意志戰爭》〔*The Genius of War and the German War*〕的哲學家謝勒〔Max Scheler〕），醉心於所謂的「一九一四年理念」（ideas of 1914），以自身對於戰爭的省思做為賭注，採取一種「民族」的觀點（導致民族自由主義與「自由主義」脫鈎），古典學研究從此踏上不歸路。到了一九二〇年代，古典學經歷了一場意識型態的天旋地轉，為十五年之後納粹「民族共同體」的實現（Volksgemeinschaft）開道鋪路。

當時整個德國古典學界都受到神話思維的影響，盛行一個雖未明確宣示、但卻廣受接納的信念：德國人是古希臘人在當今的代言人。日後的事態發展顯示，這種幻想絕非無關宏旨，因為它扣合了一系列地緣政治的錯誤信念：德國是古希臘的化身，將解救法國大革命之後的歐洲免於文化加速衰亡的痛苦中。更有甚者，德國對於自身獨特使命的肯定，顯然是衝著「衰敗的」拉丁民族而來，後者在兩千年前展開的羅馬化，讓古希臘的偉業每況愈下。德國古典學者就是藉由這種論調，宣揚並壯大那種強調德國特殊性的可鄙意識型態。

德國古典學界在一九二〇與三〇年代轉向民族主義與威權主義，我們追溯這段歷程時會發現，著名的古希臘學者耶格（Werner Jaeger）罪孽深重。第一次世界大戰結束之後不久，耶格倡言魯登道夫（Erich Ludendorff）將軍上承阿米尼烏斯（Arminius，在條頓堡森林〔Teutoburger Forest〕擊敗羅馬兵團的日耳曼傳奇人物）：「一直要等到好幾個世紀之後，日耳曼精神才再度恢宏發揚……先前吸收的古老文明要素，逐漸沉澱進入潛意識之中，成為吾人物質文化的基礎。但是現在德意志民族正在大放光明，進行意識的創造（亦即戰爭），古老文明再度降臨，而且更為崇高、更具精神性，化身為『新民族文化的領袖與激盪者。』（Führerin und Anregerin der werdenden Volkskultur）」[31]耶格的說法頗具指標性，代表在德國的文化論述中，「種族」的考量已經取代了傳統的「精神」（Geist）觀念。

一九二〇年代，耶格在古典學界發起一項影響深遠的運動：「第三類人文學」（Third Humanism）。第一類與第二類人文學分別指古希臘與文藝復興，耶格聲稱現代德國代表第三類。在其他古典學同道的協助之下，耶格倡導改造德國柏拉圖研究的意識型態，而且大獲成功：過去的古典學者總是關注柏拉圖的宇宙論與形上學，但耶格的「新人文學」（New Humanism）轉而強調「政治的柏拉圖」（political Plato）——尤其是《理想國》，這本書的德文版書名通常譯為《國家》（*Der Staat*），含義不言可喻[32]。第三類人文學宣示的目標，是要突顯出古代文化與當代**政治**的相關性，從而排擠這個領域中的古文物研究學派。《理想國》頌揚斯巴達（Sparta）文化的「生育」與「階級」特質，將「國衛」（guardian）描述為一種生物性較優越的戰士集團；第三類人文學就特別著眼於此，試圖擘畫一個新的威權國家，來取代眾所鄙夷的威瑪共和體制。《理想國》第八卷之中，蘇格拉底生動地描繪了民主政治的愚昧——政治上群龍無首，人類靈魂底層的慾望消耗了人類自身，使得「美德」與綱舉目張的政治都無從實現；對於「政治的柏拉圖」研究者而言，這段描述猶如未卜先知，預示了當時德國共和體制才剛起步就陷入混亂[33]。柏拉圖在《第七封信》（*Seventh Letter*）中勸勉智慧的愛好者放棄靈性的追求，轉而從事政治，為培育他們的城邦謀求福祉，雖然這麼做在知性層面會有所犧牲；在新人文學者看來，這種觀點也有一種特殊的神祕學意義，並將之轉化為德國精神菁英階層的神祕使命；這個階層將在政治上獲得成功，不會重蹈柏拉圖的覆轍——他曾經輔弼敘拉古（Syracuse）的僭主狄歐尼修（Dionysius），結果以失敗告終。耶格就是依循這個理路，在一九三三年讚美柏拉圖是「我們這個世代的國家建立者與法律制定者。」㉞

耶格與其第三類人文學者同僚，結合其他學門的意識型態同道，相當成功地從威權主義觀念出發，改造了「教育」（Bildung）的神聖理想，「Bildung」這個字眼相當於希臘文的「Paideia」（耶格的三卷著作，正是以「Paideia」作為書名）。回溯到歌德、席勒與洪堡（Wilhelm von Humboldt）的時代，傳統的「教育」強調個人的進德修業，以培養多才多藝、放眼世界的主體性為理想。然而經過耶格與「政治的柏拉圖」學者一番修正之後，「教育」卻轉而強調個人僅靠自身是無法達成上述目標。根據耶格之流提倡的「政治」判準，對於那些先前被視為完全屬於個人的成就，國家其實扮演不可或缺的角色。耶格強烈反對啟蒙思想人文主義的個人主義傾向，認為遠遜於納粹由國家主導的政治教育，他說：「人文主義作為一種意識型態，可以上溯至十八世紀西歐啟蒙運動的理性文化體系，因此與納粹的思想史前提格格不入。」㉟

因此我們可以說德國古典學派的政治「一體化」，早在納粹攫取政權之前就已展開。事實上，第三帝國古典學者普遍心懷「國家觀念」（Staatsgesinnung）——強調國民必須以肯定的心態面對國家，與威瑪時期國家權力的孱弱搖擺形成強烈對比㊱。柏拉圖學者希爾德布蘭特（Kurt Hildebrandt）當時熱忱地指出：「古希臘人並不是以個人的身分與神祇和世界聯結，而是憑藉著城邦的力量才成為一個人。」㊲就其自身而言，個人一無可取，唯有藉由國家揭櫫的更崇高目的性，才能有所成就；這樣的觀念促使古典學者與各個領域的人文學者，張開雙臂迎接第三帝國。在德國不僅是極端的保守派會提倡這類觀念，黑格爾之類的傳統保守派也心有戚戚焉。黑格爾在《法律哲學原理》（*Grundlinien der Philosophie des Rechts*）一書中曾頌揚國家是個人所闕如的「倫理實體」（Sittlichkeit als Substanz）寶庫：「國家是倫理理念的現實存在，它作為實體意志的倫理心靈會自我彰顯、歡欣鼓舞……國家絕對理性，因為它是實體意志的現實存在；當特定的自我意識〔亦即君王〕被提升為普遍性的意識，國家便擁有實體意志。」㊳由此可知，整個德國右派陣營都有充分的理由，服膺納粹的實力政治信條，發揚強大國家的理念，一方面實現某種具有深刻歷史根源的政治方案，一方面彰顯德國人與古希臘人在目的論上的志同道合。優生學（eugenics）在《理想國》中扮演重要角色，目的在於讓健康的人士參與政治，避免政治「敗壞」並導致混亂與分裂；這樣的思想似乎讓柏拉圖成為納粹種族政策與教條的異代知己。

可以預見的是，在希特勒鞏固其獨裁政權之後，政治的柏拉圖學者也繼續前進，不再像先前一般只是大放厥辭。哲學家海斯（Hans Heyse）宣稱，柏拉圖的《理想國》是「帝國的理論原型（Ur-form）」㊴。德國研究古代歷史的學者，也普遍將雅典政治家伯里克利（Pericles）與希特勒相提並論㊵。在耶格的鼓吹之下，德國語文學家協會（Association of German Philologists）宣示：「德國教育的目標，就是要培養出作為民族共同體成員的**德國人**。」㊶耶格本人更在納粹傳聲筒刊物《未來民族》（*Volk im Werden*）撰文，為傳統人文學的式微而幸災樂禍，將其貶抑為過度地「個人主義化」。耶格並指出，在推動「新人文學」十五年之後，人們終於了解：「就其歷史生命的每一個決定性的層面而言，『古典的人』就是**政治人**。」其「人性」（humanitas）來自他「在一個政治共同體中的成員身分」。㊷

最後要談到耶格的大作《教育》（*Paideia*），第一卷出版於一九三四年，仔細檢視之下會發現，其字裡行間處處呼應納粹的世界觀。耶格認為，古希臘人就是在亞歷山大大帝的領導之下，開始推動他們的「世界主宰」（Weltherrschaft），而納粹德國也將走上同樣的道路；耶格以先進的希臘文化來對照落後的東方民族與文化（耶格顯然暗指猶太人，雖然他的第二任妻子也是猶太人），而且大刺刺地指出，希臘人的優越性有其「潛伏於種族與血統的更深層原因」㊸。（這種納粹口吻在海依特

〔Gilbert Highet〕精湛的英譯本中，只有約略模糊的呈現。）

以德國古典學界這股意識型態改造風潮為背景，才能充分透顯出高達美一九三四年〈柏拉圖與詩人〉一文的政治意涵。高達美在日後的一場訪談中，將古典語文學領域描述為一處「化外之地」（Rückzugsgebiet），不受當代政治情勢干擾，然而這種說法嚴重扭曲事實㊹。就像第三帝國學術界其他領域一樣，古典學界也卑躬屈膝，極力迎合納粹的「政治化科學」（politicized science）理想㊺。高達美針對柏拉圖放逐詩人的熱忱辯護，完全符合「政治的柏拉圖學者」陣營的立場，將《理想國》標舉為當代政治的典範。

高達美知道，秉持不涉政治與人文主義的傳統，德國古典學界很難接受柏拉圖放逐詩人的哲學信念。但是〈柏拉圖與詩人〉為這種信念代言，認為符合當代「德國精神」的需求㊻。高達美字裡行間充斥著海德格式的強烈政治語言——「抉擇時刻」、「淨化」、「政治監護」工作的正面意義……等等；雖然在英譯本中隱而不顯，但是當代德國人一看即知其中的基本政治動力。這篇文章在不斷譴責柏拉圖的思想敵人「智者」（Sophist）之餘，也貶斥了威瑪時代自由獨立、「喋喋不休」的知識份子階層（如果繼續引伸歷史類比，威瑪德國就相當於柏拉圖在《理想國》第二卷嘲弄的「豬玀城邦」〔city of pigs〕）。高達美並指出，柏拉圖學院的成員並非「不涉政治的學者團體」；相反地，他們因為憎惡「當時智者學派教育無所不包的知識傳授與武斷專橫的道德教誨」，而且熱中鼓吹「政治（staatlichen）人的培養塑造」，因此志同道合㊼。高達美並且順勢撻伐威瑪時期的自由主義：「在柏拉圖看來，城邦的正義並不是負面地奠基於個人的脆弱之上，讓個人因為小心謹慎才會和城邦合作。相反地，人類在政治上之所以具備**正面**意義，是因為他能夠超越對自身物的堅持。」㊽

高達美最後以這番論調作結：

「因此，柏拉圖的教育體系是要抗衡智者學派啓蒙運動對城邦的離心力……為了反制智者學派的教育體系，柏拉圖宣揚一種刻意為之、極為純淨的詩歌：詩歌不再是人類生活的反映，而是一種意圖美好的謊言語言。新詩歌將藉由富於教育效果的方式，表現城邦淨化之後的精神面貌。」㊾

儘管〈柏拉圖與詩人〉顯然不能算是納粹文獻，但是高達美對於「教育的獨裁」（educational dictatorship）原則心領神會，而且當時正逢一九三四年的多事之秋，希特勒上台一年以來不斷鞏固權勢（整肅羅姆〔Ernst Röhm〕集團、在興登堡〔Paul von Hindenburg〕死後將總統與總理職權合而為一）；因此我們還是不能輕易放過這篇文章。

高達美本人在一九七七年回顧這篇「少作」（Jugendschrift）時，堅稱它充分彰顯了自己強烈**反對**納粹的立場。為了自圓其說，高達美再度引述這篇文章中一段來自歌德的題詞：「從事哲學工作的人，總是與身處的時代格格不入。」㊿然而高達美卻連自己引用過的話語也轉述錯誤，作法欲蓋彌彰。歌德那段話的全文如下：「儘管有時難以覺察，但任何哲學作品都蘊含某種爭議性的線索。從事哲學工作的人，總是與過往或當前的思考方式格格不入。因此柏拉圖的論述往往不是要**贊同**某個對象，而是要**批判**某個對象。」㉛有鑑於高達美這篇文章對於民主體制文化放縱亂象的指桑罵槐，他援引歌德的批判目標其實不是第三帝國，而是其弊端叢生的前朝政權：威瑪共和。

將柏拉圖納粹化的元凶之一希爾德布蘭特，也是德國詩人格奧爾格（Stefan George）的死黨。一九二〇年，希爾德布蘭特出版一部頗具影響力的種族淨化專論《人類的規範與墮落》（*Norm and Degeneration of Man*）；一九三〇年代初期，他的興趣轉移到古希臘文化，寫了一本《柏拉圖：權力精神的奮鬥》（*Plato: Der Kampf des Geistes um die Macht*），這一類的書名在當時非常普遍，書中內容則駭人聽聞，他將柏拉圖的《理想國》詮釋為獨裁政體的典範，字裡行間瀰漫著關於納粹的指涉。但是一九三五年，高達美在《德國文學報》（*Deutsche Literarische Zeitung*）寫了一篇洋洋灑灑的評論，盛讚希爾德布蘭特這本書是當代柏拉圖研究的經典之作。日後接受訪問時，高達美繼續為「政治的柏拉圖」大力辯護：聲稱這種立場是淵源自一種「對於國家典範的需求，帶有對國家的肯定與支持（Staatsgesinnung）。」他還說：「這是威瑪共和體制付諸闕如的。」㊾更有甚者，當訪問者談到一九三〇年代德國學術界普遍以種族觀念為訴求，高達美仍然毫無悔意地辯稱：「自從開天闢地以來，種族始終存在……對於種族理論的關注絕對有其正當性。」這時訪問者刻意引導，想讓他有台階可下：「無庸贅言，我們可以從宗教社會學或文化人類學的角度，來探討各個文化團體……」但高達美毫不領情地強硬回應：「這些問題全都有種族的根源！印度人與日本人就是不一樣！」㊿

我們必須謹記在心，德國古典學者與納粹的意識型態合流，完全是你情我願。希特勒對古希臘的崇拜人盡皆知，他的「千年帝國」（Thousand-Year Reich）建築計畫也刻意模仿古希臘的「紀念碑風格」（monumentalism）。在《我的奮鬥》中，希特勒宣稱：「我們今日展開的奮鬥懷有影響深遠的目標：一個有千年歷史、涵蓋古希臘與德國的文化，正為其存亡而奮力一搏。」㊿談到斯巴達時，希特勒譽之為「歷史上最純淨的種族城邦」；雅典在希特勒的歷史思維中也特別受到關愛，經常點名盛讚一番㊺。他還有一部未出版的素描集《世界歷史大事》（*Monumental World History*），副標題是「德國革命」（German Revolution），序言則題為「雅典——羅馬」（Athens-Rome）㊻。在一九二〇年的一場演講「我們為什麼要反猶太人？」（Why Are We Anti-Semites?）之中，希特勒著眼於德國的未來，談到古希臘在擊敗波斯人之後，其文化成就也隨之登峰造極㊼。據納粹首席建築師施佩爾（Albert Speer）描述，希特勒很喜歡自比為雅典的伯里克利：伯里克利建造了帕德嫩神廟（Parthenon），因此希特勒也要修築高速公路（Autobahn）！㊽歷史學家納夫（Beat Näf）在《從伯里克利到希特勒？》（*From Pericles to Hitler?*）一書中肯地總結第三帝國對古代的迷戀：「紀念碑式的建築、藝術、美感、崇高、種族淨化、權力政治、伯里克利與英雄模仿——這些理念將希特勒與古代聯結起來。」㊾哲學家歐若茲珂（Teresa Orozco）曾經為高達美納粹時期的政治活動寫過重要論著，她將納夫的論點再推進一層：「如果沒有古希臘——德國軸心的意識型態建構，『第三帝國的裸者與死者』（the naked and the dead of the third Reich）根本無從想像。」㊿（譯註：《裸者與死者》〔The Naked and the Dead〕為美國小說家諾曼・梅勒〔Norman Mailer〕的戰爭小說名作。）

「赫德思想中的民族與歷史」（"Volk and History in Herder's Thought"）

如同古典學界，德國文學研究領域也盡可能迎合「德國革命」的意識型態要求，而其轉變也不是一朝一夕完成。事實上，整個過程就是過去一百五十年來德國文化界強調民族——國家的趨勢，終於佔了上風——只不過是多了種族色彩鮮明的大放厥辭。大學教授致力於突顯正宗德國文學傳統的純淨與優越，並且與「世界文學」（Weltliteratur）的膚淺兩相對照。因此我們絕不能低估這些學者的所做所為，他們全力以赴將第三帝國的地位合理化，讓「教育階層」之類立場較為傳統的德國菁英能夠接受。

為了替泛德國世界觀找尋真正的源頭，赫德思想研究因此成為顯學。如同德國學界對柏拉圖的主流詮釋，赫德思想的政治解讀也具有高度選擇性。因此，雖然早年的赫德曾經強烈批判啟蒙主義，並大力倡導文化特殊主義，然而他晚期的《人類歷史哲學理念》（*Ideas for a Philosophy of History of Mankind*）卻標舉世界主義（cosmopolitanism），只不過德國學界對此多半刻意迴避或視而不見[61]。而且儘管赫德是一位文化多元主義者而非沙文主義者（chauvinist），認為每一個文化都會發展出自身特質，彼此之間並沒有絕對的優劣可言；但是一九三〇與一九四〇年代的德國研究者卻身不由己，必須拿赫德的**民族**觀念來為納粹思想背書。對於一種本質上以「民族」（Volk）為中心的世界觀（納粹自身也演繹出一系列的相關詞彙如 **Volkstum**、**Volkheit**、**Volksseele**、**Volksindiviualität**），這樣的結合可謂再自然不過。

因此，一九三〇年代的德國文學界頌揚赫德為「大德意志的先知」、「在德意志四分五裂時代，預見了德意志的統一」[62]。既然赫德被視為德意志民族的精神「領袖」之一（一位評論家稱他是「我國最偉大的精神領袖」），因此許多人都拿希特勒來與他媲美[63]。德國學者戴門（Hans Dahmen）在一九三四年的著作《從赫德到希特勒的國家觀念》（*The National Idea from Herder to Hitler*）中總結赫德思想的特質時說：「從赫德到希特勒，這條使命重大的道路既屬於德國的精神，也屬於德國這個國家。」[64]當時學者經常爭論赫德對於「部族」或「血緣」（Geblüt）的定義，顯然預示了納粹的「種族」觀念[65]。就像納粹政權之下的其他事物一樣，文學也具有一種維護秩序的功能——表達並且具象化民族的生活，而赫德被視為第一個體認到這個現象的思想家。

高達美的赫德專論〈赫德思想中的民族與歷史〉完全符合第三帝國時期的主流詮釋路線；更有甚者，這篇文章寫作與發表的時機環境特別值得探究；一九四〇年德軍擊潰法國，隔年高達美就在巴黎的「德國研究中心」發表演講。當時納粹經常利用這種國外講學來進行宣傳，以提升其政權在知識界的威望。此外，「德國研究中心」成立於一九四〇年九月，以實踐一種反動的信條：失敗者的「道德革新」（moral renewal）只能由征服者來推動[66]。

高達美的演講顯然是沐浴在德國軍事勝利的榮光之中，認為德國在戰場上的成功正代表其文化的優越性；相對地，法國的失敗也意謂其文化（理性主義、啟蒙運動）已經日薄西山。高達美在開場白中如是說：「只有揚棄法國世紀（亦即十八世紀）的歷史形象與文化理想，赫德才能夠獲致德國『民族』與『國家』的奧祕，讓我們受惠至今……**對啟蒙運動的批判**：赫德與其當代豪傑都具有這份熱忱。」[67]揮別啟蒙運動的「抽象陰影意象」（abstract shadow images）之後，赫德做出偉大的發現：「歷史的本質」並不在於「理念」，而在於「心靈、溫暖、血緣、人性、生命」[68]。在一個以免於偏見為傲的世紀中，赫德體認到偏見具有帶來福祉的能力，前提是它「讓人們專心致志於各自的中心」[69]。

高達美繼續申論，赫德這方面的觀念激發了日後的「政治意志與思惟」，儘管他「既不是國家概念的支持者，也沒有將個人的自由福祉放在第一位。」相反地，赫德思想中畫龍點睛的觀念是「**一個民族的精神傳承與特質**」：「從赫德親身經歷的新歷史經驗中，興起一種有生命的構造觀念，這觀念同時也是淵源自國家的精神……赫德無視於當時專制政體國家賦予秩序和形態的角色，反而高瞻遠矚，預見了國家領域中一種新的基本力量：民族的生命……『民族』這個字眼因此在德國獲致……新的深度與力量。」⑩

高達美認定赫德直接啟發了日後德國思想界一切重大發展：德國浪漫主義、黑格爾的「民族精神」（Volksgeist）觀念、法學的歷史學派。雖然赫德終其一生都未能看到德國的統一，但他的民族思想確實預示了歐洲政治的發展。不過高達美在文章最後指出，德國的大器晚成正是「一個先決條件，讓德國與西方民主習性分庭抗禮的民族觀念，得以證明其塑造新社會與新政治秩序的力量。」⑪

如今我們只能想像當時那些戰敗國的聽眾，會如何看待高達美的結論：「赫德賦予德國民族……鶴立雞群於歐洲各民族的特質：深厚而廣闊的歷史自我意識。」其他國家只有一樁影響深遠的劃時代事件可以居功（就法國而言，是一七八九年的大革命），然而德國卻一直在實踐自身的世界歷史傳承：希臘城邦的熱忱、早期日耳曼的信仰、中世紀的日耳曼帝國理念、現代史上政治與民族統一的偉大時刻。」高達美最後說：「無論知與不知，每一個德國人身上都有著赫德的靈魂。」⑫

高達美的《全集》（*Collected Works*）蒐羅他發表過的著作，總計有十卷之多，但卻沒有收錄〈赫德思想中的民族與歷史〉。儘管這篇講稿的刪修版在一九六七年再度印行，做為赫德《歷史哲學別論》一書的跋（標題改為〈赫德與歷史世界〉〔Herder and the Historical World〕，後來收入高達美《全集》第四卷），但是已經刪除某些惹人非議的段落，而且不做任何說明。一九四二年版的論述焦點「民族」觀念以及對德國特殊主義的一再頌揚，完全消失無蹤。刪修版中不再提及「現代史上政治與民族統一的偉大時刻」，轉而闡述「最惡劣的暴政」已經「讓德國歷史背負了兩個世紀的重擔。」[73]

高達美日後回顧時，將這篇赫德專論定位為「純粹學術研究」，而且「迴避任何與當時歷史情境相關的暗示」[74]；並宣稱他是冒著政治「風險」讓文章出版，因為其中論及赫德《人類歷史哲學理念》一書中所謂的〈斯拉夫人章〉（Slav Chapter），赫德在書中本諸文化多元主義立場，鼓勵斯拉夫人發展出自身的民族情感；這種想法在納粹時代是一大禁忌。高達美回憶道：「由於我反對北歐與日耳曼民族的獨尊地位，並且宣揚民族、文化和語言的多元性，因此麻煩立刻上身。」[75]然而正如前文所述，高達美的說詞與當年刊布的講稿內容南轅北轍，那篇講稿充斥著德國意識型態與政治的優越性，絕對談不上是一篇「反抗」或「內在流亡」之作。高達美聲稱曾經對納粹政權進行「精神抵抗」，顯然是誇大其辭。

德國《時代》（*Die Zeit*）週刊一位記者葛洛斯納（Claus Grossner），先前曾與高達美完成一份討論當代政治的長篇訪談錄，但是他在一九七〇年讀到〈赫德思想中的民族與歷史〉之後，也為其中極可訾議的政治論述感到震驚。葛洛斯納說：「問題不在於高達美本人是否誠信，這方面我並不質疑。然而我們要追問，海德格模式的哲學亦即『哲學的詮釋學』，與製造出納粹這種極權體制的社會情境，彼此之間有什麼樣的體系關係。」[76]當訪談者追問高達美他與納粹政權的關係，他擺出一副防禦姿態，並不願坦誠以對：他雖然承認那篇講稿的爭議性文字確實有損他的名聲，如今更是堅定揚棄；但是他又說道：「不要抱持什麼幻想，再過三十年，我們都會揚棄今日的（政治）型態。」[77]換言之，納粹的確惡劣不堪，但是天下烏鴉一般黑，過去如此，未來亦復如此，因此我們又何必大驚小怪？然而從高達美這種模糊含混（而且完全悖離歷史）的「災難的無窮回復」（the eternal recurrence of catastrophe）觀點來看，諸如納粹年代與其罪行之類的真實歷史事件，其特殊性終將化為過眼雲煙。在了無止境的政治悲劇之中，第三帝國將只不過是其中一幕；歸根究柢，沒有任何一樁事件值得我們認真看待。高達美如此高高在上地看待實際政治，正是整個德國菁英階層的心態。湯瑪斯・曼一九一七年的〈一個非政治人的告白〉（Confessions of an Unpolitical Man）將其信念表達得淋漓盡致。然而非政治主義的另一面意謂著缺乏

「表白勇氣」（Zivilcourage），並且可能會帶來致命的結果；德國教育階層的衰弱無能正種因於此。

「傳統並非論證」（"Tradition Is Not An Argument"）

本章進行的哲學考據，用意並不在於埋葬高達美，當然更不是要讚美他。其目的一部分是要彰顯第三帝國當時環境的複雜性：就連用意良善的心靈，也很難避免遭致嚴重扭曲。正如克勞斯．曼（Klaus Mann）在小說《梅菲斯特》（*Mephisto*）中的精彩刻劃，一而再、再而三的妥協，很容易就會讓一個人越陷越深，終於失去靈魂。

另一方面，我們在檢討高達美戰爭年代行為的同時，也不得不質疑高達美的哲學，質疑從過去到現在他的哲學與時代的關係。高達美的詮釋學向來毫不掩飾其基本的「保守」傾向：認為「過去」在本質上就具有傳承的價值。高達美在一九六七年的一篇文章中提到：「詮釋學深處蘊含著懷抱歷史、保存歷史的要素；但社會學取向的省思卻是一種擺脫權威與傳統的解放工具；兩者截然不同。」⑱哈伯瑪斯也如此形容：「詮釋學猶如困處於傳統的高牆之中，無助地捶打著牆壁。」⑲

詮釋學立場特有的「保守」特質，明顯地表現在高達美與哈伯瑪斯關於「意識型態批判」（ideology critique）的著名辯論：對於揭露「虛假的意識」的解放行為，高達美完全無法信賴。在高達美看來，意識型態批判總是帶有啟蒙運動「對於偏見的偏見」。高達美認為，法國啟蒙哲學家對於人類理性力量的傲慢信心，會毀壞歷史、傳統與文化特殊性，導致社會操控與政治災難。他在《高達美哲學》中提到，「一場純粹理性的世界性革命」將有如「以涵蓋全世界的空調系統……來穩定全世界的氣候。」[80]從高達美對於意識型態批判所持的觀點可以看出，那篇赫德論文中的某些意識型態要素，仍然是他成熟期思想的核心。對於赫德反啟蒙運動的批評，高達美不僅界定為「願意承認偏見也具有創造福祉的力量」，而且親身服膺[81]。事實上，有一篇縱論高達美思想的名文標題就是〈偏見的哲學〉（The Philosophy of Prejudice）[82]。高達美的《真理與方法》有一章專論「偏見的恢復」，顯然也是受到赫德與反啟蒙思想傳統的啟發。高達美明白寫道：「啟蒙思想有一項不可或缺的偏見：啟蒙思想的基本偏見，就是**對於偏見本身的偏見**，從而剝奪了傳統的力量。」不僅如此：「所有的理解都無可避免地涉及某種偏見，這種體認是詮釋學真正的動力來源。」[83]

然而我們在探本溯源時不免會懷疑，詮釋學對於「偏見」與「權威」的辯護，幾乎與所謂的「德國意識型態」如出一轍：拒斥「理性」、「現代性」與「自主性」，偏愛每每帶有高壓色彩的地方環境與傳統，不就是反啟蒙思想的體現？多位研究者都曾指出：「二十世紀哲學的詮釋學轉變……所導致的結果，傾向於強化德國傳統的反啟蒙思想特質。」[84]面對那種對於偏見與傳統的堅定捍衛，我們如何能夠找到批判的資源，來對抗教條化的信念與極端的社會不公不義？從哲學家的角度來看，高達美夸夸其談「詮釋學觀點的普遍性」，卻嚴重混淆規範的「有效性」（validity）與其「存在」（being）或「實然性」（facticity）。換言之，我們不能只因為某些規範或意義是來自前人傳承，就因此肯定其價值。但是高達美沿襲海德格的本體論路向，強調「傳統的發生」是一種無法逃避的「命運」，導致人們寧可接受經由權威而非洞察所得到的意義。而且高達美始終沒有說清楚，後代世人為何必須在本體論上恪遵前代的價值與信念。

整體來說，所謂的「德國意識型態」可以界定為一種對於康德著名箴言「批判之道是唯一可行之道」的反叛。康德本意是要表達啟蒙思想信念的要旨，強調唯有通過公開論證與省察的考驗之後，我們才能接納由前人傳承而來的規範與信念；或者就如康德所云：「傳統並非論證。」哲學家維爾默（Albrecht Wellmer）的《社會批判理論》（*Critical Theory of Society*）恰如其分地回應了高達美對於傳統與共同體相對主義的頌揚：

「啓蒙思想很清楚哲學詮釋學遺忘了什麼：我們『存在』的『對話』（根據高達美的說法）同時也是一種主宰的脈絡，因此確切而言並不是對話……若要維繫詮釋學的普世性主張，就必須從一開始就體認到：傳統的脈絡既匯集了可能的真理與事實的認同，也匯集了事實的虛假與持續的力量。」[85]

對照德國在一九三三年到一九四五年之間的災難，來檢視高達美的所言所行，我們不得不指出，這位哲學家顯然沒有學到教訓。他在戰後的政治論著帶有「後設政治」的性質：雄辯滔滔又似曾相識地批判科學、科技與理性，認為這些「現代性」的力量已經危及傳統生活世界的親密感以及「詮釋學情境」（hermeneutic situation）的純粹性。高達美在一九六六年的一篇文章中說：「無可避免地，這個機械化、工業化的世界正在個體生命之中擴張，猶如一個技術上臻於完美的領域。我們在傾聽現代的愛侶對話時，經常會懷疑他們的溝通工具到底是字句，還是現代企業世界的廣告標籤與技術詞彙。」[86]的確，這一類批評有其必要性與重要性。然而高達美批評的內容與方向，總是讓人想到一九二〇年代德國菁英階層對中產階級文化的責難，有如史賓格勒與克拉格斯（Ludwig Klages）著作中了無新意的註腳。

當高達美終於走出後設政治的領域，駕臨現實的世界，其結果同樣難以令人信服。例如在〈詮釋學問題的普遍性〉（The Universality of Hermeneutic Problem）一文中，他依依不捨地回顧納粹時期「藝術」與「民族」之間的親密關係：「儘管受到納粹黨人的濫用，但我們還是不能否認，藝術與民族息息相關此一理念**確實有其洞見**。真正的藝術創作離不開特定的共同體，這個共同體必然會與文明社會分庭抗禮，後者受到藝術評論的灌輸與**恐嚇**。」㊇在一九八〇年代的一場訪問中，高達美也哀嘆（呼應海德格）德國「被夾在蘇聯與美國的鉗子之間」、「要在兩種邪惡中做選擇」，並且形容西德雖是文化的巨人，卻也是政治的侏儒：「我們被降格為一個『文化國家』（Kulturnation），我們的商品是文化商品，就像被羅馬統治的希臘一樣……回到歐洲「被夾在蘇聯與美國的鉗子之間」這個主題，的確，美國生活方式的吸引力潛藏危機……因此美國對和平形成威脅，因為它的使命感與蘇聯不相上下。」㊈高達美對於「人權」的歷史性排拒，認為「人權」與啟蒙思想追求的第一原理是難兄難弟，最終導致他短視地以相對主義論調的「差異的權利」來為「蘇聯方式」背書：「西方世界的人必須包容蘇聯。一味堅持人權至上、堅持對方接受議會民主以便全面工業化，這種作法只是洩露了我們的既定心態，並沒有反映**他們的**歷史。」㊉

探討到最後，我們可以明顯地看出來，這個「詮釋意識」（hermeneutic consciousness）的美好靈魂已經蒙塵，無法體會民主政治文化的教訓與優點。

結論（Conclusion）

問題仍然沒有解決：從歷史的觀點來看，我們該如何評價高達美在第三帝國時期的行為？如何以一九三〇年代與一九四〇年代的政治光譜，來解讀高達美的心態？

哲學家沃特斯（Gereon Wolters）在〈「領袖」與其思想家：論「第三帝國」的哲學〉（Der 'Führer' und seine Denker: Zur Philosophie des 'Dritten Reichs'）一文中指出，當時與納粹政權合作的哲學家可以區分為三類：納粹黨人、獨立人士（Aufrechte）與投機份子[90]。文學史家浩斯曼（Frank-Rutger Hausmann）借用這種分類方式來探討高達美在第三帝國時期的行為，並將他歸類為「投機份子」[91]。然而從許多案例來看，三個類別之間的界限其實相當模糊；這些人的行為既有可能出於投機，也有可能是由衷而發。

此外，這些人對於納粹政權的獻身程度，也會隨著其「成就」而變化。沃特斯指出，許多哲學家雖然並不贊同納粹的某些政策，但是對於希特勒一九三三年的「攫取政權」（Machtergreifung）仍熱烈響應，原因在於他們對西方自由主義的根本厭憎[92]。另一波熱潮興起於一九四〇年，當時德國剛以閃電戰擊潰法國，於是海德格頌揚德國的勝利既代表法國形上學的破產，也具體表徵德國戰爭機器是「相當於現代科技及其形上學真理的人類形式」。海德格並聲稱德國的勝利「是一場**形上學的行動**」[93]。

高達美在一九四〇年至四一年間寫下〈赫德思想中的民族與歷史〉，正逢納粹風起雲湧。他也深信納粹的勝利表現出德國「道路」的優越與法國「文明」的卑劣。事後回顧，我們幾乎不可能將這篇文章歸類為「言不由衷」。事實上，它是一篇無可否認的**信念**自白書：雖不是納粹狂熱份子的信念，但卻發自一個道地的民族保守主義者，認為納粹暴政（畢竟「戰爭就是地獄」）已經實現了傳統德國右派的目標。浩斯曼認為高達美在第三帝國的學術生涯（例如一九三三年時他堅持留在納粹教師協會）顯示出投機心態，這種看法固然沒錯；然而我們還是要持平對待高達美之類的案例，深入分析他的論述內容；浩斯曼那篇文章雖然頗有見地，但也疏漏了這項工作。本著這種精神，我認為高達美的〈赫德思想中的民族與歷史〉是一篇針對德國特殊主義精神的典型辯護文。儘管嚴格而言，這篇文章並非納粹宣傳品，但仍突顯出「德國的特殊道路」心態特質。以歷史而論，從懷抱這種「心態」到服膺納粹的世界觀，其間只有一步之遙，而非高達美辯護者指稱無法超越的「躍進」[94]。歷史學家已經指出，希特勒攫取政權在學術界引發的強烈響應，絕非短暫的熱潮，而是發源自當時思想界的趨勢，並且扎根於十九世紀德國的反西方路向[95]。

就算我們要像浩斯曼和其他學者一樣，將高達美一九三〇年代與四〇年代的行徑界定為「投機」，還是無法回答幾個令人不安的問題。一個極權政體需要多少個「投機份子」才能站穩腳跟？投機份子的道德水平是否高於「虔誠信徒」或是那些依照信念而行事的人？納粹政權從一開始就壓制公民自由與政治多元主義、禁止反對黨活動、將反對運動領袖送進集中營、施行一系列嚴苛法律手段來迫害猶太裔公民，與這樣的政權合作的行徑，在倫理上應如何看待？迫於情勢而只想虛與委蛇的人，難道值得世人的讚許？論者已經指出，哲學家的倫理妥協（從柏拉圖到海德格，類似的案例在形上學歷史中屢見不鮮）或許可以原諒，然而還是有些過失「不可饒恕」；高達美在第三帝國時期的所作所為應歸類為何者？畢竟，「對於政治問題，一個哲學家可能受到欺騙，並在事後公開認錯。但是當一個政權屠殺數百萬猶太人；讓日常生活瀰漫恐怖氣氛；將所有精神、自由與真理的理念轉化為血腥的對立面，一個哲學家怎麼可能受騙？」[96]換言之，參與一個以「犯罪」為存在本質、公然奉行種族屠殺征服意識型態的政權，的確構成一種更為嚴重的「過失」。對於高達美的思想家名聲，這種倫理過失有何影響？對於這些相關問題，大部分的高達美支持者——包括浩斯曼——都噤聲不語[97]。

在《非真理與方法：論高達美第三帝國時期出版論著》（*Untruth and Method: On Gadamer's Publications during the Third Reich*）一書中，浩斯曼對於高達美在希特勒時期的行為，做了廣泛的背景脈絡研究。的確，犯行比高達美嚴重的德國學者比比皆是，而且也沒有任何一則定言令式要求一個人在面對高壓政權時，必須表現出英雄行為或者挺身反抗。

儘管如此，高達美接受納粹政權的「徵召」，一九四一年前往德軍佔領的巴黎，在德國研究中心發表演講；這樁事件值得進一步探討。這類「研究中心」的意識型態目標為何？那些參與中心活動的人士，他們的學術誠信受到何種傷害？對於納粹維繫歐陸霸權的目標做了多少貢獻？我們如果不先處理這些問題，就無法徹底釐清高達美與納粹政權合作的政治背景。

當時各地的德國研究中心雖然都是由望重士林的學者主持（例如巴黎的中心就是由一群「古羅馬文化學者」挑大梁），然而其宗旨完全在於宣傳。藉由選擇性地頌揚德國精神傳統的優越性，他們試圖為納粹追求歐洲霸權尋找文化理由。他們的主要活動——高層次學術會議、德語課程、重量級學者演講（例如一九四一年的高達美演講），都是針對被佔領國的文化與知識菁英量身打造，以誘使他們與納粹合作。納粹深信，如果能爭取到這些意見領袖為德國幫腔助陣，佔領行動的物質代價與風險將可以減到最低。

德國研究中心的文化節目特別致力於「柔化」納粹征服者的形象，轉移人們對於德國佔領暴政的關注。更有甚者，他們假藉各國平等「文化合作」之名，其實卻是要掩飾即將發生的恐怖事件。戈培爾在一九四二年的一篇日記中寫道：「如果法國人知道領袖準備如何處置他們，一定會嚇得手足無措。因此目前最好還是保守祕密。」⑱

巴黎德國研究中心的主任艾普亭（Karl Epting）是古羅馬文化學者出身，他深信在納粹宰制的歐洲，人文學佔有至高無上的地位。艾普亭說：「黨的領導階層所要施行的民族價值，唯有人文學（Geisteswissenschaften）才能做出最純粹的表達。」⑲在這樣的見解與作法之中，民族主義關於「語言」和「人民種族體質」的老生常譚，得以發揚光大。因此巴黎的研究中心對於語言訓練的強調，遠遠超出了基礎「教育」的要求，而是向被佔領國民族灌輸德國文化優越性的有效方法。巴黎的研究中心也基於類似的理念，主持一項大規模的翻譯計畫，先後出版了三百三十一部著作，作者全都合乎納粹政權的要求標準。這項計畫似乎達成目標，因為德軍佔領時期，德國文學的法文譯本銷售量增加了三倍⑩。

然而有一點值得注意，研究中心並不鼓勵翻譯納粹狂熱份子（如戈培爾、羅森伯格）的作品。德國佔領行動的策劃者認為，對法國輿論領袖而言，這些狂熱份子的東西在意識型態上過於強烈，難以消受。相反地，德國主流民族主義人士（如費希特〔Johann Gottlieb Fichte〕、黑格爾、華格納、特賴奇克〔Heinrich von Treitschke〕、韋伯、桑巴特〔Werner Sombart〕與海德格）的作品就比較合適；而高達美的赫德專論的要旨與方向，正完全合乎納粹宣傳工作的要求。

與其他歐洲國家的姐妹機構相比較，巴黎的德國研究中心肩負一項更為複雜、更具挑戰性的任務。納粹「羅森伯格部」（Amt Rosenberg）的意識型態專家認為，德國稱霸歐陸大業的最艱鉅挑戰就在法國。歷史學家米歇爾斯（Eckhart Michels）指出：「對於納粹德國爭奪歐洲霸權的計畫而言，法國構成的威脅首先在於一種**精神文化的威脅**。」⑩戈培爾曾經預言，過去一百五十年間，法國是歐洲文化的先鋒，但是未來的三、四百年將由德國獨領風騷。在納粹的展望之中，柏林將成為歐洲的文化中心，巴黎則淪為地方性的城鎮。根據一項計畫，納粹宰制歐洲之後，法國的重工業將畫下句點，只能維持農業與奢侈品產業，以防範法國人民反抗納粹統治。

然而納粹高層人士也經常感到自慚形穢，深知德國無法超越法國文化眾所公認的優勢地位。就歐洲殖民主義的戰略操作而言，德國起步甚晚；一直到十九世紀，法語都是歐洲外交界的半官方語言；而法國名聞遐邇的「文明使命」（mission civilisatrice）更可以上溯到拿破崙時代。由第三帝國教育部委託進行的研究顯示，在整個西歐地區，法語仍然是第二常用的語言。因此德國研究中心收服歐洲人「心靈與理智」的大規模宣傳工作，一方面要借重納粹的軍事勝利，另一方面也必須讓歐洲人對德國精神傳統的優越性心悅誠服。最後一點，從軍事與戰略的觀點來看，德國必須確保戰敗的法國從此與納粹並肩而行，不再投向英國陣營。

巴黎德國研究中心的文化活動，有一個反覆出現的意識型態主題，強調「普遍理性」、「世界主義」之類的法國價值觀終將消聲匿跡，代之而興的是納粹世界觀代表的民族觀點。艾普亭為中心一本出版品寫序言時說：「法國為了新歐洲所必須做的偉大犧牲之一，就是放棄自身的普世文化主張。法國不會再被視為普世教會，而應該是一個特定的民族單元，以其血緣與歷史做為表徵。」⑩不足為奇的是，高達美的〈赫德思想中的民族與歷史〉也對這些理念再三致意。因此，從高達美對於研究主題的選擇以及意識型態傾向可以看出，這位哲學家的表現完全符合納粹政權的宣傳宗旨。

在評判高達美的德國研究中心演講時，我們必須同時關注納粹佔領行為的嚴酷本質。納粹絕不是與被佔領國和平相處、平等對待。根據德國外交部內部流通的一份文件，未來在納粹主宰的歐洲之中，法國扮演的角色只是一個「放大的瑞士」[103]。至於那些被征服的東歐國家，其命運更是不堪聞問[104]。在歐洲佔領區參與納粹文化活動的學者們，儘管可能對某些「手段」與「方法」有所戒心，但顯然多少都贊同第三帝國的地緣政治目標。

高達美赫德論文明顯的絃外之音，對照他寫作與發表的環境，難道不是強烈關注當時的政治現實？啟蒙主義的普世價值當時正江河日下，法國一步步陷入政治、文化與人口素質的停滯，一九四〇年六月的潰敗坐實了這些趨勢，因此法國也失去了歐陸文化盟主的地位。相對而言，一種全新的特殊主義、民族主義價值體系，正化身為勝利的納粹德國，在地平線上冉冉升起。正如高達美所說，赫德的世界觀代表「民族生命」的凱旋；儘管他也認為要在**政治上**實現赫德的文化願景，還需要一個世紀的時間：「這種針對未來的非政治直覺與準備工作，正是赫德時代德國人的最高命運；而且在政治上大器晚成的命運，或許正造就了德國的『民族』觀念——與西方的民主口號相對——成為一股強大的力量，在現實的變化中創造新的政治秩序。」[105]因此從歷史的觀點來看，當時德國正走上康莊大道，嘗試挽救長期陷於文明危機、四分五裂的歐洲。至於高達美這篇赫德論文，唯有麻木不仁、忽略歷史的解讀，才會看不出來它其實是另有寄託，一心歌頌當時德國在戰場上的勝利。

註釋

①Michael Burleigh, Germany Turns Eastwards: A Study of Ostforschung in the Third Reich（New York: Cambridge University Press, 1988）.

②Deutsche Historiker im Nationalsozialismus, ed. Winfried Schulze and Otto G. Oexle（Frankfurt am Main: Fischer Verlg, 1999）.

③ Frank-Rutger Hausmann, Deutsche Geisteswissenchaft im Zweiten Weltkrieg: Die "Aktion Ritterbusch, " 1940-1945（Dresden-Munich: Dresden University Press, 1998）.

④ See, for example, Eckhard Michels, Das deutsche Institut im Paris: 1940-1944（Stuttgart: Franz Steiner Verlag, 1993）.

⑤ Martin Heidegger, Reden und andere Zeugnisse eines Lebensweges1910-1976（Frankfurt am Main: Vittorio Klostermann, 2000）. See also the summary by Lüdger Lütkehaus, "Der Staat am Sterbebett, " in Die Zeit22, May 23, 2001.

⑥ See Bekenntnis der Professoren an den deutschen Universitäten und hochschulen zu Adolf Hitler und dem nationalsozialistischen Staat（Dresden: NS Lehrerbund Deutschland/Sachsen, 1933）. Jean Grondin, Hans-Georg Gadamer: Eine Biographic （Tübingen: J.C.B. Mohr: 1999）（English translation: Hans-Georg Gadamer: A Biography, trans. J. Weinsheimer [New Haven: Yale University Press, 2003]）. There are many failings to Grondin's approach-foremost among them, he proceeds in an unscholarly hagiographic manner reminiscent of the George Kreis（e.g., Friedrich Gundolf's biography of Goethe or Ernst Kantorowicz's biography of Frederick the Great）. For a more detailed discussion of Grondin's work, see my review in Bookforum 10（2）（Summer 2003）, 4-6.

⑦ Deutsche Historiker im Nationalsozialismus, 32.

⑧關於納粹意識型態的不穩定性，以及因此導致的詮釋問題，參見Jeffrey Herf, Reactionary Modernism（New York: Cambridge University Press, 1986）。

⑨ Michael Grüttner, "Wissenschaft, " in Enzykopädie des Nationalsozialismus, ed. W. Benz（Stutgartt: Klett-Cotta, 1997）, 144.

⑩ Ibid., 145.

⑪ Wehler, The German Empire（Leamington Spa: Berg, 1985）, 231.

⑫ Jan Ross, "Schmuggel: Gadamers Geheimnis, " Frankfurter Allgemeine Zeitung, February 11, 1995, 27.

⑬ Hans-Georg Gadamer, "Reflections on My Philosophical Journey," in Philosophical Apprenticeships, trans. R. Sullivan（Cambridge: MIT Press, 1985）, 2.

⑭ The Philosophy of Hans-Georg Gadamer, ed. L. E. Hahn（Chicago: Open Court Press, 1996）, 6.

⑮ Gadamer, Philosophical Apprenticeships, 38.

⑯ Ibid., 50-51, 52, 71.

⑰ The Philosophy of Hans-Georg Gadamer, 9.

⑱ Gadamer, Philosophical Apprenticeships, 72.

⑲ Ibid., 75.

⑳ Ibid., 77, 76.

㉑ Ibid., 78, 79.

㉒ Hans-Georg Gadamer, "Die wirklichen Nazis hatten doch überhaupt kein Interesse an uns"（Interview with Dörte von Westernhagen）, Das Argument32（4）（July-August 1990）, 551.

㉓ Gadamer, Philosophical Apprenticeships, 104.

㉔ Hans-Georg Gadamer, Truth and Method（New York: Seabury, 1975）, 232, 234.

㉕ Ibid., 245.

㉖ Hans-Georg Gadamer, Philosophical Hermeneutics, trans. D. Linge（Berkeley: University of California Press, 1976）, 9.

㉗ Gadamer, Truth and Method, 249.

㉘ Ibid., xvi, 258.

㉙ Jürgen Habermas, review of Truth and Method, in The Hermeneutic Tradition, ed. G. Ormiston and A. Schrift（Albany: SUNY Press, 1990）, 238.

㉚ See his remarks in "The 1920s, the 1930s, and the Present: National Socialism, German History, and German Culture." in Hans-Georg Gadamer on Education, Poetry, and History, ed. D. Misgeld and G. Nicholson（Albany: SUNY Press 1992）140：「從早年到現在，我一直是個自由派，每次選舉時都投給自由民主黨。」

㉛ Jaeger, "Der Humanismus als Tradition und Erlebnis, " in Humanistische Reden und Vorträge（Berlin, 1937）, 20 ff.

㉜ The competing, nonpolitically freighted option was merely to transliterate the Greek original, Politea.

㉝ See "The Republic, " in The Works of Plato, ed. B. Jowett（New York: Tudor 1936）, 323-333. Ernest Barker, Greek Political Theory: Plato and His Predecessors（London: Methuen, I960）。對於柏拉圖的民主批判有簡明

扼要的評論。

㉞ Jaeger, "Die Erziehung des politischen Menschen in der Antike, Volk im Werden, 1（3）（1933）, 46.

㉟ Ibid.

㊱背景探討參見 Beat Näf, Von Perikles zu Hitler? Die athenische Democratic und die deutsche Althistorie bis 1945（Bern: Peter Lang 1986）See also Teresa Orozco, "Die Platon-Rezeption in Deutschland um 1933, " in 'Die besten Geister der Nation': Philosophie und Nationalsozialismus,ed. I. Korotin（Wien: Picus Verlag, 1994）, 146ff; Volker Losemann, Nationalsozialismus und Antike: Studien zur Entwicklung des Faches Alte Geschichte 1933-1945（Hamburg: Historische Perspektive 7, 1977）。關於國家信念如何確保德國古典學者與其他知識份子對納粹的忠誠，參見 Markus Schmitz, "Plato and the Enemies of the Open Society, " in Antike und Altertumswissenchaft im Alter von Faschismus und Nationalsozialismus, ed. Näf（Mandelbachtel, Cambridge: PUB, 2001）, 465-485. On Jaeger, see Suzanne Marchand, Down From Olympus: Arachaeology and Philhellenism in Germany, 1750-1970（Princeton: Princeton University Press, 1996）。

㊲ Cited in K. Vretska, "Introduction, Platon, " Der Staat（Stuttgart: Reclam, 1980）, 5.

㊳ G.W.F. Hegel, The Philosophy of Right, trans. T. M. Knox（Oxford: Oxford University Press, 1952）, 257-258.

㊴ Heyse, Die Idee der Wissenschaft und die deutsche Universität（Königsberg: Königsberg Press, 1933）, 12.

㊵ Näf, Von Perikles zu Hitler? 184-185.

㊶ Das Humanistische Gymnasium（1933）, 209.

㊷ Jaeger, "Die Erziehung des politischen Mensch in der Antike, " Volk imWerden I（3）（1933）, 43.

㊸ All of these passages are recounted in William Calder and M. Braun, "Tell it Hitler, Ecco! Paul Friedländer on Werner Jaeger's Paideia, " Quaderni di storia, 22（43）（1996）, 211-248. For another discussion of Jaeger, Third

Humanism, and Plato, see Donald White, "Werner Jaeger's 'Third Humanism' and the Crisis of Conservative Cultural Politics in Weimar Germany, " in Werner Jaeger Reconsidered, ed. W. M. Calder III（New York/London: Illinois Classical Studies, Supplement 34, 1990）, 267-288.

㊹ Gadamer, "Die wirklichen Nazis hatten doch überhaupt kein Interesse an uns, " 549.

㊺ On this subject, see Leon Poliakov and Josef Wulf, Das dritte Reich und seine Denker（München, New York: K. G. Sauer, 1978）; for the field of philosophy in particular, see T. Laugstien, Philosophieverhältnisse im deutschen Faschismus（Hamburg: Argument Verlag, 1990）.

㊻ Hans-Georg Gadamer, "Plato and the Poets, " in Dialogue and Dialectic: Eight Hermeneutical Studies on Plato, trans. C. Smith（New Haven: Yale University Press, 1980）, 39. Subsequent references will appear parenthetically.

㊼ Ibid., 52.

㊽ Ibid., 57.

㊾ Ibid., 58.

㊿ Gadamer, "Reflections on My Philosophical Journey, " 13.

(51) Gadamer, "Plato and the Poets, " 39.

(52) Gadamer, "Die wirklichen Nazis, " 549.

(53) Gadamer, "Die wirklichen Nazis hatten doch überhaupt kein Interesse an uns, " 546. For Gadamer's review of Hildebrandt（first published in 1935）, see Gesammelte Werke V, 331-37.

(54) Hitler, Mein Kampf（Boston: Houghton Mifflin, 1941）, 423.

(55) Volker Losemann, Nationalsozialismus und die Antike（Hamburg: Hoffman und Campe, 1977）, 11.

⑯ Werner Maser, Hitlers Briefe und Notizen. Seine Weltbild in handschriftlichen Dokumenten（Düsseldorf: Econon, 1973）, 295.

⑰ Hitler, Sämtliche Aufzeichnungen 1905-1924, ed. E. Jäckel（Stuttgart: Deutsche Verlags-Anstalt, 1980）, 187.

⑱ Cited in Joachim Fest, Hitler（New York: Vintage, 1971）, 382.

⑲ Näf, Von Perikles zu Hitler? 118.

⑳ Orozco, "Die Platon-Rezeption in Deutschland, " 142; see also, Orozco、Platonische Gewalt: Gadamers politische Hermeneutik der NS-Zeit（Hamburg: Argument, 1995）, 142.

㉑ 赫德在"Yet Another Philosophy of History"（1774）中談到：「每一個民族都有它內在的福祉中心，就如每一個球體都有其重心……埃及人討厭牧羊人與遊牧民族，鄙視輕浮的希臘人……然而偏見是有益的，在適當的時間與地方，福祉會從其中泉湧而出。它促使民族向中心聚集，扎根扎得更深，讓他們從此興盛。」Herder on Social and Political Culture, ed. F. M. Barnard（Cambridge: Cambridge University Press, 1969）, 186-187。

㉒ Benno von Wiese, Herder: Grundzüge seines Weltbildes（Leipzig: Meyer, 1939）, 124; Friedrich Weinrich, Herders deutsche Bezeugung des Evangeliums in den 'Christlichen Schriften'（Weimar, 1937）, 7.

㉓ Walter Kriewald, Herders Gedanken über die Verbindung von Religion und Volkstum（Ohlau i. Schlesien, 1935）, 6.

㉔ Dahmen, Die nationale Idee von Herder bis Hitler（Köln: 1934）, 62.

㉕ 第三帝國時期對赫德的援引，參見 Bernhard Becker, "Herder in der nationalsozialistischen Germanistik, " in Herder im "Dritten Reich, " ed.J. Schneider（Bielefeld: AisthesisVerlag, 1994）。

㉖ See Orozco, Platonische Gewalt, 109.

㊼ Hans-Georg Gadamer, Volk und Geschichte im Denken Herders（Frankfurt: Klostermann, 1942）, 5, 7（emphasis added）.

㊽ Ibid., 10, 12.

㊾ Ibid., 13.

㊿ Ibid., 20, 21, 22.

⑪ Ibid., 23.

⑫ Ibid., 24. For a systematic comparison of the different versions of Gadamer's Herder-Schrift, see Orozco, Platonische Gewalt, 235-249.

⑬ Hans-Georg Gadamer, Gesammelte Werke, vol. 4（Tübingen: Mohr Verlag, 1987）, 333.

⑭ Gadamer, Philosophical Apprenticeships, 99; "Reflections on My Philosophical Journey," 14。他同時也提到另一個小故事：「我之所以會喜歡這篇論赫德的作品，有一個特別的原因。我第一次探討這個主題是在法國的一座戰俘營，對一群法國軍官發表演講。在演講之後的提問與討論時間，我提到一個帝國如果過度擴張，就會走向滅亡；這時那些法國軍官彼此對看，眼神意味深長，心照不宣。」

⑮ Gadamer, "The 1920s, the 1930s, and the Present, "148.

⑯ Claus Grossner, Verfall der Philosophie: Politik der deutschen Philosophen（Reinbeck b. Hamburg: Christian Wegner Verlag）, 234.

⑰ Letter from Gadamer, May 27, 1970, cited in Grossner, Verfall der Philosophie, 234. In "The 1920s, the 1930s, and the Present, " 148，高達美對他的巴黎演講提出更直接的解釋：「這樣一項任務的確性質曖昧，我知道納粹政權希望讓外界看到，並不是每一個德國教授都是納粹黨人，這一點倒是好事。」

⑱ Gadamer, "On the Scope and Function of Hermeneutical Reflection," in Philosophical Hermeneutics, 21.

⑲ Habermas, "Review of Truth and Method, " in The Hermeneutic Tradition, 239（translation altered）.

⑳ Gadamer, The Philosophy of Hans-Georg Gadamer, 97.

㉑ For the relevant texts, see Gadamer, "The Scope and Function of Hermeneutical Reflection, " in Philosophical Hermeneutics, 18-44; and Habermas, "A Review of Gadamer's Truth and Method" and "The Hermeneutic Claim to Universality, " in The Hermeneutic Tradition, 213-273.

㉒ Grossner, "Die Philosophie des Vorurteils, " in Verfall der Philosophie, 53-63.

㉓ Hans-Georg Gadamer, Truth and Method（New York: Seabury 1975）239-240（emphasis added）.

㉔ See Hans Albert, "Critical Rationalism and Universal Hermeneutics," in Gadamer's Century: Essays in Honor of Hans-Georg Gadamer, ed. J. Malpas et al.（Cambridge: MIT Press, 2002）, 17.

㉕ Wellmer, Kritische Theorie und Positivismus（Frankfurt: Suhrkamp Verlag, 1971）, 48.

㉖ Gadamer, "The Universality of the Hermeneutical Problem, " 16.

㉗ Ibid. 5.

㉘ Gadamer, "The 1920s, the 1930s, and the Present, " 147, 148, 150.

㉙ Ibid., 150.

㉚ "Der 'Fuhrer' und seine Denker: Zur Philosophie des ' Dritten Reiches,' " Deutsche Zeitschrift für Philosophie 47（1999）.

㉛ Hausmann, "Unwahrheit als Methode? Zu Hans Georg Gadamers Publikationen im 'Dritten Reich, ' " Internationale Zeitschrift für Philosophie 1（November2001）.

㉜ Gereon Walters, "Der 'Fuhrer' und seine Denker, " 231.

㉝ Martin Heidegger, Nietzsche: Europäischer Nihilismus, Gesamtausgabe48（Frankfurt: Klostermann, 1986）,

205, 333.

⑭ See the texts assembled in Internationale Zeitschrift für Philosophie1（November 2001）.

⑮ See, for example, Joachim Fest, Das Gesicht des dritten Reiches: Profile eines totalitärischen Herrschaft（Munich: Piper, 1988）, 342.

⑯ See Herbert Marcuse, letter to Heidegger of May 12, 1948, in The Heidegger Controversy: A Critical Reader, ed. Richard Wolin（Cambridge: MIT Press, 1993）, 152-164.

⑰ See, for example, the Richard Palmer's introduction to Gadamer in Conversation: Reflections, and Commentary（New Haven: Yale University Press2001）Palmer對高達美的辯護，悖離了學術批判的一般標準，以至於完全接受高達美本人對自身一九三〇與四〇年代政治行為的合理化說詞，並且拒絕參考汗牛充棟的納粹與人文學文獻。對於理解高達美的政治行為，這類文獻是不可或缺的關鍵。對於知識份子與暴政關係的全面探討，參見 Mark Lilla, The Reckless Mind（New York: New York Review Books, 2001）。

⑱ Joseph Goebbels, Tagebücher. Aus den Jahren 1942/43, ed. L. P.Lorchner （Zürich: 1948）, 186.

⑲ Michels, Das Deutsche Institut in Paris, 38.

⑳ Ibid., 223.

(101) Ibid., 82.

(102) Ibid., 261.

(103) Europa unter dem Hakenkreuz, Dokument 7, 117.

(104) 關於納粹宰制歐洲的計畫，參見 Robert Herzstein, When Nazi Dreams Come True（London: Abacus, 1982）.

(105) Hans-Georg Gadamer, Volk und Geschichte im Denken Herders（Frankfurt am Main: Vittorio Klostermann Verlag, 1942）, 23.

政治附記㈠

POLITICAL EXCURSUS I

德國的不確定性：論德國新右派

Incertitudes Allemandes:
Reflections on the German New Right

> 正如古老的民族將過去的歷史保存在想像與神話中，我們德國人也將未來的歷史保存在思想與哲學中。我們是今日世人的哲學同輩，卻沒有共同的歷史。
>
> ——馬克思，〈黑格爾《法律哲學》批判：導論〉
>
> （A Contribution to a Critique of Hegel's *Philosophy of Right*: Introduction）
>
> 德國人的歷史是一部走極端的歷史。它無所不包，就是沒有中庸之道。過去一千年來，德國人什麼都經歷過，就是沒有經歷過正常狀態……在德國歷史上，唯一的常態就是激烈的震盪。
>
> ——泰勒（A. J. P. Taylor），《德國歷史進程》（*The Course of German History*）

二〇〇〇年六月，德國公眾再度陷入一場風暴。慕尼黑的當代歷史研究中心（Institute for Contemporary History）將當年度的「康拉德．艾德諾獎」（Konrad Adenauer Prize），頒給經常發表歷史修正主義觀點的德國老牌歷史學者諾特（Ernst Nolte）。新聞界與歷史學界立刻群起而攻之，要求中心主任莫勒（Horst Moeller）引咎辭職（莫勒曾在一九九〇年代擔任柯爾〔Helmut Kohl〕總理的顧問），聲稱他嚴重玷污了中心的名聲。

雖然諾特的學術資歷沒有多少可質疑之處，但是他得獎當時的政治情勢卻相當糾葛。因為德國歷史學界一九八六年的一場大辯論，正是由諾特本人發動，當時他聲稱蘇聯的勞改營比起奧許維茲集中營「更是始作俑者」，因此後者罪行的嚴重性也就等而次之，而希特勒進軍蘇聯的「紅鬍子行動」（Operation Barbarossa）其實是面對迫切威脅時的自衛之舉。

一九九〇年代，諾特繼續發表爭議性訪談與文章，觀點日益激進，而且越來越趨向以挑起論戰為目的。他不斷堅稱納粹的反猶太思想有其「理性的核心」，暗示希特勒某些對付猶太人的政策，從歷史背景來看並非毫無理性可言。在另一本爭議性的海德格傳記中，諾特更公然辯稱對於一九三三年的德國而言，納粹是一條「正確的道路」。諾特還有許多更為驚世駭俗的觀點，發表在他與法國史學家傅瑞（François Furet）的書信往返中，英譯本也在不久之前出版①。

諾特的觀點是否廣受接納？當代德國是否存在一種危機，西德時期好不容易建立的自由主義政治共識，是否正搖搖欲墜？答案是應該還不至於。諾特近來的大放厥辭（在發表得獎演說時，他又驕傲地重申自己最具爭議性的主張與論點），其實只是一種終將失敗的困獸之鬥，妄圖遏阻德國政治文化「向西方靠攏」的趨勢。下文將討論這些雖然並不成功、但仍頗堪玩味的困獸之鬥。

向右飄移（A Rightward Drift）

一九九二年，新教神學家特洛爾奇（Ernst Troeltsch）在收錄於《自然法與人性的理念》（*The Ideas of Natural Law and Humanity*）的一篇文章中，思考德國特殊主義與西方世界主義拮抗的兩難困境。特洛爾奇體認到，在第一次世界大戰時期，以「一九一四年理念」（ideas of 1914）為代表的德國中心主義（Germanocentrism）分外激烈高亢。戰後藉由嚴苛的凡爾賽和約（Versailles Treaty）達成的和平，非但沒有平息特洛爾奇極度不信任的德國例外論（German exceptionalism），反而讓它的氣焰更為高張。因此儘管德國在名義上首度建立共和體制，但真正的民主人士寥寥無幾。此外，大聲疾呼復仇雪恥的革命民族主義已經興起，受到一群自相矛盾的「保守派革命人士」（conservative revolutionaries）協助，來勢洶洶。儘管羽翼未豐的共和國先後抵擋住一九二〇年卡普政變（Kapp Putsch）與一九二三年希特勒事件兩次右翼政變企圖，然而情勢已日益險惡。特洛爾奇在他的文章中試圖迎頭痛擊德國特殊主義，讓德國回到普世主義的陣營，只可惜徒勞無功。但特洛爾奇對德國例外論的重建，可以做為簡明扼要的思想史模範，而且在今天看來仍然頗具啟發性，儘管所謂的「精神史」

（Geistesgeschichte）研究路向已經不受青睞。

特洛爾奇感嘆，德國的文化生活一直未能擺脫「反革命」風氣與習性長久以來的吸引力。他將這種風氣習性追溯至德國浪漫主義特有的「半美學、半宗教的……反中產階級觀念論」，並指出這種趨勢最後發展為一種「神祕主義與殘酷暴力的奇特混合體」。從「個體性」的觀念出發，德國浪漫主義衍生出「一個實體性、道德性與歷史的新原則」。「我們並沒有接納理性放諸四海皆同的尊嚴，以及實現普世法則的理念；反而強調心智能力在各個方向純屬個人、獨一無二的實現，主要在於個人層面，其次則及於社會層面。」人們接受的理念並不是「理性的尊嚴與普世法則的實現」，而是「豐富的民族心靈共同奮鬥，並發展出他們（個別）的精神力量……」②特洛爾奇認為，這個路向的前提在於個體的不平等性。它倡導一種「國家的神格化」，並且犬儒地信任「偉人」的領導。特洛爾奇最後結論道：「德國政治思想的特色在於一種奇特的二元論，讓外國的觀察者印象深刻。」

「只看德國政治思想的一面，你會發現浪漫主義與崇高觀念論的豐富遺緒；但是看另一面時，卻會發現近乎犬儒主義的現實主義，對任何理念與道德都漠不關心。然而無論是在哪一面，你都會看到一種驚人的傾向，要將兩種元素融合為一，也就是將浪漫主義殘酷化、將犬儒主義浪漫化。」③

當代德國情勢的觀察者大概都會注意到，兩德統一之後德國政治文化調性的改變。德國的歷史幽靈、過往人物再度浮上檯面，只不過政治脈絡已轉而強調克制與穩定，彷彿艾德諾一九五〇年代的格言「絕不實驗」（Keine Experimente）已成為德國的立國箴言，猶如美國的「合眾為一」（E pluribus Unum）。一九二〇年代德國保守派革命運動的領導者，諸如施米特、容格爾、史賓格勒，又成為風雲人物。自由派的基督教民主聯盟（Christian Democratic Union，CDU）國會議員福路格（Friedbert Pflüger）最近出版的《德國正在飄移：保守派革命發現自己的孩子》（*German is Adrift: The Conservative Revolution Discovers Its Children*），書名正反映了德國統一之後的時代精神④。

對於一九二〇年代德國革命傳統的興趣重燃，是一種更廣義的文化迷失症狀。今日德國的問題與傳統的實力政治、現實政治（Realpolitik）沒有多少關聯，這類議題大體上已經在德國整合進入歐洲聯盟（European Union）的政治與經濟架構時解決。然而德國認同感的問題依然關係重大。統一之後，人們再度獲得容許去問一個問題，甚至非問不可：「德國是什麼？」（Was ist deutsch?）在戰後很長的一段時間，除了某些極右翼邊緣團體之外，這個問題一直被視為禁忌。德國文學批評家博洛（Karl Heinz Bohrer）在一九九〇年代早期一篇經常被引述的文章中大聲宣示：「為什麼我們不是一個國家以及為什麼我們必須成為一個國家？」⑤一九九一年保守派歷史學家梅耶（Christian Meier）一本著作的書名如此哀嘆：《一個不想成為國家的國家》（*The Nation That Does Not Want to Be One*）⑥。直到最近，德國知識份子領袖才又重新發現了認同政治。

兩難就在這裡。特洛爾奇精闢分析的德國特殊主義意識型態，向來糾結著關於德國認同問題的論辯。這些論辯彷彿形成一種規則，總是與法國大革命衍生的普世人類平等理念——受到鄙夷的「一七八九年理念」——相互抗衡。同時在歷史上，這些論辯也召喚出德國獨斷獨行的幽靈。因此，德國認同政治的問題，就在於其主要的歷史與文化參考座標，已經遭到德國例外論的玷污。無可避免地，現在每當關於德國國家意識發展的主題興起時，就幾乎必然會陷入先前德國認同論辯中的種族中心與獨我論（solipsism）論調。既然這是傳統上德國人討論國家認同問題的方式，那些問題也必然會在今日的歷史情境中再度浮現——被壓迫的事物以不可思議的方式再度重返。

如果這類民族主義的狂熱只影響某些邊緣團體，只是文化界個別不滿現狀人士的胡思亂想，那麼我們也不必大驚小怪。然而不可輕忽的是，在德國統一之後的政治文化中，這種趨勢已經侵入體制，站穩腳跟。保守革命人士對於國家、外交政策、國家認同、地緣政治以及德國對「西方世界」態度的立場，在學術界、出版界、新聞界與政治圈中引起矚目。從這方面來看，統一之後德國的文化因素已經轉移，過去因為呼應納粹世界觀而遭排斥的政治與文化主題，再度樹立在舞台中央。

不過和以往不同的是，德國的鄰國至少在短期內不必過於擔心。民族統一主義者（irredentist）關於被驅逐德裔人民（例如頗具政治影響力的蘇台德地區德裔聯盟〔League of Sudeten Germans〕）的主張，已經在一九九〇年之後盛極而衰。對於德國現行國界的堅定認可，是統一過程中所謂的「二加四談判」獲致成功的基本要件。二十世紀中期德國大肆擴張，為歐洲帶來噩運與恐怖，沒有什麼人想讓那段歷史重演，德國人自身尤其如此，因此他們在戰爭結束之後，將以往旺盛的政治精力大部分投注於經濟活動，德國工業家拉特瑙（Walter Rathenau）的名言「經濟就是命運」也被奉若真理。在此同時，去政治化（depoliticization）的精神也有其危險性。

雖然從目前看來，歐洲出現政治動亂的風險實在不高，但未來的長期效應仍然難以預測。關鍵問題可能在於：德國民主政治的架構，是否抵擋得住尖銳批判的新民族主義者——也就是所謂的新民主右派（new democratic right）與其同路人？德國政治光譜的向右偏移，會不會改變其聯邦共和體制？文化與政治之間的特異斷層，是否將促使政壇出現一種令人厭惡、反自由的重新組合？

以當代德國的政治環境而言，聲稱納粹將死灰復燃，是不負責任的說法。然而我們也不能因噎廢食，輕忽了明智的政治判斷。今日德國的政治情勢之中，有兩項結構性的變數必須予以考量：

一、最近德國將首都由波昂遷回柏林，這樁事件充滿歷史與象徵意涵；導致許多人士認定，以波昂為首都的西德共和體制，只是德國漫長歷史進程上的一段歧路。隨著柏林再度成為首都，有些人開始肆無忌憚地召喚「第二帝國」的神聖傳統，亦即先前曾被小資產階級色彩濃厚的納粹糟蹋、「可敬的」德國保守主義傳統。然而許多人不願面對的事實是，「第二帝國」儘管有諸般「現代」特質，但仍然與多元主義、民主、法治等價值觀格格不入。

二、縱觀一九九〇年代大部分的重要政治辯論，德國左派一直扮演可有可無的角色。的確，左派的式微並不全然是咎由自取。柏林圍牆倒塌之後，柯爾總理刻意將統一議題的相關論辯，局限在經濟穩定性與政治持續性，亦即所謂的「德國馬克民族主義」（Deutsche Mark nationalism）⑦。這些局限性的政治條件，使得公眾無法討論基本的憲政問題，而左派（以及其他批評家）也因此毫無著力之處（省思「國家」的價值與意義，向來不是左派的勝場）。儘管如此，德國左派與民主政治之間，在傳統上一直有著愛憎糾葛的關係。從馬克思一八四三年的《論猶太人問題》（*On the*

Jewish Problem）開始，德國左派在撻伐資產階級的同時，通常也會表明不惜放棄基本人權與自由保障。一九六〇年代左派的議會外反對運動（Auserparlamentarische Opposition, APO）以及一九八〇年代的和平運動，更徹底繼承了這種矛盾的反議會政治情結。到了東德崩潰之後，左派「反法西斯主義」（antifascism）的意識型態弱勢終於一覽無遺：一方面對自由主義的價值觀欲迎還拒，一方面又不願公開聲討共產主義的惡行。反法西斯左派對於正宗德國社會主義的夢寐以求，後來也被揭穿面目，使其道德地位大受打擊⑧。左派的積弱不振，對德國政治文化有相當負面的影響，因為這意謂缺乏意識型態對手的德國右派，從此主宰政治場域。

何謂新右派？（Who Are the New Right?）

呼籲將德國歷史「正常化」（normalize）的風潮，是由所謂的「新右派」（New Right）領導。這是一個組織鬆散的團體，包含一群年輕一代的政論家與歷史學者，曾經在德國大報《世界報》（*Die Welt*）與柏林的烏爾斯坦出版公司（Ullstein Verlag）位居要津。雖然如同約非（Josef Joffe）指出的，這個團體對知識界的影響力在一九九五年（那年歷史學家齊特曼〔Rainer Zitelmann〕被摘掉《世界報》週日增刊主編職位）

之後大不如前；但是如果只注意個別人物的命運，而忽略了更廣泛的政治與文化趨向，將是見樹不見林⑨。新右派的重要性既在於它的本質，也在於它的**代表性**：它對德國「正常狀態」的嚮往期盼，其實反映了背景更廣泛的一群意見領袖：新聞記者、文人與政治人物。

德國新右派與其法國同路人的發展路向如出一轍⑩，其主要目標之一是藉由所謂的「右派葛蘭姆西主義」（Gramscism of the right），來反制左派在文化上的優勢，以右派的知識霸權來取代左派的知識霸權。新右派喜歡將自身描繪為新生的「年輕」世代，藉以操弄德國是一個「年輕國家」的迷思，呼應歷史上德國民族主義論述的標準說法。運用類似的伎倆，他們標榜自身是「八九年世代」（generation of '89），與先前的世代劃清界線（尤其是垂垂老矣的一九六〇年代議會外反對運動世代），聲稱唯有他們才能邁出第一步，以不偏不倚的觀點來評判二十世紀歷史的關鍵事件。

新右派的主要策略之一，就是重新解讀納粹主義，而且立場分明。其領導人物認為，若要恢復德國民族主義昔日的地位，當務之急是將第三帝國的罪行相對化與盡可能淡化。在這方面，他們走上一九八〇年代德國歷史學大辯論之中，修正主義者的舊路：當年歷史學家諾特辯稱，奧許維茲集中營根本不是什麼特殊事件，二十世紀多的是類似的種族屠殺事件（而且與蘇聯的勞改營相比，奧許維茲根本算不上是「始作俑者」）；還有另一位歷史學家史德默（Michael Stürmer）對歷史書寫的功能主義者（functionalist）定義：「在一片沒有歷史的土地上，一個人只要能夠填充記憶、塑造觀念、詮釋過去，就可以掌控未來。」⑪實際的例子如齊特曼的博士論文與第一部著作，煞費苦心地區分納粹統治的「正面」表現與「負面」表現。齊特曼選擇性地援引主流歷史文獻，試圖突顯納粹作為一股「現代化」力量的角色。納粹是德國第一個整合不同階級的政黨；現代性是其成功的關鍵因素，並且深刻影響希特勒奪權之後施行的社會政策⑫。此外，藉由將納粹一發不可收拾的「現代化」視為一種無法控制、「降臨」在德國身上的過程，德國自身胡作非為的責任也就得以開脫。

選擇性地重新評估納粹歷史、全面忽略納粹的暴政、虛偽地突顯其「進步」的一面，已經成為新右派歷史修正主義的標準策略。此外，這種重新解讀德國歷史的方式，與俾勒菲特大學（Bielefeld University）教授魏勒領導的俾勒菲特學派（Bielefeld School）左翼——自由派社會科學解讀方式水火不容，後者是一九七〇年代與一九八〇年代的顯學。魏勒與其同仁力圖強調納粹的社會根源，齊特曼之流則寧可回歸（妥協的）德國歷史主義的移情傳統：強調國家及其領導人角色的正面意義，嚴格摒除道德判斷。對照納粹史無前例的罪行，這種史觀本身就值得懷疑。

新右派在德國興風作浪最著名的例子之一，發生在一九九五年五月八日，第二次世界大戰德國投降五十週年紀念日。政治人物與歷史學家傳統上都認為這一天代表德國從此脫離納粹暴政，但是齊特曼與其同路人另有所圖，依循史德默的名言：「能詮釋過去就能掌控未來」，他們將這一天描繪成德國噩運的開端：蘇聯紅軍攻佔東德，德國從此分裂，主權落入西方佔領強權手中。他們運用一種似曾相識的策略，將德國與德國人描繪成第二次世界大戰的真正受害者。為了廣為宣揚，他們利用報紙在全國展開一場爭議性的運動「反對遺忘」（Against Forgetting）⑬。在新民族主義（neonationalism）狹隘觀點作祟之下，德國人自身的苦難受到不成比例的突顯，至於德國人對其他人蓄意施加的沉重苦難，則被視而不見。

德國新右派也向法國新右派取經，擺出一副社會包容與言論自由的使徒姿態，聲稱要做自由的捍衛者；左翼——自由派主流共識的代言人，則被他們醜化為不肯包容、甚至是「極權心態」。因此齊特曼與其媒體同路人在議論「西向政策」（Westbindung）時，大肆攻擊一九六〇年代之後的德國政治文化：「對『西方價值共同體』的臣服，猶如一種政治的烏托邦，**以極權的方式**瀰漫了整個社會……這種烏托邦之所以呈現極權型態，因為它是深具極權體制色彩，全面影響一個國家人民的意識型態。」⑭齊特曼甚至將一九三三年與一九六八年等量齊觀：在他看來，這兩個年分都是德國急轉直下的轉捩點。就如同諾特在德國歷史學界的辯論中，指控那些質疑他修正主義歷史觀點的人士，試圖扼殺言論自由與合法的學術論辯；嚮往威權政治的新右派捍衛者，也將自身描繪為「自由的」，其左派敵手則是「暴政的」。他們反覆嘗試利用自身的反體制色彩：他們打破禁忌、挑戰公認看法；相較之下，左派人士則成了政治與歷史編纂正統的打手爪牙。

對於左派「政治正確性」的抗議，是新右派的訴求重點之一。然而事後看來，他們像施米特一樣尋找適當對手的作法十分可笑：德國統一之後，左派聲勢一落千丈，時代氛圍讓右派大佔上風——至少維持到一九九八年施洛德（Gerhard Schroder）的「紅／綠執政聯盟」勝選之前（甚至從施洛德一心要刪減社會福利支出來看，許多左派人士都質疑「社會民主黨」恐怕已經沒有多少社會主義可言）。尤其是一九六〇年代奠定的女性主義，更被許多人避之唯恐不及，視為危險的意識型態禍根，明顯威脅德國的男性精神，猶如要將男性去勢。新右派文選《自信的國家》（*The Self-Confident Nation*）中一篇文章的作者就說：「女性主義是一種病毒，使我們的社會四分五裂。」這種論調透露出對於男性氣概、陽剛精神的執迷，正是典型的法西斯主義意識型態主題⑮。（另外值得注意的是，訴諸病毒學的詞彙，也是生物種族主義的慣用手法。）法西斯主義代言人、新右派元老與經濟支柱容格爾說：「我們奮鬥追求的『基本事物』，首先是在戰爭的巨顎之中顯現。只有當永遠空洞無物的正常生活被一掃而空，我們內在的自然與基本特質——原本潛藏不出的原始層面——才會以鮮血和種子爆發出來。」⑯施米特也說過類似的話：「真實政治的最主要特徵，就是敵人徹底現身的時刻。」⑰根據保守派革命人士的世界觀，當代歐洲的虛無與沒落，都是自由主義氣焰大盛的直接結果，其政治價值觀——討論、妥協、平等——在本質上都是「女性特質」。唯有強調陽剛氣概與冒險精神的全新社會達爾文主義，以強大的國家作為保障，才能夠拯救德國與歐洲免於自由主義的優柔寡斷、一事無成。

德國新右派特別喜歡為自己貼上「民主右派」的標籤，其成員刻意與極右派（例如新納粹）保持距離，因此得以在知識界與政治界扮演溫和派，再暗地將其修正主義歷史觀注入文化主流。若是如同哈伯瑪斯所說的，戰後西德政府最大的成就，是讓德國重新邁向西方世界的公民政治文化，那麼新右派念茲在茲的就是全力質疑這種價值取向⑱。湯瑪斯．曼曾經指出，西方世界需要的是一個歐洲化的德國，而不是德國化的歐洲。新右派徒子徒孫身為堅定的反普世主義者（antiuniversalist），自然會反對德國加入歐盟，並譏之為「馬斯垂克怪獸」（Monstrum vom Maastricht）。他們的政治理念乞靈於一九二〇年代民族革命的教條：民族同質性、作為「命運共同體」

（Schicksalgemeinschaft）的國家、「地緣政治」（認為德國的外交政策應以其歐洲中心地理位置為主軸），以及強大的國家必須能制衡（自由主義）「社會」的離心傾向。在這些層面上，新右派知識份子的精神血脈可以追溯至施米特的威權主義政治信條[19]。一位新右派批評家曾指出：「施米特的人馬眾星雲集，從《法蘭克福時報》（*Frankfurter Allgemeine Zeitung*，*FAZ*）與保守派政治人物如史托伊伯（Edmund Stoiber）、高威勒（Peter Gauweiler）、蕭伯（Wolfgang Schäuble）、德瑞格（Alfred Dregger）……到柏林的《青年自由週報》（*Junge Freiheit*）與熊修伯（Franz Schönhuber）的『共和黨』（Die Republikaner）意識型態。」[20]施米特影響力的無所不在，已經讓極右派與中間偏右派之間、黑衫軍與褐衫軍之間、民主保守主義與反民主保守主義之間的界限日趨模糊。

施米特的幽靈（The Ghost of Carl Schmitt）

德國在後共產主義時期的政治動盪與與難民問題，導致知識界與政治圈開始鼓吹所謂的「德意志堡壘」（fortress Deutschland）心態。隨著國會眾議院「聯邦議會」（Bundestag）在一九九三年通過限制嚴格的移民法，情勢發展使得新右派與政治主流之間出現了交流管道。連左派知識份子如恩岑斯貝格（Hans Magnus Enzensberger）都開始為新孤立主義（neoisolationism）搖旗吶喊，認為既然「永久和平」（perpetual peace）的普世夢想已經幻滅，如今的上上之策就是自掃門前雪，保護自己國家的疆界與利益㉑。戲劇作家胥拓思（Botho Strauss）也對恩岑斯貝格的絕望感心有戚戚焉，並以容格爾小說中的世界末日筆調表達。在尖刻諷刺的〈澎湃的山羊之歌〉（Anschwellender Bocksgesang）一文中，胥拓思列舉了「巨大苦難的震動指標」：「世界歷史的混亂、上天注定的無力感、禁忌的干犯……私密生活的不安定與敗壞、有如聖經記載的饑荒時代終於降臨。」㉒胥拓思對全球性災難的悲觀省思，透露出保守派革命人士對「緊急狀況」（Ausnahmezustand）的典型迷戀。保守派革命人士對於時代病徵的診斷，完全吻合其偏好的反民主政治處方。

保守派革命人士的立場觀點，已經影響廣泛的政治人物與意見領袖。「晚生之幸」（mercy of late birth）加上操弄民族主義的政治與文化利益，導致一種對於打破禁忌的輕忽心態。基督教民主黨重要領袖蕭伯肆無忌憚地將德國描述為一個「保護與命運的共同體」（Schütz- und Schicksalgemeinschaft）㉓，意圖討好德國民族主義情緒的底層，認定民族共同體的存在需要在位階上高於原則的考量。相較之下，前任總理柯爾最喜歡的口號之一則是「好德國人也必定是好歐洲人」。蕭伯對於民族的浪漫主義定義情有獨鍾，曾特別引述詩人艾森朵夫（Joseph von Eichendorff）的一段評論：「民族生存的憑藉既不能只靠麵包、也不能只靠觀念，而是需要某種事物讓它愛慕、讓它關懷，如此民族才能重獲生機。民族最需要的就是一個完整意義的『祖國』（Heimat），擁有自身的基本理念、愛好與厭憎，生氣勃勃地瀰漫在它所有的關係之中。」㉔因此，前一代德國政治領袖在外交政策上，著重讓德國堅定立足於歐洲與北大西洋公約組織（NATO）；但是新一代政治人物如蕭伯之流，「毫無忌諱地表現他們的頭號效忠對象，是道道地地的德國民族主義。」㉕

德國政治文化的向右偏移，最明顯的徵兆出現在平面新聞媒體。《明鏡》週刊在兩德統一之前，原本是自由主義的重鎮，但是一九九三年卻因為刊登胥拓思反自由主義的謾罵之作〈澎湃的山羊之歌〉而引發軒然大波，一位評論家形容此一事件「中斷了聯邦德國的政治論述」㉖。第二年，《明鏡》總編輯奧格斯坦（Rudolf Augstein）再度點燃戰火，讓歷史學家諾特發表其修正主義政治觀點。在一篇名為〈從歷史觀點來看，希特勒是正確的嗎？恩斯特．諾特論納粹、奧許維茲以及新右派〉（Was Hitler Right from a Historical Standpoint? Ernst Nolte on National Socialism, Auschwitz, and the New Right）的文章中，諾特感嘆納粹的世界歷史潛力，亦即共產主義與資本主義之間的「第三條路」，至今仍未化為歷史現實。同時諾特也毫不忸怩地表明，他認為聲稱毒氣室並不存在的「奧許維茲謊言」（Auschwitz-lie），具有「小小的真實性」。諾特繼續申論，強調就算是一個虛假的理念，也必須受到客觀的研究，因為這麼做「通常有助於拋磚引玉，導引出更為真實的理念。」㉗身為總編輯的奧格斯坦親自上場訪問諾特，充分顯示他對這篇文章內容的認同。

反覆散播新民族主義陳腔濫調與誇大宣傳的頭號要犯，無疑就是德國地位最高的《法蘭克福時報》。一如伊萊（John Ely）所云：「實際觀察右派知識份子與其論述，會發現《法蘭克福時報》與極右派的出版品在主題與論調上時相呼應……從『普魯士的美德』（Prussian virtues）、君主體制的神話、無憂宮（Sans-Sousi）的『權力長廊』（arcades of power）、容格爾，一直到右翼的後現代主義。」㉘兩德統一之後，《法蘭克福時報》持續向右翼挺進：貶抑一九六八年左派運動的貢獻、聲援修正主義歷史觀點、歌頌民族同質性的優點、讚美容格爾之類名聲掃地的文人、大談德國位於「中心地帶」（Mittellage）的地緣政治使命。《法蘭克福時報》曾為前希特勒副手赫斯（Rudolf Hess）發布讚譽有加的訃聞，並刊載蘇台德地區德裔民族統一者的投書，主張他們也有權決定捷克共和國的未來。一種施米特式、反自由主義、國家主義的論政立場，越來越明顯。一九九〇年代早期該報的一篇社論中，批駁哈伯瑪斯的「論述倫理學」（discourse ethics）理論，開宗明義就說：「德國政府體系之中的某些事物，有如一場百家爭鳴的鬧劇：雖然暢所欲言，其實一事無成。」㉙《法蘭克福時報》得寸進尺，繼續嘗試恢復一種粗糙的「民族自由主義」，亦即所謂的「德國的自由理念」（柯瑞格〔Leonard Krieger〕語）。從歷史來看，德國關於自由的理念對於個人自由著墨並不多，反而側重於民族採取行動的自主能力（德國政治的傳統缺憾之一，就是所謂的「大器晚成的民族」），並以此為由壓制個人的權利與利益。「民族自由主義」在理念上認定個人是為民族而存在，因此一直帶有一種反自由的色彩。在《理想主義與民族》（*Idealism and Nation*）一書中，施米特派的政治哲學家威爾姆斯（Bernd Willms）貼切地描述民族自由主義的立場觀點：「一旦民族的理念深入每一個人的意識之中，它就不再只是國家與人民的客觀聯結，其影響更及於個人與個人之間。」因此威爾姆斯結論：「民族同時也是意識自由的前提。」㉚

越界者與精神反動派（Border-Crossers and Spiritual Reactionaries）

一九九〇年代德國政治文化最重要的現象之一，就是許多原屬左派的知識份子與作家越界投向右派。這種轉變的原動力在於傳統對於「國家」及其存在特權的認同。就像統一後德國政治文化的許多層面一樣，這種新民族主義的覺醒早在一九八〇年代就已蠢蠢欲動，在所謂的「和平運動」（peace movement）辯論過程中更是昭然若揭。㉛

　　這種由左而右的越界現象，有一部分早在預料之中：從一九八九年之前開始，「實質存在的社會主義」（really existing socialism）的極權本質原形畢露，左派知識份子從此失去了可資追求的烏托邦。對許多人而言，「國家」的概念似乎成為殊途同歸的最佳選擇。

　　他們的目標何在？就歷史淵源而言，極左派與極右派其實有一項共同點：對於中產階級社會的深刻憎惡。在革命左派看來，中產階級是「階級敵人」；在保守派革命人士這邊，他們對中產階級（Der Bourgeois）的鄙視，總是帶著一種貴族與美學主義者心態，而後來的左派文化批判（例如法蘭克福學派）也沾染這種論調。中產階級粗鄙無文、汲汲營營、一副暴發戶嘴臉。當然，這些刻板印象都帶有強烈的「地緣政治」意味：德國的政治宿敵英國與法國（後來又加上美國），都被視為中產階級國家的代表，以桑巴特的話來說，他們是商人（Händler）而非英雄（Helden）的國家。在一九一七年的〈一個非政治人的告白〉一文中，湯瑪斯・曼以藝術家來讓中產階級相形見絀。第二次世界大戰之後，容格爾又繼續對論戰煽風點火，突顯冒險犯難的「戰士型人物」（warrior-type），來反襯畏首畏尾、只知尋求安全保障與物質利益的中產階級。

左派與右派的「同仇敵愾」顯示，在某個關鍵的觀念轉折點上，的確會出現物極必反（les extrêmes se touchent）的情形。中產階級受到左派與右派的兩面夾攻，被視為現代文明罪惡淵藪，在兩派陣營的論述中都成為負面的圖騰：只要能消滅其影響力，現代社會的弊病就會不藥而癒。既然極左派與極右派都深惡痛絕作為「科技霸權」的資本主義社會，兩者的觀點立場自然可以互通有無，並達到同樣的批判與政治目的。歷史上最著名的左／右意識型態越界案例，可能就是一九二〇年代的「民族布爾什維克黨」（National Bolsheviks），當時他們深信德國應該效法蘇聯的計畫經濟模式與獨裁政治體制，以克服所謂的「自由主義危機」㉜。民族布爾什維克主義最著名的倡導者尼基許（Ernst Niekisch）雖然與納粹不共戴天，而且飽受希特勒政權迫害，在政治上似乎並無污點可言，但後來卻頗受新右派青睞。民族革命觀點的強烈反民主與好戰特質，似乎並不影響新右派知識份子對它投懷送抱。

論及揚棄左派政治理念、轉而認同後統一時期「民族覺醒」的德國文化界重量級人物，我們可以舉出電影製片人萊茨（Edgar Reitz）與希貝爾貝格（Hans-Jürgen Syberberg）、小說家瓦瑟（Martin Walser）、劇作家與散文家胥拓思、德國主義者博洛、前東德劇作家穆勒（Heiner Müller）等人㉝。他們被統稱之為德國新一代的「精神反動派」（spiritual reactionaries），因為他們的活動集中於文化領域，而不是旗幟鮮明的政治議題。基本上，他們服膺保守派革命人士對這個時代的診斷：德國從浪漫主義一路走來的傳統精神優勢——文化與內在本質（Innerlichkeit），正淹沒在群眾社會的膚淺現象之中：消費主義、廣告、好萊塢，以及廣泛的「文化產業」——一言以蔽之，「美國主義」（Americanism）。胥拓思在〈澎湃的山羊之歌〉一文中指出：

「一個人若是讓數百萬觀眾看著他的私人談話捧腹大笑，他就傷害了對話與面對面交談的奇妙與尊嚴，應該被判處終身不得再進入私密領域。電視公眾文化體制是一種暴力但不流血的最高主宰形式，也是歷史上最無所不包的極權主義……瞬息變化的事物大權在握，任何抵抗方式都欲振乏力。」㉞

胥拓思這篇〈澎湃的山羊之歌〉有其長遠的歷史背景，從一九八〇年代開始，他就一直哀嘆當代科技與理性在趾高氣揚，並倡言應該恢復神聖與「神話」的價值觀。胥拓思深信，不以神聖美學經驗為基礎的文化，終將解體渙散於無形，而且這正是現代文明面臨的風險。藝術作為一種俗世的神話，能夠讓我們接觸神祕經驗；相較之下，理性就始終無法深入事物的本質層面。胥拓思宣稱：「自我決定的個人，是理性最露骨的謊言。」㉟相反地，神話卻能夠為人們帶來難以言喻的經驗。對於現代性試圖藉由啟蒙運動的理想——諸如人民主權（popular sovereignty）、主體「權利」——來鞏固自身地位，胥拓思大加撻伐，並進而倡導一種**美學的**存在體證。尼采在《歡愉的科學》中說：「生命是一件自我創生的藝術品。」㊱因此胥拓思尋求重振德國浪漫主義者揭櫫的政治理想：「美學國家」（aesthetic state）㊲。胥拓思一九九二年作品〈無始〉（Beginninglessness）所闡述的美學信念，也由〈澎湃的山羊之歌〉的文化政治沿襲。一九九二年至一九九三年間，新納粹暴力行動大為猖獗，造成二十五人死亡，這時胥拓思卻援引吉哈（René Girard）的觀念，認為暴力能夠建立政治共同體。吉哈的說法是：「一種原創而且自發性的私刑行為，反覆出現而成為儀式，確保了共同體的秩序。」胥拓思則潤飾一番：「種族主義與排外心態（xenophobia）都是『墮落的』祕教儀式，從其根源來看帶有一種神聖的、建立秩序的意義。」「當城市發生動亂，陌生人與外地旅客會被抓起來，以石頭打死。做為暴力目標的代罪羔羊絕不只是被憎恨的對象，更是一個受到膜拜的目標……一種新陳代謝的容器。」㊳既然要維護社會秩序就必須尋找代罪羔羊，否則共同體將淪於自相殘殺、分崩離析，因此胥拓思等於是為新納粹的種族主義找到理論根據。「在我們的自由主義畫地自限之中，我們無法理解為何一個民族要捍衛自己的生活方式，並隨時準備進行**血的犧牲**；我們以為那是虛假而且可憎的。」㊴這類關於犧牲的聳動言論，完全吻合胥拓思的美學與文化觀點。德國大眾媒體始作俑的麻木不仁的另一面，就是它無法體會悲劇（所謂的「山羊之歌」）其實是一種暴力的美學儀式，有助於共同體的凝聚。

胥拓思在整篇文章中堅守民族革命的世界觀，從歷史演變到與當代觀點，熱忱溢於言表。他抱怨德國左派文化共識「嘲弄海德格、妖魔化容格爾」，感嘆「要讓一千萬個德國電視觀眾變成海德格的信徒，難之又難」，公開支持容格爾「眾神回歸」的末世預言㊵。他對新右派文化政治學主題的認同，在底下這段文字中原形畢露：

「**以自身的全部存在成為右派**意謂著……體驗記憶至高無上的力量；這種力量能夠攫取一個人，使他在習以為常的現代啟蒙社會中感到孤立與困惑。它的宗旨在於以行動反抗現實的全面宰制，因為現實會將個人蘊藏在蒙昧過往中的自我實現（Anwesenheit）要素剝奪殆盡，並且試圖刪除與消滅歷史發生過程與神話時代。」㊶

如果胥拓思強烈的反動思想只不過是個厭世者乏人理會的聲音，那麼我們也沒有必要大驚小怪。可是他卻得到一群滿腹牢騷的德國文人與戲劇導演的大聲唱和，將文化與政治的裂痕擴大成一道鴻溝。導演希貝爾貝格在一九九〇年一篇非常值得注意的文章〈論大戰之後德國藝術的噩運與幸運〉（On the Misfortune and Fortune of Art in Germany After the Last War）中，感嘆戰後德國文化生活的種種缺陷——美國化、了無深度、缺乏「民族」觀點、「沒有民族可言的藝術」。希貝爾貝格說：「我們被一個塑膠世界主宰控制，當我們爬進一部汽車、一架飛機、一艘輪船，當我們購買今日的廚房用品、進入今日的電視世界，從攝影棚到世界的圖像，我們來到一個人造化學物的宇宙……我們的思想、我們的記憶都只是對生活的模擬。」㊷。這位德國導演將他的偏執狂論調與史賓格勒式的文化批判接軌，以迎合資訊社會的需求。他的說法充分顯示德國精神反動派的論述，是如何善於誇大並利用人們對於全球化與大眾文化其來有自的恐懼。左派向來依循民主與自主性的原則批判同樣的現象，但精神反動派卻利用這些現象，以德國特殊主義價值觀之名，將矛頭對準自由主義。

希貝爾貝格更對精神反動派的論調，加入一種邪惡但不足為奇的反猶太意味：「一個人如果靠著討好猶太人或左派人士，建立完全不涉愛情、理解甚或喜好的人際關係，也可以做出一番事業；一心追求權力的猶太人也只能忍受。」㊸儘管德國上層社會對希貝爾貝格的謬論大多引以為恥，然而還是有人如此評論：「眾口一辭的譴責之聲……令人不禁懷疑，他們只是見不得有人把自己的心聲吐露出來。」㊹

一九九三年，胥拓思發表〈澎湃的山羊之歌〉的同一年，小說家瓦瑟不滿地指出，光頭黨的暴力行為成因在於欠缺民族思維，而不是民族思維高張，更不是一般觀察家認為的缺乏公民意識㊺。對於這些新納粹謬論，官方的政治回應卻是在一九九三年七月修法，大幅緊縮聯邦政治庇護法的相關規定，意味著那些受到迫害的外國人士只能自求多福。一九九八年，瓦瑟在法蘭克福圖書展接受一項文學獎，再度引發風暴。他認為納粹大屠殺已經被工具化為一根「道德的棍棒」，用以打擊威嚇德國；這番論調正呼應了新右派將德國視為受害者的老生常譚。瓦瑟特別提到奧許維茲集中營不應該變成一種「例行性的威脅、一種恐嚇的工具、一根道德的棍棒，或者一種強人所難的作法。」他反對籌建柏林大屠殺紀念堂（Berlin Holocaust Memorial）的計畫，視之為在德國首都中心樹立「恥辱的紀念碑」。當時一連串大屠殺受害者與奴工要求賠償的案例，似乎也是瓦瑟的直接攻擊目標之一。然而瓦瑟在那場演講之中，並沒有費心區分在各種針對歷史記憶的訴求中，有不合理也有合理，有虛妄也有真實。聽過他的演講的人只會覺得，當代對於猶太人命運的論述幾乎全都是無的放矢。

瓦瑟在圖書展這場激烈演說與其他眾多言論，是統一之後的德國要求被視為一個「正常國家」（normal nation）的大聲疾呼。另一位作家瑪儂（Monika Maron）忙不迭地聲援瓦瑟：「對我而言，年輕一代的德國人就像年輕一代的丹麥人或法國人一樣，沒有必要背負原罪。」㊻

一個國家如果不時要大聲宣稱自身是一個「正常國家」，總難免啟人疑竇，這個國家的組成份子是不是在掩飾什麼？歷史學家佛萊得蘭德（Saul Friedländer）曾如此質疑：「難道要消除記憶、掩飾悲劇、拒絕面對自己的過去、只願活在當下與未來，才是所謂的正常社會？」㊼德國的「正常化」呼聲最高漲的時刻，也適逢新納粹極端行徑變本加厲、「德意志人民聯盟」（Deutsche Volksunion）之類的極右派政黨在選舉中過關斬將，因此其動機無法不讓人起疑。根據艾姆尼德民意調查中心（TNS Emnid）最近舉辦的一項民調，四三％的德國人認為納粹有壞的一面也有好的一面；四〇％相信如果希特勒沒有發動戰爭並滅絕猶太人，他會成為一位「偉大的政治家」㊽。自從德國統一之後，極右派暴力行為也甚囂塵上：一九九二年到一九九三年間，發生了近五千樁案件。儘管在一九九〇年代初期達到高峰之後，這類案件逐漸減少，但仍高於一九八〇年代的水準。而且從一九九〇年代初期開始，反猶太事件急遽竄升，一九九二年還只有六百二十七件，一九九五年卻暴增至一千一百五十五件。在同一段時期，污損破壞猶太人墓園與會堂的事件，每年平均超過五十件，較一九八〇年代中期遽增六六％㊾。這些趨勢都令人擔心德國民主的前途。哈伯瑪斯曾中肯地評論道，德國正常化的神話是聯邦德國第二個「生命謊言」（life-lie）：

「面對分崩離析（desolidarization）的種種徵象，人們的對策如果是訴諸建立『自信的國家』，或者呼籲讓復興的民族國家重返『正常狀態』，無異於請魔鬼來驅除撒旦。因為這些懸而未決的全球性問題，正彰顯出民族國家的局限性所在。在民族歷史的陰沉鼓聲之中，聳立著視野受限制的戰爭紀念堂。歷史唯有在做為批判的權威時，才能夠擔負起導師的職責，告訴我們**不該**做什麼，讓我們從負面的經驗中學習。這也就是為什麼唯有當我們真正體認一九四五年的教育意義時，一九八九年才會被後世認定為一個幸運的年分。」㊿

關於德國正常化的論戰其實已經遭到扭曲。瓦瑟及其支持者宣稱，德國在戰後出生的世代（所謂的「晚生之幸」）不應該再為前人的罪行感到歉疚。然而問題的重點與其說是罪惡感，不如說是歷史責任。認定今日的德國人「有罪」固然是愚不可及，然而主張他們對先人的征服與擴張事跡不必再負任何責任，同樣也是違心之論；畢竟其中的殘酷暴力是如此嚴重，已經是現代歷史上不可磨滅的一頁。由於這些惡行劣跡屬於國際範疇，因此其記憶要素也超越了國家疆界，不能受制於國家認同論的功能主義法則。儘管德國的確也是受害者之一，也要享有發言空間；倫理生活的辯證法賦予受害者寬恕的特權，然而寬恕並不能由加害者或其後裔單方面地夸夸其談。隨時覺察別人如何看待自己，才能夠走上反求諸己的正途。

瓦瑟最主要的不滿，在於他認為大屠殺已經因為所謂的「別有用心的目的」（ulterior end）而工具化。其實解決之道相當簡單：關心此事的德國人民不必像新民族主義者那樣，拉起簾幕遮掩德國的歷史（眾所周知的「蓋棺論定」〔Schlusstrich〕），而是要致力於以真誠而深具意義的方式來緬懷歷史，不再流於敷衍了事。在柏林興建一座佔地四．九英畝的大屠殺紀念堂，涵蓋一座汗牛充棟的圖書館，就是正確之舉[51]。

托克維爾（Alexis de Tocqueville）曾說：「當過去不再照亮未來，人類的心靈將迷失在黑暗中。」[52]第二次世界大戰之後，德國政治文化的卓越之處，在於一種自我啟蒙、自我批判的能力。然而統一之後的發展卻令人不安，新的國民共識逐漸浮現，認為這種自我批判能力過猶不及，德國需要一種新的、較不具反省意味的觀點，以符合「正常化」的要求。如此一來，人們不禁也要質疑，德國早先的懺悔是否真心誠意[53]。雖然在半世紀的穩定民主政治之後，沒有必要指稱德國面臨向獨裁政治倒退的危機。然而新民族主義者還是喚醒了德國獨斷獨行的幽靈：拒絕接受普世——歐洲的身分認同，轉而擁抱死灰復燃的德國至上心態。情勢發展已經預示危機所在：德國與西方世界分道揚鑣，選擇一種新的身分認同，轉而服膺現實主義、實力政治的保守主義信條，以及德國「中心地帶」的地緣政治需求。

註釋

① Ernst Nolte and François Furet, Fascism and Communism（Lincoln: University of Nebraska Press, 2002）.

② Ernst Troeltsch, "The Ideas of Natural Law and Humanity in World Politics, " in Otto von Gierke, Natural Law and the Theory of Society, ed. Ernest Barker（Cambridge: Cambridge University Press, 1950）, 204, 211.

③ Ibid., 214.

④ Friedbert Pflüger, Deutschland Driftet: Die konservative Revolution endeckt ihre Kinder（Düsseldorf: Econ Verlag, n.d.）.

⑤ Karl Heinz Bohrer, "Why We Are Not a Nation—and Why We Must Become One, " New German Critique 52（Winter 1991）, 72-94.

⑥ Christian Meier, Die Nation die keine sein will（Munich: Hanser, 1991）.

⑦ Jürgen Habermas, "Yet Again: German Identity—An Angry Nation of DM-Burghers, " New German Critique 52（Winter 1991）, 84-101; Habermas, "The Normative Deficits of Reunification, " The Past as Future, trans. M. Pensky（Lincoln: University of Nebraska Press, 1994）, 55-73.

⑧ See Antonia Grunenberg, Antifaschismus: Ein deutscher Mythos（Reinbeck: Rowohlt, 1993）.

⑨ See Joffe, "Mr. Heilbrunn's Planet, " Foreign Affairs（March/April 1997）, 152-161。約非的文章是回應 Jacob Heilbrunn 的 "Germany's New Right," Foreign Affairs（November/December 1996）, 80-98。

⑩關於法國新右派更深入的討論，見本書 "Political Excursus II: Designer Fascism: On the French New Right."。

⑪ See the contributions by Nolte and Stürmer in Historikerstreit: Die Dokumentation der Kontroverse um dei Einzigartigekeit der natinalsozialistischen Judenvernichtung（Munich: Piper, 1987）; the Stürmer citation is from37.

⑫ Zitelmann, cited in Maria Zens, "Vergangenheit verlegen, " in H-M Lohmann, ed., Extremismus der Mitte（Frankfurt: Fischer Verlag, 1994）, 116.

⑬ 相關事件記載見 Elliot Neaman, A Dubious Past: Ernst Jünger and the Politics of Literature after Nazism（Berkeley: University of California Press, 1999）, chapter 7。

⑭ Westbindung: Chancen und Risiken für Deutschland, ed. R. Zitelmann, K. Weissmann, and M. Grossheim（Frankfurt/Berlin: Propyläen, 1993）,10（emphasis added）.

⑮ Felix Stern, "Feminismus und Apartheid, " in Die Selbstbewusste Nation, ed. Ulrich Schacht and Heimo Schwilk（Frankfurt am Main: Ullsetin, 1994）, 291（italics added）.

⑯ Ernst Jünger, "Der Kampf urn das Reich, " cited in Pflüger, Deutschland driftet, 35-36.

⑰ Carl Schmitt, The Concept of the Political, trans. G. Scwhab（Chicago: University of Chicago Press, 1996）, 67; see also the German edition,Der Begriff des Politischen（Berlin: Duncker und Humblot, 1963）, 67: Die Höhepunkte der grossen Politik sind zugleich die Augenblicke, in denen der Feind in konkreten Deutlichkeit als Feind erblickt wird"。英文翻譯略去了他提及尼采「大政治」觀念的部分。

⑱ Jurgen Habermas, The New Conservatism, 249-268. According to Ernst Frankel，「最能夠代表德國人意識型態變化的，就是今日人們在談論『西方民主政治』時絃外之音的變化……」引自 Klaus Naumann, " 'Neauanfang ohne Tabus': Deutscher Sonderweg und politische Semantik, " in Extremismus der Mitte, ed. H.-M. Lohmann, 70。

⑲ 關於施米特對新右派的影響，更詳盡的討論見 Klaus Kriener, "Plettenberg—Preiburg-Potsdam: Über den Einfluss Carl Schmitts auf die Junge Freiheit," in Das Plagiat: Der völkisiche Nationalismus der jungen Freiheit, ed. H. Kellershohn（Duisberg: DISS, 1994）, 181-212。

⑳ John Ely, "The Frankfurter Allgemeine Zeitung and National Conservativism," German Politics and Society 13（2）（Summer 1995）, 83.

㉑ See Hans Magnus Enzensberger, Aussichten auf dem Bürgerkrieg（Frankfurt: Suhrkamp Verlag, 1993）.

㉒ Botho Strauss, "Anschwellender Bockgesang, " in Die selbstbewusste Nation und weitere Beiträge zu einer deutschen Debatte, ed. H. Schwilk and U. Schacht（Berlin: Ullstein, 1994）, 26（first published in Der Spiegel 46, 1993）.

㉓ Cited in Klaus Naumann, " 'Neauanfang ohne Tabus, ' " 76.

㉔ Wolfgang Schäuble, Und der Zukunft zugewandt（Berlin: Siedler,1994）, 220ff.

㉕ Andrei Markovits and Simon Reich, The German Predicament; Memory and Power in the New Europe（Ithaca: Cornell University Press, 1997）, 25.

㉖ Pflüger, Deutschland Driftet, 38.

㉗"Ein historisches Recht Hitlers"? Der Faschismus-Interpret Ernst Nolte über den Nationalsozialismus, Auschwitz und die Neue Rechte. Spiegel-Gespräch mit Rudolf Augstein." Der Spiegel, Nr. 40（Oct. 10, 1994）, 83-103.

㉘ John Ely, "The Frankfurter Allgemeine Zeitung and National Conservatism," 106-107.

㉙ Cited in ibid., 88.

㉚ Willms, Idealismus und Nation（Paderborn: Schoningh, 1986）, 17. Cited in ibid., 90ff. See also, Leonard Krieger, The German Idea of Freedom（Chicago: University of Chicago Press, 1957）.

㉛ See Jeffrey Herf, War By Other Means（New York: Free Press, 1991）; and Hans-Georg Betz, Postmodern Politics in Germany（New York: St. Martin's Press, 1991）.

㉜關於國家布爾什維克主義，見Herzinger and Stein, Endzeit-Propheten, 126-143; see also Louis Dupeux, National Bolchevisme, 2 vols.（Paris: Honoré Champion, 1979）。

㉝ See David Pan, "Botho Strauss: Myth, Community, and Nationalism in Germany, " Telos 105（Fall 1995）, 57：「共產主義終結、東德西德統一之後，兩德的作家都曾針對德國文化的物質主義、資本主義的同質化、價值的淪喪，發出各種警訊。一整個世代的『左翼』作家諸如穆勒、胥拓思、恩岑斯貝格、瓦瑟，都曾試圖捍衛德國文化，抵抗美國資本主義與西方理性主義的威脅。」

㉞ Strauss, "Anschwellender Bockgesang, " 31.

㉟ Strauss, Beginnlosigkeit（Munich: Carl Hanser Verlag, 1992）, 107.

㊱ Nietzsche, The Will to Power, trans. W. Kaufmann（New York: Vintage, 1967）, 796.

㊲關於這個問題，極為透闢的討論見 Hans Reiss, ed., The Political Doctrines of German Romanticism; and Josef Chytry, The Aesthetic State（Berkeley: University of California Press, 1989）。

㊳ Strauss, "Anschwelleder Bockgesang, " 39.

㊴ Ibid., 21.

㊵ Ibid., 28, 31, 34.

㊶ Ibid., 24（emphasis added）.

㊷ Syberberg, Vom Unglück und Glück der Kunst im Deutschland nach dem letzten Kriege（Munich: Matthes and Seitz, 1990）, 114.

㊸ Ibid., 14.

㊹ Dieter Diederichsen, "Spiritual Reactionaries After German Reunification: Syberberg, Foucault, and Others, " October 62（Fall 1992）, 66.

㊺ Cited in Pflüger, Deutschland Driftet, 11.

㊻這場論戰的概況見 Roger Cohn, "Germany Searches for Normalization," New York Times, November 29, 1998, section 4, 10。劇作家穆勒曾經興高采烈地異口同聲：「這關係到一場至今仍被完全掩飾的悲劇——德國人民的悲劇與德國這個國家的終結。這些事都被壓制，因此德國文學界至今尚未出現關於第二次世界大戰的傑作。右派現在要向前挺進，填補這個真空。」

㊼ Saul Friedländer, "Die Metapher des Bösen, " Die Zeit 49, November26, 1998, 50.

㊽ Pflüger, Deutschland driftet, 89.

㊾ See Werner Bergmann, "Antisemitism and Xenophobia in Germany Since Unification, " in Antisemitism and Xenophobia in Germany Since Unification, ed. H. Kurthen et al.（Cambridge: Cambridge University Press, 1998）, 21-38.

㊿ Habermas, "1945 in the Shadow of 1989, " in A Berlin Republic（Lincoln: University of Nebraska Press, 1996）, 180-181. See also Habermas, "Die zweite Lebenslüge der Bundesrepublik: Wir sind wieder 'normal' geworden, " Die Zeit 51（December 18, 1992）.

51"Schröder Backs Design for a Vast Berlin Holocaust Memorial, " New York Times, January 17, 1999, A6。這段爭議性歷史的討論見 Michael Wise,Capital Dilemma: Germany's Search for a New Architecture of Democracy（Princeton: Princeton University Press, 1998）。

52 Tocqueville, Democracy in America, trans. G. Lawrence（New York: Harper and Row, 1966）, 703.

53 See Daniel Goldhagen, "Modell Budesrepublik: National History, Democracy, and Internationalization in Germany, " Common Knowledge 6（3）（1997）, 11：「兩項平行而且著實令人訝異的發展，為聯邦德國定位：

其一是民族主義成分較低、自我批判性較高的國家歷史，另一項則是民族主義成分較低、能負起國際社會責任的民族國家，兩者同時出現。」

II

法國的教訓

French Lessons

4

左派法西斯主義：巴岱伊與德國意識型態

Left Fascism:
Georges Bataille and the German Ideology

當一個人以革命好戰份子自居，他該如何避免淪為法西斯主義者？我們要如何從言語和行動、心靈和樂趣之中根絕法西斯主義？我們要如何探索自身行為中根深柢固的法西斯主義？

——傅科《反伊迪帕斯：資本主義與精神分裂》〈序〉（Preface to *Anti-Oedipus: Capitalism and Schizophrenia*）

法國式的法西斯主義（A Fascism à la Française）

在一篇關於後現代主義功過的著名論文中，哈伯瑪斯指出後結構主義是一種「少壯派保守主義」（young conservatism），他這番極具爭議性的說法如下：

「少壯派保守主義者擁抱美學現代性的基礎經驗，透露出一種去中心化的主體性，解脫了所有理性認知與目的性、所有勞動與功利律令的束縛，並藉由這種方式從現代世界突圍而出。他們以現代主義者的心態，奠定了一種毫不妥協的反現代主義。他們將想像的自發性力量、自我與情感能力的經驗，轉化為遙遠古老的事物。他們以摩尼教徒（Manichean）的方式來抗衡工具理性，秉持的原則唯有透過『召喚』（evocation）才能理解：權力意志或者主權意志、存有或者詩歌的酒神力量。在法國，這股潮流從巴岱伊一脈相承，影響直抵傅科與德希達。一九七〇年代再度被喚醒的尼采幽靈，當然也是陰魂不散。」①

「少壯派保守主義者」這個稱號經常被觀察家與批評家誤解，而且哈伯瑪斯發表其批判時，正逢美國總統雷根（Ronald Reagan）與英國首相柴契爾夫人（Margaret Thatcher）年代，政治新保守主義（neoconservatism）的討論甚囂塵上，因此許多人認為哈伯瑪斯文中提到的法國理論家也是「新保守主義者」，其實大謬不然②。哈伯瑪斯的比較所指涉的是一群德國右派份子與法西斯主義先行者，他們在威瑪共和時代末期扮演頗具影響力與顛覆性的角色，其中知名成員包括容格爾、范登布魯克（Arthur Moeller van den Bruck）、克拉格斯、尼基許、施米特、史賓格勒等人，以及「行動」（Tat）學派的成員③。從相關背景來看，海德格在一九三〇年代對於現代性與政治干預的批判，與這些人的信念息息相關，這一點相當重要④。對於自相矛盾的德國保守派革命人士所扮演的角色，最貼切的描述可能就是：他們為納粹做了充分的「精神準備」。他們強烈批判現代性，譴責理性、自由主義、個人主義等「西方」理念，視之為頹廢而死氣沉沉的中產階級文明（被勝利的盟國強加於德國身上）；在一九二〇年代晚期到一九三〇年代早期，他們的批判傷害了德國羽翼未豐的民主政治⑤。

哈伯瑪斯看出戰後法國學術界流行的「對理性的批判」與威瑪共和末期如出一轍，他在這方面並不孤單。德國圖賓根大學（Tübingen University）哲學家法蘭克（Manfred Frank）也曾論及這兩個重要思想潮流在主題上的前呼後應。法蘭克毫不避諱地說：「後現代主義與反現代主義偷偷摸摸地合作，『邏各斯中心主義』的情形也是如此：克拉格斯與今日新一代的反智主義（Geistfeindlichkeit）有志一同，都對西方的『理性』成就不以為然。」⑥法蘭克在提及克拉格斯的同時也影射了一樁明顯的事實：德希達學派「解構」最重要的批判對象「邏各斯中心主義」，正是由克拉格斯最先標舉而出，見於他一九二〇年代晚期與一九三〇年代早期卷帙浩繁的大作《作為靈魂對立者的知性》（*Der Geist als Widersacher der Seele*）。法蘭克的結論認為，後結構主義與德國一九二〇年代文明批判共通的理論立場，就是理性與理智雖然被啟蒙運動傳統視為療癒人類弊病的良藥，然而其本身卻是造成西方「沒落」的元凶。

談論德國少壯派保守主義者與法國後現代主義者的思想契合性，雖然頗具啟示性，但能揭示的內涵畢竟有限。更進一步檢視之後會發現，兩者之間的實質差異可能更甚於相似性。此外，兩者的政治傾向也是南轅北轍：德國文明批判者的法西斯主義傾向無可掩飾；但法國這邊卻是一九六八年五月運動的哲學傳人⑦，思想傾向於哲學的無政府主義（philosophical anarchism），堅定反對國家主義，不可能像德國少壯派保守主義者那樣，矢志效忠一個威權國家。

然而如果我們研究一般公認的後結構主義先驅人物巴岱伊（一八九七年—一九六二年），那麼德國「右派」與法國「左派」的前呼後應也將呼之欲出。巴岱伊白天是法國國家圖書館（Bibliothéque Nationale）一名平平無奇的館員，以中世紀藏書為專長；到了夜晚卻搖身一變為神祕主義者、祕教崇拜者、異端信奉者、小說家、縱慾者與「情慾主義」（eroticism）的鼓吹者。他與友人創立了祕密團體「無頭會」，以及解散之後才聲名大噪的「社會學學院」。他強烈反對布荷東與超現實主義陣營，加入由前布爾什維克黨人、史達林傳記作者蘇瓦林（Boris Souvarine）創立的反史達林團體「社會批判」（La Critique sociale）。他也是曇花一現的反法西斯團體「反擊」（Contre-Attaque）的共同創立者（從本書的探討觀點來看，巴岱伊這個身分最為重要），這個團體公然鼓吹以法西斯之道還治法西斯之身。與巴岱伊志同道合的克洛索斯基曾說，他最期盼的就是「創立一個沒有神祇的宗教」⑧。

對於一整個世代的法國知識份子，研讀巴岱伊的論著不啻為一種成年禮，讓他們徹底揚棄沙特存在主義的「進步」理念，尤其是沙特過時的「人文主義」——他對「主體性」、「理性」、「自由」與歷史哲學的捍衛。這個世代中的結構主義思想家包括（與沙特同時代的）李維史陀與拉岡（Jacques Lacan），以及兩人的激進派文學嫡系如傅科、德希達、巴特、德勒茲與李歐塔。德希達與傅科早年都留下熱情洋溢的文字，描述巴岱伊的作品如何使他們脫胎換骨⑨。總而言之，在法國兩個激進派文化批判者世代之間，巴岱伊是具關鍵地位的一道橋梁⑩。

和許多德國少壯派保守主義者一樣，巴岱伊是在兩次大戰之間成年，當時瀰漫著對歐洲文化理念的徹底幻滅。對於當時萊茵河兩岸的世代，第一次世界大戰的血腥殺戮，象徵尼采的「歐洲虛無主義」（European nihilism）末世預言已然應驗⑪。德國對民主政治文化價值觀的長期抗拒，早已為人熟知⑫。那麼同病相憐的歷史情境，是否足以解釋法國知識份子為何也與萊茵河對岸的同道一樣，厭惡政治自由主義的價值觀？

從法國深厚的共和體制傳統來看，過於強調兩者的共通性似乎並非明智之舉。然而就法國第三共和而言，雖然維持長達七十年（一八七〇年至一九四〇年），但恐怕並不足以作為政治穩定性的表率。君主支持者復辟革命的威脅從一開始就籠罩第三共和，直到一八七五年憲法終於通過之後才算解除。一八八〇年代則有布朗熱主義（Boulangism）與德魯蒙（Edouard Drumont）的《法國猶太人》（*La France juive*）張牙舞爪；前者是二十世紀法西斯主義群眾運動的先聲，後者的反猶太色彩不遜於任何中歐地區的出版品，並引發軒然大波。儘管一八九〇年代的德雷福斯事件以令人欣慰的結局落幕（德雷福斯上尉得到特赦，法國左派轉而擁護共和體制），然而這事件也立下不祥的先例，為現代政治示範如何操弄反猶太情結。鄂蘭（Hannah Arendt）曾說：「反猶太主義曾經在柏林與維也納等地，由阿瓦特（Hermann Ahlwardt）、史托克（Adolf Stoecker）、修納瑞（Georg von Schoenerer）、魯格（Karl Lueger）等人牛刀小試，但真正將它發揚光大的卻是法國。」⑬

在德雷福斯恢復名譽之後，備感政治挫敗的索雷爾也背離了社會主義，投入以「法蘭西行動」（Action Française）為代表的原始法西斯主義（proto-fascism），這種政治轉變在二十世紀的政治人物之中屢見不鮮，最著名的先行者就是墨索里尼。在索雷爾看來，法國社會主義者轉而支持共和體制之後，他們重改革、輕革命的本質也就昭然若揭、無所遁形。社會主義者怯懦地擁抱議會政治體系，令索雷爾這位傳奇色彩的革命工團主義者（syndicalist）深惡痛絕。由莫拉（Charles Maurras）創立的「法蘭西行動」，其成員熱忱歡迎索雷爾加入，他們與工團主義者（兩者在一九一一年聯合創立「蒲魯東俱樂部」〔Cercle Proudhon〕）都深信：「民主政治是上一世紀最大的錯誤」，而且「人們如果還想保存與增進道德、知識與物質的文明資產，就一定要摧毀民主體制。」⑭右派與左派有志一同，鄙夷民主體制是中產階級壓制勞動階級利益的政治工具。索雷爾門徒與莫拉門徒、左派與右派翻雲覆雨的結合，預示了兩次世界大戰之間許多類似的政治越界行動。「蒲魯東俱樂部」雖然以知識份子為主，但仍標舉「國家社會主義」（national socialism）的理念，比其德國同路人早了整整十年。

在法國，這些趨勢最終造就了以「國家社會主義者」自居的法國法西斯黨（Faisceau），這個短命的政黨是由瓦盧瓦（Georges Valois）在一九二〇年代中期創立。當時瓦盧瓦相信「行動」的時機已然成熟，他要創立政黨來擔當重任⑮。法國法西斯黨大刺刺地倡導法西斯主義的理念與方法，在法國右派陣營的聲勢一度凌駕「法蘭西行動」，後者的君權思想已經過時，文學表現也怪異矯揉。瓦盧瓦的政治目標是一場「全盤否定十九世紀政治、經濟與社會哲學」的「全面革命」⑯，十年後體現為柏澤瑞（Gaston Bergery）、德阿、多略特（Jacques Doriot）等原屬左派人物的「法西斯飄移」（fascist drift）⑰。法國法西斯黨與另外幾個政治團體，首先揭示法西斯主義與布爾什維克主義（Bolshevism）在本質上志同道合：兩種主義都反抗先前主宰歐洲的貴族政治精神，也都宣揚一種新的好戰與奮鬥精神——以瓦盧瓦的話來說就是

「戰鬥者法則」（the law of the combatant），相信這種精神遠遠超越腐敗中產階級的好逸惡勞心態。

朱迪特（Tony Judt）曾指出，在法國第三共和末期，「左派與右派都厭惡溫和作風，念茲在茲要以激烈手段擺脫平庸地位。」[18]然而這種政治極端主義的糾葛纏繞，早在多年之前就已奠定基礎：「工團主義左派與新君權主義右派都將蒲魯東（Pierre-Joseph Proudhon）與貝基（Charles Péguy）視為偶像，因為他們各以不同方法揭露議會共和體制的局限與挫敗，那是已經困擾好幾個世代的問題。」[19]

這種意識型態特質充分反映當時歐洲社會思想的反自由本質，也見於拉羅舍爾（Pierre Drieu La Rochelle）一九三四年出版的《法西斯社會主義》（*Le Socialisme fasciste*），書名一語中的[20]。一個分崩離析的中產階級政治體制，因為掠奪式經濟競爭與缺乏愛國精神的風氣而岌岌可危，只能以一種新威權主義、團結一致的政治體制——「法西斯主義」取代。「社會主義」則能夠對治以猶太人資本為靠山的剝削式經濟活動，從而保護本國的中下階級。由此看來，蒲魯東受到馬克斯嘲諷的小資產階級社會主義，也成為具關鍵地位的先行者（因此右派人士與左派人士在一九一一年合併為新組織時，才會順理成章地定名為「蒲魯東俱樂部」）[21]。兩次世界大戰之間，法國法西斯主義者與其德國同路人的如出一轍，就顯得呼之欲出、無可掩飾，後者包括尼基許領導的「民族布爾什維克黨」、施特拉瑟兄弟（Gregor Strasser and Otto Strasser）領導的納粹「黑色陣線」（Schwarze Front）（他們不同於希特勒，相當重視「國家社會主義」中的「社會主義」成分）、著迷於以蘇聯五年計畫為代表的「全能國家」（total state）的容格爾。

踰越與「反倫理學」（Transgression and "Anti-Ethics"）

對於身為作家與入世知識份子的巴岱伊來說，一九三〇年代充滿試煉與考驗，而他也在這段時期邁入成熟，爆發出驚人的創造力，寫出《藍天》（*Le Bleu du ciel*）等重要小說，以及法國文化理論的典範之作如〈消耗的理論〉（Theory of Expenditure）、〈法西斯主義的心理學結構〉（The Psychological Structure of Fascism）、〈薩德的實用價值〉（The Use Value of D. A. E. de Sade），並且創立了幾個傳奇性的前衛文化團體如反擊、無頭會與社會學學院。然而我們必須先體會第三共和以及其代表的啟蒙理念，在文化上與政治上如何受到顛覆，並導致政壇上左派與右派的兩面夾攻，然後才能夠真正了解巴岱伊面對的文化——政治選擇場域。

巴岱伊與德國少壯派保守主義者最緊密的思想聯結，在於他對理性的厭惡㉒。

海德格曾說：「唯有當我們體認到數百年來備受稱揚的理性，其實是**思想最頑強的敵人**，然後我們才能夠開始思想。」這段話足以代表德國一整個世代的「保守派革命人士」㉓。保守派革命人士深受所謂「生命哲學」（Lebensphilosophie）的影響，大力宣揚「感動」、「生命」之類的理念，以抗衡沉思與反省。更廣泛而言，這些「反智的知識份子」自然而然地將理性與「算計思維」、「工具理性」聯繫在一起；他們不承認理性在政治判斷、道德與法律領域的仲裁者地位，視之為「對生命有害」。

在巴岱伊的思想中，理性鼓吹「同質社會」（homogeneous society）的價值觀：一種完全標準化、按部就班的社會秩序，全面壓制文化賴以存續的生命力與冒險精神。巴岱伊在一九三〇年代簡明扼要地宣示：「揚棄文明世界與其光明的時刻到了。」㉔

我們先暫時回到巴岱伊與其德國同路人的對比呼應：在史賓格勒看來，西方世界對「理論思想」的頌揚，導致人文學疏離了健康的、還沒有被邪惡心／身二元論割裂的生命切身經驗。其中涉及的文化問題，可以追溯到一種「知識主義者」文明的扭曲變形，其病根則是這位德國「沒落的先知」所謂的**「眼睛的絕對君主專制」**（**the unconditional monarchy of the eye**）㉕。史賓格勒有一段話與巴岱伊不謀而合：

「在動物的小宇宙之中，存在與意識結合為顯而易見的生命體，而意識只是存在的僕役。動物就是這樣『活著』，牠們不會思考生命本體。然而由於眼睛的絕對君主專制，生命被呈現為一種光線之中的可見實體……我們擁有的不再是直接而單純的生命，卻是以『思想與行動』這句話為代表的對立之物。」㉖

史賓格勒又說，唯有音樂之類非概念性的、不具實體的表達方式，才能夠「打破光線的專制暴政」；這種說法繼承了叔本華與尼采傳承的德國文化批判傳統，特別看重歌曲難以言喻的特質㉗。史賓格勒宣稱，由於一場世界歷史文化的大轉變尚未發生，人類存在理論層面對於感官層面的暴政尚未被推翻，因此我們只能繼續被迫忍受**「視覺思想」**的霸權，亦即**「眼睛的主宰」**㉘。

有一種暴力美學將史賓格勒與巴岱伊兩人的文化立場聯繫起來，同時也是所謂「前進世代」（front generation）的最大特色之一。史賓格勒在《西方的沒落》（*The Decline of the West*）中有一段重要的文字，描述鮮血與本能的「生命世界」如何遭到現代性的浮士德精神（Faustian spirit）壓制；他說：「戰爭是所有生命最主要的政治活動，戰鬥與生命在其深層合而為一，存在與戰鬥的意志息息相關。」㉙容格爾也有類似言論：「戰爭是一種超越所有限制的狂喜陶醉，是一種肆無忌憚的狂熱，唯有大自然的力量能與之比擬。」㉚巴岱伊（他的姓氏「Bataille」在法文中的意思就是戰鬥）也深信：「衝突就是生命。人類的價值高低決定於他的侵略力量。一個活著的人視死亡為生命的完成，而非噩運……我就是戰爭。」㉛傑伊（Martin Jay）在一篇經常被引述的巴岱伊專論中說：「更深一層而言，第一次世界大戰似乎令巴岱伊怦然心動。因為許多巴岱伊著迷的主題都與戰時壕溝生活經驗如墮落、污染、暴力與共同體關係，有異曲同工之處。」㉜

在巴岱伊與德國少壯派保守主義者的世界觀之中，戰爭扮演著無可或缺的正面角色，它消解了所謂的「個體化原理」（principium individuationis）：中產階級社會——一個混亂疏離、分崩離析的世界——同質性秩序憑藉的主體性原理。巴岱伊指出：「生命的**整體**動向是……**超越個體的需求**而獲致成就。」㉝他以這種精神來頌揚軍事戰鬥的非功利性本質，其本身就是一種美學目的：「**榮耀**……表達了一種不可理喻的瘋狂、無法衡量的能量消耗，戰鬥的狂熱是它的前提。戰鬥是榮耀的，因為它總是能夠超越算計衡量。」㉞巴岱伊也以類似的緣由，毫不保留地讚揚那些前現代時期的「戰士社會（warrior societies），其中主宰大局的是純粹與未經算計的暴力，以及誇張的戰鬥方式。」㉟由此可知，戰爭本身就是一個榮耀的目標，截然不同於當今為企業與利潤服務的帝國主義。

班雅明在一九三〇年代初期指出，這種對於「為暴力而暴力」或者「為戰爭而戰爭」的美學頌揚，正是法西斯主義的要旨。班雅明有一段著名的文字：

「『讓藝術實現，即使世界終將滅亡』（Fiat ars—pereat mundus），法西斯主義如是說，就如馬里內蒂所承認的，法西斯主義期望戰爭能夠為已經被科技改變的感官感受，提供藝術上的滿足……在荷馬（Homer）的時代，人類是奧林帕斯山諸神思索的對象，如今卻是為自身而存在。人類自我疏離異化的程度，已經嚴重到可以將自身的毀滅視為最高層級的美學享受。這就是被法西斯主義美學化的政治情境。」㊱

在巴代伊的思想中，戰爭扮演先鋒的角色，隨之而來的是一場文化變遷，自我標榜的主體性優勢地位，將被一種「出神」（ecstasy）共同體的禁忌價值觀取代：這個共同體不再被視覺文化的身分認同偏見——透明、同一與自我同化的規範——所掌控，轉而接受自我撕裂、差異與有限性。事實上，這個由巴代伊啟發的出神共同體計畫，已經體現在布朗修、儂曦（Jean-Luc Nancy）、德希達等人的政治論述之中。巴代伊在《被詛咒的部分》（*The Accursed Share*）與其他著作中，提出他淵源自人類學的「普遍經濟學」（general economics）理論，與現代資本主義的「限制經濟學」（restricted economics）分庭抗禮，認為後者是工具導向，完全不關心生活品質的問題與目標（巴岱伊在這方面似乎也受到韋伯不少影響。對於**經濟和社會**的行為，韋伯做了「價值導向」〔wertrationales〕與「工具導向」〔zweckrationales〕的重要區分）。巴岱伊依循其德國同道的理路，擁抱一種生機論（vitalism），捍衛所謂的**「生命的蓬勃發展」**或**「全體生命的蓬勃發展」**，抗拒資本主義特有的的理性解釋方法[37]。在一九三〇與四〇年代的作品中，巴岱伊尋求結合生命哲學與「人類學的浪漫主義」（anthropological romanticism），突顯當代社會對於前現代時期生命形式的全面嚮往，從而賦予後者一種烏托邦的規範性地位。如此一來，巴岱伊一方面批判現代社會是一個「除魅」（disenchantment）的平庸世界，一方面也將前現代時期的社會樹立為「返魅」（re-enchantment）歷史典範。

巴岱伊的出神共同體理論與他的「消耗」（dépense）理論息息相關。他從莫斯一九二五年的名作《禮物》（The Gift）得到靈感，認為前現代時期社會最主要的特徵，在於他們進行「非生產性花費」或「消耗」的能力。莫斯解釋，在西方世界之外的社會，交換行為絕不僅是原始的經濟交易而已，而是代表一種「整體社會現象」：交換的行為既是**經濟的**行為，同時也是**宗教**、**美學與社會的**行為。莫斯描述部落社會的禮物贈予和「誇富宴」（potlatch），認定「在這些『早期』社會中，社會現象並不是各自分離的，每一個現象都包含這個社會組織的所有線索。在這些**整體社會現象**之中……所有的體制都能夠得到表現：宗教、法律、道德與經濟。」[38]就像其他社會學家與人類學家一樣，巴岱伊也憂心現代生活由於揚棄了儀式導向、結合共同體的社會行為層面，社會動盪不安也將因此節節高升。在他看來，唯有恢復這些失傳已久、被社會進化理論家貶為「原始」的作法與儀式，人們才能夠讓社會重新凝聚起來，避免嚴重失衡的危機。

在一九三三年發表的〈消耗的理論〉一文中，巴岱伊堅稱「戰爭」只是文化踰越（transgression）的許多可能來源其中之一，其他原因諸如「奢侈、哀悼……祕教、建造規範性的紀念碑、遊戲、奇觀、藝術、怪異的性行為（從生殖器決定論〔genital finality〕轉移而來）。」在巴岱伊看來，這些現象都代表「**自身之外別無目的**之社會行為，至少在原始的環境中是如此。」[39]它們與商品交換以及同質性社會的價值導向，形成強烈對比，後者將一切社會行為降格為達成特定目的——累積財富——的手段。

巴岱伊對於共同體的嚮往以及對「踰越」——破壞現狀的偏激行為——的頌揚，有時似乎會呈現相互衝突的價值觀。因為前現代時期社會的儀式著重在穩定與傳統，並且要維持社會「規範」——尤其是區隔神聖與褻瀆的規範。然而巴代伊這位自我標榜的「偏激行為」使徒、二十世紀前衛運動的害群之馬，卻鼓吹宣揚「為褻瀆而褻瀆」的信條，一種執迷於干犯禁忌、打破規範、踰越界限的「精神」或「反精神」（**anti-ethos**）。巴代伊這方面的傾向在理論作品中流露無遺，一九二〇年代與一九三〇年代的薩德風格小說——《眼睛的故事》（*The Story of the Eye*）與《藍天》——更是淋漓盡致。這兩本小說都是探索巴代伊在〈消耗的理論〉中提及的「怪異的性行為（從生殖器決定論轉移而來）」，幾乎每一頁都驚世駭俗，除了傳教士體位之外，各式各樣的性交姿勢都寫到了㊵。

然而當我們重新探討巴代伊倡導的「踰越」宗教時，總會遭遇重大的倫理落差。朱迪特在《未完成的過去：法國知識份子，一九四四年—一九五六年》（*Past Imperfect: French Intellectuals, 1944-1956*）提到，巴代伊的思想層面帶有一種更廣義與長久的「法國公共倫理核心的真空狀態」——「明顯欠缺對於公共倫理或政治道德的關懷」㊶。一九三〇年代，法國的倫理空虛引發危機，政壇左右兩派都瀰漫著反共和體制情緒，預示了一九四〇年「奇特的敗仗」（**strange defeat**）。然而正是在這樣的情況之下，巴代伊的後結構主義先行者角色日趨重要。當時後結構主義師法海德格，揚棄「倫理學」而擁抱「基本存有論」，因此也在處理倫理學問題時步步荊棘。傳科追隨巴岱伊與尼采大破大立的理路，將「規範」等同於「正常化」，亦即塑造柔順的心靈與「馴服的身體」的過程；在做為規訓體制的現代社會機制中，規範只不過是其中的齒輪。如此一來，在傅科對時代的診斷中，「原則」的層面消失殆盡，變成做為「監獄社會」（carceral societies）的「現代性磨坊」的原料。如同巴岱伊與尼采，傅科試圖徹底顛覆傳統道德，他響應尼采《道德譜系學》的號召，發動「重新估定一切價值」。規範的剩餘價值僅在於充當「踰越」或「自我克服」的對象㊷。

近年來，後結構主義陣營成員開始思索如何建構一個免於極權體制誘惑的共同體，不足為奇的是，巴岱伊對於神聖、犧牲與踰越的思索，也成為不可或缺的參考原點㊸。追隨巴岱伊的足跡，這種「不可公開的」（unavowable，布朗修）或「不能運作的」（inoperative，儂曦）共同體，其憑藉的價值並非「整體性」，而是「異質性」與「差異性」。這類共同體對應的也不是社會透明性的價值，而是反傳統的踰越觀念。因此雷威對這種反自由主義共同體精神的反道德意涵，一直憂心忡忡。

「機體說（Organicism）。自然主義（Naturalism）。排斥普世價值。純粹而直截地否定價值……在這些沉默無聲的基礎上，人們罩上一層更為陰沉、更為喧囂的恐怖……要達到我的目標，就必須說服人們，法西斯主義並不是以野蠻狀態為出發點，不會一開始就呈現世界末日的景象，不必然意謂著鐵與血的風暴。相反地，法西斯主義首先是一種社會型態，**一種共同體的模式，一種思考與組織社會聯結的方式**。」[44]

巴岱伊的「出神」共同體模式，以及他特別看重的「思考與組織社會聯結」方式，都值得進一步探討批判，因為這類模式秉持一種踰越的美學，當成社會行為的規範。巴岱伊的出神共同體同時也是一個**美學的共同體**：崇尚的社會行為模式是「不可逆轉」（no return）的行為，帶有為藝術而藝術的意味，本身之外別無目的。

巴岱伊對於為踰越而踰越的讚美，有時大而化之到令人失望的地步，他並沒有鋪陳出一個觀念架構，藉以區別建設性與倒退性的踰越行為，我們只看到一種震驚、斷裂、崩潰的精神特質。巴岱伊試圖將後現代的倫理學奠基於文化前衛運動（無頭會與社會學學院）的心態，嚮往現代性所鄙視的前資本主義時期生活形式。然而，若要在觀念上理解巴岱伊的「踰越」、「異質性」與「消耗」，卻似乎會傷害這些理念的精神。在巴岱伊看來，訴諸原則正當化或理性解釋的過程，反而會淪於「生產性消費」（productive consumption）的邏輯與論述——以工具理性與商品交易為憑藉的社會價值。

為了體認巴岱伊在二十世紀法國知識界的關鍵地位，我們必須審視其作品與莫斯和涂爾幹宗教理論的關係。莫斯的著作激發了巴岱伊對犧牲與禮物觀念的著迷。巴岱伊以儀式犧牲與禮物贈予為憑藉，在一九三〇年代與一九四〇年代發展出一系列新觀念，最終成就他的「消耗」與「被詛咒的部分」（la part maudite）理論。

在《禮物》一書的〈道德結論〉（Moral Conclusion）中，莫斯為一個我們已失落的世界發出懇求，他哀嘆現代的社會關係已經乏善可陳，原因則在於「早先的體系被理性的經濟體系取代；在前者之中，物品交換並不是機械化的行為，而是一種道德的交易，促成並維繫個體以及與群體之間的人際關係。」[45]莫斯感嘆交換行為的道德層面已經蕩然無存，現代社會商品生產的非人化層面宰制一切；他的著作可以視為馬克思主義在人類學領域的政治經濟批判。在前現代時期的社會中，經濟還沒有與宗教生活截然二分，對族群一體性的維繫與滋生而言，交換行為扮演不可或缺的角色。然而隨著資本主義的來臨，一個一味重視競爭的社會也應運而生——人與人相互對抗的經濟戰爭，導致社會一體性的自然基礎岌岌可危。莫斯披上文化批判者的外衣，如此說道：

「只有西方世界的社會，才會將人類變成經濟的動物……『經濟人』（Homo oeconomicus）就出現在我們面前，就像道德人、責任人、科學人、理性人一樣。人類長久以來都是獨樹一格，如今卻不再獨特，因為人類已經變成機器——一部只會計算的機器。」㊻

莫斯針對現代生活分崩離析的韋伯式感嘆，也伴隨著對於前現代時期共同體的崇拜，認為當時的生活具有更接近一種深具意義的整體性（meaningful totality）。在這樣的社會之中，經濟活動從來就不會局限於特定目的與片面意義，而是一種「整體的社會現象」，融合了宗教、美學、法律與道德層面。前現代時期社會散發出一種「經濟的活力，其中物質的成分少之又少，遠比我們的銷售與購買、僱傭服務與商業投機來得精彩。」㊼這些社會無論有何缺點，都能呈現一種平衡與完整，讓現代社會相形見絀，因為後者只知一味追求利潤與收益。同時這些社會也展現出一種面面俱到的特質，令崇尚分工的現代社會望塵莫及。莫斯有一段文字特別著墨於前現代時期社會的**美學**趨向，成為後來許多法國學者從人類學角度批判現代性（諸如李維史陀、布希亞與後現代民族誌）的標竿：

「表演的舞蹈、歌曲與節目；營地或夥伴關係的戲劇化表現；滿懷情感來製作、使用、裝飾、打磨、堆積與交換的器物；收受者無比歡喜，贈予者得意洋洋；人人得以參與的盛宴——這些全都……既是利益引發的感受，也是**美學情感**的源頭。」㊽

莫斯將犧牲、誇富宴、禮物贈予以及其他非功利性儀式描述得活靈活現，無疑是巴岱伊消耗或非生產性消費理論的主要來源。然而莫斯的結論之所以順理成章，也正是巴岱伊結論的問題所在。莫斯在政治上是法國社會主義黨（French Socialist Party, SFIO）的一員，他只希望能讓先進工業社會恢復一種均衡，以矯治其喪失非功利性社會互動模式的弊端。對於可能危害現代社會的一致性，莫斯的批判算是一帖對症下藥的良方。

但是巴岱伊的立場截然不同，他批判現代性的意圖既不是改善情況，也不是對症下藥，而是依循「踰越」主題的一種（非黑格爾式的）更迭（supersession）㊾。巴岱伊要求與現代性全面決裂，不僅排斥其功利性的特質與弊端，更根本否定其做為一種生活方式的地位：文化、政治、法律、倫理與美學層面。因此巴岱伊的理論形同一種對現代性的全面控訴，與德國保守派革命人士的文明批判如出一轍。他們都深信要治療現代世界的弊病，漸進式與由內而外的作法都已此路不通；這種信念極具爭議性。

巴岱伊進行文明批判的威力，在他對涂爾幹與莫斯的援引發揮中展露無遺。文明所欠缺的，在前現代時期社會卻是理所當然：親近神聖事物，因此讓生活具有**強度**（intensity，或者是涂爾幹與莫斯喜歡用的「活力」〔effervescence〕一詞），而不只是「苟活」而已。對於這種個別化現象消失、個體得以超越「人類處境」（condition humaine）的碎裂與孤立的崇高狀態，巴岱伊用以描述的關鍵字眼是「內存」（immanence）、「親密」（intimacy）與「內在經驗」（inner experience）；由此可以看出，巴岱伊著迷於那些打破神聖與褻瀆的傳統界線的強烈經驗要素。這類要素的實體表徵，就是完全不具功利性質的犧牲與禮物贈予行為。

然而除了這些行為之外，巴岱伊還鼓吹其他形式的暴力愉悅，試圖推翻大權在握的工具理性。功利主義者的心態只能產生溫和的愉悅，指向財富的累積。但巴岱伊指出：「人類社會對於重大的損失與災難有一種**興趣**，雖然它**符合某些性質明確的需求**，但也會激發混亂的壓抑、恐懼的危機，以及最終一種狂歡縱慾的狀態。」

這樣的劇變與混亂正是**非生產性消耗**的範例。它們容許「滿足野蠻而不具敵意的需求，以恐懼的界限為唯一的憑藉。」巴岱伊繼續論述：在這些範例中，「重點要放在**損失**（loss）上，其規模越大越好，才能夠將行為賦予真正的意義。」㊿巨大的損失可以做為一種預防之道，用以抗拒無限累積、「生產性消費」物品的誘惑。巴岱伊說：

「所有慷慨、放縱、過度的事物都已消失；個體行為倚賴的對抗主題只能在暗中發展，而且就像打嗝一樣可恥。中產階級的代表儘量避免引人注目，財富只能關起門來展示，以遵循壓抑和無聊的傳統作法……這類伎倆已成為那些缺乏勇氣的人生活、工作與受苦的主要原則，他們不敢以革命來摧毀這個死氣沉沉的社會。」㉛

巴岱伊的結論是：「為了維持消耗的貧乏性，依循一種能夠讓**帳面**（accounts）平衡的理性，中產階級只能發展出普遍的卑劣性。」㉜巴岱伊在這類論述中，猶如重現了當年尼采對於「英雄」價值——諸如奮鬥、殘酷、冒險——已經從現代生活消失的哀嘆。

然而巴岱伊引用關於犧牲與禮物的民族誌文獻時，卻是問題重重。在某些方面，他對莫斯研究成果的天真運用，悖離了這些文獻的原意。對巴岱伊而言，儀式的偉大之處在於它的不求報償：儀式做為一種社會行為，完全不具實用目的；因此它能夠催生出難能可貴的時刻，讓社會將損失當成損失來接納。犧牲尤其涉及日常生活的轉化變形，其過程近乎神格化：被犧牲者與社會一樣，都暫時跨越了分隔神聖與褻瀆的那道界線。被犧牲者成為一位半神半人，獲准暫時駐留在神祇的世界，而整個社會也與神聖經驗更加親近。在巴岱伊看來，褻瀆的存在是一個「事物世界」（thing-world），一個必須甘於庸俗實用性的生活領域，其成員徒勞無功地與生產和複製的循環搏鬥，只能繼續「苟活」下去。巴岱伊說：「犧牲恢復了遭到奴性用途降級、褻瀆的神聖世界。」宗教純粹是「從**現實**的秩序與**事物**的貧乏抽離出來，並恢復神聖的秩序。」從巴岱伊學派的「非生產性消耗」觀點來看，犧牲、誇富宴、戰爭與暴力之類的毀滅行為，都是一種**向上提升**（ennoble）。毀滅將事物與人群從實用性的褻瀆考量解放出來，巴岱伊如是說：「毀滅是否定功利主義關係的不二法門。」[53]

犧牲或禮物贈予的重要之處，在於它們恢復了「親密性」：對神聖經驗的趨近，類似海德格所謂的「親近存有」（Nähe）。巴岱伊解釋：

「被犧牲者是一個多餘之物，取自大量累積的**有用**財富。他必須是來自這類財富，才能夠被毫無利益地消耗掉，然後完全摧毀。一旦被選擇做為犧牲，他就成為**被詛咒的部分**，注定要被暴烈地消耗掉。然而這詛咒將他從**事物的秩序**撕裂開來，賦予他一個可辨識的形體，散發著親密性、焦慮、生命的深刻性……這是人類必須付出的代價，如此才能免於自身的墮落，解除現實秩序的貪婪與冷酷算計所帶來重擔。」⑭

然而這些心嚮往之的描述卻誤解了儀式行為的歷史背景，因此難免淪為天花亂墜。歸根究柢，巴岱伊對這些現象的讚賞，其實陷入了一種「原始主義」(primitivism)。他對所分析的祕教崇拜行為斷章取義，以便融入他自己的理論：「一種能夠提供活生生的、狂歡縱慾的神話的人類學，這神話將透過自身的集體經驗，推翻『現代』了無生趣的中產階級社會。」⑮

巴岱伊理解的犧牲是不求回報與非功利性的，他宣稱犧牲的行為「本身之外別無目的」。然而這種說法卻有誤導之嫌。儘管巴岱伊正確地描述這種行為與製造財富無關，可是它們仍然與複製現存的權力關係密不可分。以阿茲特克人（Aztec）的作法為例，活人犧牲有助於提升統治階層（祭司與貴族）的威望，為他們帶來一種主宰生死、近乎神聖的力量。因此，像巴岱伊那樣反覆宣稱犧牲的行為除本身之外別無目的，實為自欺欺人之論。

我們也可以從類似的角度批判巴岱伊對誇富宴——公開且炫耀性地毀棄財富——與禮物贈予的詮釋。事實上，只有坐擁大筆財富的人才有資格毀棄財富，是故社會下層階級根本無緣舉行誇富宴[56]。正如犧牲一樣，誇富宴涉及社會階層的複製，可以強化毀棄財富者的地位與名望。在幾乎所有已知的案例中，舉行誇富宴的人都出身上層社會。那些被迫參加誇富宴的人實際上是在承受羞辱；透過這種行為，他們低下的社會地位再度被確認。

禮物贈予也是如此。禮物並不是隨意贈送，完全不具別有用心的目的。巴岱伊為滿足自己理論所需，只擷取禮物贈予的一個面向。禮物贈予並不屬於經濟交易，既不是買賣行為，也不以增加社會財富為目標，而是要優先考量人與人之間的社會關係。就像犧牲與誇富宴一樣，當禮物伴隨著社會儀式贈予時，總是帶有附加條件：除非收受者能禮尚往來，否則它將具有威嚇收受者的社會功能。做為一種社會儀式，禮物贈予的目的是要讓收受者無法回報同等價值的禮物，藉此來貶抑與羞辱他。因此禮物贈予絕不能歸類為一種不求回報、不帶條件的儀式行為。禮物贈予根本不是巴代伊所說的只以行為本身為目的，它與社會權力的營造與複製息息相關。莫斯與其他民族學者的著作中，這樣的洞見屢見不鮮：

「如此奢華的禮物與恣意的消耗、如此嚴重的財富損失與毀棄，尤其是在舉行誇富宴的社會中，其動機絕不能說是與利益無關。家臣與酋長、家臣與其隨從之間的**階層是藉由這些禮物而建立**。贈予是要突顯一個人的優越性，顯示他有更重要與更高層的地位，讓人們知道他是**主人**（magister）。接受禮物而沒有加倍奉還，代表一個人俯首帖耳，成為對方的隨從與跟班，成為一個**僕人**（minister）。」[57]

左派法西斯主義（Left Fascism）

巴代伊的觀念走向與一九三〇年代法國盛行的「反傳統規範者」（nonconformist）信念聲氣相通：嚴厲批判自由主義、議會政治、自主的主體性與啟蒙思想的理性，並致力於宣揚「出神的共同體」[58]。他們的心態後來也越來越同情所謂的「法西斯社會主義」（fascist socialism）（拉羅舍爾語）或「左派法西斯主義」（left fascism），這種政治傾向在法國政治文化中有其深厚根源。

巴岱伊與維琪政權並無牽連，但是也未曾加入地下反抗組織。戰爭期間他是在「內在流亡」中度過，致力於文學事業，創作小說《愛華妲夫人》（*Madame Edwarda*），並寫下與阿奎那（St Thomas Aquinas）學派唱反調的《反神學大全》（*Summa Atheologica*）。一位評論家曾說：「巴岱伊在戰爭時期的所有作品……都轉化成一種自我疏離的深沉需求。」[59]他的離群索居既是出於個人因素，也與其思想關係密切。在大戰之前，他先後遭遇愛人蘿赫（Laure）的病逝，以及社會學學院的猝然解散，這個傳奇性的法國知識份子團體，是由巴岱伊與蓋洛瓦（Roger Caillois）在一九三七年共同創立[60]。

如果我們檢視巴岱伊在一九三〇年代提出的政治觀點，會發現左派法西斯主義的主題不僅呼之欲出，而且令人疑懼。巴岱伊的傳記作家蘇利亞（Michel Surya）表示，他為《喬治．巴岱伊：作品之死》（*Georges Bataille: La Mort à l'oeuvre*）這本傳記做了許多訪問，其中有不少訪問對象與巴岱伊同時代，他們不假思索地認定巴岱伊「是個法西斯主義者」[61]。殺傷力更大的說法來自左派的反史達林主義者蘇瓦林，巴岱伊一九三〇年代多篇開創性的論文都發表在他主辦的《社會批判》；一九八三年這份評論刊物重新出版時，蘇瓦林在序言中明白指出巴岱伊是法西斯主義的同情者，而且他如果有足夠的勇氣，一定會挺身實踐自己的信念㊷。

儘管蘇瓦林無疑有誇大其辭之嫌㊸，然而我們越是深入挖掘巴岱伊在一九三〇年代的政治傾向，結果越是會更令人惙惙不安。

巴岱伊那篇〈法西斯主義的心理學結構〉探討政治獨裁的群眾心理學基礎，經常被稱譽為見解獨到之作，然而其中已經浮現警訊。文章中對歐洲幾個年輕法西斯國家的活力再三致意，尤其是在與民主政治的腐敗與停滯做對比的時候。巴岱伊對於議會政治批判之激烈，並不下於施米特任何一部作品。

巴岱伊宣稱，議會民主完全是在同質性的秩序中進行，以吸納與消弭差異性為宗旨，功能則是壓制異質性要素，防止它們顛覆社會與政治秩序的規範基礎。巴岱伊說：「議會政治化約差異性的行為，意謂著內在活動所有可能的複雜性，都必須依照**同質性**的原則來轉化。」㊹巴岱伊在進一步演繹這個判準時，拒絕將民主社會的政治層面與經濟層面分別而論；例如更中肯地說，雖然經濟活動是目的導向與功利主義，但民主政治的目標卻在於人民自決㊺。

既然巴岱伊對議會民主欠缺好感，他頌揚法西斯主義是蓬勃的異質性力量的一大突破，因此也不足為奇。對巴岱伊而言：「法西斯領袖毫無疑問是異質性存在的一部分。民主政客代表各個國家**同質性**社會的平庸本質，但墨索里尼與希特勒反對這些政客，從而立即突顯出自身另闢蹊徑的地位。」[66]。巴岱伊崇拜法西斯領袖的焦點（此處他借用尼采的超人學說）在於他們的「主權」（sovereignty）：「一種讓他們高踞他人之上的力量」。巴岱伊也高度肯定法西斯領袖對「法律」的厭惡：「法律已經潰不成軍的事實，是法西斯行動超越性、異質性本質最明顯的徵象。」[67]這種觀念與施米特對中產階級守法性的批判，其相似處特別值得注意。施米特與巴岱伊都將法律視為民主理性主義的終極範例，代表他們對主宰秩序所有的負面觀感：平庸地一味追求安全保障、反對革命、憎恨「超越」、厭惡生命力與強烈表現。在巴岱伊看來，法律只堪一笑置之，因為它將俗世的存在秩序神聖化，反而阻絕了人們趨近神聖經驗的「親密性」。

巴岱伊對法西斯政治思想的擁護支持，在這段熱烈的頌詞中達到最高點：「**異質性的**法西斯行為，屬於一整套更高層次的形式；它訴諸傳統上界定為**崇高**與**高貴**的情感，將權威視為一種無條件的原則，位居於任何功利主義的判斷之上。」[68]中產階級功利主義崇尚「世界的散文」（黑格爾語），但法西斯主義提供新的政治美學，重新引介一種**美學政治**，標舉巴岱伊重視的出神共同體價值：超凡魅力（charisma，「主權」）、暴力與軍事成就。巴岱伊特別看重法西斯主義如何培養領袖與群眾之間的專注情感：這種聯結在現代民主政治中格外薄弱。巴岱伊指出，法西斯主義

「彰顯了適時回歸一種再度被喚醒的情感力量，可以得到什麼樣的結果。」對於混亂而分裂的社會，法西斯主義發揮一種集體的凝聚性。總而言之，法西斯主義在荒涼除魅的政治現代性之中，讓出神的政治得以復返。

這裡我們要援引雷威的看法：「法西斯主義首先是一種社會形態，一種共同體的模式，一種思考與組織社會聯結的方式。」⑲巴岱伊早期作品最顯著的主題之一，是重新燃起前現代時期社會共同體聯結的情感能量。他對犧牲與神聖經驗的念茲在茲，對法西斯「行動」代表的政治新生的嚮往，都可以從這個觀點來理解。一位評論家曾中肯地評述巴岱伊將法西斯主義視為一種神聖或異質形式的詮釋：

「做為巴岱伊神聖觀念的基礎，對他者性（Otherness）的崇拜無可避免地會導致一種結果：體認歷史法西斯主義透過其領袖的**神力**（mana）而散發的吸引力。依照巴岱伊的界定，異質性的範疇所涵攝的與其說是『歷史』，不如說是『自然』，它對法西斯力量展現的不斷要求，明顯地製造了一種神祕化（mythification）。」⑳

哲學家卡西勒（Ernst Cassirer）探討法西斯主義的社會—心理學起源時，也有類似的見解。他的見解主要參考馬林諾夫斯基（Bronislaw Malinowski）對於南太平洋特洛布里安群島（Trobriand Islands）居民的研究，顯示他們如何運用常識與渾然天成的才智，解決日常生活的難題。然而遇到特殊狀況時，當實用知識不足以應付困境，島民也會向超自然力量求助：以法術與儀式影響更高層的力量，帶來島民期盼的結果。卡西勒指出：「這種關於原始社會法術與神話角色的描述，也適用於人類高度演進的政治生活。」同理可言，當現代社會遭逢巨大危機，傳統解決方式捉襟見肘（卡西勒的歷史參考點是威瑪共和的崩潰），人類也會訴諸政治神話與超凡魅力領袖的「非理性」作法——以德國的例子來說，就是種族神話與超凡魅力領袖，這個領袖的勝利不是來自知識與技巧，而是天命賜予的超凡能力。卡西勒依循涂爾幹的理路，將這種神話解釋為一種集體願望的滿足：代表共同體的觀念投射，因此也是一種針對無法以過往經驗解決的社會問題，提出想像的解決之道。卡西勒如此結論：「在人類社會生活的關鍵時刻，原本能夠抗拒古老神話觀念的理性力量，對自身失去信心，因此神話的時代也趁機再度降臨。」

> 「唯有當集體的願望沛然莫之能禦，而且已經無法以尋常、正規的方式來滿足，這時對領導的渴求才會應運而生。每逢這樣的時刻，集體願望不僅

鮮明強烈，而且會投射在特定人物身上……集體願望的強度由領袖本人體現。原本的社會聯結如法律、正義與憲政，都被抹殺為一文不值。一切只剩下領袖的神祕力量與權威，領袖的意志成為至高無上的法律。」[71]

卡西勒這番提醒世人的看法，也讓我們更看清巴岱伊的信念：恢復超凡魅力與神話，可以有效遏止現代性分崩離析的趨向。巴岱伊一九三〇年代的作品格外重視「非理性」——瘋狂、神話與異質性。他在一九三七年曾說：「唯有神話才能反映出一種完整性的形象，擴展到人們聚集的共同體之中。」並進而讚美「神話的暴烈動力的唯一目標，就是要回歸一種已經失落的完整性。」[72]

一九三七年，巴岱伊與友人效法中世紀的宗教修會，創立神祕組織「無頭會」，其成員自認為是尼采學派的文化先鋒，肩負為一場大規模政治動亂開路的使命。儘管這些人都立誓不得透露「無頭會」的儀式與行事，但一般都認為他們會舉行動物犧牲，而且還認真考慮過活人犧牲。巴岱伊的社會學學院也曾提出計畫，要讓西方世界貧乏的精神領域，回歸前現代時期的宗教與共同體。

恢復「陽剛精神」（virility）是一九三〇年代法西斯文人（拉羅舍爾、布拉席亞緒）作品中念茲在茲的主題，在巴岱伊與蓋洛瓦的著述中也佔有重要地位。蓋洛瓦是社會學學院的共同創辦人，他在一九三七年學院成立的演講「冬風」（The Winter Wind）中預言法西斯主義的發展：「大自然正在進行一場無可抗拒的清理工作……如今人世間也颳起一陣顛覆破壞的強風，寒冷、嚴酷、來自極地、具有毀滅性……它將宰殺掉弱者與病患，絕不會讓他們熬過冬天。」[73]在那個集中營林立、踢正步部隊橫行的年代，尼采的「階級」（Rang）與「培育」（Zuchtung）信條大行其道，納粹正為其有如「冬風」的「最終解決方案」準備就緒，蓋洛瓦這種言論當然不能視為無心之失。而且他還對學院的成員建議，新文化先鋒「與其將其他人類視為地位平等的同儕，不如視為自身冒險事業的材料。」[74]。大戰時期，蓋洛瓦自我放逐到阿根廷，但仍藉由所謂的「強者共同體」（Communion des Forts）提出同樣「危險」的觀念，頌揚「劊子手」（hangman）與「領導人」（sovereign），奉之為恐懼與尊崇的對象。蓋洛瓦指出，劊子手與領導人具備無可置疑的社會權威，並且與「神聖」比鄰而居，因此能夠維繫被自由民主體制糟蹋的社會凝聚性。然而正如夏披洛（Meyer Schapiro）一篇透闢的評論所云，蓋洛瓦歌頌一個以陽剛與殘酷的精神菁英權威為基礎的「超社會化」（super-socialized）社會，因此他「成為反動政治權力的思想幫兇」，在這個政治權力中，知識份子本身無疑也扮演極為「邪惡」（sinister）的角色。[75]

在這段為時甚短的「魔法師門徒」（sorcerer apprentices，哲學家科耶夫〔Alexander Kojève〕如此描述社會學學院）聚會中，巴岱伊自己的政治見解也是問題重重。他對法西斯義大利的支持可以上溯至一九三四年的羅馬之旅，當時他曾參觀著名的「法西斯革命大展」（Exhibition of the Fascist Revolution）。在一封寫給前超現實主義者奎諾（Raymond Queneau）的信函中，巴岱伊大肆讚美義大利法西斯主義病態的圖像：黑色三角旗、死亡的符號、骷髏頭。一九三八年，他以「權力」為題，在社會學學院發表演講，讚揚法西斯義大利「在每個火車頭上都看得到『法西斯』（fasces）。」（「法西斯」原指古羅馬時代由扈從〔lictor〕揹荷的一束棍棒，中間插著一把斧頭，是將臣民斬首的刑具。）在巴岱伊看來，扈從的斧頭是確保「主權」的有效工具；他與蓋洛瓦一樣，深信必須要藉由精神菁英階層恢復現代社會闕如的社會凝聚性。對法西斯主義引發的集體能量的崇拜，在他一九三五年的小說《藍天》的結局中扮演關鍵角色。儘管巴岱伊的學術論述大多膽怯地迴避這些危險的政治主題，然而他對歐洲法西斯獨裁政權的「曖昧」（equivocal）態度，在一九八〇年代金茲堡（Carlo Ginzburg）的一篇重要論文中，已經遭到部分揭露⑯。

一九三九年，巴岱伊在社會學學院發表一篇演講「希特勒與條頓騎士團」（Hitler and the Teutonic Order）。一個秩序井然的社會——像中世紀騎士精神一樣重視階層、榮耀與征服的價值——代表巴岱伊與其同路人試圖實踐的理想，當然也是歐洲新生代法西斯政權亟欲恢復的典範。

巴岱伊這篇「希特勒與條頓騎士團」的講稿並沒有保存下來，讓他逃過一劫。現在我們只能揣測其中的內容。讓社會學學院重新得到學界重視的霍利耶（Denis Hollier）推敲，這篇講稿可能與夏多布里昂（Alphonse de Chateaubriant）一九三七年一篇支持納粹的文章〈團結的力量〉（La Gerbe des Forces）有所關聯，夏多布里昂在文章中盛讚德國精銳民兵組織「騎士團城堡」（Ordensburgen），他們師法古代的騎士團，培育出「當今德國和全世界都需要的強人」，要讓當代社會脫胎換骨⑦。

一九七一年蓋洛瓦接受訪問時，如此描述社會學學院的使命：「它致力於進行哲學研究，但哲學只是一個幌子或一種形式，它真正的計畫是要恢復被現代社會排斥的神聖性。我們自視為魔法師的學徒，決心要發起危險的運動。」⑧然而大戰開打之後，學院的計畫卻一敗塗地，所謂的「回歸原始」的文化行動顯得愚不可及。在巴岱伊、蓋洛瓦及其同路人看來，納粹將這種原始能量直接投射到現代歐洲社會之上，結果卻是一場浩劫。蓋洛瓦說：「戰爭突顯了社會學學院企圖的淺薄愚蠢，我們夢寐以求釋放的黑暗力量自行掙脫，後果出乎我們意料之外。」⑨

反擊（Contre-Attaque）

巴岱伊進軍巴黎前衛文化界的故事，還有一個層面值得探討。相關的經過非常重要，因為其中透顯出巴岱伊為何會從政治左派轉向右派。巴岱伊參與蘇瓦林的「社會批判」組織三年之後，又與往日的死對頭布荷東搭上線。不過幾年之前，巴岱伊曾將布荷東與超現實主義者貶之為「完全不可能觸及下層社會的腐敗美學家」[80]。

一九三五年秋天，巴岱伊創立一個新團體「反擊」，布荷東也共襄盛舉；但是這兩位前衛文化大將的思想仍然有鴻溝般的差異。布荷東的〈超現實主義第二宣言〉（Second Manifesto of Surrealism）在結論中輕蔑地貶抑巴岱伊是個「排泄物哲學家」（excremental philosopher），影射他著迷於糞便之類的主題[81]。受過醫學訓練的布荷東後來又指稱巴岱伊有心理病態，亟需治療。然而這時法國是「人民陣線」當家，許多政治上的仇敵因此暫時和解。

了解相關背景之後，我們也就不必訝異「反擊」為何只是曇花一現。然而它的解散過程卻值得好好探究。一九三六年春天，布荷東與超現實主義人士突然退出「反擊」，指控巴岱伊與其支持者擁抱「超法西斯主義」（surfascisme）——對應於尼采倡導的「超人」（surhomme）觀念。

巴岱伊毫不忸怩地崇拜法西斯主義的方法——例如暴力美學，而且表達方式令布荷東與其盟友深感尷尬。巴岱伊認為，只有義大利與德國的法西斯主義革命，才成功地挑戰自由民主體制的腐化墮落。這兩場革命藉由一種新的集體神話，取代了中產階級社會搖搖欲墜的價值體系，讓極度欠缺信念的民眾再度得到他們渴望已久的神話。

這種明顯的「左派法西斯主義」傾向——利用法西斯方法達到左派政治目的——在一九三五年「反擊」的成立宣言〈反擊：革命知識份子鬥爭聯盟〉（Contre-Attaque: Union de lutte des intellectuals révolutionnaires）中，就已表露無遺。宣言中充斥著對革命暴力的嗜血迷戀，處處可見巴岱伊觀點的影響。「反擊」曾做成一項決議，強調「公眾安全」（le salut publique）需要一種「武裝群眾毫不妥協的獨裁」。歐洲的政治命運將決定於「紀律嚴明、精神狂熱的力量，形成規模龐大的網絡，有朝一日施行六親不認的獨裁。」在結論中，巴岱伊與其同路人公開讚揚法西斯主義的方法：「關鍵時刻已經來臨，我們要挺身當自己的主人，徹底摧毀資本主義的奴役……我們要利用**法西斯主義創造的武器**；它很清楚如何運用人性基本的渴望，來達成**崇高與狂熱的情感**。」[82]

強調革命暴力、標舉「主權」與「主宰」（mastery）、頌揚「崇高與狂熱的情感」——法西斯主義獨擅勝場的群眾政治情感層面——代表巴岱伊鼓吹的左派法西斯主義的主要精神面向。就這方面而言，我們也必須注意「主人的反抗」（Herren-Aufstand）這個觀念，它也是容格爾一九三二年預言性的法西斯宣言〈工人〉（Der Arbeiter）的關鍵理念之一[83]。

左派法西斯主義在一九三〇年代的法國政壇盛極一時，以啟發式（heuristic）定義來說，它是指運用法西斯主義方法來達成左派政治目的。然而這種作法卻會遭遇無法解決的方法學兩難。發展到某種程度時，法西斯主義的方法與目的會無法截然二分。史托克（Allan Stoekl）曾指出：「熱情活力、群眾的顛覆暴力、群眾拒絕進行枯燥討論的劣根性；這些因素再加上群眾欠缺明晰且正確的理論基礎，很容易就被逆轉成法西斯主義，對此巴岱伊不久之後也感同身受。」[84]

曾經加入「反擊」的杜別夫（Henri Dubief），如此描述巴岱伊在一九三五年前後的政治思維：

「巴岱伊認為法西斯主義具有一種本質上的悖謬性，從而肯定它在歷史上與政治上的優越性，遠勝於乏善可陳的工人運動和腐敗的自由民主體制……對於法西斯主義，人們無可避免地會從焦慮轉為迷醉。當時巴岱伊與朋友正在思考法西斯主義的經驗；到了後來，希特勒的新異教主義對『無頭會』的影響也更為明顯。」[85]

單頁宣言〈在法國的砲火下〉（Sous le Feu des Canons Français）的發行，更加速了巴岱伊與布荷東兩派人馬的決裂；布荷東未被事先知會就被列為這份宣言的簽署者。宣言內容首先譴責蘇聯的反革命本質已暴露無遺，因為它居然願意與腐敗的中產階級民主國家——「一九一八年的勝利者」——結盟。（在布魯姆「人民陣線」政府的促成之下，法國與蘇聯簽署了合作條約。）最後這份宣言以聳動的文字作結：「我們反對無用的廢紙，反對總理的奴隸論調……**無論後果為何**，我們寧可選擇希特勒揚棄外交的粗暴作法，這種作法比外交官和政客的情感煽動更為和平。」[86]如此開門見山地讚揚希特勒，令超現實主義陣營（除布荷東之外，還有佩雷〔Benjamin Péret〕與艾呂雅〔Paul Eluard〕等要角）備感尷尬，於是他們立刻與「反擊」分道揚鑣。

儘管布荷東在他的「超現實主義宣言」中，也秉持達達主義者（Dadaist）的「驚嚇中產階級」（épater le bourgeois）精神，公開宣揚漫無目的暴力的價值：「最簡單的超現實主義行為就是衝到大街上，拿起手槍盲目射擊，以最快的速度扣動扳機，射向群眾。一個人如果不曾夢想以這種方式來終結卑微低劣的社會體系，他終將身處群眾之中，讓自己的肚子對準槍口。」⑰但布荷東還是有其限度，不願盲從巴岱伊對政治踰越行為的狂熱。他的猶豫遲疑顯然是源自巴岱伊對「法西斯主義異質性」（fascist heterogeneity）的鼓吹。

巴岱伊對法西斯主義的著迷，與他先前宣稱的「左派法西斯主義」立場相當一致。就像他的德國右派同路人一樣，巴岱伊深信中產階級民主政治已經崩潰，共產主義也落入同樣下場，後者在史達林的領導之下淪為赤裸裸的獨裁。巴岱伊和德國少壯派保守主義者不謀而合，想要在自由主義與共產主義兩個難兄難弟之外，尋找「第三條路」⑱。

巴岱伊可能早在一九三〇年代初期，就已深受左派法西斯主義世界觀吸引。一九三四年，他對法西斯主義的歷史價值與重要性提出相當樂觀的預期，認為這股力量足以恢復當代歐洲社會極度欠缺的兩項要素，也是涂爾幹學派特別關注的兩個層面：因為社會分工而喪失的社會凝聚性，以及由儀式召喚的神話。面對即將分崩離析的中產階級秩序，巴岱伊認為法西斯主義能夠恢復社會整合的稀有資源⑲，他說：

「各種敵對狀態日復一日地擴大，程度之強烈，使得社會必須重新吸收它們才能夠存續。今日，**法西斯主義代表一種不可或缺的吸收工作**。當前西方世界的工人運動死氣沉沉、內鬥內行，**自然**應該加以解散，**因為它不知如何贏得勝利**。也許，當今社會唯一能運作的空間，就是循著君權政治的道路轉變，盡可能團結在一個人的意志之下，換言之，**這空間就是偉大的法西斯主義社會**。」⑳

林登柏格（Daniel Lindenberg）研究一九三〇年代的法國時，對巴岱伊的政治立場演變提出了中肯的解釋。他以「反擊」出版品中的一段話——「民主政權陷入致命的矛盾衝突之中，已經無藥可救。」——作為出發點：

「從一九三四年到一九三九年大戰爆發，巴岱伊一直在演繹這個信條，從未悖離……民主政治**違反自然**，當代的動亂證明了這一點，並彰顯出社會不變且永恆的真正本質……戰前時代『政治的』巴岱伊為了建立新傳統、恢復一個悲劇性共同體的權利，他先是將賭注押在一場暴烈的無產階級革命上，後來又轉移到希特勒的新秩序……然而這麼做並無法迴避貝斯尼耶（Jean-Michel Besnier）所說的『拒絕面對歷史、崇尚民族起源、僵化神話意

義，仍然是法西斯主義正統哲學根深柢固的信念。』」㉑

巴岱伊本人日後回顧，也坦然地承認自己的戰前政治傾向問題重重，因此他在晚年一系列的批判反思作品中，直言自己在「反擊」那段時期，曾陷入一種「弔詭的法西斯傾向」㉒。

結論（Conclusion）

歐洲法西斯主義耀武揚威的歷史背景相當複雜，而且不同的國家又各有千秋。做為納粹意識型態中心特質的種族信條，在義大利法西斯主義中找不到相應的觀念。墨索里尼向來強調義大利傳統獨具一格，全力突顯國家體制的地位；但納粹的世界觀並沒有這種傾向，他們通常將國家體制視為官僚化的障礙，不利於「運動」的推行。

然而歐洲法西斯主義運動之間的共同特質，仍然足以在兩次大戰之間讓他們連成一氣；檢視這些特質將有助於了解巴岱伊在一九三〇年代的政治立場。他對法西斯主義的著迷並不是蜻蜓點水、偶一為之，而是透顯出他的作品如何試圖闡揚瀰漫當時社會的「反文明精神」（anticivilizational ethos），這同時也是法西斯主義心態不可或缺的要素⑬。

做為一種政治運動，法西斯主義的基本特質之一就是推翻法國大革命的成就，將一七八九年的政治理念一筆勾銷。希特勒掌權之後不久，戈培爾曾說：「一七八九年自此從歷史上消聲匿跡。」談到歐洲法西斯主義的反革命根源，歷史學者布拉赫（Karl Dietrich Bracher）指出：「納粹發展其世界觀所憑藉的思想先行者，主要是那些強烈反對民主革命、人權、自由與平等理念的理論家。」⑭史騰海爾（Zeev Sternhell）也所見略同，直指反猶太主義核心所在正是反革命世界觀的意識型態。自從反猶太主義在十九世紀後期興起之後，對猶太世界的污名化就緊密結合了一種渴望：逆轉民主革命的潮流、遏阻平等主義的趨勢；猶太人首度與基督徒在政治上平起平坐，正是後者的表徵⑮。巴岱伊雖然同意社會主義者領袖貝倍爾（August Bebel）形容反猶太主義為「愚人的社會主義」，他的作品也沒有流露反猶太主義的意味；然而巴岱伊是如此憎惡一七八九年革命理念，他與反革命理論家的淵源不免格外引人注目。

對於法西斯主義與「反理性主義」（irrationalism）之間的必然關係，許多論述仍然過於揣測與膚淺⑯。我們不應將一切嚴厲質疑理性優越性的信念，都歸類為反動政治力量的幫兇，一概視為法西斯主義更是愚不可及的作法。

但儘管如此，我們同樣不能否認法西斯主義的核心意識型態信念，會排斥理性以及理性在歷史上代表的一切。在《逃避自由》（*Escape from Freedom*）一書中，佛洛姆（Eric Fromm）將法西斯主義者的人格型態界定為一種渴望逃避自我自主性（ego autonomy）的退化（regressive）性格結構。在管理式資本主義的年代，透過大型組織進行的社會化成為常態，這類自主性的要求會令自我認同薄弱的人感到不堪負荷。社會心理的退化，會使人對於自我、本我與超我在個體發生之前的成分，形成一種防禦性的嚮往。超我將具象為法西斯領袖，他讓群眾得以發洩壓抑已久的慾力衝動。

因此，逃脫自我自主性的主要方法之一，就是將自我完全融入社會集體性之中；在前現代時期與法西斯主義共同體之中，這種社會化途徑相當常見。群眾在現代政治生活中的地位日趨重要，一九二三年，弗洛依德在〈群體心理學與自我分析〉（Group Psychology and the Analysis of the Ego）一文中，提出他對群眾的退化性社會心理傾向的觀察：

「群體會敬重力量，但善意對它只有輕微影響，而且會被它視為脆弱的表徵。群體對英雄的要求是力量甚至暴力，它期盼被統治、被壓抑，並且畏懼它的主人。在本質上，群體全然是保守的，對於任何創新與進步都不懷好感，對傳統則是無限崇敬。」

總而言之，「當眾多個體形成團體，他們個別的禁忌都會消失。從原始時代就潛伏在個體內部的殘酷、粗暴與毀滅性的本能，這時都會被翻攪起來，追求滿足。」⑰

弗洛依德對群體心理學問題的分析，非常有助於理解法西斯主義者的心理架構；而巴岱伊之所以對原始法西斯主義的社會化方法情有獨鍾，其基本原因也可以藉此釐清。這些社會化方法讓人們得以進入一個被社會禁止的本能表現領域：禁忌的解除、殘酷與毀滅性本能的浮現、對暴力與主宰的施虐受虐狂（sadomasochistic）頌揚。在許多層面上，這個領域是巴岱伊踰越信念的主要來源。無庸贅言的是，不受禁制的本能表現，未必就具有法西斯主義色彩；相反地，唯有當這些壓抑已久的慾力衝動表現，明確指向退化性施虐受虐狂的特質，「權威型人格」（authoritarian personality）的性格類型才會趁機崛起。

巴岱伊對受到文明壓抑的要素與力量——「異質性」的經驗或者「被詛咒的部分」——毫不保留地歌頌，因此他一心嚮往霍克海默（Max Horkheimer）所謂的「自然的反叛」（revolt of nature）：由當代的威權主義政體主導，將反文明的衝動導入倒退的方向⑱。

註釋

① Jürgen Habermas, "Die Moderne: Ein unvollendetes Projekt, " in Kleine Politische Schriften, I-IV（Frankfurt: Suhrkamp, 1981）, 444-464。這篇文章原本是一篇演講稿，發表於一九八〇年九月十一日，當時哈伯瑪斯在法蘭克福領取「阿多諾獎」。It has appeared in English in New German Critique 22（Winter 1981）under the title, "Modernity vs. Postmodernity, " 3-14; as well as in The Anti-Aesthetic: Essays on Postmodern Culture（Port Townsend, Wash.: Bay Press, 1983）, edited by Hal Foster, under the title, "Modernity: An Incomplete Project"（which corresponds to the original German）。文中提及的「主權」是指涉巴岱伊。

② For an example of such confusion, see John Rajchman, "Habermas' Complaint, " in New German Critique 45（Spring 1988）, 163-191. See my response to Rajchman, "On Misunderstanding Habermas, " New German Critique 49（Winter 1990）, 139-154.

③這個政治團體的德文相關文獻很多，但英文文獻就相當少。施米特的「成員身分」也是爭議焦點之一。施米特不像其他人以寫作或出版為業，而是一名望重士林的學者與法學家。關於施米特在威瑪知識階層中的角色爭議，參見我的論文："Carl Schmitt: the Conservative Revolutionary Habitus and the Aesthetics of Horror, " Political Theory（20）3（1992）, 424-447. For a different view, see J. Bendersky, Carl Schmitt: Theorist for the Reich（Princeton: Princeton University Press, 1983）。

④我在 The Politics of Being: The Political Thought of Martin Heidegger（New York: Columbia University Press, 1990）一書中探討這些關係，尤其是第二章"Being and Time as Political Philosophy"。一九三三年，海德格鼓勵施米特加入納粹黨，他後來坦承自己在這段時期的政治理解，主要來自容格爾一九三二年的歌頌極權主義之作 Der Arbeiter: Gestalt und Herrschaft（Hamburg: Hanseatische Verlanganstalt, 1932）。

⑤相關的重要討論參見 Kurt Sontheimer, "Anti-democratic Thought in the Weimar Republic, " in The Path to Dictatorship, 1918-1933（Garden City, N.J.: Anchor, 1966）, 32-49。

⑥ Manfred Frank, Die Grenzen der Verständigung: Ein Geistergespräch zwischen Habermas and Lyotard（Frankfurt: Suhrkamp, 1988）, 20.

⑦想更具體了解這種主張，請參見 Luc Ferry and Alain Renaut, French Philosophy of the Sixties（Amherst: University of Massachusetts Press, 1990）。法文版書名「La Pensée '68」更切合我在此處的論點。

⑧"Créer une religion, voilá ce qu'il voulait. Une religion sans dieu." Cited in Bernard-Henri Lévy, Les Aventures de la Liberté（Paris: Grasset, 1991）, 170.

⑨ See Jacques Derrida, "From Restricted to a General Economy: A Hegelianism without Reserve, " Writing and Difference, trans. Alan Bass（Chicago: University of Chicago, 1978）, 251-277; Michel Foucault, "A Preface to Transgression, " Language, Counter-Memory, Practice（Ithaca: Cornell University Press, 1977）, 29-52. Derrida's attitudes toward Bataille are less unequivocally positive than are Foucault's.

⑩「巴代伊發展的邏輯……將二〇年代的脈絡與較晚世代的激進批判家聯繫起來，後者包括傅科、巴特、德希達與《原樣》集團。」James Clifford, The Predicament of Culture（Cambridge: Harvard University Press, 1988）, 125, 127. See also the important number of the journal Critique（1963; the journal was founded by Bataille in the late 1940s）, "Hommage à Georges Bataille, " which contains contributions by Foucault, Derrida, Barthes, and Philippe Sellers。

⑪ See Friedrich Nietzsche, "European Nihilism, " in The Will to Power, trans. W. Kaufmann and R. J. Hollingdale（New York: Vintage, 1968）, pp. 9-82. "What does nihilism mean? That the highest values devaluate themselves. The aim is lacking; 'why?' finds no answer"（9）.

⑫ Hans-Ulrich Wehler's The German Empire（Leamington Spa: Berg, 1973），仍然是這種反抗的最佳歷史詮釋。Wehler 對於「德國特殊道路」的論點，受到 Geoff Eley and Robin Blackbourn in The Peculiarities of German History（New York: Oxford University Press, 1984）的質疑。然而「德國特殊道路」論點的批評者至今無法解釋，如果德國的現代化道路是如此「正常」，為何它又會誤入納粹「歧路」十二年，犯下奧許維茲集中營之類的暴行。

⑬ Hannah Arendt, The Origins of Totalitarianism（New York: Meridian, 1958）, 108.

⑭"Déclaration, " Cahiers du Cercle Proudhon, Jan.-Feb. 1912, 1.

⑮參見 Zeev Sternhell, Neither Right nor Left: Fascist Ideology in France（Berkeley: University of California Press, 1986），這本書是了解法國右派意識型態淵源的必讀之作：「法國法西斯黨的興起，主要原因無疑是傳統政治聯盟之中少壯派，對於行動的深切需求。因此法西斯運動同時威脅到法蘭西行動與其他聯盟，後者中最重要的是 Déroulède's Ligue des Patriotes。」（101）。以實際行動而言，法國法西斯黨尋求再召開一次各階級的會議，目標是要建立一個真正的社團主義國家。

⑯ Cited in ibid., 96.

⑰ See Philippe Burrin, La Dérive fasciste: Bergery, Déat and Doriot（Paris: Editions du Seuil, 1986）.

⑱ Tony judt, Past Imperfect: French Intellectuals, 1944-1956（Berkeley: University of California, 1993）, 18.

⑲ Ibid.

⑳ Drieu La Rochelle, Le Socialisme fasciste（Paris: Gallimard, 1934）.

㉑ For more on Proudhon, see K. Steven Vincent, Pierre-Joseph Proudhon and the Rise of French Socialism（New York: Oxford University Press, 1984）.

㉒ A Honneth, "An Aversion Against the Universal, " Theory, Culture and Society 2（3）（1985）.

㉓ See Richard Wolin, The Politics of Being: The Political Thought of Martin Heidegger, 28ff.; Martin Heidegger, " The Word of Nietzsche: 'God is Dead, ' " in The Question Concerning Technology and Other Essays, ed. W Lovitt（New York: Harper, 1977）, 112（emphasis added）。同樣令人驚異的是，保守派革命人士——以新聞記者為主——對現代化的批判，受到德國學術界菁英的大力響應。Fritz Ringer 的 The Decline of the German Mandarins（Cambridge: Harvard, 1969）是一部關鍵作品，透徹解析保守派革命人士的文化批判；研究這些人士的最佳著作則是 Jeffrey Herf 的 Reactionary Modernism: Technology, Culture, and Politics in Weimar and the Third Reich（New York: Cambridge University Press, 1984）。雖然 Herf 運用的類型學也完全適合容格爾。就史賓格勒、施米特與海德格等思想家而言，對於科技的熱情若不是高度壓抑（史賓格勒、施米特），就是根本不存在（海德格）。

關於保守派革命人士的世界觀，尤其是海德格的觀點，可參見 Pierre Bourdieu 資料豐富的 Heidegger's Political Ontology（Stanford: Stanford University Press, 1990）。並參見 Jerry Z. Muller, The Other God that Failed: Hans Freyer and the Deradicalization of German Conservatism（Princeton: Princeton University Press, 1987）。對於巴岱伊與德國思想關聯的全面討論，參見 Les Amis de Georges Bataille, Georges Bataille et la pensée allemande,（Paris: Amis de Georges Bataille, 1986）。

㉔ Bataille, "The Sacred Conspiracy, " in Visions of Excess: Selected Writings, 1927-1929, ed. A. Stoekl（Minneapolis: University of Minnesota Press, 1986）, 179.

㉕ For a discussion of Bataille and his French theoretical heirs, see Martin Jay, Downcast Eyes: The Denigration of Vision in Twentieth-Century French Thought（Berkeley: University of California Press, 1993）.

㉖ Oswald Spengler, The Decline of the West, vol. II, trans. C. F. Atkinson （New York: Alfred Knopf, 1950）, 11.

㉗ 類似的架構也見於Ernst Bloch的早期作品Geist der Utopie（其中一長章專門討論音樂哲學），這本書與史賓格勒作品的第一卷同在一九一八年出版。

㉘ Spengler, The Decline of the West, Vol. II, 8-9（emphasis added）.

㉙ Ibid., 440.

㉚ Jünger, Der Kamp fals inneres Erlebnis（Berlin: E. S. Mittler, 1922）, 57.

㉛ Bataille, "The Threat of War, " October 36（Spring 1986）, 28.

㉜ Jay, "The Reassertion of Sovereignty in a Time of Crisis: Carl Schmitt and Georges Bataille, " in Force Fields: Between Intellectual History and Cultural Critique（New York: Routledge, 1992）, 16.

㉝ Bataille, The Accursed Share, 74.

㉞ Ibid., 71.

㉟ Ibid., 54.

㊱ Walter Benjamin, "The Work of Art in the Age of Mechanical Reproduction, in Illuminations, ed. H. Arendt, trans. H. Zohn（New York: Schocken, 1969）, 242。並參見班雅明對容格爾一九三〇年著作Krieg und Krieger的重要評論，in Benjamin, Gesammelte Schriften III（Frankfurt: Suhrkamp Verlag, 1972）, 240：「這種新的戰爭理論……無異於將為藝術而藝術的論點轉化為為戰爭而戰爭。」

㊲ Bataille, The Accursed Share, trans. R. Hurley（Cambridge: Zone Books, 1988）, 38, 39.

㊳ Marcel Mauss, The Gift: Forms and Function of Exchange in Archaic Societies, trans. I Cunnison（New York:

Norton, 1967）, 1.

㊴ Bataille, "The Notion of Expenditure, " in Visions of Excess: Selected Writings, 118（emphasis added）.

㊵ 例如 The Story of the Eye 的開場：我的成長過程相當寂寞，就我記憶所及，我非常害怕任何與性有關的事物。十六歲那一年，在X海灘上，我遇見一位與我同齡的女孩席夢。我和她的家庭是遠親，但我們很快就愈走愈近。初見面後的第三天，我與她單獨待在她的別墅裡。她穿著一件黑色的圍裙，附有漿過的白色領子。我一看到她就知道，她和我一樣焦躁不安。那一天我特別心亂如麻，很希望圍裙之下的她是一絲不掛。她穿著直到膝蓋的黑色絲襪，但是我看不到她的屄以上的地方（我對席夢都是用「屄」這個字眼，這應該是陰道最可愛的代稱）。我突然想到，只要我從她後方把她的圍裙往上掀一點，或許就可以一覽無遺她的私處。門廳角落有一碟給貓喝的牛奶，我說：「牛奶不是要給小貓喝的嗎？」席夢說：「你是不是要看我敢不敢坐在那個碟子上？」「我看妳不敢。」我回答，快喘不過氣來。那天天氣好熱，席夢將碟子放在小凳子上，站在我面前，眼睛直直盯著我，慢慢坐下，不讓我看到她裙下發燙的屁股，浸入冰涼的牛奶之中。我感覺血液湧上腦部，整個人站著發抖，讓她看著我硬梆梆的屌撐起褲襠。緊接著我躺在她的腳邊，她紋風不動，我這才第一次看到她「粉紅色與黑色」的肌膚浸涼在乳白色的牛奶中。我們就這樣動也不動，兩個人都被震懾住了。

㊶ Judt, Past Imperfect, 73, 9.

㊷ See the interpretation of Foucault along these lines in James Miller, The Passion of Michel Foucault（New York: Random House, 1992）。Miller認為傅科忠於尼采的倫理學，仍將「自我超越」視為最高價值。See the critique of Miller's interpretation in Martin Jay, Cultural Semantics: Keywords of Our Time（Amherst: University of Massachusetts Press, 1998）, chapter 5, "The Limits of Limit Experience: Bataille and Foucault"。

㊸ See Maurice Blanchot, La Communauté inavouable（Paris: Minuit,1983）and Jean-Luc Nancy La Communauté désoeuvrée（Paris: Galilée, 1986）.

㊹ Bernard-Henri Lévy, L'idéologie française（Paris: Grasset, 1981）, 220-221; emphasis added。莫斯有位學生很早就看出這種新共同體社會學與新興法西斯主義之間，有令人憂心的關聯性。參見 Svend Ranulf, "Scholarly Forerunners of Fascism, " Ethics 50（1）（October 1939）, 16-34。

㊺ E. E. Evans-Pritchard, "Introduction, " to Mauss, The Gift, ix.See also Henri Hubert and Marcel Mauss, Sacrifice: Its Nature and Function （Chicago: University of Chicago, 1964）.

㊻ Mauss, The Gift, 74.

㊼ Ibid., 70.

㊽ Ibid., 77（emphasis added）.

㊾巴岱伊與黑格爾辯證法的關係主要是負面的，他深信這套方法過度倚賴現代理性的力量，因此成為同質性秩序的一員；這和他與尼采的熱絡關係形成強烈對比。參見"The Critique of the Foundations of the Hegelian Dialectic" in Visions of Excess, 105-115.

㊿ Bataille, "The Notion of Expenditure, " 117-118.

(51) Ibid., 118.

(52) Ibid., 124, 125.

(53) Bataille, The Accursed Share, 55-57.

(54) Ibid., 59, 61.

(55) Allan Stoekl, "Introduction, " Visions of Excess, xiii.

(56)誇富宴最常見於太平洋西北岸與加拿大的印第安部落，例如 Haida、Kwakiutl、Tlinlgit。

(57) Mauss, The Gift, 72（emphasis added）.

⑤⑧ On this point, see Jean-Louis Loubet del Bayle, Les Non-conformistes des années trentes（Paris: Editions du Seuil, 1969）.

⑤⑨ Jean-François Fourny, Introduction à la lecture de Georges Bataille（New York: Peter Lang, 1988）, 104。Fourny認為：「這可以解釋為何對於這段時期的巴岱伊而言，戰爭不過是一番謠言，要等到它戳穿了他的身邊世界，巴岱伊才有切身感受。」另參見 Fourny, s excellent article, "Georges Bataille and Gaston Bergery: Sorcerer's Apprentices of the Thirties, Clio 18（3）, 239-254。

⑥⓪法國淪陷之前不久，蓋洛瓦逃亡阿根廷，與情婦和贊助者 Victoria Ocampo 廝守，直到大戰結束。他在阿根廷主編著名的文學期刊 Cahiers de Sud。戰爭期間，他也出版了 La Communion des Forts，再度呈現"The Winter Wind"之中的領導統御和神聖體驗主題。儘管這時的蓋洛瓦已經對法西斯主義感到幻滅，但是他仍然著迷於法西斯主義的「要素」。對於這場奇特的思想漫遊記，參見 Odile Felgine, Roger Caillois（Paris: Stock, 1992）。

⑥① Surya's remarks are cited in Allan Stoekl's essay, "Truman's Apotheosis: Bataille, 'Planisme, ' and Headlessness, " Yale French Studies 78, "On Bataille"（1990）, 181.

⑥② La Critique Sociale（Paris: La Découverte, 1983）。值得注意的是，巴岱伊一九三三年在蘇瓦林的評論刊物上發表他的「耗費理論」時，刊物上還特別註明：本文觀點未必代表本刊編輯群的觀點。

⑥③他的指控遭到布朗修駁斥，參見 Le Débat 29（March 1984）, 20。蘿赫原本是蘇瓦林的小情人，後來又成為巴岱伊的最愛，因此三人之間有一番情感糾葛。

⑥④ Bataille, "The Psychological Structure of Fascism, " in Visions of Excess, 139.

⑥⑤對於不同「行動類型」的區分，參見 Jürgen Habermas, The Theory of Communicative Action, vol. 1.（Boston: Beacon Press, 1984）。

⑥⑥ Bataille, "The Psychological Structure of Fascism, " 143.

⑥⑦ Ibid.

⑥⑧ Ibid., 145.

⑥⑨ See supra, note 44.

⑦⓪ Anthony Stephens, "Georges Bataille's Diagnosis of Fascism, " Thesis 11, no. 24（1989）, 74, 85。關於我提出的巴岱伊與保守革命派人士的關係，同一位作者也認為巴岱伊：「與容格爾、班恩和海德格等人在不同時期的心態一樣，無論事實層面如何，仍傾向於肯定納粹的高貴本質。」

⑦① Ernst Cassirer, The Myth of the State（New Haven: Yale University Press, 1946）, 279, 280.

⑦② Bataille, "The Sorcerer's Apprentice, " in The College of Sociology, ed. D. Hollier（Minneapolis: University of Minnesota, 1988）, 22, 23.

⑦③ Ibid., 42.

⑦④ Ibid., 49.

⑦⑤ Caillois, La Communion des Forts（Mexico City: Editions Quetzel, 1943）。Communion des Forts 的法文版在次年出版，但幾個關鍵章節遭到刪除，以迴避檢查制度刁難，參見 Meyer Schapiro, "French Reaction in Exile, " Kenyan Review, 7（1）（Winter 1945）, 29-42。

⑦⑥ Ginzburg, "Germanic Mythology and Nazism: On an Old Book by Georges Dumézil, " in Myths, Emblems, and Clues, trans. John Tedeschi and Anne Tedeschi（London: Hutchinson Radius, 1990）。Ginzburg 認為：「對於巴岱伊與蓋洛瓦這兩位學院領導人的執著（或執迷），可以藉由杜梅澤爾的研究來掌握其主旨。簡而言之，我們可以說巴岱伊執著於死亡（與性愛）與神聖的關聯，蓋洛瓦則是執著於神與權力。對他們兩人而言，這些主題都意味著對法西斯與納粹意識型態抱持極為模稜兩可的態度。」（142-143）。Ginzburg 對

杜梅澤爾的批評首見於 Annales ESC 4（1985）, 695-715。杜梅澤爾的反應見於"Science and Politique: Réponse à Carlo Ginzburg, " Annales ESC 5（September-October 1985）,985-989。

杜梅澤爾曾經在巴黎大學教過蓋洛瓦；而學院文獻中的許多神祕主義主題，可能也深受他的影響。Ginzburg 在前引文中指出，杜梅澤爾 Mythes et Dieux des Germains 的第一版充斥著原始法西斯主義的要素與主題，但一九五九年再版時卻刪除殆盡。不過第一位從這個角度批評杜梅澤爾的學者是 Arnaldo Momigliano，參見"Georges Dumézil and the Trifunctional Approach to Roman Civilization," History and Theory 23（3）（1984）, 312-330。

Denis Hollier 與 Ginzburg 截然相反，他根據巴代伊一九三〇年代文章中的政治「曖昧性」，來為他的法西斯主義傾向開脫。在 Hollier 看來，既然巴代伊對法西斯主義的態度是「曖昧的」，他就不能算是一個道地的法西斯主義者。然而事實上，並沒有批評家指稱巴代伊與其學院同仁是貨真價實的法西斯主義者，這種說法太過簡化。其實批評家是認為，巴代伊與其同仁在政治上顯露一種「對法西斯主義的著迷」，這一點從大量證據來看，已經是無可否認。Hollier 的論點參見"On Equivocation（Between Literature and Politics）, " October 55（Winter 1990）3-22. Also see Hollier, Absent without Leave: French Literature Under the Threat of War, trans. C. Porter（Cambridge: Harvard University Press, 1997）。

蘇利亞的巴代伊傳記出版之後，學界對巴代伊與法西斯主義的關係爭議不休。原因之一在於，蘇利亞傳記的第二版之中，全力辯解澄清社會學學院與其他團體曾經沾染法西斯主義的說法。事後看來，這場爭議正可以視為 Henry Rousso 所論「維琪症候群」的後遺症之一。參見 Marina Galletti, "Masses: A Failed College?" Stanford French Review（Spring 1988）, 49-63; Bernard Sichère, "Bataille et les Fascistes, " La Règle du jeu, 8（3）（September 1992）, 153-178; Marc Simard, "Intellectuels, fascisme et antimodernité dans la France des années trente, " Vingtième Siècle 18（April-June 1988）, 55-75; Michael Richardson, "Sociology on a Razor's

Edge: Configurations of the Sacred at the College of Sociology, " Theory, Culture and Society 9（3）（August 1992）, 27-44; see also Jean Jamin, "Un Sacre College ou les Apprentis Sorciers de la Sociologie," Cahiers internationaux de sociologie LXVIII（January-June 1980）, 5-30。

⑰ Hollier, ed., The College of Sociology, 216-217. For more on the Ordensburgen, see Heinz Höhne, The Order of the Death's Head, trans.R. Barry（New York: Penguin, 2000）.

⑱ Roger Caillois, "Entretien avec Roger Caillois, " La Quinzaine littéraire（June 16-30, 1970）.

⑲ Ibid.

⑳ Bataille, Oeuvres complètes, vol. 3, 521.

㉑ Breton, Manifestoes of Surrealism（Ann Arbor: University of Michigan Press, 1969）。巴岱伊與布荷東變化無常的關係，參見 Lévy, Les Aventures de la liberté, 164-166。

㉒ Bataille, Oeuvres complètes, vol. II, 380, 381, 382（emphasis added）.

㉓ See Bernd Mattheus, Georges Bataille: Eine Thanatographie（Munich: Matthes und Seitz, 1984）, vol. 1, 296。關於容格爾與拉羅舍爾兩人理念的關聯性，參見 Julien Hervier, Deux individus contre l'histoire: Pierre Drieu la Rochelle et Ernst Jünger（Paris: Klincksieck, 1978）。See also, Elliot Neaman, A Dubious Past: Ernst Jünger and the Politics of Literature After Nazism（Berkeley: University of California Press, 1999）。

㉔ Stoekl, Introduction to Visions of Excess, xviii.

㉕ Henri Dubief, "Témoignage sur Contre-Attaque, " in Textures no. 6（1970）, 56-57.

㉖ Bataille, Oeuvres complètes, vol. 1, 398.

㉗ Breton, Manifestos of Surrealism, 125.

㉘ 德國方面的發展見 George Mosse, Germans and Jews: The Right, the Left and the Search for a "Third Force" in

Pre-Nazi Germany（New York: Howard Fertig, 1970）。

⑧⁹巴岱伊的文章是在一九三四年二月事件之後寫成。斯塔維斯基事件東窗事發之後：右派民兵組織發起暴動；共產黨組織隨即報復；二月十二日發生一場全國大罷工，其運作力量後來結合為人民陣線。「二月事件」的結果就是，人們對第三共和信心盡失。

⑨⁰ Bataille, "Le Fascisme français, " in Oeuvres complètes, vol. 2, 212; emphasis added.

⑨¹ Lindenberg, Les Années souterraines（Paris: Editions de la Découverte, 1993）, 64, 62.

⑨² Bataille, Oeuvres complètes, vol. 7, 461.

⑨³無庸贅言但仍不得不提的是，並非所有具備這種「精神」的人都是法西斯黨人或傾向法西斯主義。許多左派人士同樣具備這種「精神」，例如那些被盧卡奇歸類為「浪漫派反資本主義者」的思想家：阿多諾、班雅明、布洛赫、馬庫色。更詳盡的討論見 Michael Löwy, Georg Lukacs: From Romanticism to Bolshevism（London: New Left Books, 1977）。

⑨⁴ Cited in Karl Dietrich Bracher, The German Dictatorship（Fort Worth: Holt, Rinehart, 1970）, 10.

⑨⁵ See Sternhell, Anti-Semitism and the Right in France（Jerusalem: Shahar Library: 1988）.

⑨⁶ Perhaps the foremost offender remains Georg Lukacs, The Destruction of Reason（London: Merlin Press, 1980）.

⑨⁷ Freud, Group Psychology and the Analysis of the Ego（New York: Norton, 1959）, 10-11。弗洛依德將這個團體描述為集體精神官能症的展現，放棄現實的原則，寧可選擇幻想的生活：「在這個團體的心智運作之中，測試事物真實性的功能退居後方，讓位給成員全神貫注的一廂情願衝動。」（12）參見 Wilhelm Reich 的重要研究 Character Analysis, trans. V. Carfagno（New York: Noonday, 1980）。

⑨⁸ See Horkheimer, "The Revolt of Nature, " in The Eclipse of Reason（New York: Seabury, 1974）, 92.

5

布朗修：沉默的運用與濫用

Maurice Blanchot: The Use and Abuse of Silence

對於這位本世紀最偉大的作家之一，虔誠讚美他作品中的異質性面向，根本就是一種虛偽之舉……完全無視於他作品中最無法同化（unassimilable）的部分。

——梅爾曼（Jeffrey Mehlman）

《法國反猶太主義傳統》（*Legacies of Anti-Semitism in France*）

非哲學的勝利（The Triumph of Nonphilosophy）

審視第二次世界大戰之後法國思想界的主要發展，兩大趨勢躍然紙上：首先，「非哲學」（nonphilosophy）領域的資源大舉挑戰哲學的自主性，尤其是來自**文學**（如巴特、德希達）與**社會科學**（如李維史陀與傅科）的資源更是大行其道；其次，眾多作家與思想家發起一場全面攻擊，目標鎖定「呈現」（representation）這個意指心靈能夠忠實而客觀地描述實在界的概念。因此對巴特與德希達等思想家而言，傳統的認知目標——所謂的「客觀知識」——根本不可能存在，因為其論述充斥著各種隱喻，而從隱喻產生的「真理」在本質上就不穩定。如果語言的功能只限於說明某件事物有如另一件事物，那麼「呈現」的工作將永無止境，而有賴語言維繫的知識也就必然會淪於鏡花水月、稍縱即逝。

令人驚異的是，這類批判與法國思想史的發展趨向完全是背道而馳；自笛卡兒與啟蒙運動以降，法國知識份子一直崇尚清晰、直接、明確、透徹的價值。然而就近代的發展來看，傳統的知識理論不僅被認定為問題叢生，而且還被指控會導致與其解放初衷南轅北轍的後果。這些傳統理論並無法幫助世人脫離幼稚心態與政治桎梏，例如傅科就指控「理性」將知識理論與各種型態的「權力」緊密結合，兩者已經不可分離。這種針對知識的嘲諷懷疑態度，導致洞察（insight）與解放的傳統關係遭到割裂。因此在傅科的作品中，「權力」的地位被提升為一種無堅不摧的推動力；儘管人們煞費苦心要將它掃蕩滌清，但至今仍徒勞無功。人民主權（popular sovereignty）以及公共理性的優點，對於權力百折不撓、生生不息的能耐，也是無可奈何。體系內變革（intra-systemic change）的誘惑正是如此：它是一種欺騙的伎倆，讓現代社會的成員深陷於阿多諾所說的「全面管理的世界」（totally administered world），無法自拔。許多人想要解開糾纏、脫離權力黑洞，但他們的方法無法切中要害。一小撮自我標榜的後現代美學家，也許可以進行一系列的另類文化活動，例如服膺尼采與布希亞而選擇美的生活，藉此暫時逃脫權力的天羅地網[1]。但是絕大部分世間男女的解放希望，恐怕仍免不了淪於挫折和失望。

時值今日，後結構主義這種激進思潮已走入「歷史」；相關的著作雖仍受到閱讀與討論，但它亟欲帶領風騷的尼采式「重新估定一切價值」，始終未能實現。一些原本被它視為明日黃花的理念，諸如民主、真理與人權，反而再度受到重視。這些發展顯示，我們可以開始嘗試為後結構主義做歷史定位。有哪些社會與政治條件使它應運而生？什麼樣的歷史因素導致它風行一時？它之所以能夠凝聚為一種「話語」或者思想實體，背後有哪些未曾言明的預設前提？雖然有許多學者曾探究後結構主義的觀念淵源，但他們卻忽略了它的「歷史」背景；這也部分反映出後結構主義自身對歷史的反感厭惡，毫無疑義②。

布朗修（一九〇七年－二〇〇三年）這位新聞記者與文學批評家，在後結構主義發展史上是一位關鍵的先行者，本章將藉由檢視他的思想歷程，進一步探討闡明法國思想界對於「呈現」特有的不信任。「不信任」與「批判」並不一樣。「批判」的運作目的在於強化或鞏固被批判的對象，但不信任卻對目標心懷敵意。事實上，這裡提及的不信任，的確很快就會轉化為「敵意」。在這樣的思想譜系中，對於呈現的根本懷疑濫觴自一九三〇與四〇年代，發源於布朗修與巴岱伊等「邊緣」思想家。然而一直要到一九六〇年代，在德希達與傅科等離經叛道的「反哲學家」做了一番突破之後，後結構主義才廣受接納，在北美洲尤其大行其道，甚至有淪於教條化的趨勢。德希達早年討論胡塞爾（Edmund Husserl）時曾特別強調哲學「不可能」

成為「嚴格的科學」：語言的滑動、裂隙與不穩定，永遠會讓「第一哲學」的目標——值得信賴、穩若磐石的知識——化為緣木求魚。依據解構主義的慣用說法，真理會變成「無法決定」（undecidable）。傅科也以類似的方式，明白訴諸布朗修建立的思想典型，鼓吹「由外而內的思想」：一種表現的模式，有如一顆針對「呈現的王朝」（dynasty of representation）的定時炸彈，將會炸毀「（理性）話語」的限制。傅科指出，爆炸的結果將是「一個絕對的開口，語言從此無盡地向外散布，而主體則會……從那個赤裸的空間中斷裂、驅離、分散、消失。」③

我希望藉由探索布朗修早年曲折複雜的思想路徑，揭示對於呈現的敵意會涉及什麼樣的潛在歷史風險。其中一個長期遭到忽視的主題，涉及所謂的「維琪症候群」（Vichy Syndrome）：法國在第二次世界大戰之後，每隔一段時間就要面對戰爭、失敗以及通敵的痛苦記憶。我的想法是，在理論上將「呈現」貶斥為知識與真理的傀儡，這種路向的背後其實潛藏著一種潛意識的「追求非知識的意志」（will to non-knowledge）：企圖抗拒對於歷史上那些令人不安的勾結、事實與事件的覺察。

右派革命（Revolution from the Right）

一九三〇年代，布朗修還是個積極入世的知識份子，與他戰後的「文人」與美學家形象判若兩人，轉變幅度之大令人訝異④。然而今日回顧看來，布朗修當年的「入世」似乎選錯了邊：他並沒有加入反法西斯的「人民陣線」陣營，反而為多家知名的極右派刊物撰稿贊助；在這些刊物眼中，共和主義與無神論共產主義在人民陣線陣營中的結盟，猶如是由反基督（Antichrist）一手促成。儘管幾位批評家曾經仔細檢視布朗修早年的政治生涯（尤其是梅爾曼兩篇開創性的論文）⑤，然而當年他身為反共和體制理論家的活動全貌，至今仍未水落石出⑥。布朗修在一九三〇年代涉足極右派政治新聞領域，絕不只是蜻蜓點水的遊戲之舉。當時「法蘭西行動」（Action Française）創建者莫拉（Charles Maurras）吸引了許多反傳統的異議人士，這批所謂的「莫拉派」（Maurrasians）發行並贊助一系列刊物，布朗修則為這些刊物撰寫大量作品。布朗修投稿的評論刊物包括《法國政治與文學評論》（*La Revue française politique et littéraire*）、《反動派》（*Réaction*）、《世紀評論》（*Revue du siècle*）、《防禦工事》（*Le Rempart*）、《戰鬥》（*Combat*）與《反抗者》（*L'Insurgent*）。當時布朗修雖然只有二十來歲，但已被《辯論報》（*Journal des débats*）聘為國際新聞主編，每星期寫一篇到兩篇專欄；這份刊物立場極端保守，創辦者是法國著名的「二十望族」（**deux cents familles**）（全法國最富裕的二十個家族，據說能從幕後操縱國家的命運）。

從當時的觀點來看，這些極右派刊物的政治傾向並不容易一語道盡；布朗修參與其間的意義與重要性更是如此。因為這些刊物雖然表露了當時甚囂塵上的政治立場——「法西斯主義狂熱」，然而布朗修之類的法國作家，卻在這種外來的意識型態大雜燴中摻入法國色彩，為後世的詮釋者平添不少困難。

讓布朗修與「莫拉派」得以結合的思想線索，可能就是他們強烈憎惡法國共和體制及其一切表徵：民主、博愛、公民自由、普世主義、「人權與民權」。在他們這一派人眼中，過去一百多年來，「一七八九年理念」將法國的品格、榮譽和國力剝奪殆盡。從拿破崙時代以降，法國就一路走向沒落，終於在一八七〇年的普法戰爭中慘敗給俾斯麥領導的普魯士（當時法國是一個復辟的帝國，但雷南〔**Ernst Renan**〕與泰納〔**Hyppolite Taine**〕之流的批評家認為這點無關宏旨）⑦。三十年後又是一場挫敗：社會主義者與共和主義者在「德雷福斯事件」中結盟獲勝，代價是犧牲掉權威與秩序（軍隊、教會與國家）的力量。就在這個關頭，「法蘭西行動」創建者與極右派宣傳家莫拉喊出他著名的口號「政治高於一切！」（la politique d'abord!）第一次世界大戰法國戰勝，讓可憎的共和國得以苟延殘喘，代價是一百四十萬人死亡、三百六十萬人受傷。然而到了一九三〇年代，堤壩終於潰決，法國共和體制四面楚歌，右派原本半推半就的支持也很快煙消雲散。法國受到經濟大蕭條（Great Depression）影響的時間比別的國家晚，但效應在一九三二年前後浮現時仍然是非同小可，法國政治潛伏多年的意識型態分歧，突然深化為無法跨越的鴻溝。布朗修曾在雜誌《防禦工事》中寫道：「時值今日，政治危機的徵兆風起雲湧，我們多年來生活在安全與秩序感之中……如今卻發現自己面對的是各式各樣的私人利益，由其滿懷妒意的代言人守護：**國家已不復存在**。」⑧

一九三三年爆發的「斯塔維斯基事件」（Stavisky Affair）財政醜聞，突顯出資本主義的腐敗本質，猶如四十年前「巴拿馬運河事件」（Panama Canal Affair）的翻版；後者曾經搖撼當時根基初奠的共和國⑨。義大利法西斯黨一九三〇年代後期在對外關係上犯下大錯（遠征衣索比亞、與希特勒結盟）之前，一直被眾多法國右派份子視為威權主義國家的典範。貝當元帥曾在一九三〇年代表示，未來一旦戰爭爆發，義大利將不再是吳下阿蒙，因為義大利有墨索里尼這位獨斷獨行的領袖，不會受害於搖擺不定、優柔寡斷的民主政治⑩。隨著時間過去，反共和主義（antirepublicism）

的鼓吹者益發相信，只要在文化與傳統上因地制宜，這樣的獨裁政權也正是法國所需。於是他們開始探索一種可以得到各方接納的「最低限度的法西斯主義者」（fascist minimum），要將國家恢復為政治威權的堅強堡壘，終結經濟與政治「自由主義」的動盪混亂與前途茫茫。

布朗修的政治新聞事業，與這種瀰漫法國的原始法西斯心態一拍即合。他在為《防禦工事》所寫的文章中，批判「反人性的人權宣言」，認為它對自由的重新界定是「脫離了自身的歷史淵源、割裂了原本的自然關係」，因此大謬不然。對於功能不彰的共和體制，布朗修認為唯一的解決之道，就是法西斯型態的起義反抗。「當國家無法再為其本身、為民族效力時，為了維護公眾的福祉就必須反抗公權力……每個人都有職責揚棄不公不義的法律，擺脫它們的影響。革命從此開始。」布朗修還指出：「在這方面，義大利人與德國人的歷程令人滿懷希望。他們就算沒有讓我們見識到我們期盼與準備發動的革命，至少也讓我們知道革命是我們的救贖之道。」[11]

希特勒在萊茵河對岸崛起，揚言德國將重新軍事化，並解決幾項重大的政治紛爭，使得當時原本就已壓力居高不下的政治環境，更添幾分急迫感。儘管一九三四年二月六日發生在巴黎協和宮（Place de la Concorde）的右翼政變行動，被效忠共和國的力量弭平（兩年之後布朗修在《戰鬥》中為文讚譽這場政變「就其熱情、奉獻與高尚的行動而言，都是了不起的壯舉」），然而連共和體制的支持者都不得不承認，人民對它的向心力已經日薄西山⑫。一九三六年，在一段還算平靜的時期之後，布魯姆的人民陣線政府上台，極右派大感噩夢成真：法國即將全面赤化，唯有發動反革命才能遏阻這場浩劫。當我們檢視一九三〇年代法國政壇鬥爭的激烈程度，就不會訝異於為何在一九四〇年五月到六月之間的關鍵時刻，法國面對納粹德軍的閃電戰（Blitzkrieg）來襲，只撐了六個禮拜就潰不成軍。

法國「青年右派」（Jeune Droite）運動孕育出幾份知名刊物，例如阿宏（Robert Aron）與丹迪攸（Arnaud Dandieu）的《新秩序》（*Ordre Nouveau*），以及穆尼耶（Emmanuel Mounier）的《精神》（*Esprit*）；對這項運動的鼓吹者而言，曾經堅決抵抗可憎的「德雷福斯派」（Dreyfusard）的莫拉，仍然是一位可敬的思想大師（maitre à penser），儘管他的立場已經有些落伍。對於包括布朗修在內的「青年右派」，「法蘭西行動」獨特的世界觀結合了君權主義（royalism）、天主教義與古典主義，因此傳統意味濃厚。至於這樣的觀點是否能與時俱進，為現代政治鬥爭的目標效勞，仍有相當大的疑問。

莫拉派異議人士念茲在茲的問題就是，如何提出一個可行的方案來取代可憎的共和體制。然而到了最後，這個問題卻成為莫拉派的致命弱點。因為這個團體具有相當典型的法國式作風，擅長風格獨具的謾罵與訴諸文字的輕蔑；可是要對法國政治生路提供具體方案的時候，他們除了泛泛而論「計畫」與國家主義（étatisme）的重要性之外，一籌莫展。他們期盼一個輝煌燦爛、耀武揚威的法國，但唯一的途徑似乎只能向法國鄰國的法西斯獨裁政權取經，訴諸粗糙的群眾政治；然而這些出身良好、崇拜尼采的反傳統規範美學家，卻多半不願淌入渾水。面對「群眾政治」種種承諾的躊躇猶豫，使得布朗修與其反傳統規範同道的政治傾向，有別於布拉席亞緒、拉羅舍爾、塞利納與哈巴泰（Lucien Rabatet）等狂熱的法西斯主義者，後者全都懷有納粹思想鼓吹的反猶太精神⑬。像布朗修這類莫拉派異議份子，絕對談不上親善猶太人；他在一九三〇年代的新聞寫作，充斥著反德雷福斯派的政治抹黑，將猶太人與「資本主義」及「世界主義」的罪惡聯繫在一起；但是布朗修與其同道仍然無法接受納粹思想那種粗劣的、生物學的反猶太主義。

對於這些已離開天主教與莫拉派的人士，復興國家大業的關鍵主軸之一，就是聲稱他們的革命帶有相當重要的**精神**層面，穆尼耶的刊物《精神》就是這方面的典型。從意識型態的立場來看，強調「精神」與「精神事物」可謂一舉數得，讓布朗修與其反傳統規範同道得以標舉出**他們的**威權政治模式，與希特勒和墨索里尼領導的層次較低、**缺乏精神性**的政治模式分庭抗禮。同時也突顯他們的革命世界觀獨具一格，足以和資本主義、社會主義一爭高下；在右派青年眼中，後兩者都已經淪為失敗的唯物論（materialism）。

這一點也透顯出「青年右派」的另一項意識型態特質：其成員幾乎不曾費心區別資本主義與社會主義。在他們眼中，這兩種政治主張其實只有表面上的對立。在更為本質的層面上，資本主義與社會主義都深信不疑，現代政治的首要工作是組織經濟生活；兩種體系也都認定經濟領域是人類至高無上的成就。相較之下，**法國**法西斯主義藉由提升政治領域的精神層面，將能夠矯治政治現代性這項基本的意識型態錯誤。

在這群才華洋溢的反民主右派評論家之間，尼采的監護者身影顯得格外巨大。一九三〇年代中期，尼采的影響力甚至超越了其他反啟蒙思想人物如齊克果、柏格森與索雷爾，以及第一代莫拉派人士的思想導師如柏爾（Emmanuel Berl）、伯納諾（Georges Bernanos）與瓦盧瓦（Georges Valois）⑭。《新秩序》雜誌的編輯曾宣稱：「我們必須召喚尼采前來拯救。尼采反對國家，無論是希特勒式抑或史達林式的國家。尼采支持個人反抗群眾，無論他們是法西斯主義者、美國人抑或蘇聯人。尼采反對理性主義，無論它是出自羅馬、莫斯科抑或巴黎大學。」⑮第三共和深受理性主義與知識主義之害，情感能量已經消耗殆盡。唯有一種生命力與生命本能的新融合體，才能夠拯救奄奄一息的法蘭西共和國。

由於當時尼采的作品還沒有廣泛翻譯為法文，因此「青年右派」的尼采思想多半是來自二手資料。對布朗修之類充滿反叛精神的民族主義份子，史賓格勒式的「西方的沒落」論調已是老生常譚。《精神》雜誌的作者之一胡澤蒙（Denis de Rougement）在一九三二年宣稱，人們已經不可能接受「這個年代惡劣至極的苦難，一個人所能夠愛戀與渴望的所有事物，都被截斷了源頭、被玷污、被改變本質、被歪曲、被破壞。」⑯關於「白種人國家的末日」與「新中古時代」即將來臨的新尼采預言，甚囂塵上。《戰鬥》主編莫尼耶（Thierry Maulnier）寫下法國第一本重要的尼采研究論文（莫尼耶另一篇成名之作，就是為范登布魯克一九二三年的原始法西斯主義評論集《第三帝國》〔The Third Reich〕的法文版作序）。歸根究柢，布朗修與其右翼同路人之所以同一陣線，是因為他們有共同的厭惡目標：現代共和體制的基石——包容與平等的美德。這些抽象的理念，與布朗修及其新莫拉派同路人宣揚的「統合民族主義」（integral nationalism）格格不入⑰。因此，法國這一代的「精神反動派」與其德國同路人如史賓格勒、范登布魯克、容格爾等，可謂惺惺相惜⑱。

在一九三二年的一本暢銷書《美國之癌》（*Le Cancer américain*）中，《新秩序》的主編艾宏與丹迪攸感嘆，美國的影響力已經將法國變成一個沒有靈魂的科技巨怪。

杜亞美（Georges Duhamel）也以類似的心態談論美國文明的「獸性」（bestiality）⑲。基於這些對時代弊病的憂心診斷，布朗修倡導一場「國家的精神革命」，其特質是「嚴酷、血腥、不公——我們最後的救贖希望⑳。藉由這樣一場**反革命**、一場「右派的革命」，一七八九年的遺緒將一掃而空㉑。這場革命在血腥與動亂的程度上絕不遜於法國大革命，但是卻會產生完全相反的政治結果。布朗修與其同道中人強調，左派已經進入國會體系兢兢業業，因此遭到他們背叛的革命信條將由右派繼承。一九三〇年代，整個歐洲的法西斯主義者與「民族革命反動人士」，都對這番政治結論心悅誠服，他們之中有許多人都是受到墨索里尼一九二二年「進軍羅馬」的典範啟發，那樁事件同時也是法西斯政治意象的「原始場景」（Urszene）。

在整個一九三〇年代，法國和歐洲其他地區一樣，經歷了一場政治的天翻地覆：做為人民陣線中堅的左派，已經成為「既有秩序之黨」（party of order）。相反地，右派卻開始襲用左派在一百多年前開風氣之先、如今為了策略理由而放棄的革命語言㉒。羅伯斯庇爾（Maximilien Robespierre）的彌賽亞革命論調——例如他將「恐怖」等同於「美德」的著名說法——仍然生氣蓬勃，只是已經被政治反動力量挪用並發揚光大，令左派懊惱不已。

布朗修在一九三〇年代的新聞事業，體現了這種原始法西斯主義、鼓吹全國革命的精神。他在一九三三年的一篇文章中寫道：

「還是有人既不想要一個壓迫他們的國家，也不想要一個奴役他們的世界。還是有人要以革命來實踐真正的秩序，將革命視為戰鬥與重生。這種兼具智慧與膽識的反抗行動，正是今日我們準備進行的目標，也是今日青年的希望所在。」㉓

布魯姆的人民陣線在一九三六年六月上台，情勢一發不可收拾：在法國右派眼中，布爾什維克黨接管法國的威脅迫在眉睫。一年之前，法國與蘇聯簽訂一紙協議，已經令反議會體制的右派大為緊張。激進派、社會主義者與共產黨──領導者正是一位猶太裔的德雷福斯派人士──坐實了右派最偏激的狂想：一場由左派與猶太人勾結的陰謀已然成形。在拉羅舍爾與布拉席亞緒等人的帶領之下，文學界的右派長期執迷於法國「沒落」與「柔弱」──尤其是在與鄰國好戰、剛強的法西斯政權比較時，更是落居下風。從這樣的觀點出發，他們對法國共和體制的鄙夷一發不可收拾，對布魯姆與「猶太共和國」發動肆無忌憚的攻擊。

從一九三六年到一九三九年，布朗修固定為兩家極右派評論《反抗者》與《戰鬥》供稿。《戰鬥》的總編輯麥克辛斯（Jean-Pierre Maxence）是一名財力雄厚的極右派金融家，穆尼耶也是他旗下核心人物；《反抗者》則由穆尼耶一人擔綱，與狄隆科（Eugène Deloncle）創立的「風雪帽」（Cagoule）組織關係密切，《反抗者》位於高馬亭街（rue de Caumartin）的辦公室原本是「風雪帽」的總部，這個右翼恐怖組織在一九三〇年代相當活躍㉔。布朗修參與的這兩份刊物，當時發表了許多文學家與政論家的文章，他們鼓吹在資本主義與共產主義之間尋找「第三條路」，實質作法就是走向「法國特有的法西斯主義」。從一九三七年一月到《反抗者》停刊的十月之間，布朗修發表了六十七篇作品。當年五月，法國政府逮捕布朗修與五名《反抗者》的編輯，指控他們煽動讀者為兩名先前遇害的右派示威者報仇，形同教唆殺人，目標則指向布魯姆總理與共產黨領導人多列士（Maurice Thorez）。布朗修與同路人在文章中表示，既然共和國自身無法維持正義，那麼公民就應該挺身而出，自力救濟。

一本最近出版的布朗修傳記形容他是「知識界極右派的核心人物」㉕，史騰海爾也在他論一九三〇年代法國法西斯主義的專著《既非右也非左》（*Neither Right, Nor Left*）中指出，其實布朗修正是當時「法西斯精神」的代表人物，史騰海爾認為布朗修：

「為法西斯精神提供了完美的定義，指出那是一種左右兩派的結合，其中的左派背棄了原本的信念，不再與資本主義保持距離，也不再界定與資本主義鬥爭的真實情況；右派則揚棄了傳統的民族主義，不再與國際主義（internationalism）保持距離，也不再全面對抗國際主義的各種型態。」㉖

布魯姆的左派聯盟在一九三六年獲得勝利，激發出布朗修的創作高峰。他對議會政治的批判與攻詰，令布拉席亞緒與拉羅舍爾都無法望其項背。同一年，兩場重大國際危機接連爆發：納粹德軍進駐萊茵非軍事區，明顯違反凡爾賽和約；西班牙內戰爆發。這時布朗修終於找到一個可以全心投入的政治目標：他熱烈支持西班牙法西斯組織長槍黨（**Falange**），極力鼓吹法國干預西班牙內戰、援助佛朗哥（**Francisco Franco Bahamonde**）與其叛亂集團。布朗修認為，法國藉由軍事援助西班牙這場反共和國的鬥爭，將可以重建它在國際政治舞台上的強權地位，否則法國勢必會讓萊茵河對岸的宿敵更加得寸進尺。當時納粹德國已經公開支持佛朗哥，在法國的傳統勢力範圍中佔得先機㉗。

在反共和體制的右派眼中，人民陣線的政府是一個由「外國」勢力——布爾什維克黨與猶太人——主導的政府，只會進一步耗竭法國的國力。此外，當時法國政壇上，各種國會外的政治「聯盟」呼風喚雨，例如拉侯克（François de la Rocque）上校領軍的「火十字團」（Croix de Feu），以及多略特（Jacques Doriot）創建的法蘭西人民黨（Parti populaire français）。這些組織為了自身政治利益，在社會上散播對「外國佬」（métèques）的恐懼，並特別針對剛從德國、巴爾幹半島與波蘭逃離政治迫害、抵達法國的猶太人；那時已是納粹展開大屠殺的前夕。

布朗修在這段時期的政治新聞事業，具有根深柢固的反猶太與仇外情結。他在一九三七年的一篇文章中，直指布魯姆「代表法國所有最可鄙的事物……倒退的意識型態、老邁的心態、**外國種族**。」[28]一九三七年，他為《反抗者》每週寫兩篇專欄文章，其中一期的封面人物正是布魯姆，以一幅醜陋的、帶有反猶太意味的漫畫呈現：這位社會黨領袖被加上誇大的猶太人特徵，手持猶太教的多連燈燭台（menorah），站在一堆棺材上，暗指先前在一場反法西斯示威遊行中，五名遭到軍警殺害的工人。

兩年之後，教宗庇護十二世（Pius XII）解除一九二六年對「法蘭西行動」的禁令，意謂著法國天主教徒從此可以安心地閱讀充滿仇恨的莫拉派報刊如《我無所不在》（*Je Suis Partout*）、《葛林瓦》（*Gringoire*）與《法蘭西行動》。約在此同時，塞利納也推出他的反猶太作品如《小題大作的屠殺》（*Bagatelles pour un massacre*）與《屍體學校》（*L'École des cadavres*），他寫道：「如果你真的想清除猶太人，那麼就不要再訴諸三萬六千年的老辦法、三萬六千年的痛苦，拿出種族主義！猶太人只怕種族主義！而且不要小家子氣，要一不做二不休！全面進行！六親不認！就像來一場徹徹底底的巴斯德消毒殺菌（Pasteur sterilization）。」[29]派克斯頓（Robert Paxton）與馬路斯（Michael Marrus）在《維琪法國與猶太人》（*Vichy France and the Jews*）一書中指出：「在反對布魯姆人民解放陣線的陣營中，反猶太主義顯然是一個焦點。當時的反猶太情緒已經轉變為一種政治、經濟與社會的世界觀，被賦予戰鬥意味，成為這場反對運動大聲疾呼的目標，代表它要捍衛法國抵抗革命性的變化。」[30]

布朗修的政治新聞事業與這股潮流亦步亦趨。一九三七年納粹德軍進佔萊茵非軍事區，布朗修撰文要人們提防猶太人，因為這個民族懷有「神學的狂熱」。他還說：「法國外交部一些可疑的外國人士，以國家榮耀為宣傳，想鼓動法國年輕人投入一場迫在眉睫的軍事衝突，真正受益者卻是莫斯科或以色列；這種作法背信棄義到了極點。」[31]布朗修與當日諸多法國右派份子最擔心的是，一旦法國在軍事衝突中擊敗德國，那麼可憎的共和國體制從此將穩若泰山。

一九三六年六月刊登在《戰鬥》上的一篇文章，是布朗修新聞生涯的最大污點；文章名為〈做為維護公眾安全手段的恐怖主義〉（Terrorism as a Method of Public

Safety），顯然是向法國大革命時期的羅伯斯庇爾致意。《戰鬥》從一九三六年二月發行創刊號以來，就展現出一種近乎病態的驕傲，標榜自家「理性的反猶太主義」是以「反資本主義」為基礎（算是法國右派汲取左派思想而成的反猶太主義），不同於納粹以種族為基礎的「粗俗的反猶太主義」。換言之，對猶太人的憎恨並不是禁忌，只要其內涵正確即可。於是到了一九四二年，法國政府欣然執行「猶太人遣送」（rafle des Juifs）政策：維琪政權「理性的」反猶太主義，興沖沖地配合他們「粗俗的」德國同路人，致力於實現後者設計的「最終解決方案」。布朗修的文章重申了他在一九三〇年代政治新聞事業最有興趣的幾個主題：反共和體制、反猶太主義；以及一股一發不可收拾的熱情，要追求革命暴力的救贖能力，並且由政治右派來承擔重任。布朗修特別談到：「布魯姆堂而皇之的政治試驗實在可憎……一個光鮮亮麗的組合、神聖的結盟，將蘇聯、猶太人與資本家的利益湊在一起。」他再一次指涉所謂的由共產黨、猶太人與資本家勾結的國際陰謀，這是當時極右派偏激想像的標準抹黑伎倆。布朗修又說：

「革命有其必要，因為我們不必去調整修正一個**控制一切、根源無所不在**的政權，我們要將它推翻、將它打倒。革命也必須是暴力的，因為法國人民是如此委靡不振，已經不可能發動他們的力量與熱情來振衰起敝，唯一可行的作法就是一連串的血腥震撼、一場席捲一切的風暴，藉此來喚醒法國人民……這就是為什麼在我們看來，恐怖主義實為公眾救贖之道。」㉜

許多參與《戰鬥》編務的少壯派份子，認為法國面對納粹時的「奇特的敗仗」，反而讓國家從此擺脫中產階級時代可憎的散漫懈怠與猶豫不決。法國右派呼應莫拉的見解，將德國的勝利視為「神聖的意外」（**divine surprise**）。與其他遭到納粹征服的國家相較，法國簽訂的停火協議算是相當優惠：德軍駐足於法國南部三分之一領土之外（這一點也有利於德國抽調大批部隊，準備對蘇聯發起攻擊）。許多反共和體制的信徒認為，他們當家作主的時刻已經來到：貝當的「民族革命」（**National Revolution**）提供了千載難逢的良機，來實現莫拉派異議人士鼓吹十多年的「統合民族主義」。維琪政權各部會紛紛提出各種大刀闊斧的計畫，要讓國家煥然一新。從許多案例可以考見，維琪政權的改革理念往往直接取材極右派報刊的觀念與建議；像《新秩序》、《防禦工事》、《反抗者》、《戰鬥》與穆尼耶的《精神》，都是重要來源。

當時所謂的「新秩序」定位在威權主義、階層分化、本土文化、社團主義（**cor-**

poratism）。貝當在一九四一年七月的一場演講中宣示：「一個民族並不是一定數目個體的烏合之眾，而是一個家庭、行業、社群與行政職責的階層體系。」㉝根據維琪時期的政治共識，法國需要一個強有力的威權式政權，才能有效抵擋政治自由主義的不確定性與風險。其支持者認為，藉由避開「自由主義」與「極權主義」兩個極端，「法蘭西國家體制」（L'État français）終將成為代表「第三條路」的政治典範；看來反傳統規範的「一九三〇年代精神」終於找到它尋尋覓覓已久的政治出路。一位法國政治史學家曾說：「維琪政權的發展淵源，與其說是傳統右派理論的運籌帷幄，不如說是一九三〇年代幾家小型（右派）刊物理論的發揚光大。」㉞

儘管德國曾提出誘人的承諾，但後來法國終於恍然大悟，在納粹宰制之下的歐洲，法國的角色無足輕重；直到此時，德國「解救」的幻想才終告消散，許多原本強烈支持維琪政權的人士，轉而投入反抗軍對抗納粹，穆尼耶就是其中之一。

布朗修的生平事跡一直繚繞著幾項迷思，而他也始終不肯釐清疑雲，在有意無意間讓這些迷思陰魂不散。有人說，布朗修從一九三八年停止為《戰鬥》撰稿到一九四〇年之間，不再重彈血腥暴力的濫調，轉而隱身文學的靜默世界。這種說法看似順理成章，但卻與事實不符；因為在這段期間，布朗修仍然為效忠貝當的《辯論報》撰寫文學專欄，每星期一篇。也有人說，布朗修雖然早年強烈反對共和體制，但是在法國淪陷之後，他承認自己少不更事的錯誤，於是投入反抗軍。可是近來幾位布朗修的傳記作家翻遍了法國的歷史檔案，訪問多位尚存的反抗軍成員，仍然找不到任何布朗修曾加入反抗軍的蛛絲馬跡。布朗修或許熟識幾位反抗軍成員，但兩者的關係恐怕僅止於此。

事實上，不僅布朗修與反抗軍的關係純屬子虛烏有，而且他一直到了德軍佔領初期，都還為貝當政權殫精竭慮。布朗修是「法國青年」（Jeune France）的關鍵成員之一，這個文化機構的頂頭上司是維琪政權的「青年部」，不禁讓人聯想到歐威爾（George Orwell）的小說。

「法國青年」在意識型態上緊密聯結「國家幹部學校」（L'Ecole nationale des cadres）。這個訓練革命菁英幹部的機構位於阿爾卑斯山區的優利雅吉（Uriage），其組織模仿中世紀天主教修會；當時維琪政權頗受天主教會影響，津津樂道於所謂的「新中古時代」。穆尼耶是國家幹部學校的意識型態導師，他經常在校內舉行演講、召募學生，並且為三星期的嚴格領導統御訓練安排課程。學校的教育目標援引自穆尼耶的「人格主義」（personalism）：一種獨特的社群式的（communitarian）社會天主教義，企圖徹底擺脫民主多元主義的風險與不確定性。「這所學校深受天主教的反自由主義影響，秉持《精神》的意識型態做為其教育計畫的觀念架構：一方面反個人主義、反自由主義、反馬克思主義、反民主；另一方面則熱烈崇奉秩序、階層與菁英主義，並且嚮往德國、義大利與葡萄牙的青年運動。」㉟

國家幹部學校為了重新樹立權威與領導，特別鼓吹對貝當的個人崇拜：學校的宗旨之一，就是要對元帥本人與他代表的一切畢恭畢敬。儘管穆尼耶的意圖在某些方面還算有可取之處，但他的人格主義帶有反議會政治色彩，因此信奉者很容易接受維琪政權的意識型態，以及納粹統治歐洲的既成事實。一九四〇年八月，穆尼耶得到維琪政權同意，重新開始發行《精神》，從此這份刊物就嚴厲批判納粹的天敵：「腐敗」的西方民主政體。

根據國家幹部學校的信條，法國在軍事上與政治上的可恥潰敗，禍首在於領導統御的全面崩盤。經常被稱作「教授共和國」（République des professeurs）的第三共和，毀於了無生氣且欲振乏力的知識主義。藉由重視陽剛、勇武、勞動與社群，由國家幹部學校的騎士僧侶（knight-monk）訓練出來的新世代領袖，將具備法國共和體制欠缺的社群主義美德㊱。當時法西斯主義普遍被認定是歐洲的前景，因此法國也必須走上威權主義的道路，未來才能夠在弱肉強食的歐洲政治新秩序中搶佔一席之地。因此國家幹部學校的職責所在，就是要培育「一批高貴的法國領袖，他們既是軍人也是知識份子、行動積極、英勇剛健、團結一致，懷抱著熾熱的信念，對抗舊體制的罪惡：個人主義、享樂主義、重商主義與資本主義。」㊲這個機構具有修道院的特質，因此一位法國歷史學家認為，它與巴代伊的「社會學學院」如出一轍㊳。然而就像諸多結構緊密的社群一樣，國家幹部學校也不是來者不拒：猶太人不受歡迎，既不能當學生也不能當老師。如果說共和法國代表自由與民主，那麼國家幹部學校突顯的社群主義，就是威權與階層的化身。同時國家幹部學校也取法納粹德國的「希特勒學校」（Hitler-Schulen）與騎士團城堡，這兩個機構負責訓練菁英的黨衛軍；不過穆尼耶還是盡可能讓他的社會改革計畫保留法國特色。

國家幹部學校以及它的法國文化再造之夢，在一九四二年十一月破滅，納粹揮軍進佔法國的非佔領區（Unoccupied Zone）。然而在這之前，學校的騎士僧侶一直對民族革命的信念與目標全力以赴。穆尼耶本人在一九四〇年十一月的一篇文章中思索法國近來的潰敗：「在世界崩潰所激起的塵埃之中，在事物生滅必然導致的困惑之中，某些生命的觀念浮現人世，讓我們認清自身傳統最重要的特質：對抗個人主義、責任感、共同體心態、恢復領導階層的角色、對於民族的新體認……恢復國家的意義……完整人格的體驗。」㊴穆尼耶並指出，這些要素構成強而有力的緣由，讓《精神》的信徒安心接納新的政治秩序。

然而那些矢志支持民族革命的人，其實也默許了維琪政權嚴酷的種族政策。當這個政府開始執行反猶太政策，以求棲身納粹主導的歐洲新秩序，貝當與其同路人可謂「比保皇黨更像保皇黨」（plus royaliste que le roi）。一個流傳已久的迷思認為，維琪政權一九四〇年十月三日頒布惡名昭彰的「猶太人法」（Statut des Juifs），是在納粹佔領軍的要求之下被動配合。然而事實絕非如此：這項法律完全是由維琪政權主導。《維琪法國與猶太人》的兩位作者提醒我們：「維琪政權對付猶太人的作法淵源於其內部，是所謂民族革命的一部分，應視之為他們自主的行動，出發點在於追求自身的政治目標。」㊵

早在一九四〇年八月，法國打完「奇特的敗仗」之後兩個月，維琪政權廢除了「馬先多法」（Marchandeau Law），從此針對種族或宗教團體煽動仇恨不再違法，於是堤防潰決，傳承自一九三〇年代反議會體制右派的反猶太言論，充斥於法國媒體。緊接著維琪政權再以「猶太人法」補上臨門一腳，明定如何迫害猶太人。法國原本是難民與政治流亡人士的避風港，如今卻淪為壓迫的大本營。猶太人被限制不得擔任公職、不得晉升軍官，後來甚至不得任職報刊、廣播電台與電影業等輿論機構。醫師、教育、法律等行業都對猶太人訂出名額限制（numerus clausus）。法國官員積極展開登錄全國猶太人住址的工作。雖然當時法國人可能並不知道，這些作法後來使法國淪為納粹「最終解決方案」的幫兇，留下惡名。一九四二年，非佔領區的猶太人被集中然後遣送，這是大戰期間非德國直接統治地區的唯一案例。在維琪政權的欣然合作之下，約七萬六千名法國猶太人走上死亡之路。

「法國青年」以「人格主義」精神為本，負有「推廣藝術與改造人類」的使命，其政治使命似乎是仿效墨索里尼的「工作之後」（Dopo Lavoro）計畫與納粹德國的「快樂的力量」（Kraft durch Freud）——由國家支持的娛樂活動，目的在於讓人民連休閒時間也浸染法西斯意識型態[41]。設立青年部則是貝當政府的創舉。和周遭的法西斯國家一樣，維琪政權的國家再造計畫，特別重視「青年」生生不息的能力，認定他們尚未被腐敗的共和體制徹底污染；諷刺的是，維琪政權的最高領袖卻是一個八十多歲的老將軍。第三共和的立國精神是一種平等精神，對人類理性與社群意識（sensus communis）信賴有加；但維琪政權的威權體制卻不遺餘力地否定這些共和體制人文主義的過時假定。在貝當及其同路人看來，世間的男男女女基本上是無法自我管理的；因此這個新生的「監護者國家」（tutelary state）的主要目標之一，就是依據一種威權社會與政治結構的新階層化網絡，來將民眾重新整合，卸除他們自我管理的重擔。一九三〇年代的政治動亂，很重要的根源就是社會整合的危機。「文化」在維琪政權之下，剝除自由主義、共和體制與肆無忌憚的特質，挑起大梁，將民眾整合進入國家的共同體生活之中。「法國青年」的智囊團認為如此一來，文化未來將扮演一個「功能性」的角色，保護現代社會的成員，力抗無所不在的社會失衡威脅。文化的存在理由將變成意識型態的灌輸工具：藝術將被運用為「一種誘導與灌輸的方式，借重於反覆出現的特定形式、口號與意識型態陳腔濫調……這是解放的藝術、強化輕信（credulity）的文化，結合一項總體性的計畫：被控制的精神只能為一種集體的信仰轉變效勞，鞏固新政權，消解凡俗的理性主義影響；後者正是舊政權的哲學。」㊷根據「法國青年」的主要計畫，每一個文化活動領域都要整合：電影、廣播、戲劇、音樂與文學，全都要為文化革命奔走。更無庸贅言的是，在這個新生的、有機的社會秩序中，已經沒有「人權與公民權利」立足之地。國家與社會的自由主義區分，也將被民族革命的社群主義精神取代。傅瑪羅利（Marc Fumaroli）在《文化國家》（*L'État Culturel*）一書中指出，「法國青年」的國家再造實驗計畫，深刻影響了戰後戴高樂政府的文化部長馬爾侯（André Malraux），他在第五共和初期也推行了一系列文化改革。

「法國青年」領導階層的部分成員，出身背景類似布朗修：右翼文人，一九三〇年代與「青年右派」過從甚密，曾為《新秩序》、《精神》、《戰鬥》等刊物撰稿。這些人都認為納粹幫了法國一個大忙，讓可憎的共和體制垮台。「法國青年」亟欲利用一九四〇年六月這場「神聖的意外」，實現他們十年來孜孜鼓吹的右派「精神革命」計畫。

歷史學家貝伊爾（Jean-Louis Loubet del Bayle）指出：「『青年法國』的主要合作對象，在佔領區是布朗修，在非佔領區則是穆尼耶。」㊸國家幹部學校的騎士僧侶由於身處非佔領區運作，至少還可以避免因為要與納粹合作而屈就，但直接受命於維琪政權青年部長裴洛森（Georges Pelorson）的布朗修卻是在德軍佔領的巴黎活動，對於佔領區的殘酷現實，照理說應該不會抱持多少幻想。

布朗修當時的職責是編輯一份新聞刊物，報導「法國青年」的文化再造工程；然而後來這項計畫卻胎死腹中。布朗修與其同路人似乎無法讓納粹蓋世太保（Gestapo）相信他們的意圖在於文化而非政治。法國人願意合作，很好，但條件由納粹決定。

保持將近四十年的沉默之後，布朗修終於在寫給梅爾曼的一封信中，談到自己的戰時行為；梅爾曼於一九八二年在《原樣》（*Tel Quel*）雜誌中，揭露布朗修當年為《戰鬥》所寫的文章是何等不堪㊹。布朗修在信中訴諸通敵者自我辯解的慣用伎倆；貝當本人在一九四五年受審時也用過，只不過收效不大（這位八十九歲的老元帥原本因為叛國罪而被判處死刑，但被戴高樂減刑為終身監禁，六年後死於監獄中，得年九十五歲）。布朗修宣稱，他加入維琪政權其實是**兩面手法**（double game）：被維琪接納為成員之後，他才能夠**從內部對抗維琪**。

然而事實上兩面手法根本是子虛烏有。布朗修這類右派激進份子將維琪政權視為千載良機，讓他們得以實現原始法西斯主義的「民族革命」，不枉自己在新聞崗位上至少十年的鼓吹工夫。他們對共和體制是如此深惡痛絕，因此接受納粹主導的新歐洲秩序時，也不會有嚴重的良心掙扎。「統合民族主義」是未來大勢所趨，是故法國必須盡力服膺希特勒與貝當一九四〇年十月在蒙特瓦（Montoire）擬定的政治綱領；那時貝當宣稱法國必須走上「合作之路」。當然，貝當本人比較喜歡「盾牌」（shield）這個比喻，意指維琪政權可以保護法國免於德國的野蠻暴行。然而這樣的合作其實是德國的「盾牌」：讓德國擁有一個不可或缺的歐陸盟國，並且得以將珍貴的國防軍與黨衛軍兵力調離法國，前往歐洲佔領區執行種族大屠殺。

「聖博甫的政治學」（The Politics of Sainte-Beuve）

布朗修一直到一九四二年，都還是個通敵文人。當年三月，他在貝當政府機關報《辯論報》上發表一篇評論〈聖博甫的政治學〉（La Politique de Sainte-Beuve），如果布朗修的興趣只在於文學主題，那麼這篇文章將不足深究。果不其然，〈聖博甫的政治學〉是一篇頗具殺傷力的政治寓言。聖博甫（Charles Augustin Sainte-Beuve）在他那個世代的文學人物中獨樹一格，支持波那帕特（Louis Napoléon Bonaparte）在一八五一年十二月二日發動的政變（譯註：波那帕特於次年登基稱帝，史稱拿破侖三世）。因此從這篇文章不難看出布朗修潛藏的政治意向，他將維琪政權比做拿破侖三世的第二帝國（Second Empire），兩者都是由霸主挺身而出，將法國從自由主義的動亂中「拯救」出來，回歸貴族政治之路。此外梅爾曼還指出，布朗修讚揚聖博甫，其實意味他要追隨自己的文學與政治導師：「法蘭西行動」創立者與維琪政權忠貞支持者莫拉。在德雷福斯事件時期，莫拉也寫過一篇政治寓言〈三種政治理念：夏多布里昂、米希雷、聖博甫〉（Trois idées politiques: Chateaubriand, Michelet, Sainte-Beuve）；他預示了四十年後布朗修的論調，讚揚聖博甫能夠抗拒「情感」的勸誘，支持不可或缺的「秩序」㊺。

沉默的書寫（The Writing of Silence）

布朗修不堪回道的政治過往，到很晚才東窗事發：一九八〇年前後，當時他已經廁身戰後法國最重要的作家與批評家之林，在文學界尤其受到看重，被視為後結構主義的開山祖師之一。當時的法國也正因為「新右派」勃興而滿城風雨，論戰風起雲湧，巴黎柯伯尼街（rue Copernic）的一座猶太教會堂（synagogue）遭到炸毀。相形之下，布朗修的早年的新聞事業劣跡只是無足輕重的陳年往事。因此除了「新哲學家」雷威一篇發表在報上的嚴辭抨擊之外，整個事件並沒有激起公眾多少回響㊻。此外，身為作家的布朗修已經將銷聲匿跡發展為一門藝術：他的著作費盡心機地避開任何生平的暗示或指涉；原則上不接受任何訪問、不參加公眾活動；在文壇上的綽號是「隱姓埋名的布朗修」（Blanchot, the obscure），暗喻他一九五〇年的小說《隱姓埋名的湯瑪斯》（*Thomas, l'obscur*）；他的小說與論著從來不曾洛陽紙貴。布朗修的文章密度極大，令人望而生畏，就算以法國學界的標準來看都罕見其匹，這項特質也注定了他的作品曲高和寡。

既然如此，布朗修對法國文學批評到底有何影響？

布朗修一九四一年刊登於《辯論報》的一篇評論文章，為戰後法國文學批評界正音定調。這篇文章標題為〈文學如何可能？〉（How is Literature Possible?），評論包蘭（Jean Paulhan）的《塔布之花，或者文學中的恐怖》（*Les Fleurs de Tarbes, ou la terreur dans la littérateur*）。包蘭此書的主題是法國文人如何從古典主義轉移陣地到浪漫主義，並認為這個現象適逢一七九三年到九四年間的法國大革命恐怖統治時期。從政治與文學的角度來看，雅各賓派（Jacobin Club）的獨裁專政都是一個轉捩點，代表舊體制已走到盡頭。包蘭的副標題「文學中的恐怖」傳達了他的觀點：文學中的浪漫主義者猶如政治上的雅各賓派。兩個集團都揚棄了古典的「形式」考量，追求一種渾沌朦朧、非文學的「真實性」（authenticity）理想。包蘭甚至將浪漫主義者貶之為「反理性辯論者」（misologue），因為他們導致語言遭受「思想」的欺凌。在包蘭看來，浪漫主義者的原罪在於讓文學受制於一連串與之無關、超乎其上的目標，使得法國文壇至今還無法恢復元氣。魯莽輕率地拋棄了古典主義的傳統與形式之後，浪漫主義者及其徒子徒孫（波特萊爾、韓波〔Arthur Rimbaud〕與超現實主義者）基本上是懷著別有用心的個人與政治立場來**恐嚇**（terrorizing）文學。最後包蘭指出，這些文學「恐怖份子」的計畫是自取敗亡，因為文學終究無法擺脫文字的本質，關涉的對象與其說是「世界的事物」，不如說是「語言的存有」。

布朗修在評論中敏銳地指出，包蘭論述的核心其實具有一種唐吉訶德式的矛盾遊移。《塔布之花》試圖讓文學回歸它本源的關懷，然而包蘭憑藉的卻正是他譴責的工具性、「恐怖主義」、非文學的方法。

儘管有這項缺憾，布朗修還是完全認同包蘭的批判。他承認文學在採取特定立場、企圖處理人世問題之後，已經背叛了它的初衷、它的本體論存在理由。文學到底所為何來?它是為了自我、為了「非事物」（no-thing）；或者應該照實說，是為了「空無一物」（nothing）。我們在這裡看到文學的弔詭、美與徒勞——文學再如何努力也永遠無法擺脫的質疑。就這個意義而言，文學是「不可能的」：它充斥著「否定性」（negativity），瀰漫著「闕如」（absence）而非「在場」（presence）。對於陷溺在功利考量之中的現代文明，文學形同「被詛咒的部分」（巴岱伊）：一種活動因為自身完全不具實用性，正可以對抗居於主導地位的社會規範㊼。

布朗修也在另一篇早期文章〈從恐懼到文學〉（From Dread to Literature）中指出，寫作者的天職瀰漫著一種對等的空洞、一種同質的存在虛無。「作家發現自己身處在越來越滑稽的情境中，沒有東西可寫，也沒有方法可以寫，但卻受制於一股極度的需求，非寫不可。」布朗修還說：「無話可說這回事，應該以最簡單的觀點來理解。一個人無論想要說什麼話，他說的都是『一無所有』。對他而言，世界、事物與知識都只是虛空之中的參考點。」㊽在布朗修的批評中，文學的虛空成為人類的一個隱喻，指向其存在的空無，於是齊克果試圖以「恐懼」的觀念來掌握這種困境。弔詭的是，只有坦然承認自己無話可說的寫作者，才是忠於文學的天職。

早在一九四〇年代早期，布朗修就已揭示後結構主義風潮的所有基本要素：「探究語言修辭層面的必要性，以文學文本令人困惑的曖昧性為研究焦點，引述語（citation）問題重重的本質，文學、心理學、文化現象、歷史與形上學研究的語言結構轉移。」㊾

一九三一年，海德格出任夫來堡大學校長的就職演說〈什麼是形上學？〉（What is Metaphysics?）遂譯為法文，刊登於前衛文學雜誌《歧路》（*Bifur*），在一群有先見之明的作家與批評家之間廣為流通。儘管布朗修早在一九二〇年代晚期，就在列維納（Emmanuel Levinas）的引介之下接觸海德格的作品，但是這篇講稿無疑仍是他成熟時期文學天職理念的關鍵催生者㊿。

海德格這篇講稿的主題之一，關涉到所謂的「無」（das Nichts）。講稿中對於這個觀念的重視，遠超過《存在與時間》（*Being and Time*）一書。同時海德格也重申了本體論的「深淵」（abyss）主題：「Ab-grund」，這個字眼在德文中一語雙關，既意指「沒有根據」，也代表「沒有理由」。「虛無」意味著我們「在世存有」（Being-in-the-world）的全然任意性：我們的存在並不是發軔於自我創生或自我意志，而是源自於先於我們、無法控制的事件與環境毫無理由可言的結果。海德格說：「虛無的精義要旨就在於此，它首度讓此在（Da-sein）面對在的本然狀態……此在的意義是：面對著虛無的存在。」51根據海德格的看法，對存在的不穩定性的覺察，會讓「此在」擺脫它對「世界性」（worldliness）或「存在物」（beings）的執念，同時也讓它體認「存在的問題」（Seinsfrage）。

布朗修的評論透過怪異的三稜鏡來觀察文學，與海德格面對存在的方式異曲同工。同樣的形上學全盤疏離觀念，也啟發了沙特一九三八年小說《嘔吐》（*La Nausée*）中主角羅昆丁（Roquentin）對荒謬的頓悟。羅昆丁凝視著一棵栗子樹的樹根，突然間發現自己失去對「事物」（things）的掌握。實體世界的必要性與熟悉感似乎被剝奪殆盡，其原因無法解釋。羅昆丁沉思：「我已經找到開啟存在的鑰匙，開啟我的嘔吐、我的生命的鑰匙。事實上，我能夠掌握的一切……都回歸到這個基本的荒謬性……最本質的事物就是**偶然性**（contingency）。我的意思是，一個人不能將存在界定為必要性。存在就只是在那裡。」[52]布朗修當時還是個年輕但敏銳的批評家，他指出：「嘔吐是一種震驚的經驗，讓羅昆丁得以體認到什麼是沒有存有的存在（exist without being），這種可悲的啟示讓他在存在的事物之中，接觸到的不是事物，而是它們本然的存在。」[53]

探討布朗修在〈文學如何可能？〉中對於文學宗旨的反思時，我們不能不關注其背後的歷史脈絡。布朗修寫下這些理念時，法國與歐洲正深陷於黑暗之中。美國還沒有參戰，德國將英國逼到牆角，並且開闢第二戰場入侵蘇聯。納粹在歐洲的霸權正方興未艾，無人可擋。這些事件促使沙特（儘管是在數年之後）形成「介入文學」（littérature engagée）的信念：沙特誓言，文學絕對不能再對分崩離析的世界隔岸觀火。

但布朗修反其道而行，他依循包蘭《塔布之花》的理路，認定文學的天職在於：追求文學的形式層面，無需考量指涉的問題。那麼文學是不是一種自戀的形式，排拒真實的世界？它的本質是不是哲學性的，是一種海德格意義的「虛無」，因為它自身的修辭和符號（semiotic）的偶然性，讓存在的非必要性得以安頓？布朗修思想路向最特出的一點，在於他為文學的形式主義（formalism）賦予一種哲學的尊嚴；過去在普魯斯特（Marcel Proust）、梵樂希（Paul Valéry）與紀德（André Gide）等人的作品中，形式主義一直渴望這種尊嚴，但是到了布朗修才得以實現。

在一九四〇與五〇年代一系列開創性的論著之中，布朗修發展出他成熟時期的批評觀點。馬拉美的「純詩」（poésie pure）美學家理想是一塊不可或缺的試金石。這樣的馬拉美和超現實主義者所崇拜的馬拉美迥然不同，後者是「機遇」（l'hasard）和象徵囈語的使徒。布朗修推崇這位詩人以理論呈現文學的「不可能性」：從功利實用的觀點來看，文學終究不具目的性。弔詭的是，文學核心的缺乏意義，反而被詮釋為它的完美表徵。馬拉美頌揚文字的實質性（materiality）是一種獨立的價值，於是將語言從數世紀以來的實用性貶抑與功利性奴役中解放出來。傳統的語言信條著重文字與事物的對應，但馬拉美卻闡述兩者的不可共量性（incommensurability）。突然間，文學語言具體呈現了一種純然的否定性：就像柏拉圖的理型（Ideas），文學語言佔有一個居高臨下的本體論層級。既然如此，文學語言就享有絕對的自由，讓受制於理性目標的語言望而興嘆。

然而對於在納粹佔領黑暗時期寫作的布朗修而言，文學提供的慰藉少之又少；就算有，其中也瀰漫著「不可能」文學特有的強烈矛盾。虛假的寫作沉迷於討好世人的作品或名聲的錦上添花，但真誠的作者仍然堅守其天職的本體論不確定性，也就是齊克果所謂的「恐懼」：一種惴惴不安之感；起因並非文學事業的某個面向，而是**文學就其整體而言的無路可走**。在布朗修看來，寫作的核心弔詭之一在於，它的無用性反而意味著它的終極嚴肅性。布朗修傲然宣稱，文學基本上是「徒勞無功」的作為，是**不成功的言語行為**（speech act）典範。因為言語行為目標所在的溝通透明性，正是文學避之唯恐不及的特質。因此我們會弔詭地發現，徒勞無功或者失敗，反而象徵了文學的「成功」。布朗修有一段話為解構主義奠定了根基，他提到對文學而言：「成功與達到目標的不可能性……令文學永遠可能。」㊹

傳統作家試圖壓制這種天職的矛盾，因此讓寫作為某種積極的道德、宗教或政治計畫或目標服務㊺，但真誠的寫作會盡全力抗拒這些誘惑。真誠的作家每當提筆為文，就必須干冒「全然貶抑」（total debasement）的風險。布朗修認為，文學如此明確地欠缺目的性，有可能會擾亂「人類關係的整體性」。因為社會互動是以功利與交換的考量為基礎，但寫作卻會自覺地干擾這種互動。文學中的貓不是真正的貓，將兩者混為一談的作家或批評家，不是信念錯誤就是偽善。（布朗修這類評論的用意所在，顯然是要回應沙特式「介入」的傳教士熱忱。）從這些原因來看，文學與「犧牲」觀念有顯著的相似性，後者在巴岱伊一九三〇年代的人類學研究中佔有極重要的地位。擺脫了傳統事業與行為賴以滋養的目的論確定性之後，純粹寫作成為一種自我犧牲的行為——表現了「創造性的毀滅」（creative destruction），摧毀了常識意義的語言，轉而孕育一種無以名之的烏托邦特有語言。布朗修曾說，一件藝術品「之所以會對某件事物有用，**完全是因為它對任何事物都無用**，它的有用之處就在於表達無用的部分；沒有這些部分，文明就無法存在。」[56]文學的基本特質是**闕如、沉默、無意義和死亡**。這些主題也在布朗修另一篇論文〈文學與死亡權利〉（Literature and the Right to Death）中再度彰顯，他強調：「沉默與虛無是文學的精義要旨。」[57]在布朗修的評論中，這些主題獲致一種形上學的尊嚴，令那些傳統的、純文學的、次哲學的評論全都望塵莫及。

對於戰後法國評論界的「維琪症候群」（Vichy Syndrome）潛意識，本章最後還會做一番全面的探討；然而在此之前，我們要再度關注與布朗修志同道合的巴岱伊，他晚期作品中有一些主題與布朗修相互呼應。

志同道合（A Fraternal Spirit）

一九六二年一月，巴岱伊過世前幾個月，他寫了一封信給他作品的出版人，勾勒他準備如何修訂一本一九四七年的舊作。原本的書名奇特而引人遐思：《對詩歌的憎恨》（*La Haine de la poésie*），但巴岱伊打算將修訂本改名為《不可能》（*Impossible*）。對這位昔日的超現實主義者而言，舊書名雖然是他想傳達的意念，但是在法國讀者群中卻曲高和寡，知音寥寥。巴岱伊「對詩歌的憎恨」其實也可以稱作「對文學的憎恨」，是他長期以來的信念，可以上溯到他一九三〇年代身為文化前衛人士的美好年代，也是他與超現實主義者決裂的關鍵因素，因為巴岱伊認為他們對詩歌（文學）的憎恨還不夠強烈。

在巴岱伊看來，超現實主義者背棄了他們的革命起家的承諾。這個運動在發起之初原本有雄心壯志，要與虛矯的中產階級美學主義一刀兩斷。他們的實驗作法——諸如崇尚自動寫作（automatic writing）、夢、通靈會（séance）與「客觀機遇」

（objective chance）——似乎引人入勝，雖然他們對當時盛行的「精神主義」潮流太過屈就。但是到了一九三〇年代，在布荷東領導之下的超現實主義者，似乎滿足於經營安適的文學生活，只願意偶爾來一場波希米亞式的虛張聲勢。

巴岱伊新取的書名表達出他的徒勞無功之感：他曾經費盡心思，要將文學轉化成與它相對立的事物，一種與中產階級「文化產業」立場格格不入的產物，結果卻以失敗告終。甚至連他最惡質、最像薩德、最不顧文學體裁的實驗與攻擊，例如《對詩歌的憎恨》的第一章〈老鼠史〉（History of Rats），似乎都還是被視為文學。

後來巴岱伊在一封信中解釋「不可能」的意義，明白顯示出他與布朗修的志同道合：「哲學是『不可能』的意義，然而……因為它是不可能的，因此它與主流的正規哲學已經了無關聯。我和布朗修都已表達出這個意義的『不可能』。」[58]「不可能」意味著裂解的理念，一道永不癒合的傷口，彰顯在多種非功利性的活動之中：犧牲、大膽的犯罪、無限狂喜的詩歌、性的狂歡、政治狂熱動亂、夢囈。這些禁忌的經驗都會嘲弄和踰越理智的界限，將我們引領至一道懸崖，讓理性屈服於所謂的「意義的懸空」（mise en abîme），以及一系列的限制性經驗，主體在其中干冒風險——巴岱伊形容在這個時刻，「死亡變得可笑」[59]。

在哲學領域中，黑格爾是巴岱伊的死對頭[60]。黑格爾的思想代表巴岱伊最痛恨的價值觀：觀念論、知識份子的高貴心靈、整體論（holism）、「精神」、整體性，總而言之，是一種對於傳統哲學體系方法與目標的天真信心。巴岱伊將黑格爾思想貶抑為「同質性」，是他與同道的「被詛咒的詩人」（poétes maudit）攻擊與顛覆的目標。巴岱伊和布朗修一樣，以哲學圈外人的身分自傲，藉助於科耶夫著名的黑格爾講座，發展出一套針對黑格爾思想的批判[61]。當面對黑格爾與尼采之間的必然抉擇時，巴岱伊毫不猶豫地選擇成為查拉圖斯特拉的應聲蟲，預期戰後法國思想界會發生一場天翻地覆的變化。在巴岱伊看來，黑格爾精心打造的辯證法三段論式（dialectical syllogism），到最後只造就了「絕對知識」思想貧瘠的整體性。因此它是一種了無生機的肯定哲學，排斥壓制「踰越」的各種可能：卑賤的事物、非關生殖的性行為、犧牲、戰爭、哀悼、眼淚、笑聲，以及齊克果的「恐懼」（l'angoisse）。絕對觀念論（Absolute Idealism）聲稱自身是一種必要性的知識（一如黑格爾在《邏輯學》〔*Science of Logic*〕序言所云：「上帝在創造世界之前的思想」），但巴岱伊的非正統知識探索卻追求做為「非知識」（non-savoir）的「不可能」：一個禁忌經驗的領域，長期被學院派哲學鄙視為不值得研究。

就像前代的謝林一樣，巴岱伊深信先驗主體性（transcendental subjectivity）的認知理想，是循環而且自我消解的[62]。藉由將知識論的主體視為真理的根源，後笛卡兒時期哲學排除了廣大的經驗領域，只因為它們不符合知性思維的扭曲與偏見。這種哲學提出的問題與回應的答案，到最後都是自我指涉。黑格爾在《精神現象學》（*Phenomenology of Spirit*）中企圖將存在化約為一種「自我意識」的模態，就是這種哲學路向最典型的範例。最後的結果則是對於存在的錯誤估量與否證，怪異不堪。因為依據這種模式，存在與經驗這兩種「非思想」（unthought）若要有重要性可言，就必須合乎自我標榜主體性的特質與怪癖。

對於巴岱伊作品中最重要的知識弔詭，「不可能」成為相當貼切的比喻。因為巴岱伊真正有興趣宣揚的與其說是一種嚴格、非實質的**推理過程**（ratiocination）力量，不如說是**經驗**的價值所在。巴岱伊利用一些哲學觀念，然後又加以推翻，試圖藉此進入「非哲學」的許諾地。他在《不可能》一書末出版的註解中談到：「當我說：『裸體的溫和感受（肢體或乳房的誕生）輕拂過無限。』我就是在定義不可能。」[63]

然而巴岱伊闡述這些想法的時候，仍然得借重傳統的觀念方法——語言，儘管伴隨著限制與缺憾。在戰後一篇演講〈神聖、情慾與孤獨〉（Holiness, Eroticism, and Solitude）之中，巴岱伊敦促聽眾要「**不信任語言**」，至於他的「不可能」則寧可「**運用一種等於零的語言，一種等於虛無的語言，一種回歸沉默的語言。**」[64]歸根究柢，巴岱伊面臨的兩難處境和歷代的神祕主義者並無二致。語言做為一種俗世的溝通方式，注定無法達到神聖事物無法言喻的崇高性。沙特一九四七年論巴岱伊的一篇文章〈一個新神祕主義者〉（Un Nouveau Mystique），就適切地點出這個問題。

巴岱伊的兩難——語言觀念在本質上會扭曲與否證存在與經驗——後來成為後結構主義最重要的弔詭。傅科在一篇過世後兩年才出版的訪談錄中，談到尼采、布朗修與巴岱伊等「反哲學家」的影響，並以罕見的豐沛情感直陳胸臆：「一個人要擺脫一種哲學，絕不能停留在它的陣地之中，想讓它精益求精，以它自家的話語來修正它；而是應該要反對它，猶如陷入一種驚人而喜悅的瘋狂，一陣無法理解的捧腹大笑。」[65]

巴岱伊與布朗修的主要分歧點之一，就是巴岱伊仍然嚮往「極限經驗」的禁忌快樂，他的同路人布朗修卻似乎陶醉於絕對文學的昇華樂趣。儘管如此，他們還是深刻懷疑語言的呈現能力，並認為語言在本質上會扭曲生命。兩人到最後都在一種弔詭的「沉默的語言」中尋求庇護。他們對於語言及呈現局限性的結論，日後成為後結構主義哲學家與批評家的典範。巴特的一篇文章〈寫作：一個不及物動詞〉（To Write: An Intransitive Verb）是後結構主義批評的方法學戰鬥宣言，他強力重申布朗修的論點，認為文學的存在理由關係到語言的最高主張[66]。相反地，當語言尋求溝通——

當「寫作」淪為一個**及物**動詞，語言就會喪失它的自主性，變得平庸、功能化，並且被理智的腐敗所玷污。

維琪症候群與知識論（The Vichy Syndrome and Epistemology）

在批判時強調「沉默」的價值，強調對溝通與意義的特有懷疑，會引發一系列令人困擾且難以解決的問題。以布朗修的例子來說，他對語言溝通層面的厭惡，導致某些詮釋的難題：或許可以解釋為他對自身一九三〇年代——所謂的「空洞年代」（Hollow Year）右派新聞生涯的反應。布朗修戰前在政治方面犯下錯誤，因此尋求文學的庇護，並視之為形上學虛無主義的寶庫[67]。他將政治意義的失敗重新詮釋為**意義的全面失敗**。他在一九四〇年代的哲學批判不僅否定了文學「介入」——法國知識界值得敬重的傳統，可上溯至伏爾泰、雨果（Victor Hugo）與左拉（Émile Zola）——的價值，而且還否定了文學指涉的能力。到了下一代的後結構主義者，激進懷疑論蔓延到語言的每一個層面。語言指涉的癱瘓也意味著倫理與政治的癱瘓。宣稱意義「無法決定」時的風險，是把懷疑或不確定性本身奉為目標。

布朗修一九四〇年代評論的特殊性在於，藉由適時地援引齊克果與海德格，他將文學形式主義與形上學的創新用語融合在一起，因此賦予文學批評前所未有的哲學深度。從文學史的傳統來看，布朗修對文學語言的純樸、非實用性特質的強調，似乎並無可訾議之處：他只是用另一種方式來肯定「為藝術而藝術」或美學主義，將這種精神帶入文學。後結構主義者走火入魔的「文本主義」（textualism）——其代表就是德希達的著名箴言「文本之外，一無所有」，以及傅科早年的關注焦點「話語的秩序」，後來的發展結果與布朗修當年奠立的傳統如出一轍。從這個制高點來看，「現代主義」與「後結構主義」（後現代主義的哲學支派）的相似性相當明顯。語言與文本性早已是文學現代主義的中心問題，同時也以「形式主義」為名，佔據現代主義批判的核心位置。

既然後結構主義的風潮已然消退，此時應該可以進一步探討它的歷史深度面向。我們知道某些重大政治事件會導致文學的「不介入」（disengagement）。以法國為例，一八四八年革命失敗之後的政治幻滅感，引發了「為藝術而藝術」的風潮⑱。因此我們可以追問，後結構主義關於「誤解」與溝通失敗的本體論優越性的主張，為什麼會風行一時？以歷史潛意識層面而論，盛行於一九五〇與六〇年代、壓抑法國被佔領時期記憶的「維琪症候群」，以及後結構主義在戰後法國知識界扮演的功能性角色，兩者之間有顯著的相關性。第三共和的政治與軍事失敗，加上維琪政權通敵的劣跡，在在顯示法國思想與政治傳統已經一蹶不振。當時的環境讓人們感覺到，法國已經沒有一個「可用的過去」，於是一時之間，後結構主義者的「意義的懸空」遂成為這番困境的後見之明；雖然他們後來也以德希達的慣用語——「無法表達」（inexpressible）的本質，來處理歷史創傷，也就是以奧許維茲集中營與其他悲劇為代表的二十世紀瘋狂種族屠殺㊾。在這方面，結構主義與後結構主義的論述都傳達了「維琪症候群」的社會心理學困境僵局。結構主義貶抑「事件」，標榜不受時間影響的人類學恆定特質；後結構主義則強調「錯誤溝通」（miscommunication）的先驗優越地位。兩種論述都在無意之間深化了一種法國特有的心態：拒絕「認真面對過去」。

註釋

① See The Foucault Reader, ed. P. Rabinow（New York: Pantheon, 1984），傅科在他晚期的作品中，明確運用尼采的「存在美學」說法，以解除自身理論免於無所不在的「生物權力」的規範性困境。

② See, for example, Jürgen Habermas, The Philosophical Discourse of Modernity, trans. F. Lawrence（Cambridge: MIT Press, 1987）; Manfred Frank, What is Neostructuralism? trans. S. Wilke and R. Gray（Minneapolis: University of Minnesota Press, 1989）.

③ Foucault, Maurice Blanchot: The Thought from Outside, trans. B. Massumi（Cambridge: Zone Books, 1990）, 11.

④傅科如此描述布朗修：「他深深退隱入自身作品的呈現之中，如此地完全退隱，已經不再是躲藏在自己的文本之後，而是根本從文本存在處消失、借助於其存在的神奇力量而消失。對我們而言，他就是思想（從外而內）的化身。」（ibid., 19）。並參見Pierre Mesnard, Maurice Blanchot: Le Sujet de l'engagement（Paris: L'Harmatton, 1996）, 9。Mesnard 列舉了外界對布朗修生涯的常見誤解：「小說家與批評家，一九〇七年生，終其一生奉獻文學。」

⑤ See Mehlman, "Blanchot at Combat: of Literature and Terror, " in Legacies of Anti-Semitism in France（Minneapolis: University of Minnesota Press, 1983）, 6-22; and "Pour Sainte-Beuve: Maurice Blanchot, 10 March1942, " in Genealogies of the Text（New York: Cambridge University Press, 1995）.

⑥兩部近年在法國出版的布朗修傳記，有助於釐清事實。見Christophe Bident, Maurice Blanchot: partenaire invisible（Paris: Champ Vallon, 1998）; and Mesnard, Maurice Blanchot: Le sujet de l'engagement。關於布朗修一九三〇年代政治立場的討論，而且與Bident和Mesnard結論迥然不同，見Gerald Bruns, Maurice Blanchot: The Refusal of Philosophy（Baltimore: Johns Hopkins University Press, 1997）. See also, Steven Ungar, Scandal and Aftereffect: Blanchot and France Since 1930（Minneapolis: University of Minnesota Press, 1995）。

⑦關於他們觀點的透闢分析，見 Roger Soltau, French Political Thought in the Nineteenth Century（New York: Russell and Russell, 1959）, 203-250。

⑧ Maurice Blanchot, "Quand l'Etat est revolutionnaire, " Le Rempart, April 24, 1933（emphasis added）.

⑨斯塔維斯基是一名猶太裔金融家，據說與法國政界高層關係匪淺，利用 Biarritz 附近的一家市立當鋪買賣股票。一九三三年，斯塔維斯基的勾當東窗事發，他也在瑞士的藏身之處自戕身亡；然而一直有傳言說他

其實是被警察殺人滅口。

⑩ Philippe Burrin, France Under the Germans: Collaboration and Compromise, trans. J. Lloyd（New York: The New Press, 1996）, 61.

⑪ Blanchot, cited in Bident, Maurice Blanchot, 77.

⑫ Blanchot, "La Fin du 6 Février, 1934, " Combat 2, February 1936, 2.

⑬ 關於這個團體，見 David Carroll, French Literary Fascism: Nationalism, Anti-Semitism, and the Ideology of Culture（Princeton: Princeton University Press, 1995）。令人驚訝的是，這本書並沒有探討布朗修的作品。儘管如此，一九三〇年代的布朗修主要是一名政論家，較少涉及文學批評的領域。

⑭ 柏爾是一名猶太人，但他總認為自己更是一個法國人。一九三八年，維琪政權成立兩年之前，慕尼黑危機達到最高點，他建議法國政府施行「猶太人法」，以限制猶太人對法國的影響。柏爾宣稱：「要將法國興起的仇外風潮限制在一定範圍之內，唯一的辦法就是認清它無可爭議的深度。針對外國人的立法有其必要，而且要立刻施行，否則我們將無法遏阻法國與外國日趨嚴重的衝突。」Berl, Les Pavés de Paris, 21（4）, November 4, 1938。

⑮ Ordre Nouveau, 3（July 1933）, 3。整體而言，法國的尼采學派是一個尚未充分研究的現象。儘管尼采對傅科、德希達、李歐塔等後結構主義者的影響是眾所皆知；然而大戰之前法國「青年右派」對尼采的崇奉，卻是乏人注意。重要的相關研究見 Jacques Le Rider, Nietzsche en France: de la fin du XIXe siècle au temps présent.（Paris: Presses Universitaires de France, 1999）。

⑯ Denis de Rougement, Nouvelle Revue Française（December 1932）.

⑰ 對於統合民族主義的充分討論，見 William C. Buthman, The Rise of Integral Nationalism in France（New York: Columbia University Press, 1939）。

⑱ See Julien Hervier, Deux individus contre l'histoire: Pierre Drieu la Rochelle, Ernst Jünger（Paris: Klinck Sieck, 1978）.

⑲ Mesnard, Maurice Blanchot, 20.

⑳ Blanchot, Le Rempart, June 22, 1933.

㉑ 這是同時代德國保守革命派社會學家 Hans Freyer 一本著作的書名。關於 Freyer，見 Muller, The Other God that Failed。

㉒ 關於左派與民主，與議會政治的緊張關係，見 Geoff Eley, Forging Democracy: The History of the Left in Europe, 1850-2000（New York: Oxford University Press, 2001）。

㉓ Blanchot, La Revue du Siècle, 6（June 1933）.

㉔ Etienne de Montety, Thierry Maulnier: Biographie（Paris: Julliard, 1994）126-136.

㉕ Mesnard, Maurice Blanchot, 32.

㉖ Sternhell, Neither Right, Nor Left: Fascist Ideology in France, trans. D. Maisel（Princeton: Princeton University Press, 1996）, 223。關於莫尼耶與《戰鬥》強調「精神革命」的意識型態取向，見 Carroll, French Literary Fascism: Nationalism, 222-247。

㉗ See Blanchot's article in Le Rempart, April 28, 1936.

㉘ Blanchot, L'Insurgé, January 27, 1937（emphasis added）.

㉙ Céline, L'Ecole des cadavres（Paris, 1938）, 264.

㉚ Michael Marrus and Robert Paxton, Vichy France and the Jews（Stanford: Stanford University Press, 1995）, 39.

㉛ Blanchot, "Après le coup de force allemande, " Combat, 1（4）, April 3, 1936.

㉜ Blanchot, "Terrorisme comme méthode du salut publique, " Combat, 1（7）, July 7, 1936（emphasis added）.

㉝引自 Jean-Louis Loubet del Bayle, Les Non-Conformistes des années trentes: Une tentative de renouvellement de la pensée Française（Paris: Editions du Seuil, 1968）, 406。雖然 Loubet del Bayle 的分析在許多方面仍相當有用，但一大缺點是只及於一九三四年。

㉞ Girardet, Tendances politiques dans la vie Française depuis 1789（Paris: Hachette, 1960）, 131.

㉟ Sternhell, Neither Right, Nor Left, xvii. See also, Paxton, Vichy France: Old Guard, New Order（New York: Columbia University Press, 1972）, 165。對國家幹部學校更詳盡的記載見 John Hellman, The Knight Monks of Vichy France: Uriage, 1940-45（Montreal: McGill-Queens University Press, 1997）。

㊱ See W. D. Halls, The Youth of Vichy French（New York: Oxford University Press, 1981）, 313.

㊲ Marc Fumaroli, L'Etat culturel: une religion moderne（Paris: Editions de Fallois, 1991）, 94.

㊳ Lindenberg, Les Années souterrains, 1937-1947（Paris: La Découverte, 1990）.

㊴ Mounier, Esprit,（November 1940）, 10.

㊵ Marrus and Paxton, Vichy France and the Jews, 13. See also Serge and Beate Klarsfeld, Vichy-Auschwitz: le role de Vichy dans la solution finale de la question juive dans France（Paris: Fayard, 1983-85）.

㊶ Fumaroli, L'Etat culturel, 95.

㊷ Ibid., 99, 100.

㊸ Loubet del Bayle, Les Non-Conformistes des années trentes, 411-412.

㊹ Mehlman, "Blanchot à Combat: Littérature et Terreur," Tel Quel 92（Summer 1982）; reprinted in Mehlman, Legacies of Anti-Semitism in France（Minneapolis: University of Minnesota Press, 1983）. Blanchot's 1979 letter is reprinted in Appendix II, 107-109.

㊺ Jeffrey Mehlman, Genealogies of the Text（New York: Cambridge University Press, 1995）, 174-194.

㊻ See Mehlman, Legacies of Anti-Semitism in France, Appendix II, 107-109.

㊼布朗修與巴岱伊在一九四〇年代初期結識，這段交往對布朗修的批評理論有脫胎換骨的影響。兩人相互影響的經過，見 Mesndard, Maurice Blanchot, 70-83。

㊽ Blanchot, The Gaze of Orpheus（Barrytown: Station Hill, 1981）, 5（emphasis added）.

㊾ Michael Syrotinski, "How is Literature Possible," in A New History of French Literature, ed. D. Hollier（Cambridge: Harvard University Press, 1989）, 957.

㊿見布朗修在 Le Nouvel Observateur, January 22, 1988, 79 的敘述：「感謝列維納，如果不是他在一九二七年或一九二八年的貢獻，我不可能開始理解《存在與時間》，海德格這本書對我帶來思想上的震撼，它有一種原創性的堂皇恢宏。直到今日，我仍無法忽視這本書的影響，就連在記憶中也是一樣。」

(51) Martin Heidegger, "What is Metaphysics," in Basic Writings, ed. D. Krell（New York: Harper Row, 1977）, 105.

(52) Jean-Paul Sartre, Nausea, trans. L. Alexander（New York: New Directions, 1964）, 129, 131.

(53) Cited in Jean-Paul Sartre, Oeuvres romanesques（Paris: Gallimard, 1981）, 1708.

(54) Blanchot, "From Dread to Literature," 19。關於解構主義著名的論點——理解是憑藉於誤解，見 Jonathan Culler, On Deconstruction: Theory and Criticism after Structuralism（Ithaca: Cornell University Press, 1982）。

(55)例如布朗修在"Literature and the Right to Death," 27 對沙特視寫作為「介入」觀念的寓言式攻詰：「一個特意為公眾而寫作的作家，其實不是在寫作……為了受到閱讀而創作的作品毫無意義：根本沒有人會讀。這就是為他人寫作的危險所在，為了喚起他人的言語，向他們揭示自身：事實就是沒有其他人想聽他們自己的聲音；他們只想聽別人的聲音，一種像真理一樣真實、深沉、令人不安的聲音。」在同一篇文章後面，布朗修試圖拿《存在與時間》的觀念來對付沙特式的介入，指控這位哲學家「信念錯誤」。

(56) Blanchot, "From Dread to Literature," 8（emphasis added）.

57 Blanchot, "Literature and the Right to Death," 29（emphasis added）.

58 Bataille, Oeuvres complètes, III（Paris: Gallimard, 1971）, 521（emphasis added）.

59 Bataille, Oeuvres complètes, V, 355.

60 巴岱伊對黑格爾的批評見："The Critique of the Foundations of the Hegelian Dialectic," in Visions of Excess: Selected Writings, 1927-1939, ed. A. Stoekl（Minneapolis: University of Minnesota Press, 1986）, and Inner Experience, trans. L. A. Boldt（Albany: SUNY Press, 1988）, 109-111。

61 Bataille, Oeuvres complètes, VI, 416:「從一九三三年到一九三九年，我參加科耶夫的精神現象學講座，他對黑格爾那本書作了精湛的詮釋。不知有多少回，我和奎諾離開教室時只覺得快要窒息——窒息而全神貫注。科耶夫的講座粉碎了我，殺死我十次。」

見 John Heckman, "Introduction," Jean Hyppolite, The Genesis and Structure of Hegel's Phenomenology of Spirit, trans. S. Cherniak and J. Heckman（Evanston: Northwestern University Press, 1974）; Michael Roth, Knowing and History: Appropriations of Hegel in Twentieth Century France（Ithaca: Cornell University Press, 1988）。

62 See Schelling, Sämtliche SchriftenU, I/10（Stuttgart and Augsburg: Cotta, 1856-1861）, 10-11:「因此『我思故我在』之中的『在』，並不意味著無條件的『我在』，而只是『我以特定方式而在』，也就是作為思想、作為一種被稱為思想的模式的『在』。因此『我在』也並不意味：『我以無條件的方式而在』，而只是『我以特定方式而在』。」

63 Bataille, Oeuvres complètes, III, 495.

64 Bataille, L'Erotisme（Paris: Editions de Minuit, 1957）（emphasis added）.

65 Foucault, Interview with Roger-Pol Droit, Le Monde, September 6, 1986.

66 Barthes, "To Write: An Intransitive Verb, " in, The Structuralist Controversy, ed. R. Macksey（Baltimore: Johns

Hopkins University Press, 1972）, 134-154.

⑰布朗修在這方面與德曼如出一轍。德曼早年在納粹佔領的比利時，是一名通敵的新聞工作者，但他晚年也達致典型的解構主義者結論：「意義」在本質上既不可靠，也不穩定。相關討論見我的 "Deconstuction at Auschwitz: de Man, Heidegger, and the New Revisionism, " in Labyrinths: Explorations in the Critical History of Ideas（Amherst: University of Massachusetts Press, 1995）, 210-230。

⑱ See, for example, Arnold Hauser, The Social History of Art, vol. 4（New York: Routledge, 1989）, 17：「一直到一八四八年，最重要的藝術作品都屬於行動主義者；一八四八年之後則是寂靜主義者的天下。斯湯達爾的幻滅仍然是主動的、外向的、無政府主義的；福樓拜的默認則是被動的、自我中心的、虛無主義的。」我雖然同意Hauser的描述，但是並不願意從「社會功能」的角度來判決美學問題，這種角度可能是Hauser「社會歷史」方法的最大缺點。

⑲ See, for example, Shoshana Felman and Dori Laub, Testimony: The Crisis of Witnessing in Literature, Psychoanalysis, and History（New York: Routledge, 1991）, and Felman, The Juridical Unconscious: Trials and Traumas in the Twentieth Century（Cambridge: Harvard University Press, 2002）. See also Dominick Lacapra, Representing the Holocaust: History, Theory, and Trauma （Ithaca: Cornell University Press, 1994）.

6

打倒法律：解構主義與正義問題

Down by Law: Deconstruction and the Problem of Justice

解構主義的策略是一種詭計，它讓說話成為可能，然而也在同時同地讓人無話可說。

——戴康柏（Vincent Descombes），《現代法國哲學》（*Modern French Philosophy*）

解構主義征服美國（Deconstruction Conquers America）

德希達追隨海德格的腳步，以形上學批判樹立名聲。海德格在《存在與時間》一書中主張，西方形上學必須全面**摧毀**（Desruktion），因為這門學問已經遺忘存在的問題：存在本身的意義，而非個別特定存在物的意義。然而海德格批評西方傳統是為了更完善地建立「第一哲學」（「基本存有論」）的先決要件，德希達在這個層面上的意圖卻與他南轅北轍。在德希達看來，海德格的思想仍殘存著「基礎主義」的痕跡，在他為其存在哲學精心打造的隱喻——對於「家」、「地方」、「真實性」的眷戀——中呼之欲出。德希達認為，哲學的原罪在於它偽裝自己擁有某種事物——做為「在場」（presence）的真理，然而由於語言層面的重大原因，它根本不可能擁有這種事物。因為哲學必須透過語言進行，而德希達認定語言的運作在本質上就退離了它企圖呈現的事物，而且是從**時間**（temporal）與**空間**（spatial）兩個層面同時退離。雖然人們可以想像在「主體」與「真理」之間有一種非語言的、神祕的同一性。然而德希達認為，運用語言的存在物卻注定會淪入「認知的徒然」（cognitive futility）：語言的符號學決定要素迫使我們的語言呈現非失敗不可，無法以客觀的視野來觀照事物的本來面目。在德希達理論的脈絡中，語言是「延後滿足」（delayed gratification）的實例：它只能指涉實際上外於它而存在的事物。此外，語言的主張與論點透露出弗洛依德所謂的結構性「事後性」（Nachträglichkeit）：存在於事件之後，在時間上退離了它們所欲描述的對象。

因此，身為語言使用者的我們，其實是在「巴別」（Babel）：我們出生在知識論的墮落（Fall）之後，墮落一方面導致我們使用的話語之間、真理與意義之間出現本體論的鴻溝深淵。如果真理在認知上遭到根本的懷疑，那麼被德希達視為本質上不穩定的意義，恐怕也會步上真理的後塵。

對德希達而言，語言在本質上的時間——空間延遲，意謂所有涉及真理、以語言表述或內在於語言的論點，都是第二義的與派生的。德希達思路中最重要的就是延遲本身，他稱之為「延異」（différance），巧妙地兼顧了「延」（differ）與「異」

（defer）的意義。在這方面，德希達倚重索緒爾的兩個論點：語言系統是由一系列內在差異（而非與實在界的直接對應）組成；我們在話語中使用的「能指」或「音素」，和意義（「所指」層面）的關係完全是偶然性的——也就是索緒爾著名的「能指的任意性」理論。因此如果「差異」先於「在場」，而且我們的「能指」全然是任意性的，那麼西方形上學的原始目標——對真理的體系化闡釋——就成為語言與知識論上的不可能。長久以來，哲學家一直在闡揚確定性、真理、意義與實在界的究竟本質。然而在德希達之前，卻沒有人全面省思語言的組成要素；對於所有後續的認知性論點，這些要素既是基礎所在，也是動搖它們的弱點。

諷刺的是，解構主義的核心卻有一個致命的自我矛盾——德希達將哲學史去哲學化（out-philosophize）的企圖。跟先前西方形上學語言遊戲的玩家一樣，德希達也聲稱**他的**觀念（或者「非觀念」）——延異、播散（dissemination）、痕跡（trace）、處女膜（hymen），比起從柏拉圖到當代前輩哲學家的觀念，更具有本源（因此也更「真」）的地位。一位哲學家當然可以以任何原因為由，停止哲學思考的工作，以避免自我矛盾的風險。然而當哲學家決定要揭示傳統在本質上的缺陷並藉此大加批判時，往往會作法自斃：他們對真理或適切性的主張，也會受到同樣的批判。

這些主張不僅會受到批判，而且像德希達那樣提出「延異」觀念、對真理與呈現的本質做另闢蹊徑的解釋時，所有的哲學都會走向「實在論」（realism）。德希達暗地裡對認知與外在世界的關係提出主張，他是個實在論者嗎？弔詭的是，這位反知識論經典之作《書寫與差異》（*Writing and Difference*）、《論書寫學》（*Of Grammatology*）的作者，竟無法迴避這樣的兩難。德希達試圖對呈現與實在界的關係另做闡述，因此他必須論證指出——就算是暗指也好——他的闡述要比其他各家各派更為貼近事物的本來面目。從這個觀點來看，德希達的哲學雖然企圖揭露與清除西方形上學的遺跡，但事實上他卻可能是這個傳統的集大成者——「最後的形上學家」。他關於語言與實在界之間的本體論深淵的基礎主義論點，是否能夠自圓其說；這問題已超出本書的探討範圍（儘管前述解構主義在本質上的「自我矛盾」問題，似乎對解構主義本身非常不利）。如果解構主義想要突顯自身的方法與見解勝過其他哲學家，它就必須倚賴比傳統形上學更具普遍性——因此也更接近「真理」——的做法與過程。如此一來，解構主義不就是以形上學之道還治形上學之身？總而言之，解構主義的問題在於，如果以往的真理主張全都被「延異」——所有知識都會遭遇的時間空間雙重退離——消解掉，那麼解構主義自身的主張也會遭到同樣的命運。當代一位哲學家指出：「對於一項關於真理或意義的普遍性主張，我們大可以質問它是否適用於自身。」①從這個基礎的判準來看，解構主義的幾位奠基者恐怕是聰明反被聰明誤。

就算暫且假設解構主義對於意義與道德的根本懷疑可以成立，但這種懷疑會把我們帶往何方？在許多讀者與批評者眼中，解構主義最嚴重的弱點之一，就是無法妥貼地回答這個問題。在「不可決定性」（undecidability）的標幟之下，德希達反覆標榜意義的無法決定。意義無藥可救的虛幻特質，猶如一座知識論的堡壘，要抵抗「邏各斯中心主義」的誘惑，也就是西方思想的特徵之一：理性的暴政。德希達在《論書寫學》中大膽宣稱：「在這邏各斯中心主義漫天蓋地的時期，我們要突圍而出。」②由於同樣的原因，解構主義對思想推論必不可少的形式邏輯與命題真理，表現出近乎恐懼的憎惡。德希達的作品充斥著巧妙的修辭、不根據前題的推論（non sequitur）、雙關語、突兀的語言衝擊，以這些技巧來顛覆敘述連續性的虛假和諧。然而這種對於正面真理論點的不信任，似乎也使德希達難以明確提出建設性的批判觀點。詹明信（Frederic Jameson）指出，解構主義做為一種「否定詮釋學」（negative hermeneutics），標榜不連續性與符號的滑動，而非高達美正面意義的「傳統的發生」；然而解構主義這種地位卻無法避免它自身僵化為另一種學院世界觀，吸引一群信徒，加上體制內的錦上添花，儼然成為後現代的熱門顯學③。

解構主義者致力彰顯固有的意義與真理論點無法自圓其說，文本在本質上就有內在矛盾，但所為何來？是要為解構主義大業罩上學術榮光嗎④？一如預期，德希達對這些問題的回應是閃爍其辭⑤。但他還是一直堅稱，解構主義表面上只在乎文本的詮釋，實則不然，它也要求學以致用。一位德希達門徒曾樂觀地表示：「解構主義的文學與哲學議題，產生了許多重要的學術影響，其中之一就是政治的效應與結果，在其中閱讀——對差異的閱讀——達致的實際成效，遠超過外界指稱的諷刺與遊戲。」⑥然而剝除了這些虛有其表的說法與模糊的一概而論之後，解構主義在政治上的助益與可行性，仍然有待其信徒證實。多年來認真追隨解構主義非政治道路的讀者，很可能會訝異於德希達在《馬克思的幽靈》（*Specters of Marx*）一書中宣稱：「解構主義只有一種意念或興趣……就是激進化，同時也是一種馬克思主義的**傳統**、一種馬克思主義的精神。」⑦然而就連《幽靈的界限》（*Ghostly Demarcation*）——為《馬克思的幽靈》舉辦的研討會論文集——那位同情德希達的主編也不得不說：「如果讀者在看這本書之前心想，這麼多年之後，德希達……與馬克思主義的關係終於徹底澄清解決，那麼他幾乎一定會失望而歸。」⑧論文集中一位幻滅的作者則認為，德希達虛無飄渺的後設政治沉思，到最後只帶給我們一個**沒有馬克思主義的馬克思**，一種完全抽離了社會、經濟與歷史內涵的馬克思主義，在政治上一文不值⑨。拉蒙（Michéle Lamont）《如何成為法國主流哲學家：德希達案例》（*How to*

Become a Dominant Frehch Philosopher: The Case of Jacques Derrida）一書中提到，在美國這類缺乏本土左派的國家，德希達的影響如日中天；然而在馬克思主義傳統深厚的國家如德國、義大利與拉丁美洲，德希達卻已銷聲匿跡⑩。

尤其是在政治批判領域，解構主義的「現實缺陷」——從方法學層面排斥文本之外的考量——總是陰魂不散。人們會懷疑德希達大刀闊斧拆解邏各斯中心的哲學偏見之後，反而將詮釋活動凍結為根源性的一籌莫展，而不是根源性的「在場」。德希達在近來一系列論「善意」、「世界主義」與「寬恕」的文章中，論調有如一個徹頭徹尾的自由派，強烈譴責「歐洲堡壘」（Europe Fortress）的排外心態，維護移民的權利⑪。然而這樣的呼籲雖然可敬，仍然是深藏在後設理論的抽象之中，很難從其中析辨出具體的政治意涵，況且德希達也未必有這樣的意涵。德希達更早之前曾依循尼采的理路指出，一旦我們解脫了西方形上學的約束衣，戴奧尼索斯的「歡樂智慧」（joyous wisdom）就會取代理性的主張；如此一來，我們將進入一個更美好的世界，只是德希達仍然沒有說清楚要以何種方式進入⑫。

德希達在整個學術生涯中，一直積極揭露「形上學」與「暴力」之間的整體性關聯，讓人們誤以為所有的不公不義與壓迫，都可以上溯至形上學的發展史。然而十八世紀的「人權與公民權利」卻是衍生自現代自然法（natural law）的形上學觀念。

我們可以順理成章地認定，以「人權」為名的形上學提供了觀念力量，讓人們得以推翻「舊體制」⑬。黑格爾在《歷史哲學講座》（*Lectures on the Philosophy of History*）就是如此認為，他提到現代自然法時明確指出：「哲學是法國大革命最早的原動力。」⑭但是德希達就像前輩的尼采與海德格一樣，將難以負荷的詮釋重擔挪到形上學身上。例如：德希達該如何解釋世界上有些地區，雖然幾乎不曾受到西方形上學影響，但卻充斥著不公不義與壓迫？在解構主義者的世界觀之中，非形上學的壓迫因素——諸如本土文化——具有何種地位？當代人權理念在實至名歸的「一九八九年革命」扮演關鍵角色，形上學對人權理念的**促進性**影響又該如何解釋？從這些方面來看，解構主義者習以為常地將「暴力」牽扯上「形上學」，實在是過度誇大，甚至是無中生有。

如果我們追溯解構主義在法國的發展歷程，將會了解它的歷史其實是「影響的焦慮」的結果：就像法國後結構主義一樣，解構主義是在沙特的巨大身影之下萌芽，而且亟欲掙脫他的籠罩。在〈人的終結〉（The Ends of Man）一文中，德希達指控沙特的「主體形上學」（metaphysics of subjectivity），說那是沙特關於人、理性、人文主義與自我標榜主體性的理念，早已不合時宜的執著。德希達並認為，沙特哲學有很多落伍的地方，都可以追溯到他對海德格的誤解。海德格的哲學計畫是以「克服形上學」（Overcoming of Metaphysics）為目標，但沙特卻誤以為《存在與時間》符合西方人文主義的價值觀。因此沙特的《存在與虛無》（*Being and Nothingness*）將海德格的「此在」（Dasein）譯成「人類的實存」（la réalité humaine），在德希達看來這是「惡劣至極的翻譯」，扭曲了此後數十年法國學界對海德格的理解⑯。

在〈人的終結〉的序文中，德希達提到這篇文章寫於一九六八年五月法國學生暴動期間，並拐彎抹角地暗示，一九六〇年代的政治動亂與解構主義之間有不為人知的關聯。德希達指出，學生暴動與解構主義都從根本撼動了西方社會的歐洲中心偏見。

諷刺的是，當年的最後贏家卻是沙特。哲學家高德曼（Lucien Goldmann）回憶，在五月事件最激烈的時刻，走上街頭鼓動革命的並不是「結構」。包含德希達在內的結構主義者世代，多年來一直宣揚「歷史的終結」與「人的死亡」；然而在一九六八年五月揚眉吐氣的卻是沙特的「主體性」信念——深信世人有能力為歷史賦予意義。巴黎第十大學（Universite Paris X Nanterre）心理學家安茲厄（Didier Anzieu）寫過一本《震撼法國的理念》（*The Ideas That Shook France*），書名指的是沙特的「併合中的群體」（group-in-fusion）觀念；安茲厄在書中寫道：「五月的學生暴動驗證了自身演繹的沙特公式：『群體是人性的開端』。」安茲厄指出，一九六八年五月不但是一場學生革命，更形同「結構主義的死刑執行令」[17]。在五月學運引爆點巴黎第十大學中，校園一堵牆上寫著：「阿圖塞一無是處！」

法國在戴高樂政權高壓政策下度過了死氣沉沉的十年，但這場學生暴動令它經歷了史無前例的主體性爆發。五月暴動的本質是民粹與民主的，但參與學生認為結構主義是一種立場鮮明的上層社會思想——正是學生要反抗的階層與特權思想。結構主義者與後結構主義者輕忽「事件」而重視「長期研究」（longue durée）——也就是歷史長期存在的深刻層面，認為其重要性遠高於短期的政治與文化變遷；但沙特的主體性哲學對於歷史進步變化，懷有一種唯意志論的樂觀態度，並在五月事件中表露無遺。因此可以想見的是，一九六八年五月十日，在著名的「路障之夜」（night of the barricades）前夕，大批學生聚集在巴黎大學的一座大型露天劇場，沙特是唯一能夠上台對學生說話的法國知識份子。杜塞的《結構主義發展史》一書認為：「沙特分析個人深陷於實踐惰性（pratico-inert）之後的異化；堅持個體有能力獲取自由，途徑是透過志同道合的團體結合成一種辯證關係，讓個體得以逃脫孤立與隔離。因此沙特對一九六八年五月運動的貢獻，超過任何一位關注結構之鏈、屈服的主體（subjected subject）、自我複製或自我調節系統的結構主義者。」杜塞並將書中論五月暴動的那一章貼切地定名為〈沙特的復仇〉（Jean-Paul Satre's Revenge）[18]。羅賽（Clément Rosset）在事件之後寫了一篇諷刺短文〈結構主義者的早晨〉（Structuralist Mornings），戲仿德希達的「書寫」，極盡嘲諷能事：「我先寫了一個句子，但事實上我根本不應該寫的，對不起，我要全部擦掉，重新寫過。我寫了第二個句子，但是想了又想，這個句子其實也不該寫。」⑲

解構主義的發展有一個特異之處：它在美國學術文化界開枝散葉的情況，遠勝於德希達的祖國法國。有一項針對德希達影響力的著名統計調查顯示，一九八四年前後，他在美國的聲望達到鼎盛，研究他的英文專著有五十九本問世；但法國的情況迥然不同，相關論文一年只有一到兩篇⑳。另一項經常被引述的調查，是由文化週刊《閱讀》（Lire）在一九八〇年進行，詢問六百位知識界名人，要他們列出法國三位最頂尖的知識份子；得票最高的三位分別是李維史陀、艾宏（Raymond Aron）與傅科；這三人除了是學者之外，也都積極扮演公共知識份子的角色；這次調查共有三十六位法國知識份子入選，但德希達名落孫山。

這種差異該如何解釋？美國學術界是不是為了要彌補自身的理論自卑感，才會緊抓著一種艱澀深奧的歐洲思想不放？解構主義認定所有學門——其實是所有「書寫」——都臣服於「文本性」（延異、痕跡……）的考量之下，是否因此讓大學的文學系突破一九六〇年代的邊緣化困境，並且重掌學術霸權？（從這個觀點來看，解構主義要感謝新批評（New Criticism）為它闢出坦途；後者也專注於文本性問題，只是方式大相逕庭。）畢竟，藉由反轉哲學（一種「嚴肅的」、與真理相關的學門）與文學（較不嚴肅、較具遊戲性）的傳統位階，並以「書寫」籠罩兩者，德希達猶如為文學理論領域打了一劑強心針[21]。一九六〇年代之後的美國青年，因為無力發動政治革命而心懷怨恨與幻滅，解構主義的「虛無主義」——上承尼采對於意義、道德與真理的厭惡——是否特別令他們心有戚戚焉？對於**後政治青年文化**（post-political youth culture）這個藉由文本理論昇華其革命熱情的世代，解構主義是否變成他們的精神標幟？美國以其廣袤無垠的疆域、發揮到極致的現代主義、快速的社會流動性、文化的零碎化、堅定的文化多元主義，在在都與德希達受傳統牽絆的歐洲形成強烈對比；這樣的國度是否正適合解構主義這種外來批判思潮滋長？無庸置疑的是，美國這個「無限可能」的國度與解構主義強調無限詮釋可能的文本研究方法之間，重要的相似之處不止一端。此外還有另一個相對應的反諷，由於解構主義者的方法要倚重播散、翻譯與「嫁接」（grafting）等理念，美國已成為解構主義的同義詞。德希達自己就說過：「美國**就是**解構主義。」[22]弔詭的是，大師後來不時會覺得有必要重新詮釋自己的理論，以符合其北美洲門徒與仰慕者對他理論的解讀[23]。

解構主義與「政治」（Deconstruction and the "Political"）

解構主義與當代政治的關係，一直是個令人困擾的問題。大部分人都熟知它這方面缺失所受到的批判。相關批判大多圍繞著解構主義只注重文本性與閱讀的問題——其代表就是德希達經常被引述而且引起爭議的著名信條：「文本之外，一無所有。」㉔解構主義的批評者指稱，這種對於符號學主題、文本的比喻和糾纏的念茲在茲，犧牲了更切合人世、更務實的關懷面向。就算世界天翻地覆，但德希達感興趣的恐怕還是某個音素的偶然性——例如黑格爾的名字在法文中與「老鷹」（aigle）同音。熟讀德希達作品的人應該記得，在《輓歌》（*Glas*）一書中，同音異義的巧合讓德希達浮想聯翩，以三百來頁的篇幅暢論語言的滑移與裂隙㉕。

傅科首先對德希達發起攻擊，批判他否定的符號學閱讀缺乏政治實務的意涵。傅科回應德希達對他的《瘋狂與文明》（*Madness and Civilization*）的嚴厲評論，反批解構主義不過只是古典的「文本解析」（explication de texte）方法的特殊變體。傅科以居高臨下的態度，形容解構主義是「被歷史決定的卑瑣教學法」，其特徵是「**將哲學推論**〔對傅科而言也是權力的來源〕**化約為文本痕跡**：將其中發生的事件省略，只保留閱讀的標記；捏造文本背後的聲音，以避免分析論述主題的意涵模式；分派文本中的已說和未說，以避免在哲學推論運作的轉化領域中，將哲學推論給代換掉。」根據傅科的說法，如此一來，德希達帶給我們的不過是一種詮釋作法，「告訴小學生文本之外，一無所有。」而且「反而會讓主人的聲音具有無限的主權，讓它永遠可以重新陳述文本。」㉖身為解構主義的始作俑者，德希達是一位腹語表演大師，以高高在上的姿態，決定哪一種文本意義得以開展與如何開展。傅科最擔心的就是，一九六八年五月學運的主要成果之一——對權力與宰制的批判，在解構主義手中會被一種排他的路向取代——沒有政治目標可言的文本分析。

從這個方面來質疑德希達，傅科之外大有其人。薩依德（Edward Said）曾批評德希達高度形式化地執迷於「原型書寫」（archewriting）的晦澀術語——諸如痕跡、書寫學、替補（supplement）、延異、播散等等，後來遂導致「混淆了……思想，到了毫無用處的地步。」薩依德繼續指出：

> 「〔解構主義者〕邏輯的效果（意義的懸空）就是將文本中我們認為具有文本外意義的事物，全都化約成文本的功能……德希達的關鍵字彙……是冥頑不靈的符號：他說它們無法變得比能指更有意義。以某種相當迫切的

方式，它們帶有輕率無聊的特質；因為如果無法融入一種有嚴肅需求或實用性的哲學，字彙都是徒勞無益或不夠嚴肅的。」㉗

薩依德的批評與傅科所見略同。德希達對於一種晦澀、否定的書寫符號學的執迷，仍然是一種出世性（otherworldliness）的自我指涉：經過他的處理，世界本身在虛張聲勢的詮釋中黯然失色，這些詮釋只對少數忠誠的圈內人有意義。

來自左派的批判則指控解構主義代表一九六〇年代激進主義的語言昇華。在左派眼中，解構主義形同一種「實踐的替代品」（ersatz praxis）：它並沒有揭露當代社會的弊病，而只是從柏拉圖、李維史陀、盧梭、胡塞爾、列維納、奧斯汀（J. L. Austin）等人的理論文本中，指出「形上學」或「在場」遺留的痕跡。德希達對於歐洲男性思想家作品的情有獨鍾，也讓多元文化主義倡導者難以釋懷㉘。就連以往的忠誠支持者如史碧娃克（Gayatri Spivak），也嚴厲批評解構主義長期以來拒絕「以開放心態面對一個由倫理——政治偶然性構成的『外界』。」㉙

可以想見的是，德希達對這些批判並不服氣。他深信整體而言，自己的作品的政治意涵遭到嚴重低估與誤解。然而在這裡我們要先問一個問題：從嚴格的解構主義觀點來看，一個人要如何區分何謂理解、何謂誤解？畢竟當一種理論倚賴的是播散與「可重複性」（iterability）（「意指作用」〔signification〕不屈不撓的挺進）的信條、聲稱「所有的理解都只是一種誤解」；人們就要問，這位解構主義創立者是基於何種理由宣稱自己遭到誤解㉚？時值今日，當「作者身分」（authorship）與其他「先驗所指」（transcendental signified）都已被解構，一位作者又有何權利宣稱自己遭到錯誤詮釋㉛？

德希達為自己辯護時堅稱：「雙重肯定的話語、超越交易與分配的禮物、無法決定性、不可共量性或不可計算性，或者獨特性、差異性與異質性，都至少是對於正義〔倫理、政治〕的旁敲側擊。」㉜一位批評家指控：「解構主義太過執迷於差異的玩弄，最終導致它對任何事都無動於衷。」德希達在反駁時堅稱：「解構主義並不是擁抱虛無，而是**對他者開放**。」並且藉由這種開放性尋求「重新評估不可或缺的責任觀念。」因此在方式上具有豐富的倫理與政治意義㉝。在其他方面，德希達也大聲疾呼：「解構主義就是正義……解構主義是我所知最具正義性的事物。」他還更進一步說：「解構主義追求這種正義，狂熱地渴望正義。」㉞

對於近來羅爾斯（John Rawls）、桑德爾（Michael Sandel）、沃爾澤（Michael Walzer）與哈伯瑪斯等思想家關於民主理論的論辯，德希達甚至認為解構主義提供了一個理論的制高點。解構主義不認為自身是**非政治的**，而應該是一種「超政治化」（hyper-politicization）。德希達說：

「解構主義是超政治化的，走上與傳統迥然不同的道路與規範……它為我們帶來必要的空間，突破民主的局限，然後思考政治與民主問題。為了要繼續提出政治的問題，有必要從政治與民主之中抽離某些事物——當然，這會讓民主變成一個非常弔詭的觀念。」㉟

德希達透過這些議論，影射現行的民主社會無法反求諸己，並趨向於將「經驗的」與「規範的」要素結合在一起——這種說法值得商榷。德希達暗示，解構主義這種詮釋方法有其必要性，能夠創造出一個批判的空間，與弊病叢生的現行民主體制保持距離。

德希達過去十年來的作品，充斥著這類對於解構主義政治相關性的保證。然而由於解構主義刻意使用艱澀的語彙，這些保證的實際意涵無法令人信服。例如，德希達自我標榜對於「雙重束縛」（double bind）、「不可能」——一種弔詭的質疑，一方面倚賴不可信的形上學語彙，同時又完全體認它的無法運作——之類論述的著迷，我們如何能夠確定他的理論除了助長猶豫與觀望心態之外，也會裨益有意義的政治參與㊱？還有，解構主義最具代表性的「遊戲性」（playfulness）有助於政治的真誠性嗎？最後一點，既然做為政治論述的解構主義似乎特別重視「顛覆」與「拆解」之類的「否定」要素，那麼它要如何澄清人們的懷疑，認為它無法孕育政治凝聚性：政治的民主理想——讓政治成為一種實現集體目標與計畫的公平正義框架。

從最早期的作品開始，德希達就一直強調解構主義的位置與脈絡本質，他近年來對政治的關注也是如此。一九九〇年代初葉，德希達開始重新定位自己的思想，以便反擊外界對於解構主義只在乎「意旨的隨意戲弄」（free play of signification）的非政治主義指控。然而他的努力多半只停留在「責任」、「對他者開放」之類抽象敷衍的論調，前文已經引述。因此我們並不知道「開放」的明確定義，不知道我們要對哪些「他者」開放，不知道我們為何與如何來對他者開放，不知道我們要如何將「開放」的倫理學信念轉化成生活中的實際行為或體制環境；我們只看到一項空泛而模糊的指令，挫折困惑的感受遠勝於茅塞頓開。一位批評家曾指出，過度強調他者性，儘管表面上有其優點，但卻會顯示出一種特有的「出世性」，瀰漫於解構主義者對人世實際政治的討論㊲。

這個「他者性」觀念顯然是傳承自列維納，在某些方面它造成的問題比解決的問題還多。它對現代自然法傳統——當代民主社會的規範基礎——的批判無限上綱，使得民主理想顯得一無是處，並傷害了「理性民主」的政治。最後我們只剩下一種「政治存在主義」（political existentialism），認為既然道德和政治選擇在本質上「毫無根據」，那麼任何政治「決定」都可以等量齊觀。

此外「他者性」還有許多問題。某些「他者」如新納粹、白種人至上主義者（white supremacist）與其他類型的種族主義者，都喪失了接受他人「開放」的權利。人們應該對所有的他者——妻子、同事、朋友、全然的陌生人——以完全相同的方式開放嗎？弗洛依德在《文明及其不滿》（*Civilization and It's Discontents*）一書中試圖處理這些兩難，他質疑聖經的教誨「你要愛鄰人，像愛自己一樣」，認為這種信念是「文明」樹立的一系列無法達成的理想與不切實際的要求。這樣的戒律源自社會的超我，是文明中精神疾病的主要病根之一；弗洛依德指出：「我的愛對我而言彌足珍貴，不會不假思索地就加以拋棄。」這位心理分析奠基者繼續說道：「更深入檢視之後……不只是陌生人不值得我付出愛，我也必須坦承，其實陌生人比較可能會引發我的敵意甚至憎恨。」[38]

德希達在《法律的力量：論政治權威的「神祕基礎」》（*The Force of Law: On the 'Mystical Foundation' of Political Authority*）一書中，仔細討論解構主義與倫理學、政治學的關聯。與《馬克思的幽靈》一樣，這本書是德希達迄今對相關問題最實質也最發人深省的思索。

德希達《法律的力量》的主要批判論點之一，在於指出正義不同於法律，它總是以其無法化約的個別性來關涉具體案例。正義之所以為正義，必須超越康德的定言令式（「行為時必須讓你的行為信念成為普世的法則」）之類的普遍信念。在德希達看來，這類令式有其缺陷，因為它們是康德所謂的「決定的判斷力」（determinant judgment）：我們已經預先知道普遍法則是什麼，然後再以它來規範特定案例。德希達認為，依循這種作法的人，永遠無法滿足個別案例的獨特正義要求，他說：「正義的行為一定要考量獨特性、個人、無法取代的群體與生命、他者或作為**他者**的我自己。」然而法律反其道而行，「似乎總是要標舉某項規則、規範或普世律令的普遍性。」因此德希達結論：「如果我只想施行一項正義的規則，不顧正義的精神，也不為個別案例設想原則與範例，那麼我也許就可以得到法律保護……然而我的行為卻不是**正義**。」㊴

依據德希達的主張，人們必須突顯出個別案例的特殊性。涉及判斷的問題時，普遍的準則（普世道德律令、憲法規範、權利宣言、議會立法）與變化不定的特定案例之間，會出現一道裂隙、一種不確定性。人們也必須——德希達的建議可以採納——強調正義與實證法（positive law）之間必須存在、無法消除的緊張關係。德希達《法律的力量》主要的批判目標是民主憲政體制，人們在這種體制中可以發現四道鴻溝，分隔正義的「第一原理」（first principles）與特定法律案例，重要性依序遞減：普世道德律令（例如康德與現代自然法傳統所標舉者）、憲法規範、議會或國會立法、法庭對個別案例的判決。

對於民主憲政體制，德希達認為其正義與法律之間，有一道名副其實的本體論鴻溝，令人憂心。在他看來，普遍信念——無論是道德、憲政抑或法律——在本質上就無法針對個別案例的特殊性達成正義，因此所有拉近正義與實證法之間差距的努力，都注定要以失敗告終。然而針對德希達關於正義與法律互不相容的草率認定，人們大可以指出，這兩項要素之間的不穩定平衡，至今仍是現代權利體系的基石，而且已經達到某種程度的成功。在不少著名的案例中，正義與法律之間岌岌可危的平衡，能夠防止實證法變得僵化、無法重新詮釋、不受歷史需求變化的影響。此處我想到的是美國近代歷史上，公民不服從（civil disobedience）與政治不公不義之間極為重要的關係。民權、女性與同性戀者的解放與反戰運動，多多少少都成功引發了政治理解的巨大變化。這些抗議運動強調社會平等的道德律令，揭露了許多社會團體並沒有遵循民主包容的原則。在許許多多的案例中，高於實證法的道德主張與上層的憲法規範，都為民眾抗議行動背書，協助他們揭發不符合倫理理想正義的法律或政策㊵。這些考量構成了現代自然法傳統的核心：從為民主革命時期提供思想彈藥的洛克（John Locke）與盧梭的年代，直到今日德沃金（Ronald Dworkin）與羅爾斯的信念。

然而德希達完全不信任現代自然法傳統，認為它是無藥可救地邏各斯中心。這個傳統表現出邏各斯的霸權，無法為他者與差異的主張達成正義。然而，對不起，德希達先生，前述的歷史實例已經顯示，在許多情況之下，道德與法律的辯證緊張關係，都能夠防止社會臣服於毫無彈性的法律實證主義——亦即實證法的暴政。

做為現代法律的批判者，德希達未能在普遍與特殊之間達到適切的平衡。他既是邏各斯中心主義的批判者，又是標舉「不可決定性」（所有的真理主張都有不確定性）的哲學家，但他宣揚特殊性要素的方式卻是昭然若揭的**決定論**方式：強調所有判斷與決定的任意性與偶然性。因此德希達才會津津樂道齊克果的名言：「決定的要素是瘋狂。」德希達進而指出：「對於必須撕裂時間、違抗辯證法的正義決定而言，尤其是如此。」㊶在德希達的觀點中，普遍法則與信念都被貶抑為「邏各斯中心」：它們是邏各斯暴政的代言人；邏各斯並沒有對「他者的他者性」（otherness of the other）——德希達受列維納影響的近似正義——開放，而是更在乎邏輯一致性與觀念連貫性的律令㊷。德希達曾說：「除了某種超越衡量、規則、計畫、預期的事件實現的可能性之外，沒有正義可言。做為絕對的他異性（absolute alterity）經驗的正義，根本**無法呈現**。」㊸

有人懷疑，德希達的正義理想既然如此厭惡「衡量、規則與計畫」，因此它必然是激進地反體制。德希達後來談論正義與法律之間的本體論鴻溝時，更顯示出這項懷疑有其正當性。對德希達而言，實證法在本質上是貧乏的，因為它是經驗性的、體制性的、規範性的、實質性的。他認為「正義的法律」（just law）一詞本身就有矛盾。在德希達看來，想要彌補實證法的缺陷，既不能仰賴憲政規範，也不應訴諸現代自然權利的普世信念（霍布斯、洛克、盧梭），當代的人權觀念更是派不上用場。德希達認為，真正能與法律分庭抗禮、為正義維持希望的是「神祕」的理念，因此《法律的力量》一書的副標題就是《論政治權威的「神祕基礎」》，取材自蒙田（Michel de Montaigne）的作品。德希達訴諸神祕理念，認為在裁決判斷的問題上，我們除了實證法的實然性（facticity）之外，還有別的憑藉。就其本身而言，神祕理念是要解釋一種奧祕的過程，一種實體轉化（transubstantation）的實例，將某種停留在實證與事實層面的事物（法律），轉化為充滿著超凡脫俗與超越的事物。

德希達欣然揚棄裁決判斷的普世判準，以海德格對形上學的批判做為哲學上的根據；這種心態值得我們省思。德希達認為這類判準已經不足以做為啟發或準則；

反而是邪惡的、倒退的邏各斯中心障礙，使得做為神祕理念的正義無法彰顯。在德希達看來，正義有其徹底的獨特性，衡量、計劃、算計、程序與規則都無法將它化約；因此正義近似於全然的他者、「絕對的他異性」、庸俗事物秩序中的超越噴發。德希達說：「這就是我所謂的神祕。」㊺他以這句話向齊克果「決定的要素」的「瘋狂」與裁決判斷的不可決定性致敬。

德希達底下這段文字總結了他的立場：

「對於現存正義的決定性假設的解構，要以一種無限的『正義理念』做為運作基礎。它因為不可化約，所以無限；因為有賴於他者，所以不可化約；因為它已經來到，所以不需締結任何契約就有賴於他者；做為獨特性的他者的來到，永遠也是他者。對我而言，這種『正義的理念』似乎是不可化約，見諸它肯定的特質，以及它要求禮物卻拒絕禮尚往來、流通、認可或感謝、經濟的流通性、衡量與規則、理智與理性。因此我們可以在其中看出……辨認出一種**瘋狂**，甚至是一種**奧祕**（mystique）。」㊻

德希達在為他的法律神祕權威觀點辯護時，無疑深受生機論思想潮流的影響。

在「不可決定」的掩護之下，德希達其實做了一個重大而明確的決定：**贊同**「獨特性」、「瘋狂」與「神祕」，**反對**形式程序、規則與理性。對於一個曾經投注大量心血來拆解古典形上學二元對立的哲學家而言，這種作法似乎過於天真。

德希達對兩位思想界前輩——齊克果與納粹法學家施米特——的倚重，也很難增加人們的信心。這兩位思想家會在解構主義的法學論述中扮演重要角色，也絕非偶然。他們都將法律視為平庸至極、例行公事、缺乏英雄特質。他們都是關注於**特例**而非**規範**的理論家。在《恐懼與顫抖》（*Fear and Trembling*）一書中，齊克果的信仰騎士要成為上帝的選民，先決條件是超越「倫理領域」的平庸本質；這個領域被齊克果貶抑為中產階級的傳統。

施米特像德希達一樣，極力反對法律實證主義，以「生命」的生氣蓬勃來對比法律的僵化剛硬。施米特在一九二二年出版的《政治神學》一書中說：「特例遠比規則有趣。在特例之中，**真實生命**的力量突破了因不斷重複而變得遲鈍的機械論。」施米特進而引用齊克果的話：「特例能夠解釋通則與其自身……它比通則更能清楚揭示每一件事物。關於通則喋喋不休的討論非常**無聊**。」這位丹麥神學家的結語預示了施米特將中產階級貶抑為「議論的階級」（die diskutierende Klasse）——只知如何討論，卻不知如何**決定**[47]。

阿多諾曾經指出，齊克果對特例的重視（例如他在《恐懼與顫抖》中改寫聖經中亞伯拉罕〔Abraham〕與以撒〔Isaac〕故事）局限於中產階級的內在性（inwardness）㊽。他將特例等同於信仰轉化經驗或「信仰的飛躍」（leap of faith），將人們的存在階段從倫理推向宗教。

然而施米特對特例的倚重有很嚴重的負面作用。施米特視威瑪共和體制如寇讎，認定緊急狀態（Ausnahmezustand）是主權問題的答案，頌揚緊急權力與獨裁政體㊾。因此從威瑪時代晚期的總統獨裁歷經一九三三年的德國革命，施米特都能處之泰然。納粹奪取政權之後，他積極參與「一體化」政策立法，將猶太人、共產黨員與其他不受歡迎人士排擠出納粹的民族共同體（Volksgemeinschaft）。早在納粹掌權之前，施米特就不遺餘力地捍衛「種族同質性」（Artgleichheit），主張徹底消滅「內部的敵人」㊿。一九三〇年代，他靠著提倡「大領域」（Grossraum）信條（納粹「生存空間」〔Lebensraum〕觀念的變體），成為德國稱霸歐陸帝國主義的理論大師。大戰結束之後，施米特非常僥倖地逃過戰犯審判(51)。

德希達完全沒有提及施米特這些不堪的往事，反而美化——說是掩飾更為恰當——他的法西斯歷史，說那是「他在一九三三年奇特地轉向希特勒主義（Hitlerism）」(52)。事實上，施米特在一九二〇年代的威權主義政治信條，與他後來十年的熱中鼓吹納粹思想，其間有相當確切的連貫性。德希達又進一步曲解施米特的政治血統，錯誤地將他形容為「偉大的保守派天主教法學家」，在威瑪時代「仍然是個憲政主義者」。施米特最晚在一九二三年就已脫離保守派陣營，他在當年出版《議會民主的危機》（*The Crisis of Parliamentary Democracy*），歌頌墨索里尼的「向羅馬進軍」。施米特認為，藉由這場進軍，墨索里尼終將擊垮「人類的民主」，並代之以一種「自覺的神話訴求」：「民族神話的非理性力量」㊳。德希達所謂的「憲政主義」原來不過是這麼回事。

施米特的法學理論對德希達而言相當重要，因為他的決定論突顯了「不可決定性」的問題——決定與判斷的任意性基礎。施米特與德希達都認為，法律體系不可能自我合理化，它的基礎是個「無立場的立場」（groundless ground），也就是海德格所謂的「深淵」（Ab-grund）；這個特質在緊急狀態中特別突顯，主權的問題將會在那時出現——墨索里尼的進軍羅馬就是如此，法律問題必須暫時擱置，由君王或獨裁者取得合法性。事實上，德希達的不可決定性與施米特的決定論，有相當怪異的相似性。對他們兩人而言，規範無法在個別案件的存在情境中，滿足其特殊性的正義需求。由於普遍性的規則在本質上就不適合用於裁決判斷，因此我們不必再遵循規範，而應該直接**決定**。在施米特看來，這意味著一種生於虛無（ex nihilo）的決定，其基礎除了純粹意志的深淵之外一無所有。施米特曾說：「決定掙脫了所有的規範性束縛，轉變成道道地地的**絕對**。」與本體論層面居於弱勢的規範相較，特例會產生一種創造性的、純粹暴力的要素。施米特熱切地宣稱：「規範在特例中遭到**摧毀**。」[54]「決定當下就脫離論證性的實體性而獨立。以規範性的觀點來看，決定源自虛無。」[55]

施米特以特例做為合法性基礎的生機論執迷，與德希達的「權威的神祕基礎」信念相互呼應。施米特宣稱「法學中的特例就如同神學中的奇蹟」，正好完全掌握了兩人思想的契合之處[56]。我們已經看到，德希達也將正義描述得宛如奇蹟，形容它是從虛無之中誕生。在德希達看來，嚴格地說，一個正義的決定是無法解釋的。正義的決定有其絕對的純粹性，指向個別案例無法化約的獨特性，它無視於先前的案例，也不必乞靈於更高層的事件或規範。就像施米特的主權所發揮的正義，其權威由神聖權利賜予，德希達的「神祕」正義理念也具有一種頓悟經驗的結構。不僅在隱喻象徵的層面是如此，德希達將這種正義理念與班雅明的政治彌賽亞主義（political Messianism）聯繫起來。

並不是說施米特對特例的重視導致他投入法西斯主義的懷抱，因此德希達也會遭遇同樣的風險。真正的問題在於，德希達的法律理論偏重神祕與不可決定性，全面貶抑以推論來達致判決規範的傳統方法，因此他就像施米特一樣，不加批判地擁抱一系列虛有其表的範疇與戒律。德希達輕忽了要以批判的角度來反思一個兩難問題——以決定論的方法來解決規範性的問題；探討施米特之類的思想家會立刻遭遇這樣的兩難。在德希達看來，這類方法更適合解決讓正義顧及個別案例特殊性的棘手兩難。因此，我們一方面看到現代法學的醜化，猶如韋伯的官僚化法官形象：「一具自動依法裁決的機器，只要你從機器上端投入卷宗與所需費用，它就會從底下吐出一份判決，雖不中亦不遠矣。」㊼不消說，如果法律判決可以像算數一樣預先設定，正義將只不過是一場騙局。另一方面，德希達乞靈於列維納與蒙田，宣揚一種天真的、外在於法律體系的判決。儘管這些彌賽亞式的論調針對成文法提出了一些值得探討的問題，但也同時引發判斷任意性的問題。人們不禁要問：對於一個判決體系而言，完全揚棄普遍規範、轉而依循「絕對的他異性」，在體制與政治上會有何影響？

法律與暴力（Law and Violence）

德希達的法律與正義理論還有一個面向令人憂心：他毫不批判地援引班雅明一

九二一年的一篇文章〈暴力的批判〉（Critique of Violence）。《法律的力量》的後半部完全以這篇文章為中心。

班雅明的文章將「創造法律的暴力」（rechtschaffende Gewalt）與「維繫法律的暴力」（rechtserhaltende Gewalt）分別而論。「維繫法律的暴力」是現代國家隱而不顯的基礎，其作用完全是要維持現狀。韋伯將現代國家界定為「在一定的領域之內，獨佔壟斷合法的實體暴力」[58]，其實也就意味著這種暴力。班雅明立論當時的歷史背景是一九一八年至一九一九年間失敗的德國革命：巴伐利亞蘇維埃共和國（Bavarian Soviet Republic）遭到軍事鎮壓，其領導人艾斯納（Kurt Eisner）被人暗殺；一九一九年一月柏林斯巴達克思同盟（Spartakusbund）的起義也一敗塗地，盧森堡（Rosa Luxemburg）與李卜克內西（Karl Liebknecht）都遭到自由軍團（FreiKorps）殘酷處決。以這些血腥的歷史事件為背景，班雅明將維繫法律的暴力視為中產階級國家的隱性本質；這種狂熱的報復衝動隱藏在中產階級的實證法體系的文明表象之下，蠢蠢欲動。德希達上承左派與馬克思主義同情者的精神脈絡，似乎欣然接受班雅明的許多觀念。

相較之下，「創造法律的暴力」則指向神祕的、純粹的暴力理念。它不會像維繫法律的暴力那樣支撐腐朽的社會體制，而是要將這些體制一掃而空。班雅明當時著迷於猶太教的彌賽亞主義意象，因此創造法律的暴力也變成一種神聖的暴力——

聯繫彌賽亞或最後審判的到來[59]。創造法律的暴力與韋伯分析的那種俗世、工具性、國家支持的暴力可謂南轅北轍，它是一種純粹的「本體的暴力」（noumenal violence），一種終結一切的暴力——有如一位復仇天使從天而降，將人世撥亂反正；同時也像聖經中憤怒的上帝對罪有應得的敵人降下的暴力。在〈暴力的批判〉一文中，班雅明如此描述：

「毀滅的工作再度突顯出……純粹、直接的暴力問題……就如同在所有上帝與神話對立的領域中，神話的暴力遭遇神聖的暴力……如果神話的暴力要安頓法律（law-positing），神聖的暴力就要摧毀法律（law-destroying）；如果神話的暴力會立刻帶來罪惡與報復，神聖的暴力則可望帶來救贖……打破這個由法律的神話形式維繫的循環，暫時擱置法律以及其倚賴的所有力量，廢黜國家的權力，一個新的歷史時代於焉誕生……然而如果法律之外、純粹而立即的暴力的存在得以確保，將進一步證明革命的暴力——人類純粹暴力的最高彰顯——得以實現並如何實現……所有神話的、安頓法律的暴力……都是邪惡的；維繫法律、行政管理的暴力也是如此。神聖的暴力……可以稱之為**主權暴力**（sovereign violence）。」[60]

當時班雅明對德國革命記憶猶新，於是將神聖暴力摧毀法律的特質，與革命的淨化力量結合起來。為了支持這樣的觀點，班雅明援引索雷爾的無產階級總罷工（proletarian general strike）概念。索雷爾認為，總罷工意味著徹底告別中產階級社會與歐洲社會民主體系怯懦的法律主義與議會政治。索雷爾適逢歐洲左派轉向社會民主體系的年代，試圖恢復革命政治的彌賽亞成分，儘管這種作法導致他不時公開支持墨索里尼的法西斯革命[61]。唯有索雷爾這樣的信念，才能夠掌握政治彌賽亞主義信徒班雅明追求的絕對純粹成分。索雷爾渴望與中產階級社會的工具主義精神徹底決裂；因此在他的思想中，馬克思主義視革命為特定目的的工具的觀念（例如「革命是歷史的火車頭」這句名言）也消失無蹤。而且索雷爾反過來援引俄羅斯無政府主義者的觀點，將革命暴力的新生潛能本身視為神聖不可侵犯的目的。班雅明在〈暴力的批判〉中如此引述索雷爾：

> 「索雷爾援引馬克思偶一為之的說法，否定每一種形式的革命運動烏托邦計畫，亦即安頓法律的計畫：『藉由發動總罷工，所有這些精細的事物都會消失；革命表現為一種清晰、單純的反抗，社會學家、業餘而嬌貴的社

會改革者、口口聲要為無產階級考量的知識份子，在革命中都沒有立足之地。』」㊷

德希達在《法律的力量》中，費盡心思深化法律與正義之間的反差，突顯這兩個領域在許多關鍵層面上是如何水火不容。因此他會借重班雅明早期的反規範論（antinomianism）也不足為奇。德希達在書中呼應班雅明對索雷爾的解讀：

「因此總罷工成為一條很有價值的主線索，它行使權利以質疑現行法律的命令，並創造出革命的情境以追求一種新的權利……未來的法律將把暴力合法化，這種暴力可能會觸犯正義的感受，它未來的前景已經為它提供理由。所有國家的基礎都進入一種革命的情境，它將開展出一種新的法律，就如同暴力一般。」㊸

儘管德希達也為伴隨血腥革命而來的「痛苦、罪行與酷刑」感到遺憾，但他仍然支持班雅明與索雷爾將暴力視為淨化力量的觀點，認為與他的「神祕」正義觀念息息相關。㊹德希達的看法與施米特對緊急狀態的頌揚聲氣相通，在他看來，為革命奠基的暴力行為具有一種原始純淨的特質。這種行為揭示了一種未經授權的根源性暴力——「深淵」或「無底之底」，對應所有的實證法。它本身即代表「法律基礎懸宕在虛空之中或深淵之上，被一種無需回應任何人的**純粹表現行為**懸空」。德希達因此認為，法律的根源同時是「先驗的與神學的」[65]。

德希達在一些引人側目的言論中堅稱，無產階級總罷工的理念與解構主義的詮釋大業之間，在本質上十分相近。「相對於地位已確定的經典以及閱讀規範，也就是閱讀或國家型態在目前的狀態，當閱讀發現新穎而且前者無法解讀的事物，這樣的閱讀過程都帶有總罷工與革命情境的成分。」只是德希達一直沒有說清楚，為何經典文本閱讀可以等同於「國家」。同時他也無法抗拒淪為「沙龍革命黨」（salon revolutionary）的誘惑：「今日的總罷工並不需要去勸阻或是鼓動數量龐大的群眾：只要切斷幾個重要場所的電力就可以了，例如公營與民營公共事業、郵政與電信；或者選擇特定電腦網路輸入病毒；或者讓可與愛滋病毒相比擬的事物進入傳播媒體，進入詮釋的**話語**（Gespräch）。」[66]。我們在這裡看到德希達化身為「第三波」的無政府主義者，一個電腦網路時代的巴枯寧（Mikhail Bakunin）。

政治的再神學化：德希達與馬克思

（The Re-Theologization of Politics: Derrida and Marx）

德希達一九九〇年代思想的一大特質，就是探索兩種相互對立的信條：馬克思主義與神學。解構主義向來厭惡自我實現的形上學體系（德希達一直要擾亂破壞這種體系涵蓋一切的主張），因此德希達近來對宗教的熱中，讓許多解構主義長期支持者猝不及防。畢竟在一九六〇與七〇年代，德希達賴以奠定名聲的事業是批判「本體神學」（onto-theology）——毫無根據的「絕對知識」主張，讓詮釋的「遊戲」束手縛腳。然而德希達在《法律的力量》與《馬克思的幽靈》中大肆討論彌賽亞主義，還有什麼比這種作法更像本體神學？的確，德希達形容他對神聖事物的著迷是「沒有彌賽亞主義的彌賽亞思想」，以防範神學強大的救贖誘惑；然而這種觀點是否能夠服人，仍然有待觀察。

弔詭的是，德希達對於「沒有宗教的宗教」的興趣，在整體上關涉到解構主義近來的政治轉向⑥⑦。班雅明之類的思想家都很清楚，彌賽亞主義會提供一種激進的、來世的立場觀點，讓人們藉此揭露與譴責當前政治的困境。然而倚賴彌賽亞主義來裁決諸如正義的俗世事務，卻會引發兩項嚴重的方法學風險：傾向於貶抑漸進式的社會進步或政治改革，認為這種作法不夠激進；或者過早宣稱彌賽亞已然降臨，因而導致彌賽亞主義在規範與經驗層面崩潰。看看以色列民族主義在六日戰爭（Six Day War）之後的政治表現，就可以領會「假彌賽亞主義」（false Messianism）帶來的兩難⑱。

還有一點相當諷刺，在德希達向與神學水火不容的馬克思靠攏的過程中，政治彌賽亞主義的信條扮演關鍵角色。德希達對當代政治感到徹底幻滅，斥之為「全球科技資本主義」。但彌賽亞主義提供了一種發揮激進理論影響力的要素（特別是與哈伯瑪斯與羅爾斯等民主理論家相對照）。民主理論家與德希達截然不同，至今仍「深陷」於內在的批評領域中，相信民主社會具有推動政治進步變革的內在能力。相較之下，德希達相信唯有**虛無**才能帶來質的變化，因此他需要以彌賽亞主義來合理化政治變革。基於這些原因，德希達與班雅明、施米特等人一樣，都提出了一種「政治的再神學化」（re-theologization of politics）。

先前我曾暗示思想史上的一項怪異的發展：一九二〇年代德國右派思想家對西方文明的批判，到了一九六〇年代卻大受法國左派知識份子歡迎。這股批判潮流由保守派革命思想家如史賓格勒、容格爾、施米特等人發動，目標鎖定僵化腐敗的中產階級「文明」，企圖以新型態的共同體（Gemeinschaft）取而代之，來面對科技時代的挑戰——尤其是訴諸戰爭的最後解決之道（ultima ratio）。他們的觀點論調經常體現為「極權」或「全能國家」（total state）的概念，透顯出鮮明的法西斯色彩[69]。

到了第二次世界大戰之後的法國，這種文明批判透過海德格的影響而大為盛行。早在希特勒奪權成功之前幾年，海德格已經與保守派革命人士如施米特、容格爾之流，結成思想與政治上的同盟。到了多事之秋的一九三三年，海德格全心皈依納粹革命，當時他曾說過：「不要讓信條與理念來規範你的存有。唯有領袖才是德國現實面的現今與未來，也是德國的法律。」[70]由於法國在接觸海德格時遺落了歷史脈絡，因此其思想的意識型態意涵也沒有多少人注意[71]。儘管如此，在一九六〇年代期間，海德格的反人文主義哲學經過法國本土理論傳統的洗禮，成為許多法國左派知識份子必經的成年禮。這批人包括拉岡、傅科、李歐塔，德希達當然也是其中一員。德國保守革命人士對現代性的批判，從德國轉進到法國，催生了一種姑且稱之為「左派海德格主義」（left Heideggerianism）的現象。發源自一九二〇年代德國右派的理性、民主與人文主義批判，就這樣被法國左派納為己有。法國哲學界的左派仍然是堅定的「後馬克思主義者」（post-Marxist），認為馬克思同樣受惠於西方思想的基礎主義幻象。畢竟在馬克思的作品中，無產階級不就是笛卡兒標榜的主體性理想的完美典型嗎[72]？

德希達對馬克思的解讀，有一部分來自策略考量：在一個共產主義瓦解崩潰、全球化資本主義大獲全勝的年代，人們發現自己身處兩個世紀以來未曾出現的局面——中產階級社會在意識型態上已經找不到旗鼓相當的對手。德希達強調馬克思主義傳統仍然有其重要性，藉此來重新界定與共產主義崩潰相關的事件，以便為其他的政治選項營造空間。此外，寫一本論述馬克思的專著，也可以讓德希達重新確立他的左派形象，畢竟當時解構主義的政治適切性正遭到質疑，在大學文學系的優勢地位也拱手讓給文化研究以及傅科啟迪的新歷史主義典範。

德希達與馬克思的晚近遭遇，透顯出幾分諷刺感。四十年前，沙特在《辯證理性批判》（*Critique of Dialectical Reason*）中宣示：「馬克思主義是我們這個時代無可超越的地平線。」[73]德希達雖然視沙特為思想天敵，但最後似乎仍不得不同意他的看法。德希達告訴我們，沒有一位思想家「能像馬克思那樣，看清政治如何變成世界性的問題，以及科技與媒體的不可化約性。」同時很少有理論家「對法律、國際法與民族主義，做了那麼透闢的闡釋。」[74]

德希達在試圖掌握馬克思時遭遇的難題，類似於他對正義問題的省思。德希達取的書名「馬克思的幽靈」，援引自〈共產黨宣言〉（The Communist Manifesto）的第一句話：「共產主義的幽靈正在歐洲遊蕩」。後來德希達也依循這個幽靈意象，將馬克思主義——對資本主義、現代科技、民族國家等等的批判——視為鬼魂般的狀態，儘管「真實存在的社會主義」已然崩潰，但其理論仍然在現代中產階級社會「遊蕩」。因此德希達在《馬克思的幽靈》中提出的並不是一種本體論，而是一種「幽靈論」（hauntology）。既然國家社會主義已經（延用德希達的比喻）已經放棄這個鬼魂，馬克思的資本主義批判幽靈就更加有其必要性。否則全球資本主義將成為一個吞噬一切的龐然大物，沒有任何潮流與「他者」能夠抵擋。

然而德希達藉以詮釋當代社會的術語，卻有近乎聖經啟示錄的意味，倚賴的是馬克思主義傳統之中問題最多、激進批判最難取材的層面。這些缺陷涉及後設理論的（metatheoretical）框架，強調一種不可否證的哲學史，一種新黑格爾的（neo-Hegelian）（因此也是形上學的）觀念，將無產階級視為「普遍的階層」，並認為他們渾然不覺將生產方式社會化的目標的官僚後果。此外，馬克思理論中有一個致命弱點，也就是將經濟與政治自由主義價值混為一談。在實務層面，馬克思以犬儒心態認定，自由民主的原則只不過是中產階級宰制的重商主義的門面裝飾。然而他的認定卻與事實不合，對於早期資本主義違反人性的剝削情況，民主規範經常是漸進式改革的基礎⑮。對於當初為封建社會轉型到現代民主社會的過程奠立基礎的知識份子與哲學家，這些剝削情況完全牴觸他們的普世主義情懷。

為了彌補古典馬克思主義的規範性缺陷，近來許多學者致力於發展一套民主批判理論，一方面保存馬克思對資本主義發展弊病的批判，一方面更關注現代民主理念中的正義、公平與平等要求[76]。然而德希達對這方面幾乎是毫無興趣，在當代民主學說的論辯中置身事外。德希達採取此種立場絕非偶然，而是有其理論一致性的脈絡因素。因為從解構主義的邏輯來看，規範性的問題嚴格而言仍是「不可決定的」。如果解構主義要以規範性政治理論的觀點來反思或爭辯，它將會受制於一連串的邏各斯中心主義偏見與幻象，那正是德希達數十年來奮力對抗的敵人。

《馬克思的幽靈》呼應《法律的力量》，提出一套摩尼教模式的兩極論（Manichean extremes）：一端是「世界資本主義」的掠奪破壞，另一端則是德希達對即將來到的（à venir）彌賽亞情境的晦澀訴求。德希達曾經強調：「思考另一種歷史性（historicity）——不是新歷史，更不是『新歷史主義』，而是一種做為歷史性的事件性（event-ness）開口，讓人們對於彌賽亞思想的正面思考打開一條出路，不要再拒絕。」[77]這本書也告訴我們，馬克思對資本主義的批判，指向這個彌賽亞的未來、這個即將來到的烏托邦的幽靈或鬼魂。

德希達分析遭遇的阻礙在於欠缺調和折衷的要素：能夠跨越兩個極端之間鴻溝的觀念。這些要素付諸闕如，我們只看到有如地獄的歷史現況，以及輝煌燦爛的未來彌賽亞時代，兩者形成強烈對比。一位批評家曾指出：「為了讓自己認同『某種馬克思精神』，德希達不僅要將馬克思主義的政治作為與哲學傳統剝奪殆盡，更要將它歸入一種『彌賽亞—末世論』（messianic-eschatological）的不確定性模式之中。」[78]對於後者，海德格曾諷刺地說，現代世界的情況是如此可悲無望，「只有神靈才能解救我們。」[79]德希達的社會批評奠基於「否定神學」（negative theology）的彌賽亞論述，忠實依循左派海德格主義，對海德格可謂亦步亦趨[80]。

在《馬克思的幽靈》中，德希達將民主與自由主義貶抑為資本主義的霸權表徵。他強烈抨擊那些「有辦法拍著胸脯、昧著良心來宣揚資本主義、自由主義與議會民主政治優點的人士」，意味這三種現象的觀念基礎在本質上並無差異[81]。然而揆諸歷史，自由民主理想經常與資本主義追求最大利潤的精神水火不容；這一點在勞工、女權與生態運動的發展史上屢見不鮮。在這些社會領域的隙縫之中，不同的規範主張相互衝突，潛藏著建設性社會改革的契機，但德希達卻以他選擇的啟示錄論述一竿子打翻。

先前德希達曾以新海德格主義的論調，指責社會主義已經完全淪為一種「技術—科學」（techno-science）——換言之，它們是無可救藥地邏各斯中心。德希達說：「我們必須接納『技術—科學』這個術語。這種接納確認了一項事實：客觀知識、理性原則與某種真理關係的形上學判定之間，具有本質上的近似性。」[82]然而德希達這番指責卻導致他對晚期資本主義社會的理解，從實務層面來看相當貧乏。在他的相關著作中，讀者會看到引人入勝但卻浮光掠影的論述，彷彿將有新的社會趨勢脫穎而出；但徹底分析之後，這些暗示只是惺惺作態、天花亂墜，缺乏經驗層面的基礎，無法獲致必要的說服力。一位評論家曾指出，《馬克思的幽靈》一書「完全不能真正觸及任何一種社會力量，也就是德希達試圖透過修正的、『啟發的』法律來管制的社會力量。」[83]

究極而言，德希達文本興高采烈的夸夸其談，在一系列後現代主義的陳腔濫調的拖累下，顯得岌岌可危。德希達說：「在這個新世界秩序錯亂、企圖推行新資本主義（neocapitalism）與新自由主義（neoliberalism）的時代，霸權仍然在施行壓迫，並因此證實了它的陰魂不散。」[84]德希達徒勞無功地批判「電視科技」（tele-technics）的勝利，將它界定為「透過權力之大前所未見的頻道，進行溝通與詮釋，以及選擇性與階層化的『資訊』製作。」在德希達看來，這股後現代的科技—媒體狂潮受到的支持是來自「學術或學院文化，特別是歷史學家、社會學家、政治學家、文學理論家、人類學家、哲學家——尤其是政治哲學家，其論述由學院或商業出版業傳布，而媒體也推波助瀾。」[85]奇怪的是，這份清單列舉遭到商業污染的學院次文化，唯獨漏掉解構主義自身。

德希達宣稱對於「科技—媒體力量」（techno-mediatic power）與其「幽靈效應」（spectral effect），必須分析它們的「新的**現形**（apparition）速度」：分析「假象、合成或修補的（prosthetic）意象、虛擬的事件、電腦網路與監視，以及對於現今前所未聞力量的猜測。」[86]這份清單——「假象」、「修補的意象」、「監視」——猶如布希亞、傅科、德博（Guy Debord）等人作品中的後馬克思主義行話。同時我們也發現自身彷彿置身一部恐怖小說之中，作者掛名吉布森（William Gibson），實際執筆者卻是德希達。德希達病急亂投醫，無緣無故地訴諸阿圖塞式的「意識型態國家機器」論調：「在特定的情況中……霸權的力量似乎總是由一種主宰的言詞與意識型態來代表，無論力量之間的衝突、主要矛盾或次要矛盾、使情況複雜化的宰制決定（over-determination）與傳播方式為何種型態，都是如此。」[87]

人們可能會期望德希達回歸馬克思之後能有所突破，為馬克思主義指出一條重新詮釋之道，讓它擺脫一部分教條包袱。然而我們看到的卻是一個「海德格化」的馬克思，實在沒有多少進展可言。海德格將科技視為一種無所不包的「座架」（das Gestell）邏輯，德希達討論媒體科技時代的資本主義時，在「行動」範疇也同樣地乏善可陳。因此「監視」、「修補的意象」與「假象」都成為無所不能的推動者。其中完全不曾論及社會化過程的邏輯以及個人行為模式與規範內化的複雜過程。傳承自海德格的哲學反人文主義的方法學偏見，完全排除了社會分析的觀念。在德希達對資訊時代資本主義天花亂墜的描述中，竟沒有「行動者」可言；他們也和「主體」一起被解構了，只剩下鬼魂與魅影。

這些診斷的無能為力對應到德希達「原型書寫」中普遍存在的問題。「書寫學」做為一門仰賴「播散」與「痕跡」邏輯的哲學，無法解釋行動者之間的凝聚性。個人批判或接納規範的過程既不僅是「可重複性」的產物，也不應視為否定符號學強力籠罩之下附帶現象的靈光一現，而是個體發生（ontogenesis）與社會化過程之間的微妙複雜互動。人們在這樣的過程中透過角色、價值與規範的內化，轉變成「社會自我」（social selves）。然而這種社會整合的機制仍需仰賴一種自主性的要素：社會行動者贊同或拒斥集體規範的能力。只有社會化的理論才能說明這種拒絕的能力、說明自主性個人化的要素，並解釋社會行動者抗拒既有權力的能力。德希達關於閱讀的否定詮釋學由於缺乏這樣的觀點，恐怕會淪於猶如文學批評的系統理論：痕跡、替補與延異成為第一推動者（prime mover），而社會行動者的信念只是它們產生的效應——來自德希達原型書寫的可怕機器的無窮無盡翻攪。

在德博與布希亞的帶領之下，我們多少可以將解構主義理解為一種理論形式，投合符號科技學（semio-technics）的新歐威爾（neo-Orwellian）時代，在這個時代，過多意義壓垮了「主體」，留下的底層是由外界的力量支配，而不是像古典自由派的理想，具備自主性並且能夠自我安頓。然而這將意味著一個「美麗新世界」降臨，爭議與對抗不再發生，電腦控制化也讓解構主義的信眾從此絕跡。

附記（Postscript）

一九八一年十二月，德希達陷入所謂的「理性的詭計」（cunning of reason）。在這之前，德希達一直是以批判理性、人文主義與作者身分而揚名立萬，將這些理念貶之為邏各斯中心的倒退現象。在他一篇少見的政治意涵明確的論文〈種族主義的遺言〉（Racism's Last Word）中，德希達運用解構主義來探討南非的種族隔離（apartheid）政策，其結論可以想見但大錯特錯：做為歐洲文明產物的種族隔離，憑藉的是排他性邏輯與二元對立這兩個西方形上學的典型特質⑱。這種說法唯一的問題在於，歐洲種族主義先驅如戈比諾伯爵、張伯倫等人，在發展其意識型態時都與啟蒙思想的普世主義精神針鋒相對。「種族」（race）原本是一種特例主義的概念，用以抗衡現代自然權利理論；後者認為公民身分的授予應根據出生地主義（jus soli）而非血統主義（jus sanguinis）[89]。另一方面，德希達在探測海德格納粹思想的深度時違背情理地宣稱，導致這位夫來堡智者受到法西斯主義誘惑的禍首是過度的**人文主義**，並暗示第三帝國可說是西方人文主義的登峰造極。根據德希達的說法，海德格**揚棄**《存在與時間》中殘存的人文主義（例如「此在」的人類中心意涵），並且表明自身是**反人文主義者**（見於《人文主義信函》〔Letter on Humanism〕與其他晚期作品）之後，他才真正從納粹的思想軌道脫身[90]。

儘管一九八一年十二月的事件還算不上所謂的「轉化經驗」（conversion experience），然而對德希達而言，這些事件仍然讓他對自己長期批駁的人文主義傳統，有了一番全新的體認。

當年德希達前往胡薩克（Gustav Husak）掌權的捷克，祕密舉行哲學研習課程，卻意外遭到逮捕。突然間，他身為法國公民而享有的「法治」全部被暫時剝奪，任憑一個專橫獨裁的政權擺布。德希達因此推想，東歐民眾恐怕每天都要面對這般困境。後來法國總統密特朗（François Mitterrand）直接出面，德希達才得以獲釋。一位哲學家如此描述德希達矛盾的思想反應：

「我還記得德希達從捷克獲釋之後，來到雲姆街的法國高等師範學院。德希達在課程中表示自己非常沮喪，因為他自踏入哲學生涯以來都在解構人文主義，宣稱作者與責任的理念都不存在；結果卻在捷克的一間警察局被剝光衣服；他承認這是嚴重的侵犯人權事件。德希達那天的闡述極為清晰，形容自己身處一個非常怪異的思想情境。於是德希達提出一個思想的巴洛克（intellectual baroque）範疇，因為他認為這兩者原本並沒有交會。」[91]

德希達將自己的經驗合理化時，選擇了「思想的巴洛克」的觀念，來表達他的（反人文主義）哲學與政治現實之間的不協調；對後者而言，人文主義的重要性似乎無可置疑。不過幸運的是，還沒有完全拋棄人文主義的我們，仍然有其他的思想選擇。

註釋

① Thomas Nagel, The Last Word（New York: Oxford University Press, 1997）, 15.

② Jacques Derrida, Of Grammatology, trans. G. Spivak（Baltimore: Johns Hopkins University Press, 1976）, 12.

③詹明信認為：「解構主義雖然不是唯一的例子，但卻特別值得注意，將一種亟欲維持自身形式純粹性的原則具體化，違背自身意願而轉譯回一種哲學的世界觀或觀念的主題，後者是它原本就要極力避免的。」見

Jameson, "Marx's Purloined Letter, " in Ghostly Demarcations: A Symposium on Jacques Derrida's Specters of Marx, ed. M. Sprinker（New York: Verso, 1999）, 35。

關於解構主義作為一種盲目崇拜「不可決定性」以及不作決定的理論，Richard Bernstein 對其倫理與政治缺陷有嚴厲的批判，見"Serious Play: The Ethico-Political Horizon of Deconstruction, " in The New Constellation: The Ethical-Political Horizons of Modernity / Postmodernity（Cambridge: MIT Press, 1993）, 172-198.

關於德希達與高達美令彼此失望的交手（不妨稱之為「聾子的對話」），見 Dialogue and Deconstruction: The Derrida-Gadamer Encounter, ed. D. Michelfeld and R. Palmer（Albany: SUNY Press, 1989）。

④當然，所有的學術事業與方法都需要體制上的成功，才能行之久遠、開枝散葉。然而就解構主義而言，其中卻有一種表述的矛盾衝突：儘管解構主義聲稱自身具有政治激進主義的潛力，將超越平靜無波的學院領域限制；然而事實上，它的深奧晦澀和語言隔絕，卻似乎很有效地使它自身無法產生學術之外的「效應」。

⑤ See, for example, Jacques Derrida, Positions, trans. A. Bass（Chicago: University of Chicago Press, 1982）。

⑥ Anselm Haverkamp, "Introduction, " Deconstruction is/in America（New York: New York University Press, 1995）, 7-8.

⑦ Jacques Derrida, Specters of Marx: The State of the Debt, the Work of Mourning, and the New International, trans. P. Kamuf（New York: Verso, 1996）, 92.

⑧ Michael Sprinker, "Introduction, " Ghostly Demarcations, 1.

⑨ Terry Eagleton, "Marxism without Marxism, " ibid., 83-87.

⑩ Michèle Lamont, "How to Become a Dominant French Philosopher: The Case of Jacques Derrida, " American Journal of Sociology 93（3）（1987）, 607.

⑪ See Jacques Derrida, On Cosmopolitanism and Forgiveness（New York: Routledge, 2001）, and "Hostipality"

[sic] in Acts of Religion, ed. G. Anidjar（New York: Routledge, 2002）, 356-420。Mark Lilla在The Reckless Mind（New York: New York Review Books, 2001）論德希達政治觀的一章指出，解構主義的知識論激進主義與其在一九九〇年代採取的自由派人文主義姿態，其間頗有矛盾衝突。

⑫見Jacques Derrida, "Structure, Sign, and Play in the Discourse of the Human Sciences, " in Writing and Difference, trans. A. Bass（Chicago: University of Chicago Press, 1978）, 292・德希達在其中肯定「尼采式斷言」。

⑬ See Jürgen Habermas, "Natural Law and Revolution, " in Theory and Practice, trans. J. Viertel（Boston: Beacon Press, 1973）, 82-120。另見布洛赫的重要作品Natural Law and Human Dignity, trans. D. Schmidt（Cambridge: MIT Press, 1986）。

⑭ Hegel, The Philosophy of History, trans. J. Sibree（New York: Dover Publications, 1956）, 446.

⑮ See Andrew Arato, Civil Society, Constitution, and Legitimacy（Lanham, Maryland: Rowman and Littlefield, 2000）; Ernest Gellner, Conditions of Liberty: Civil Society and Its Rivals（London: Hammish Hamilton, 1994）; Ralf Dahrendorf, Reflections on the Revolutions in Europe: In a Letter Intended to Be Sent to a Gentleman in Warsaw（New York: Times Publishing, 1990）.

⑯ Jacques Derrida, "The Ends of Man, " Margins of Philosophy, trans. A. Bass（Chicago: University of Chicago Press, 1982）, 115.

⑰ Epistémon（Didier Anzieu）, Ces Idées qui ont ébranlé la France（Paris: Fayard, 1968）, 83, 31（emphasis added）.

⑱ Dosse, History of Structuralism I, trans. D. Silverman（Minneapolis: University of Minnesota Press, 1967）, 112-121.

⑲ Roger Crémont（Clèment Rosset）, Les Matinées structuralistes（Paris: Laffont, 1969）, 32。關於德希達與一

九六八年五月事件的（無）關係，更詳盡的討論見Kristin Ross, May '68 and Its Afterlives（Chicago: University of Chicago Press, 2002）。

⑳ Lamont, "How to Become a Dominant French Philosopher, " 604.

㉑德希達接受 Christian Descamps 的訪問，《世界報》在一九八二年一月卅一日刊出。德希達說：「我最早的意圖，其實是傾向於文學事件的橫越甚至超越哲學。」

㉒ Jacques Derrida, Memories for Paul de Man（New York: Columbia University Press, 1986）, 18.

㉓ See, for example, Deconstruction is/in America, cited in this chapter, note 6.

㉔ Derrida, Of Grammatology, 158.

㉕ Jacques Derrida, Glas, trans. J. Leavey（Lincoln: University of Nebraska Press, 1986）; see also Richard Rorty's reflections on these questions in Philosophical Papers, vol. II, Essays on Heidegger and Others（New York: Cambridge University Press, 1990）, 85-129.

㉖ Foucault, "My Body, This Paper, This Fire, " Oxford Literary Review 4（1979）, 27（emphasis added）. See also, Jean-Philippe Mathy, French Resistance: The French-American Culture Wars（Minneapolis: University of Minnesota Press, 2000）, 44：

「左派最具破壞力的批判之一，是將後結構主義理論呈現為一種縝密的傳統文本解讀——精湛地揭示了變化中的連續性，以及一種為古典學院派經典研究注入新意的方法。畢竟，法國批評家運用其詮釋技巧時，仍然是聚焦於法國本身與歐陸傳統的重要作家，很少關注非白人、非歐洲或者女性作家，更不用提流行文化：德希達解構梵樂希、尼采或李維史陀，德曼探討普魯斯特、盧梭與浪漫主義者，Barbara Johnsons早期的著作也集中於波特萊爾與馬拉美。」

㉗ Edward Said, The World, the Text, and the Critic（Cambridge: Harvard University Press, 1983）, 203, 204, 207.

㉘ See, for example, Russell Berman, "Troping To Pretoria: The Rise and Fall of Deconstruction, " Telos 85（1990）, 4-16.

㉙ Cited in Les Fins de l'homme: à partir du travail de Jacques Derrida（Paris: Editions Galilée, 1981）, 514.

㉚ See Jonathan Culler, On Deconstruction（Ithaca: Cornell University Press, 1983）.

㉛ 我曾提出一些相關問題，見"Note on a Missing Text, " The Heidegger Controversy: A Critical Reader（Cambridge: MIT Press, 1993）ix-xviii。

㉜ Jacques Derrida, "The Force of Law: The 'Mystical Foundation of Authority, ' " in Deconstruction and the Possibility of Justice, ed. D. Cornell et al.（New York: Routledge, 1992）. 7. 關於德希達作品的翻譯與傳布，批判性的討論見 Reed Way Dasenbrock, "Reading Demanians Reading de Man, " South Central Review 11（1）（Spring 1994）, 23-43; Dasenbrock, "Taking It Personally: Reading Derrida's Responses, " College English, 56（3）（March 1994）, 261-279。精湛的討論另見 Ingrid Harris, "L'affaire Derrida: Business or Pleasure? " Philosophy and Social Criticism 19（3-4）（1994）, 216-242。討論解構主義作為一種倫理學理論的重要性，見 Simon Critchley, The Ethics of Deconstruction: Derrida and Levinas（Oxford: Blackwell, 1992）。

㉝ Richard Kearney, "Deconstruction and the Other, " in Dialogues with Contemporary Thinkers（Manchester, UK: Manchester University Press, 1984）, 124, 125.

㉞ Derrida, "The Force of Law, " 15, 21, 25.

㉟ Jacques Derrida, "Remarks on Deconstruction and Pragmatism, " in Critchley et al., Deconstruction and Pragmatism（New York: Routledge, 1996）, 85. Stephen K. White, Political Theory and Postmodernism（Cambridge: Cambridge University Press, 1991）, 116：「德希達一如以往，語不驚人死不休。然而等到效應消退之後，讀者只會看到一個相當單純的兩極化世界：一邊是解構主義者與其他後現代主義者，盡力爭取正義；另一

邊則是傳統的倫理與政治理論家，鼓吹不合正義的意識型態。」

㊱對於德希達問題與巴岱伊作品關聯的深入討論，見 Jean-Michel Besnier, La Politique de l' impossible（Paris: La Découverte, 1988）.

㊲ White, Political Theory and Postmodernism, 82。對於德希達倫理學——政治學行動方針較具好感的評論，認為解構主義提供了一個珍貴的政治反省空間，是傳統政治付諸闕如的，見 John McCormick, "Derrida on Law; Or, Poststructuralism Gets Serious," Political Theory 29（3）（June 2001）, 395-423。

㊳ Sigmund Freud, Civilization and Its Discontents, trans. J. Strachey （New York: Norton, 1962）, 56-57.

㊴ Derrida, "The Force of Law, " 17（emphasis added）.

㊵ Ronald Dworkin, "Civil Disobedience, " in Taking Rights Seriously（Cambridge: Harvard University Press, 1978）.

㊶ Derrida, "Force of Law, " 26.

㊷ As Derrida（ibid., 22）remarks：「列維納談及一種無限的權利：在他所謂的『猶太人文主義』中，其基礎並非『人的觀念』，而是他者，『他者權利的範圍』事實上就是一種無限的權利……在這裡公平不再是平等，計算比例，平均分配或分配正義，而是徹頭徹尾的非對稱性。」

㊸ Ibid., 27（emphasis added）.

㊹ See The Complete Essays of Montaigne, trans. D. Frame（Stanford: Stanford University Press, 1948）, 821.

㊺ Ibid., 14.

㊻ Ibid., 25.

㊼ Carl Schmitt, Political Theology, trans. G. Schwab（Cambridge: MIT Press, 1985）, 15（emphasis added）.

㊽ Adorno, Kierkegaard: The Construction of the Aesthetic, trans. R. Hullot-Kentor（Minneapolis: University of

Minnesota Press, 1989）.

㊾ See, for example, Schmitt's Die Diktatur（Munich and Leipzig: Duncker und Humblot, 1921）.

㊿ On this point, see his preface to the second edition of The Crisis of Parliamentary Democracy, trans. E. Kennedy（Cambridge: MIT Press, 1985）, 1-17. For an excellent critique of Schmitt's doctrines, see William Scheuerman, Between the Norm and the Exception: The Frankfurt School and the Rule of Law（Cambridge: MIT Press, 1994）.

(51)"Interrogation of Carl Schmitt by Robert Kempner, I-III, " Telos72（1987）, 97-129.

(52) Derrida, "The Force of Law, " 30.

(53) Schmitt, The Crisis of Parliamentary Democracy, 75-76.

(54) Schmitt, Political Theology, 12.

(55) Ibid., 31-32.

(56) Ibid., 36.

(57) Max Weber, "The Parliament and Government of Germany under a New Regime, " in Political Writings（Cambridge: Cambridge University Press 1994）, 148-49（translation altered）.

(58) Weber, "Politics as a Vocation, " in Political Writings, 310-311.

(59) See, for example, the contemporaneous "Theological-Political Fragment," Reflections（New York: Harcourt Brace, 1978）, 312-313.

(60) Benjamin, "Critique of Violence, " in Reflections, ed. P. Demetz（New York: Harcourt Brace, 1978）, 297-300, and, "Zur Kritik der Gewalt," Gesammelte Schriften II（1）, ed. R. Tiedemann（Frankfurt: Suhrkamp, 1977）, 199-203。班雅明在這篇文章中，是依康德的意義來運用「批判」一詞，意指釐定範圍或「可能性的條件」。

㉑關於索雷爾與墨索里尼的關係，最詳盡的討論見Zeev Sternhell, The Birth of Fascist Ideology（Princeton: Princeton University Press, 1993）。

㉒ Benjamin, "Critique of Force, " 292, and "ZurKritik der Gewalt," 194.

㉓ Derrida, "The Force of Law, " 35. See the earlier text, "Declarations of Independence, " New Political Science 15（1986）, 7-15，德希達在此提出類似的論證，認為為革命奠基的行動是「出自虛無」或毫無根據。

㉔ Derrida, "Force of Law, " 35.

㉕ Ibid（emphasis added）.

㉖ Ibid., 37, 37-38.

㉗ Jacques Derrida, Acts of Religion（New York: Routledge, 2001）.

㉘關於這個主題的討論，見Gershom Scholem的經典研究Sabbatai Sevi: The Mystical Messiah（Princeton: Princeton University Press, 1976）。有兩篇文章探討德希達作品的彌賽亞政治學問題，見Robert Bernasconi, " Different Styles of Eschatology: Derrida's Take on Levinas' Political Messianism," Research in Phenomenology（28）（1998）, 3-17，以及Mustapha Marrouchi, "Decolonizing the Terrain of Western Theoretical Productions, " College Literature, 24（2）（June 1997）, 1-29。In Derrida and the Political（New York: Routledge, 1996）, 156, Richard Beardsworth指出，德希達的政治彌賽亞主義具有將解構主義分裂為右翼與左翼兩個陣營的危險，右翼的德希達主義會：「鼓動宗教論述，並突顯出藝術的激進『被動』性質，上承德希達晚近作品中關於承諾的絕對根源性，以及他為了思考與描述而將宗教論述重新組織。」

㉙英文著作中對於保守革命派的最佳詮釋見Jeffrey Herf, Reactionary Modernism: Technology, Culture and Politics in Weimar and the Third Reich（New York: Cambridge University Press, 1984）。

㉚ Cited in The Heidegger Controversy: A Critical Reader, ed. Richard Wolin（Cambridge: MIT Press, 1993）, 47.

⑦我曾在 The Politics of Being: The Political Thought of Martin Heidegger（New York: Columbia University Press, 1990）之中做了一番闡述，此書第二章"Being and Time as Political Philosophy"討論海德格與施米特以及容格爾的關聯，另見 Anson Rabinbach, "Heidegger's Letter on Humanisms as Text and Event, " New German Critique 62（Spring-Summer 1994）, 3-38。

⑦關於這些發展的評論，見 Luc Ferry and Alain Renaut, French Philosophy of the Sixties: An Essay on Antihumanism, trans. M. Cattani（Amherst: University of Massachusetts Press, 1990）。另外值得一提的是，左派海德格主義關聯到 Kostas Axelos 的著作，Horizons du monde（Paris: Minuit, 1971）等書顯示，他是第一個試圖將海德格與馬克思聯繫起來的法國左派思想家。

⑦ Jean-Paul Sartre, The Search for a Method, trans. Hazel Barnes（New York: Vintage, 1963）, 30（translation altered）.

⑦ Derrida, Specters of Marx, 13. A shortened version of Derrida's text appeared in New Left Review 205（May-June 1994）, 31-58.

⑦對於這種結果，相當具說服力的論證見 Geoff Eley, Forging Democracy: The History of the Left in Europe（New York: Oxford University Press, 2002）.

⑦ See for example, J. Cohen and A. Arato, Civil Society and Democratic Theory（Cambridge: MIT Press, 1992）。關於這個主題的論著近來汗牛充棟，綜論性著作見 Ernest Gellner, Conditions of Liberty: Civil Society and Its Rivals。

⑦ Derrida, Specters of Marx, 75.

⑦ Aijaz Ahmad, "Reconciling Derrida: 'Specters of Marx' and Deconstructive Politics, " New Left Review（November-December 1994）, 102.

⑲ Martin Heidegger, "Only a God Can Save Us, " in The Heidegger Controversy, 107.

⑳ See Derrida and Negative Theology, ed. H. Coward and T. Foshay（Albany: SUNY Press, 1992）.

㉑ Derrida, Specters of Marx, 15.

㉒ Derrida, "The Principle of Reason, " Diacritics XIX（1983）, 8.

㉓ Justin Barton, "Phantom Saviours, Phantom States, " Radical Philosophy 65（Autumn 1993）, 63.

㉔ Derrida, Specters of Marx, 37, 51.

㉕ Ibid., 52-53.

㉖ Ibid., 54.

㉗ Ibid., 55.

㉘ Derrida, "Racism's Last Word, " Critical Inquiry 12（1）（Autumn 1985）, 290-299.

㉙本書結論對戈比諾與張伯倫有更深入探討，另見George M. Fredrickson, Racism: A Short History（Princeton: Princeton University Press, 2001）。

㉚ See Derrida, "Philosopher's Hell, " in The Heidegger Controversy, 164-173.

㉛ Alain Renaut, quoted in Dosse, History of Structuralism I, 271。德希達遭逮捕事件當時的報導，見"Le philosophe Jacques Derrida serait détenu pour 'trafic de drogue, ' " Le Monde, January 1, 1982, 1.

政治附記(二)
POLITICAL EXCURSUS II

量身打造的法西斯主義：論法國新右派的意識型態

Designer Fascism: On the Ideology of the French New Right

尼采「積極虛無主義」（positive nihilism）唯一的意義就是：唯有在夷平土地之後，人們才能夠開始建設……如果我們想要催生出新右派，就必須從頭開始。同時我們還要彌補先前的耽擱，因此只有約一百年的時間可以完成大業，這意味著任何一分鐘都不能浪費錯失。

——博努瓦（Alain de Benoist），《場所的理念》（*Les Idées à l'endroit*）

勒朋的「四月驚奇」（Le Pen's "April Surprise"）

一九九〇年代晚期，大批政治評論家為法國「國家陣線」（Front National，FN）唯恐天下不亂的領導人勒朋（Jean-Marie Le Pen），譜寫帶有幸災樂禍意味的輓歌。一九九九年初期，勒朋與國家陣線的接班人梅格雷（Bruno Mégret）反目成仇，《國家》（*Nation*）雜誌政論專欄作家辛格（Daniel Singer）寫道：「勒朋恐怕已經走向終點。」①梅格雷有鑑於近來歐洲右派同路人海德（Jörg Haider）與菲尼（Gianfranco Fini）在選戰中告捷，認為國家陣線如果向政治主流靠攏，將有助於它的政治前景。然而掌舵的勒朋經常刻意做出難堪之舉，無法讓主流的中間偏右政黨接納。雖然勒朋煽動性的種族主義挑釁受到黨內死硬派的堅定支持，但也導致國家陣線遭到邊緣化，無法廁身政治中心。後來勒朋在盛怒之下將梅格雷逐出門牆，而梅格雷也自立門戶，組成新政黨「共和國家運動」（Mouvement national républicain）。一九九九年春天，歐洲議會選舉投票，領導中心分裂的國家陣線遭遇多年來罕見的慘敗，只拿到六%選票，較上次一九九四年的選舉退步四．五%；梅格雷的共和國家運動更只有三%上下，連五%的席次分配門檻都無法跨越。

時間跳接到二〇〇二年四月二十一日，政治評論家驚訝莫名，勒朋推翻了選前民調與專家預測，在法國總統選舉第一輪投票中擊敗社會黨籍的總理約斯平（Lionel Jospin），以第二高票之姿進入第二輪決選，兩星期之後與爭取連任的席哈克（Jacques Chirac）總統一決勝負。的確，三年前宣布勒朋政治「死刑」的預言，顯然是言之過早。許多法國首席政論家都瞠目結舌，蔚為奇觀。畢竟在一九九九年十月時，海德的奧地利自由黨（Austrian Freedom Party, FPÖ）締造前所未有的佳績，在全國選舉中斬獲二七%選票（因此得以和奧地利人民黨〔Austrian People's Party〕組成聯合政府），當時深恐「傳染效應」的法國正主導歐盟對奧地利實施外交孤立。但勒朋這位向來就是極右派政治風潮領導者的極端人士，卻只差幾個百分點的選票就可以奪取法國總統寶座。「地震」、「震驚」、「災難」等字眼充斥在巴黎各大日報的頭條新聞標題上。緊接著約斯平突然辭職，社會黨陣腳大亂，彷彿又回到他一九九五年開始掌舵的情況。相反地，新戴高樂主義者（neo-Gaullist）席哈克終於可以扮演他夢寐以求的法國政壇救主的角色，重現戴高樂創建第五共和時的王者風範。

勒朋的強勁表現確實令人驚愕，然而深入檢視之後會發現，政治評論家似乎又再一次反應過度。畢竟勒朋在二〇〇二年斬獲的一六・九%選票，與他在一九九五年總統選舉拿到的一五%選票相比，雖然令人擔憂，但只能算是略有長進。此外勒朋的選戰適逢幾樁偶發事件，導致許多不滿政治現狀的選民投向國家陣線。這顯示勒朋的勝利與其視為選民明確支持國家陣線政策，不如看作他們對法國政治階層（classe politique）的控訴。

因此就主流候選人（席哈克與約斯平）而言，法國選民面對的選擇其實與七年之前並無不同——在許多不滿現實的公民看來，等於是**毫無選擇**。缺乏真正的政治選項，導致第一輪選舉的投票率創下歷史新低紀錄（二九%選民根本不去投票），眾多選民轉而青睞某些「抗議」候選人，例如兩個托洛斯基派（Trotskyist）政黨就大舉囊括了一一%選票（法國共產黨在二〇〇二年這場選舉譜下天鵝之歌；這個一九八〇年代中期以來的法國政壇要角，其總統候選人只得到可悲的三%選票，還不如次要托派政黨的候選人拉吉耶〔Arlette Laguiller〕女士）。如果兩個托派政黨的得票率分一〇%給約斯平，他將會淘汰勒朋。

此外，事後回顧可以很清楚地看出，席哈克狡滑地為勒朋的四月驚奇營造有利情勢。當時法國經濟逐漸復甦，擺脫漫長的世紀末停滯，「犯罪」突然間成了法國選民最關切的問題。選戰過程中，席哈克一有機會就打出「犯罪」主題，這在傳統上是極右派的看家本領，卻也是社會黨的弱點。二〇〇二年三月，投票前的一個月，一名瘋狂槍手在巴黎郊區的楠泰爾（Nanterre）槍殺了八名市議會議員；接下來又發生一連串攻擊猶太教重要地點的事件，政治意圖明顯，相當引人注目。當時選戰迫在眉睫，多達十一名候選人（包括欲振乏力的國家陣線昔日成員梅格雷）爭奪選票；如此駭人聽聞又罕見的治安事件，很容易就改變了選戰形勢。

儘管沒有人懷疑席哈克能贏得第二輪決選，許多人還是擔心勒朋的崛起會使他像奧地利的海德一樣，將國家陣線提升為主流的政治競爭者，迫使中間偏右派政黨與他們打交道。所幸這些擔心並沒有成真，「反勒朋」聯盟迅速形成，將第二輪決選變成一場針對國家陣線的公民投票，法國各地紛紛舉辦大型的反勒朋集會。社會黨也順應時勢，敦促支持者將選票轉投席哈克。這股反勒朋風潮終於如願以償，重挫國家陣線。第二輪選舉開票結果，國家陣線得票一八%，比四月第一輪選舉的得票只多了一%。

對高齡七十三歲的勒朋而言，「四月驚奇」恐怕是他政治生涯的迴光反照；下一屆總統選舉在二〇〇七年登場時，他已經是七十八歲的老人家。然而過去二十年來，國家陣線在他領導之下，的確填補了法國政治的一道危險空隙，提出傳統政治菁英無法處理的問題。更有甚者，勒朋尖銳且具煽動性的民粹主義，例如他不斷宣稱的「三百萬人沒有工作，代表移民多了三百萬人」，顯然已在歐洲各地激起共鳴：在二十一世紀發軔之際，幾乎每個歐洲國家都出現了勒朋的分身，他們大肆抨擊移民政策、議會政府、歐洲聯盟，以及國家認同感在全球化時代中的失落。

新法西斯主義的崛起（The Rise of Neofascism）

關於當代歐洲右派極端主義的討論，通常將焦點放在威瑪德國與當代情勢的比較。人們自然而然會關注橫行當代歐洲政壇的右派極端主義運動，與「歷史法西斯主義」（historical fascism）的前呼後應；後者指的是一九二〇年代與一九三〇年代橫掃歐洲的第一波法西斯運動。但是儘管新法西斯主義與上一代法西斯主義有深厚的意識型態淵源，然而在可見的未來，它是否能像前輩一樣攫取權力或顛覆政局，仍有很大的疑問。在這方面我們必須理解，做為一種政治現象，歷史法西斯主義與兩次大戰之間的時代背景息息相關，它是針對政局動盪、經濟災難、共產黨威脅這一連串危機的回應，在第一次世界大戰之後興起於歐洲。它的軍國主義與追求生存空間的帝國擴張，引發史無前例的動亂與浩劫——根據某些研究的估計，第二次世界大戰在歐洲戰區埋葬了五千萬人，大部分都是平民。如今沒有多少歐洲人——包括許多極右派領袖——會想重演這段歷史。我們還可以回想一下，兩次大戰之間的主要法西斯政黨，麾下都有大規模的民兵組織可資運用（希特勒的黨衛軍、墨索里尼的行刑隊），其功能是煽動暴亂、恐嚇政敵。由此可見，兩次大戰期間的法西斯政黨都具有明顯的議會外與反議會的傾向。就以上各個層面而言，歷史法西斯主義與歐洲新右派政黨之間，政綱的差異極為顯著②。裴恩（**Stanley Payne**）在《法西斯主義發展史》（***A History of Fascism***）一書中稍嫌樂觀地表示：「西方世界已經打了反法西斯的預防針，二十世紀下半期的文化潮流也全都反對法西斯主義。就算再爆發一場經濟危機，恐怕也不足以讓它死灰復燃；因為它的競爭者都是厲害角色，同時它也欠缺可以取信一般民眾的廣泛哲學基礎。」③最後一點，今日大多數歐洲極右派政黨的經濟政策，都具有鮮明的放任或「新自由派」色彩，與歷史法西斯主義的社團主義走向南轅北轍。

儘管新法西斯主義確實是扎根於較穩定的政治與經濟環境之中，但我們仍不能掉以輕心；極右派政治勢力還是有能耐撼動當代歐洲民主政治。歐洲新右派已經發展出一套精心設計的政治綱領，具有相當廣泛的吸引力。因此他們不像戰後初期出現的新法西斯政黨那樣，可以輕易地貶抑為歷史的不合時宜或倒退。一位評論家曾精闢指出：「一九六〇與七〇年代的極右派政黨暮氣沉沉、派系林立，由納粹餘孽與思想倒退的民族主義者當家；但是今日歐洲的新右派已經改頭換面……提供一種現代化、披著民主外衣的極右派意識型態。」④雖然他們缺少歷史法西斯主義的群眾選舉魅力，也煞費苦心地與兩次大戰之間法西斯主義的好戰主張劃清界線，但兩者的基本目標仍有部分雷同：企圖盡可能地消弭當代民主秩序的平等精神，代之以具有種族同質性的威權國家型態。正如歐洲新右派意識型態首席代言人博努瓦（Alain de Benoist）所說：「我眼中的敵人並不是『左派』或『共產主義』或『反動派』，而是平等的意識型態，及其宗教或世俗、形上學或偽科學的主張訴求，兩千年來一直生生不息（暗指基督教誕生至今），而『一七八九年理念』只不過是它的舞台，當今的反動派與共產主義也是它的必然結果。」⑤對於人民主權、公民自由、民主平等之類「一七八九年理念」的深層厭惡，應該是一項核心要素，讓博努瓦以及其他同路的當代極右派份子，上承歷史法西斯主義的遺緒。儘管新法西斯主義也許只是前輩留下的陰影，卻已經籠罩當代歐洲社會；影響之一是：「它將降低社會包容性與民主多元性的程度；因為其他政黨為了遏阻極右派發展，轉而採納其部分理念。」

一九八〇與九〇年代，法國與德國先後走上這條道路。」⑥

歐洲政治向右轉（Europe's Political Right Turn）

對歐洲近年來的政治發展做一番瀏覽概述，將有助於了解當前極右派威脅的性質與程度。一九九四年十月，比利時反移民的「法蘭德斯集團黨」（Vlaams Blok）由德溫特（Filip Dewinter）領導，在安特衛普（Antwerp）市議會選舉中拿下二五％選票。就在同一天，年輕而且上鏡頭的海德率領奧地利自由黨，在國會選舉中斬獲近四分之一選票。法國大報《世界報》（*Le Monde*）評論這兩樁選舉結果時說：「這就好像古大陸的祕密通道——一個是北海的港口，一個是中歐的首都——在同一天之中，被橫掃歐洲的極端主義浪潮席捲而去。」⑦勒朋本人更是喜不自勝：「歐洲人民的覺醒已經……轉化成龐大的投票部隊，支持那些雖然遭到污蔑詆毀、卻勇於抵抗世界主義與普世政策的人。」⑧這些選舉結果證實，歐洲民主國家有多達三〇％的選民大力支持極右派政黨，這些政黨的政綱通常帶有種族與民粹色彩；海德在一九九九年十月的驚人勝利，正是此一潮流的體現，他領導的奧地利自由黨晉升為執政聯盟的一員。

比利時與奧地利的選舉結果絕非特例，而是一股令人憂心的趨勢。丹麥與挪威的反移民政黨也都成功地推行其極右派政綱，在選舉中拿到六％到一二％的選票。一如前述，歐洲近二十年來最成功的極右派政黨——勒朋的國家陣線，已經在法國政壇佔有一席之地。一九八八年的法國總統選舉中，勒朋創下得票一四．四％的佳績；七年後的下一場總統選舉，他又微幅進步到一五％。

一九九四年四月，義大利「國家聯盟黨」（National Alliance Party）在國會選舉中斬獲前所未有的一三．五％選票，它的前身是新法西斯政黨「義大利社會運動」（Movimento Sociale Italiano, MSI），後來被貝魯斯柯尼（Silvio Berlusconi）總理的第一任政府收編。儘管貝魯斯柯尼的政府只撐了十個月，就在貪腐醜聞的壓力下垮台，但國家聯盟黨並沒有受到負面影響，領導人菲尼被許多人視為義大利政壇的要角⑨。

在此同時，我們也要略述極右派政黨政治不那麼令人憂心的發展。例如過去十年中，德國政壇上一直有兩個極右派政黨陰魂不散：前任武裝黨衛軍高階軍官熊修伯領導的「共和黨」（Die Republikaner），以及「德意志人民聯盟」（Deutsche Volksunion）。兩個政黨近年來在市議會與邦議會選舉的得票率，都能突破分配政黨比例代表席次的五％門檻。然而在一九九四年十月的國會選舉中，共和黨與德國人民聯盟都無法達到五％門檻，因此陣腳大亂，熊修伯被逐出共和黨的領導階層；雖然關於兩黨合併的討論甚囂塵上，但他們在德國政壇上已經無足輕重。

然而我們還是不能太早對德國政治抱持樂觀。因為極右派政黨之所以在選舉中式微，關鍵因素之一正是主流政黨採納他們的主要政綱，尤其是限制移民政策。一九九三年基督教民主黨與社會民主黨狼狽為奸，修改歐洲最寬容的德國移民法，讓它變成最嚴格的移民法。先前德國發生數起攻擊外國移民並造成死亡的慘劇，各界高度關注；因此這項修法行動猶如為仇外情緒的爆發背書，指稱受害者要為自身的遭遇負責。對德國政客而言，新納粹暴力問題的解決之道並不是嚴懲犯罪者，而是限制尋求政治庇護的管道。這種作法的無濟於事，很快就昭然若揭。一九九三年造成五名土耳其人罹難的索林根（Solingen）縱火攻擊案，就是發生在國會通過限制政治庇護的法令之後。

主流政黨向右翼擴充其政綱、拉攏倒向極右派選民的過程，是歐洲新右派崛起的主要後果之一，而且絕非歷史的偶然。探索相關案例時，我們會察覺到歐洲的政治光譜正向右方偏移，影響遍及基本自由、包容性與公民開放性等領域。

「右派的葛蘭姆西主義」（A "Gramscism of the Right"）

本章大部分篇幅將探討法國極右派的興起，這意味著我必須處理兩個有內在關聯的現象：一九七〇年代晚期出現的新右派，以及它與勒朋國家陣線的淵源。

法國的新右派是一九七〇年代一群知識份子的鬆散組合，其中許多人在一九六〇年代與新法西斯團體瓜葛甚深。新右派的綱領開門見山：大戰結束之後，極右派因為法西斯惡行與通敵恥辱而身敗名裂，因此新右派要挺身而出，讓右派理念奪回政壇主流地位。許多知識份子出身的新右派領袖，儘管在政治上只是邊緣角色，然而事後回顧，人們也不得不承認，他們已經大致達成主要目標：重新樹立一種排外、種族仇恨的論述，對一九八〇與九〇年代法國政治貽害無窮。

最早期的法國新右派包括兩個組織：「歐洲文明研究協會」（Groupement de Recherches et d'Études pour une Civilisation Européenne，GRECE）與「時鐘俱樂部」（Club de l'Horloge）（後者的名稱來自法國國立行政學校〔Ecole Nationale d'Administration〕會議廳中的一座大鐘，這間學校是法國政治領袖的搖籃）。時鐘俱樂部創立於一九七四年，它雖然與歐洲文明研究協會所見略同，但兩者仍有差異。時鐘俱樂部與法國主流保守派政黨的關係較為密切，包括法蘭西民主聯盟（Union pour la Democratie Française）與席哈克的保衛共和聯盟（Rassemblement pour la République，RPR）。時鐘俱樂部也依循「民族自由主義」的傳統，捍衛市場資本主義，與歐洲文明研究協會南轅北轍。此外還有一點值得一提：一九八〇年代早期，時鐘俱樂部幾位主要成員與主流右派政黨劃清界線，改投勒朋的國家陣線，包括俱樂部的前任祕書長加洛（Jean-Yves Le Gallou）、一九八五年之前的主席布婁（Yvan Blot）與梅格雷；後者在一九九九年與勒朋決裂之前，已經當上國家陣線的主席。

歐洲文明研究協會是由博努瓦在一九六八年創立，他一直是法國整個歐洲新右派的理論大師。因此在一九九四年時，博努瓦受到俄羅斯民族主義領袖杜干（Alexander Dougine）的熱忱歡迎；杜干是俄羅斯新右派的創建者，季里諾夫斯基（Vladimir Zhirinovsky）的首席顧問；最近博努瓦的一本雜誌也出了俄文版。博努瓦同時也和義大利、西班牙、德國與比利時的新右派議員互通聲氣⑩。

一九六〇與七〇年代，法國極右派慘澹經營。當時主流右派在戴高樂、龐畢度（Georges Pompidou）與季斯卡（Valéry Giscard d'Estaing）的領導之下，連續二十三年從選舉中過關斬將，讓勒朋之類的政治極端份子只能坐冷板凳。然而弔詭的是，這段期間，左派卻在文化界與思想界獨領風騷。為了終結左派的文化霸權，博努瓦與其門徒從一九七〇年代開始構思一項新計畫：「右派的葛蘭姆西主義」（Gramscism of the right），以右派觀念與主題取代左派的文化主流地位。這場文化政治鬥爭將為極右派打造政治優勢地位。博努瓦因此巧妙地將自己的事業稱之為一場「後設政治」的鬥爭。政治理論家塔圭夫（André Taguieff）如此評述：

> 「歐洲文明研究協會的一大創舉，就是從右派觀點出發，認真看待文化問題。政界右派早已將知識文化領域拱手讓給馬克思主義左派，而激進民族主義運動（所謂的『極右派』）推行的是一種反智的行動主義，類似布熱德運動（poujadisme）的反智傾向，涉及某種型態的民粹反抗。在這方面，歐洲文明研究協會重新聯結『法蘭西行動』的歷史學家—作家傳統。」[11]

博努瓦試圖重振法西斯主義精神時，致力於造成一種思想飽和效應（intellectual saturation effect）：「對於每一位未來的決策人士進行思想教育」。為了達到這個目的，他建立了一個國際性的出版網絡、研究團體與代言組織，好讓法國與歐洲的政治菁英能夠接觸到極右派思想。

歐洲文明研究協會原本的計畫是借重於伊佛拉（Julius Evola）之類的法西斯知識

份子，他們的生物學種族主義偏激到連墨索里尼都消受不了，在一九四〇年代初期一度考慮逮捕伊佛拉⑫。然而近二十年來，歐洲文明研究協會改絃易轍，儘量淡化新右派與惡名昭彰的歷史法西斯主義之間的淵源，以便爭取更廣泛的接納。雖然新右派在傳統右派政黨中取得有限進展，但是新右派成功地重振戰後遭到邊緣化的種族政治論述，最大的受益者無疑仍是國家陣線。一位敏銳的評論者曾說：「深受多個新右派智庫的理念影響，它的綱領混合了當紅的貨幣主義與傳統的威權價值，型態相當奇特。勒朋藉此抵擋外界對國家陣線的法西斯主義與極端主義指控。」⑬

新右派與國家陣線的淵源也絕不是一目了然：勒朋在一九五〇年代是支持布熱德運動的議員，也是威權國家民粹主義價值觀的捍衛者。相較之下，博努瓦卻是個道地的菁英主義者。國家陣線試圖利用法國天主教的反動、反共和象徵；博努瓦則上承尼采與歷史法西斯主義，倡導一種新歐洲異教主義，回歸神話、前基督教、印歐的傳統，這樣的理論顯然不太可能風行於當代的歐洲⑭。事實上，博努瓦對天主教與基督教的特有敵意，曾導致他喪失一個重要的宣揚理念管道：巴黎大報《費加洛報》（*Le Figaro*）在一九八二年停掉他的專欄。

更廣泛來看，博努瓦的政治敏感度與時機掌握，實在令人不敢恭維。在一九八四年的歐洲議會選舉中，博努瓦對左右兩派的主流政黨都不屑一顧，又著迷於自身新近的媒體曝光率，居然宣稱要把票投給共產黨。想也知道，右派同仁認為這番拙劣的宣示離經叛道，成群結隊脫離歐洲文明研究協會。此外，博努瓦誇張的反美思想（他對美國的理解恐怕不外乎好萊塢電影與麥當勞漢堡）和好戰色彩的第三世界主義（堅稱歐洲民族與第三世界民族解放運動自由戰士之間的共通性，更勝於歐洲和美國的共通性），讓法國主流右派一直與他保持安全距離⑮。

新右派的突破發生在一九七八年，當時《費加洛雜誌》（*Figaro Magazine*）的主編鮑威爾（Louis Pauwels）開始按步就班地刊登博努瓦與其思想界同路人的文章。那時博努瓦也固定為保守派大報《費加洛報》的週日增刊撰稿，短短幾個月內就成為家喻戶曉的人物。各方討論這個原本默默無聞之士的文章，很快就累積到近兩千篇⑯。媒體也掀起一場大型論戰，爭執博努瓦到底是法西斯主義者、反動份子、保守主義者，還是新法西斯主義者。學者與新聞記者洋洋灑灑發表文章，分析闡述這個新右派現象——許多論著都是來自法國左派。

總而言之，如果新右派根本不曾存在，左派恐怕也會無中生有塑造一個。新右派與保守勢力的關聯，會被主流右派視為潛藏的污點；對於二十多年來無緣掌權的左派，新右派也代表一股激盪的力量。此外，當時法國民眾對維琪政權的可恥過往日趨關注，因此任何關於當代法國右派與納粹佔領年代的關聯暗示，都將激起熱烈的全國性探討議論⑰。

從生物學種族主義到文化種族主義（From Biological to Cultural Racism）

那麼歐洲新右派到底「新」在何處？回答這個問題將有助於我們區分當代的極右派與兩次大戰之間「古老」的法西斯主義。

新右派原本一直不能忘情於正統的法西斯生物學種族主義，但是他們在一九八〇年代初期改採一種聰明的新策略，試圖與過時的歷史法西斯主義劃清界線，以較能受到接納的姿態傳揚種族主義理念。自此新右派將強調重點從「種族」轉移到「文化」，揚棄不合時宜的生物學種族主義，轉往「文化種族主義」（cultural racism）另起爐灶。新右派高舉保護「文化」神聖性與完整性的大旗，振振有辭地反對移民、文化混合與世界主義。為了讓自家的訴求更能投合公眾，他們襲用了包容、「保持差異的權利」等普世主義價值，來為其仇外立場背書，令人感到諷刺。博努瓦與其同路人聲稱，**世界主義者**才是真正的種族主義者，他們強迫移民接受粗暴的同化過程。新右派人士進一步指稱：「反種族主義本身就是一類種族主義，是針對個人的異端迫害，其用心在於消滅『法國的』法國，為『世界主義』的非社會（non-society）

鋪路。」⑱博努瓦的論調猶如道道地地的自由主義者，標榜一種非階層化的（non-hierarchical）「差異種族主義」（differentialist racism）。沒有一種文化在本質上優於另一種文化，文化全都是「有差異的」，而且這些差異必須予以尊重、保存⑲。就現實層面而言，這意味著阿爾及利亞人應該待在阿爾及利亞，才能享有公民自由。「法國人的法國」——這句種族主義口號可以上溯至德雷福斯事件（一九三〇年代再度響起）、歐洲人的歐洲，依此類推。博努瓦在一九八〇年代初期闡釋：「真理就是人們必須保護並培養自身的差異性……移民政策應該加以譴責，因為它傷害了地主國的文化認同，也重創了移民者自身的認同。」⑳

我們在此先做一番比較工作，一方是博努瓦等人對種族特例主義的辯護，另一方是勒朋一九八四年接受訪問時所做的呼應：「民族不能概分為優越或卑劣，他們是不同的；我們必須將這些體質或文化上的差異銘記在心。」勒朋又說：「我喜歡北非人，但他們的家園在北非……我不是種族主義者，而是國家主義者……一個國家如果要維持和諧，就必須在種族與精神上具備一定程度的同質性。」㉑

博努瓦與勒朋的差異種族主義能夠大為風行，要素之一是瀰漫在巴黎知識份子之間的文化相對主義。法國哲學家在一九六〇年代將馬克思主義的意識型態批判觀念發揮到極致，值得保存的西方價值觀似乎已寥寥無幾。馬克思是啟蒙運動之子，雖然他認為中產階級的理想有如鏡花水月，是為階級利益服務；但他還是帶有一些黑格爾色彩，相信這些理想具有「理性的核心」或「普遍的潛能」，日後將由社會主義來實現。這種「理性的核心」的救贖是「內在批判」（immanent criticism）辯證法的要旨所在；後者認為中產階級理想隱涵的「形式」普遍性必須是真實不虛。

相反地，後結構主義者以尼采取代馬克思，不再相信西方價值在本質上值得我們救贖。他們厭惡內在批評方法，上承尼采，主張所有的價值都帶有無法壓制的權力意志。馬克思依循黑格爾的理路，將歷史觀念化為「自由意識的進程」；但一九六〇年代的法國哲學家如傅科等人，完全顛覆了這種主張：我們視之為自由的事物——憲法、公民自由、人道懲罰與人權——其實代表一種更為縝密與險惡的社會控制過程。「諷刺的理性」（cynical reason）以這種方式得到勝利，並完全符合尼采信念的精神。法國在越南與阿爾及利亞鎩羽而歸之後，知識份子的反殖民心態根深柢固，將「人權」貶抑為殖民事業的門面裝飾，也是法國「文明使命」（mission civilisatrice）不可或缺的一環；而所謂的「文明使命」也只是一種意識型態謀略，企圖合理化歐洲人對第三世界的宰制。根據這樣的邏輯，並參照當時的人類學相對主義，於是所有的文化都平起平坐，只有歐洲文化例外，因為它試圖運用自我標榜的優越性來宰制其他文化。

文化相對主義的理念在李維史陀一九五〇年代的著作中定於一尊，後來成為大盛於一九六〇年代的法國差異哲學——德希達、德勒茲、李歐塔——的知識論金科玉律。然而等到越南、柬埔寨、古巴與諸多非洲國家（莫三比克、烏干達、安哥拉、中非共和國）如出一轍的第三世界解放運動，一一淪為獨裁暴政之後，這種差異哲學也越來越難自圓其說，它提出的解答反而成為問題的一部分：憑藉那些哲學家的理念，人們可以為任何一種非西方的倫理與政治惡行辯解；傅科對伊朗「教士革命」（revolution of the Mullahs）的奇特執迷就是絕佳案例[22]。從這些發展來看，一九六〇年代左派的西方自我憎恨精神顯然擺錯了位置。後來更是好戲上場：博努瓦之流的新右派旗手開始訴諸「差異種族主義」，來為文化隔離主義（cultural separatism）——具體表現為勒朋的嘲諷：「我喜歡北非人，但他們的家園在北非。」——與歧視性的立法張目撐腰。到了這個地步，「差異」做為倫理典範的空虛無力，已令人不忍卒睹。想對抗新歐洲種族主義，顯然需要更堅強的理論堡壘；突然間，法國思想家重新發現了「人權」——他們的先人在兩百年前提出的理念。

「國會種族淨化」("Parliamentary Ethnic Cleansing")

理念會產生結果。國家陣線倡導「文化差異」的結果就是，他們展開了一種不妨稱之為「國會種族淨化」的運動。

一九九一年，國家陣線得寸進尺，不僅主張法國停止接受移民，更要求重新審核一九七四年之後所有移民的公民身分——這是自維琪政權以來，法國第一次有人公然推動追溯既往的立法。國家陣線的國會議員惡形惡狀地提議要「拆除」少數族群社區、停止建造清真寺、限制伊斯蘭教文化中心與學校的數目。移民的子女不再享有義務教育，學校的移民子女人數也將設限。在法國出生的人不再必定獲得公民身分，還要審核其血統關係㉓。

從「種族」論述轉進到「文化」論述，並且支持差異種族主義的意識型態，確實是一項關鍵性的策略，讓早就名聲掃地的種族政治極右派論述死灰復燃。儘管其論調技巧還頗有新意，但論證策略其實相當古老。佛拉德（Christopher Flood）在《法西斯主義的復活》（*Fascism's Return*）一書中指出：「從意識型態上來看，法國極右派的根源可以上溯至十八世紀末葉的保皇黨反革命理論家，他們揚棄啟蒙運動灌輸給法國大革命的理性主義、普世人文主義、經濟自由主義與憲政主義的傳統。」㉔新右派的政治信條乞靈於歐洲反革命運動起步時的反普世主義精神，最著名的表述就是梅斯特所說的，這世上有法國人、義大利人、俄羅斯人甚至波斯人，但普遍意義的「人性」並不存在㉕。梅斯特關於「民族」優先於「民主」的主張，直接啟發了勒朋惡名昭彰的「同心圓」（concentric circle）政治理論：「我愛我的女兒更甚於我的表親，愛我的表親更甚於愛我的鄰人、愛我的鄰人更甚於愛陌生人、愛陌生人更甚於愛敵人。」㉖他肆無忌憚的沙文主義取材於反德雷福斯黨（anti-Dreyfusard）成員巴瑞（Maurice Barrès）的「國家自我」（moi nationale）信條或崇拜㉗。在法國大革命過程中出現的民主公民權理念，上承盧梭的普遍意志（general will）理論，強調**自願**歸屬的觀念；但巴瑞代表的反革命傳統卻將國家界定為一個「命運共同體」，其成員身分是由「土地與先人」預先決定。

強調種族或文化雜交（métissage）會為一個國家帶來墮落的危險，一直是反革命意識型態的主軸，從戈比諾伯爵的《人類不平等的起源》（一八五三年至一八五五年）、德魯蒙的《自由論》（*La Libre parole*）、反德雷福斯黨，到紐倫堡與維琪的反猶太人立法，都是如此。在十九世紀晚期的反革命世界觀之中，反猶太主義有如一道護身符：猶太人被圖騰化為所有社會弊病的禍源，因此從政治實體中完全消滅他們，也就形同一場政治救贖。德魯蒙在《法國猶太人》中宣稱：「一切問題來自猶太人，一切解決要找猶太人。」㉘在這個脈絡之下，歷史學家佛萊得蘭德獨具隻眼，參照現代反猶太主義的基督教淵源，將政治動機的反猶太情結界定為「救贖的反猶太主義」（**redemptive anti-Semitism**）。根據這種變化多端的邏輯或者「反邏輯」（**anti-logic**），根除猶太人的影響力將使國家重獲新生。

不足為奇的是，勒朋的仇外民族主義相當倚重反猶太主義；後者一直是法國與歐洲右派的歷史表徵。勒朋曾經向納粹大屠殺否定論者致意，聲稱滅絕猶太人只不過是第二次世界大戰整個過程中的一樁「細節」㉙。他喜歡將愛滋病患稱之為「**sidaiques**」，讓人想起維琪政權對猶太人的戲稱「**judaiques**」。當然，根據歐洲保守主義的經典文獻，猶太人就像愛滋病患一樣，都帶有「病毒」。同時勒朋也屢屢指稱社會黨的猶太裔高層幹部是「新近的法國人」（**français de fraiche**）。

勒朋與新右派聲稱他們支持現行的憲政秩序，藉此廁身於法國共和主義的脈絡之中，同時反駁外界對於他們是極右派同路人的指控，指稱那是左派批評者抹黑他們的伎倆。然而更深入探討就會發現，國家陣線對議會體制的效忠其實相當薄弱，勒朋及其國家陣線黨羽對於法國大革命的成就一直抱持懷疑態度。在大革命兩百週年慶的時候，國家陣線死硬派成員甚至表示，法國真正該慶祝的是一七九三年的旺代省（Vendée）起義，而不是大革命本身。我們在前面也談過，國家陣線幹部經常批評自動授予在法國出生者公民權的「出生地主義」，這個信條正是大革命在民權領域的主要貢獻之一。在政治改革方面，國家陣線一直特別重視公民投票——歷來威權政體規避議會制衡的標準作法之一。更有甚者，勒朋本人多次在訪問與演講之中，表白他對教權法西斯主義（clerico-fascism）獨裁政權的景仰崇拜：佛朗哥的西班牙、皮諾契特（Augusto Pinochet）的智利、阿根廷的軍事執政團（junta）。第一次波斯灣戰爭（Gulf War）時期，他強烈反對西方的軍事干預行動，甚至親自前往伊拉克朝見哈珊（Saddam Hussein）（偕同其他歐洲議會的右派議員）；對於這樣的舉動，人們自然可以解讀為他在表態支持自己所景仰的獨裁者。

儘管國家陣線贏取政權的可能性仍然遙不可及（由於法國實施單一選區多數決，目前國家陣線在國民議會〔Chamber of Deputies〕的席次低於其得票比例。然而在一九八六年至八八年間，拜密特朗總統推行比例代表制之賜，國家陣線的席次一度衝上三十四席），但是他們對當代法國政治文化，仍然具有反自由、破壞性的影響。

由於國家陣線在歷屆總統、地方、歐洲議會選舉中，都可以拿到一〇%到一八%的選票，因此左派與右派的主流政黨都爭相襲用它對移民議題的主張。有一段時間，討好勒朋支持者成了中間偏右政黨必不可免的作法，原因從數學來看一目了然：

一九八八年總統選舉，席哈克敗給密特朗，一般都歸咎國家陣線蠶食了傳統右派的鐵票。《國家陣線與法國政治》（*National Front and French Politics*）一書作者馬卡斯（Jonathan Marcus）指出：「主流右派面臨的問題尤其迫切，他們在一九八〇年代的大部分時間中……都念茲在茲於一項考量：如果他們需要國家陣線的支持或選民才能在選戰中獲勝，那麼與其敗在左派手下，不如與勒朋的支持者打交道。」[30]徹底體認一九八八年敗選的教訓之後，席哈克與季斯卡開始拉攏勒朋的支持者。一九九一年夏天，席哈克談到陷於困境的法國工人會看到「一個穆斯林家庭，一個男主人，討了三或四個老婆，生了二十來個小孩；他沒有工作，要耗掉一萬元社會福利津貼。」席哈克還說這些穆斯林廚房散發的味道，會讓一般的法國人受不了[31]。季斯卡則建議法國應該揚棄對移民開放的悠久傳統，並公開談到公民權的授予原則應該從出生地主義改為血統主義。

一九九三年六月，新任國會的保守派多數黨向勒朋取經，通過一系列限制嚴格的移民法律。具體措施包括可以種族為由進行攔檢搜索，揚棄了強調包容的共和國悠久傳統。此外，在法國出生的移民子女不再必然獲得公民權，他們必須在十七歲時提出申請，結果充滿不確定性。

社會黨也不能免俗地向勒朋的主張靠攏，訴諸選民低層的本能。一九九一年夏天，總理克勒松（Edith Cresson）女士為了讓勒朋與席哈克相形見絀，建議以政府包機將移民遣送回國。兩年前，法國爆發穆斯林女學生是否能在公立學校裹頭巾（foulard）的爭議，一群社會黨領袖——包括密特朗夫人（Danielle Mitterrand）——簽署一份廣為流傳的請願書，支持政府的禁令。三位記者合著的《上帝的右手》（*La Main droite de Dieu*）更揭露密特朗曾在幕後運作，協助勒朋提高政治聲望，好讓聲勢高漲的國家陣線拖累主流右派政黨㉜。

一九九〇年代大部分時期，勒朋的政治對手坐視他主導法國的政治爭議。因此國家陣線的成功主要應歸功於法國的政治真空：社會黨政策在一九八〇年代一蹶不振，傳統保守派政黨也提不出其他選擇。國家陣線以復仇之姿，填補了這個政治真空。哲學家格魯克斯曼精闢指出：

> 「今日法國的景象堪稱奇觀，八〇%的人們既非共產黨也不是勒朋的支持者，但他們談的都是勒朋。我認為歐洲人陷入談論法西斯主義危險的危險，因為我們沒有別的話題可說……話語會造成事物，法西斯危險的浮現是因為欠缺關於歐洲整合進程、國家民主發展的論述，而不是幾個法西斯主義者興風作浪。」㉝

除非左右兩派主流政黨不再只顧考量自身政治利益，並且在原則上團結一致，反對勒朋成功散播的仇恨與恐懼；否則在可預見的未來，國家陣線仍將是法國政壇的一個污點。

結論（Conclusion）

歐洲新右派成為當代歐洲政治的主要力量，其背後的社會與經濟力量是什麼？新右派與兩次大戰之間的法西斯主義的差異，對這個問題很有啟發性。歷史法西斯主義能夠吸引大批中產階級選民：小鎮居民、農民、小地主、中產階級底層、白領勞工，這個集團經常被稱之為「現代化過程中的輸家」，他們最容易受到工業化過程中社會動亂的傷害。政治社會學家李普塞特（Seymour M. Lipset）曾討論過這個主題，指出法西斯主義運動能夠吸引：

> 「中產階級的一部分，他們因為集中化大規模工業以及工會的壯大發展，因而失去憑藉或飽受威脅。受到現代社會基礎發展的壓迫，中產階級的小

商人、小農地主與其他地位不穩的成員，特別容易受到法西斯主義的鼓動，起而反對大工會與大資本。這些發展在某些方面代表一種對現代性的反抗。」㉞

新歐洲右派的支持者也有很大一部分是**潛在的**「現代化過程輸家」。然而從兩次大戰之間到今天，現代化的本質已經大幅改變。這項事實至少部分說明了歐洲新右派較為狹窄的群眾基礎。

從一九八〇年代早期開始，西歐多個國家經歷了結構性失業問題，規模之大超過一〇%，戳穿了傳統社會福利國家以完全就業為目標的謊言，近來的評論家更形容歐洲是個「失業的文明」（civilisation du chomage）。的確，極右派政黨支持者的主力似乎並不是失業民眾，然而其中有許多社會團體是深恐自己追趕不上全球化的後工業化時代經濟——一個以教育、文化資本與知識的價值，作為待遇、地位與社會升遷的主要決定因素的經濟體系。一位評論家指出：

「從工業化資本主義到後工業化資本主義的轉變過程，有一大部分可以描述為離散、碎裂與分化（相對於階級社會的規範），其問題根源在於個體

化過程的全面加速。這些現象會挑戰個人適應快速變遷環境的能力。因此文化資本、個人創業精神與應變能力也就愈發重要。」㉟

後工業化社會的科技官僚角色日益吃重，具備專業知識或訓練的菁英掌握權力與影響力的位置。與此相對應的是，許多受到極右派政黨蠱惑的選民，都是出身中產階級底層，他們由於缺乏教育或適當的訓練，向社會上層移動的前景相當渺茫。以國家陣線為例，它的支持者有一大部分是「小企業主、獨立創業的工匠，其他類型的商人、店員、手工業工人，以及失業民眾」㊱。他們正是後工業化社會的潛在輸家。從一九八〇年代開始，社會學家就已預示「三分之二社會」（two-third society）的來臨：社會中有三分之二的人生活富裕，另外三分之一的生活近乎社會邊緣，日子得過且過。後者最有可能加入長期低度就業或失業的大軍：他們無緣享受消費導向的後現代生活方式的浮華層面，只能做一些卑微、沒有前景、薪資低落的「麥當勞工作」（McJobs）㊲。新歐洲右派支持力量的主力軍，是「三分之二社會」中被遺忘的社會底層。新右派政黨能夠在青年人之中培養出一批死忠支持者，也絕非偶然，因為歐洲共同體的青年失業問題嚴重，近幾年來比率高達一五%上下。前述的職場潮流在不久的將來還會繼續壯大，「科技消滅了大量不需技巧或只需有限技巧的職位，意味著芸芸眾生將陷入絕望，缺乏可以謀生的技巧以及對未來的希望」㊳。歐洲新右派論述中的意識型態重點如「價值」、「集體認同」——種族的、地區的或國家的——都經過一番刻意經營，試圖補償那些在全球化經濟與「世界社會」——高度非人化、電腦科技化的美麗新世界——之中飽受威脅、生存價值落空的人。全球化已經腐蝕並顛覆了傳統的社會凝聚網絡；這個網絡一直是個人賴以進行規範性整合的憑藉：家庭與家族、職業團體、街坊鄰居、社群——甚至包括原本主體性神聖不可侵犯的傳統民族國家。將新右派選民作一番統計分析，就會發現其中瀰漫著「焦慮感與社會孤立感、政治挫折感與無力感、生活漫無目的、不安全感、自暴自棄」，這些感受為新右派政治觀點的盛行提供了溫床㊴。新右派政客擅長操弄這些感受與恐懼。不幸的是，他們的煽動伎倆恐怕還是會繼續奏效。

註釋

① Singer, " France's Rival Fuhrers, " The Nation, February 15, 1999, 6. See also Janice Valls-Russell, "Political Bickering in France, " The New Leader, February 8, 1999.

②對這個觀點的更詳盡討論，見 Roger Eatwell, "Why are Fascism and Racism Reviving in Western Europe? " The Political Quarterly 65（3）（July-September1994）, 323-325. See also, Robert O. Paxton, "Fascismes d'hier et d'aujourd'hui, " Le Monde, June 17, 1994; and Roger Griffin, The Nature of Fascism（New York: Routledge, 1993）, 161-169。

③ Stanley Payne, A History of Fascism: 1914-1945（Madison: University of Wisconsin Press, 1995）, 511。有鑑於二〇〇一年九月十一日的政治事件，我們應該關注裴恩的觀察（517）：「第三帝國恐怕再也不會重現人世，然而薩達姆・哈珊卻是一九四五年以來，最接近第三帝國的獨裁者。」

④ See Paul Hockenos, "Jörg Haider: Austria's Far Right Wunderkind," World Policy Journal（Fall 1995）, 75.

⑤ Alain de Benoist, cited in Pierre Milza, Facisme français: Passé et Présent（Paris: Flammarion, 1987）, 376. See also A.-M. Duranton-Crabol, Visages de la Nouvelle Droite: La GRECE et son histoire（Paris, 1988）.

⑥ Geoffrey Harris, The Dark Side of Europe（Edinburgh: Edinburgh University Press, 1994）, 15.

⑦ Cited in The Economist, October 15, 1994, 68.

⑧ Quoted in The Independent（London）, October 11, 1994.

⑨我在 "Mussolini's Ghost, " Tikkun（June-July 1994）, 11-16 中探討菲尼崛起的前因後果。

⑩關於新歐洲右派在整個歐洲的發展，見 Mark Wegierski, "The New Right in Europe, " Telos 98-99（Winter 1993-Spring 1994）, 55-70。

⑪ Pierre-André Taguieff, Sur la Nouvelle droite（Paris: Descartes& cie, 1994）, 18. For more on GRECE, see 14-24; Ian R. Barnes, "The Pedigree of GRECE -Part II" in Patterns of Prejudice 15（1980）, 29-39.

⑫ For a good discussion of Evola's doctrines in relation to Benoist, see Thomas Sheehan, "Myth and Violence: The Fascism of Julius Evola and Alain de Benoist, " Social Research（Spring 1981）, 45-73.

⑬ Jim Wolfreys, "An Iron Hand in a Velvet Glove: The Programme of the French National Front, " Parliamentary Affairs 46（3）（July 1993）, 415。另一位評論家（Geoffrey Harris, The Dark Side of Europe: The Extreme Right

Today [Edinburgh: Edinburgh University Press, 1994], 89,）曾說：「很明顯地，勒朋……的力量受到新右派知識份子作品的幫助，後者刻意追求讓極右派理念成為法國政壇的主流。」

⑭ See Alain de Benoist, Comment peut-on être paien?（Paris: Albin Michel, 1981）.

⑮關於博努瓦的第三世界主義，見 Europe, Tiers Monde: Meme Combat（Paris: R. Laffont, 1986）。

⑯這數據來自 Wolfreys, "The Iron Hand in the Velvet Glove, " 417。新右派最早期的支持者之一，是前維琪政權官員與 Qu'est-ce que le fascisme（1961）一書的作者 Maurice Bardeche。見他的文章 "Les Silences de la Nouvelle droite, " Défense de l'Occident（December 1979）, 19。關於 Bardéche 有一篇很有意思的訪問，見 Alice Kaplan, Reproductions of Banality（Minneapolis: University of Minnesota, 1985）, 161-192。Bardéche 與法西斯主義文人布拉席亞緒是姻親，後者在戰後以「思想通敵」的罪名遭到處決。關於新右派與法國主流右派的緊張關係，見 Pierre Milza, Fascisme français: passé et présent, 373-375。

⑰ On this point see the standard work by Henry Rousso, The Vichy Syndrome（Cambridge: Harvard University Press, 1991）.

⑱ D. S. Bell, "The French National Front, " History of European Ideas, 18（2）, 228.

⑲對此一現象的精湛分析見 Pierre-André Taguieff, "De la race à la culture, " Sur la Nouvelle droite, 7-106。另見 Taguieff, "The New Cultural Racism in France, " Telos 83（Spring 1990）, 109-123. Taguieff 無疑是頂尖的法國新右派政治分析家。關於新右派理念的英文論述，見 Telos 98-99（Winter 1993-Spring 1994）, "The French New Right: New Right, New Left, New Paradigm? " 討論的焦點之一就是博努瓦在一九八〇年代的「左轉」，以及法國左派（如布希亞）與新右派領袖人物的合作；此時的新右派已披上望之儼然的學術外衣，其代表就是博努瓦在一九八八年創立的雜誌 Krisis 。另見 Taguieff 早期著作 The Force of Prejudice, trans. H. Melehy（Minneapolis: University of Minnesota Press, 2001）。

⑳ Robert de Herte [Alain de Benoist], "Avec les immigrés contre le nouvel esclavage, " Eléments pour la civilisation europééne, no. 45（Spring 1983）, 2.

㉑ Jean-Marie Le Pen, "Le Pen et L'Eglise"（interview）, National Hebdo, 19（44）（April 1985）, 15.

㉒傅科對伊朗的觀點見"Iran: The Spirit of a World Without Spirit," in Foucault: Politics, Philosophy and Culture（New York: Routledge, 1988）。

㉓ Wolfreys, " An Iron Hand in a Velvet Glove, " 424.

㉔ Christopher Flood, "Organizing Fear and Indignation: The Front National in French Politics, " in Fascism's Return: Scandal, Revision, and Ideology Since 1980, ed. R. Golsan（Lincoln: University of Nebraska Press, 1998）, 20-21.

㉕ Joseph de Maistre, Considerations on the French Revolution, trans. R. Lebrun（Montreal: McGill-Queens University Press, 1974）, 97.

㉖ Cited in M. Vaughan, "The Extreme Right in France: 'Lepénisme'or the Politics of Fear, " in Neo-Fascism in Europe, ed. Luciano Cheles et al.（London and New York: Longman, 1991）, 221.

㉗ For more on Barrès, see Zeev Sternhell, Maurice Barrès et le nationalisme français（Bruxelles: Editions Complexe, 1985）; see also, Michel Winock - Nationalisme, antisemitisme etfascisme en France（Paris: Editions du Seuil, 1990）.

㉘ Cited in Winock, Nationalisme, antisémitisme et fascisme en France, 44. See also Paul Massing, Rehearsal for Destruction（New York: Harper and Bros., 1949）.

㉙ On Holocaust denial in France, see Pierre Vidal-Naquet, The Assassins of Memory, trans. J. Mehlman（New York: Columbia University Press, 1992）.

㉚ Jonathan Marcus, The National Front and French Politics（New York: New York University Press, 1995）, 171.

㉛ See Encounters with the Contemporary Radical Right, ed. P. Merkl and L. Weinberg（Boulder: Westview, 1993）, 226.

㉜ Emmanuel Faux, Thomas Legrand, and Gilles Perez, La Main Droite de dieu（Paris: Le Seuil, 1994）.

㉝這是提交歐洲議會調查委員會的證詞，見 Annexe G. Cited in G. Harris, The Dark Side of Europe, 68。

㉞ Lipset, Political Man（Baltimore: Johns Hopkins, 1981）, 489. Also see Thomas Childer's important study, The Nazi Voter（Chapel Hill: University of North Carolina Press, 1983）.

㉟ Hans-Georg Betz, Radical Right-Wing Populism in Western Europe（New York: St. Martin's, 1994）。關於新近的後工業化時代情境，最深入的探討見 Ulrich Beck, The Risk Society（Newbury Park: SAGE, 1992）。

㊱ Flood, "Organizing Fear and Indignation," 25.

㊲ See Richard Sennett, The Corrosion of Character: The Personal Consequences of Work in the New Capitalism（New York: Norton, 1998）.

㊳ J. Hage and C. H. Powers, Postindustrial Lives: Roles and Relationships in the 21st Century（Newbury Park: SAGE, 1992）, 41.

㊴ Betz, Radical Right-wing Populism, 177.

結論
Conclusion

「災難之地」：現代思潮中的美國形象

'Site of Catastrophe':
The Image of America in Modern Thought

美國的意象一直縈繞在歐洲人心頭。對歐洲人而言，美國經常有如一場夢魘，代表歐洲自家前景堪憂的未來。然而這樣的判斷與其說代表美國的真面目，不如說流露出歐洲人自身的心態，揭示了歐洲學者與知識份子在面對現代性、「進步」與民主化破壞幽靈時的焦慮與執迷。尤其是對反啟蒙思想的鼓吹者而言，嚴辭譴責與美國相關的事物，已經成了他們的慣用手法。因為就如自由派貴族政治家托克維爾的體認：民主政治在新大陸的成功，無疑敲響了舊體制的喪鐘。因此歐洲反動派的支持者堅信，藉由詆毀抹黑美國這個新生的合眾國，他們就可以鞏固「秩序黨人」（Party of Order）在歐洲的勢力。

一個世紀之後，美國高舉威爾遜（Woodrow Wilson）總統的國際主義旗幟，加入第一次世界大戰，為反啟蒙思想鼓吹者帶來新型態的威脅：日益自信與成熟的美式民主，意圖藉由軍事力量與國際外交伎倆，來散播它的理想。啟蒙思想的頭號批判者諸如史賓格勒、施米特與海德格，很快就齊聚在法西斯主義的旗號之下；反革命人士將法西斯主義視為最後希望，要抵抗一個由自由主義、個人主義與思想自由等「腐蝕性」觀念主導的社會。

儘管民主在第二次世界大戰的催化之下凱旋而歸，但這場勝利代價慘重。尤其在主要戰場歐洲，十八世紀對於真理、理性與進步的必然相關性的信念，遭到戰爭的致命打擊。這場戰爭首開歷史先例，平民傷亡超過戰鬥人員，造成難以想像的五千萬人死亡。死亡集中營、地毯式轟炸、核武毀滅陰影，全都來自西方文明核心，人們在面對這些現象時如何還能保持往日的信念？隨之而來的是冷戰與去殖民化的創傷，讓啟蒙思想批判者又獲得新的驅動力。一九六〇年代，對民主口誅筆伐的新一代批判者興起，法國尤其是他們的大本營。法國思想界戰後的「大事」就是尼采與海德格重領風騷，兩人在德國因為法西斯主義的玷污而聲名掃地，在法國卻成為傅科、德希達、李歐塔與布希亞等人的思想導師。藉由這種方式，向來是歐洲右派禁臠的反啟蒙思想，也滲透進入後現代左派的立場觀點。以往左派的攻擊目標是社會不平等與階級不公不義，但是受到尼采與海德格啟發的後現代主義者，改採一種新史賓格勒（neo-Spenglerian）的「總體批判」立場，緊緊盯住「理性」、「人文主義」與「現代性」——正是過去數十年間反革命右派輕蔑嘲諷的頭號目標。

「印第安人不會思考」（Indians Can't Think）

一七七〇年，自然主義者狄鮑（Cornelius de Pauw）出版了一部厚達三卷的學術著作《美國哲學研究》（*Recherches philosophiques sur les Américains*）。狄鮑的論點援引自孟德斯鳩（Charles-Louis Montesquieu）《法意》（*Esprit des Lois*）倡導的氣候理論——溫度與相對濕度形同一種「命運」；狄鮑興高采烈地列舉北美洲生物的怪異現象。他相信美洲的咖啡豆品質低劣（稍有自尊心的歐洲人都不屑一飲），美洲的糖很有問題（甜度嚴重不足），美洲的葡萄酒也上不了檯面（是以乾癟蟲蛀的葡萄釀成）。

如果新大陸生物的遺傳缺陷局限於農業物種，那麼問題還不算太糟。然而狄鮑上述的批評只是一個起點，他進一步指出，新大陸的動物品種「大部分型態笨拙……嚴重畸形。」許多動物都沒有尾巴，不然就是前肢與後肢的趾爪數目不成比例。但是對於各種害蟲與害獸而言，美洲卻有如一座樂園：「地表布滿腐爛的東西，蜥蜴、蛇、爬蟲類四處橫行，還有體型巨大、毒性強烈的昆蟲。」只有在這種被上帝遺棄的地方，才看得到——這是狄鮑的描述——「重達三十七磅、鳴聲如（歐洲）牛的青蛙。」①生物分類學家布豐（Georges-Louis Buffon）也認為，由於氣溫偏低、濕度偏高，北美洲的動物比起歐洲的同類，體型較小、物種較少、活動力也較弱②。

可以想見的是，狄鮑對新大陸人類的評價也不會太高。以印第安人為例：「（歐洲人抵達）三百年後的今天，印第安人還是完全不會思考。他們的基本特質就是愚蠢麻木。他們是如此懶惰，以致於完全無法學習。」③美洲原住民「缺乏活力與耐力，性生活冷感而變態、生育力低落、毛髮稀少、對痛苦麻木不仁、壽命短，而且有許多疾病與怪癖，諸如月經不調與食用鬣蜥蜴（iguana）。」④

美洲的環境是如此衰敗，連歐洲的生物來到之後都會停止生長，「他們的體型越來越小、喪失一部分本能與能力。」狗會莫名其妙地忘記如何吠叫；歐洲女性容易變得不孕。因此當狄鮑宣稱：「從合恩角（Cape Horn）到哈德遜灣（Hudson Bay），整個美洲沒有出現過任何一位哲學家、學者、藝術家或思想家，值得在科學史上記一筆，或者曾經對人類有過貢獻。」我們還會感到訝異嗎⑤？

如果只把這些描述當成某個怪異知識份子夜間的胡思亂想，將是大錯特錯。狄鮑這本書當時被廣泛視為最權威的美國研究，很快就翻譯為德文與荷蘭文，並讓他在腓特烈大帝（Frederick the Great）的宮廷中贏得一席之地。在《聯邦黨人文集》（*The Federalist*）論文集之中，漢彌爾頓（Alexander Hamilton）苦心駁斥狄鮑的「退化論觀點」，或者以漢彌爾頓的話來說就是「所有的動物——包含人類在內——來到美洲就會退化——連狗吸了幾口我們的空氣之後，居然就不再吠叫。」⑥

對於《聯邦黨人文集》一書的三位作者來說，這問題牽涉的層面遠超過美國農作物與寵物的名聲。狄鮑的批判觸及他們締造民主政府事業的核心。因為如果自然史與生物學都具有決定性的力量，那麼自由意志將淪為無足輕重，新大陸的政治自由實驗也注定失敗。為了反制歐洲方面由狄鮑、布豐之類生物分類學家主導的盛行觀念，《聯邦黨人文集》的作者特別強調，決定人類社會型態的要素不是氣候與遺傳，而是由自覺意志主導的法律、道德與政府。人類社會的特質並不在於自然宰制的層面；人類成就卓越政治的獨特能力，來自於人類能夠**超越**自然的條件，依照更高層級的目標規劃來塑造自己的生活。《聯邦黨人文集》的作者批駁狄鮑與其同路人的生物決定論，指出人類與其他生命型態迥然不同，有能力以「省思與選擇」為基礎來構築政治。

這種自然史學者與政治理論家之間的方法學爭議，會影響民主政府本身的可行性。弔詭的是，許多嚴格遵循唯物論知識論的哲學家，間接地否定人類自由的真實性。因此，這裡討論的議題具有重大的政策意涵。狄鮑相信遺傳與環境都無法超越，必須將自然科學的定律運用在人類事務上，他後來成為歐洲孤立主義的頭號發言人，認為歐洲可以藉此抵擋新大陸的退化力量。一位評論家曾說：「自然史可以對掌權者說實話，藉由彰顯決定社會生活的先於政治（pre-political）因素；對於誘使歐洲政治家對新大陸做愚蠢投資的『政治規劃者』，科學能夠揭穿他們的謊言。」⑦歐洲強權對美洲殖民事業投注可觀的人力與物資資源，結果只會讓自身的實力江河日下。

更有甚者，殖民也引發種族混合的疑慮——兩個本質不同的民族混合為一。無庸贅言，像狄鮑那種質疑美洲原住民基本人性的論述，也讓迫害他們的人更加振振有辭。這一類粗糙的人種分類學，是十九世紀體系大備的歐洲生物種族主義的先聲⑧。在許多方面，現代種族主義只不過是引伸發揮十八世紀的「多源發生說」（polygenesis）信念：人類的各個種族之間，在本質上有著無法跨越的差異。

我們可以將關於美洲的錯誤認知，編成一部令人眼花撩亂的巨著，從其中看出歐洲人直至今日的焦慮與偏執。一九九〇年代早期，當法國爭論歐洲迪士尼樂園的興建計畫時，柯奧（Jean Cau）這位昔日沙特的私人祕書、後來的右派宣傳家形容這座美國主題樂園是一座「文化的車諾比（Chernobyl）核電廠……充斥著硬化的口香糖，以及為美國肥佬所寫的白癡故事。」社會黨發言人葛洛（Max Gallo）的言辭也毫不含蓄，哀嘆這隻「特洛伊老鼠」（Trojan Mouse）將會「讓法國社會充斥著沒有根源的創作，對文化的負面影響一如速食對腸胃的傷害。」⑨如果只看這場爭論中充滿殺傷力的言辭，我們會以為美國要進駐的是一隊中程核子飛彈，而不是一座無傷大雅的遊樂場。

美國做為「恐怖景象」（Schreckbild）的理念，充斥於十九與二十世紀的歐洲政治思想之中。進步人士嚮往美國承諾的機會平等與民主包容，因此對伏爾泰之類的哲學家而言，北美洲殖民地證明了人類有能力生活在自由之中。殖民者成功的自治實驗，激發啟蒙運動思想家在歐洲推行類似的改革。相反地，反動派的領航人諸如梅斯特、波納（Louis de Bonald）、戈比諾、史賓格勒與海德格，將美國革命視為法國大革命的政治兄弟，是政治現代性——個人主義、人權、自由主義——最極致的表現，必須以反革命暴力的掃蕩手段來鎮壓粉碎。

衝著美國而來的反烏托邦觀點並不是歷史遺跡。這種觀點透露著瀰漫當代文化生活的反智精神——最具代表性的看法就是，理性與啟蒙運動不但沒有讓我們自由，反而是一種詛咒。根據學院後現代主義支持者常用的行話，理性在本質上是一種壓迫的形式，其存在就是為了壓迫與邊緣化他者性或「差異」。理性與邏輯被指控兩方合謀，將「他者」化約為「同者」——承襲前代的「一致性」規範；由此可見它們無法包容「差異」，而「差異」（在問題重重的情況下）則被提升為新的第一原理。這種（以及許多類似的）作法有其顯而易見的風險，也就是全面性地偏重「矛盾」而非「一致」、偏重「不合理」而非「合理」，因此沾染上反智的色彩。無論是思想、政治或文化的差異，都不能再以推論方式來判斷。因為無庸贅言的是，理性判斷的方法只會導致「差異」受到壓制。

在學院後現代主義的推波助瀾之下，「差異政治」（politics of difference）已經站穩腳跟，成為新一代的思想正統。雖然說文化差異確實必須尊重，然而從不加批判地頌揚差異，到形成思想的部落主義（tribalism），兩者之間只有一步之遙。為了將文化標舉為一種「無窗的單子」（windowless monad），種族中心主義也跟著水漲船高，以壓制世界主義。更糟的是，這種心態意味著提早放棄某些共同的基礎，導致不同文化之間建設性的對話無從進行。雖然差異政治是一種相對主義，對所有的差異與立場一視同仁，然而它的相對性有其局限：唯一**不配**受到一視同仁待遇的立場是「歐洲中心主義」（Eurocentrism）；這個文化既為人類帶來理性，也帶來了殖民主義的劫難——理性欠缺寬容特質在政治上的必然後果。這類思想潮流滔滔不絕地聲討撻伐理性；以「包容」、「法律之前人人平等」之類的戒律為基礎，本能地摒斥政治自由主義為一種意圖夷平差異的邪惡陰謀，其本身可謂問題叢生。

梅斯特與「多元文化主義」（Maistre and "Multiculturalism"）

梅斯特與戈比諾的理論在今日的學術界似乎乏人問津，然而他們兩人以及與梅斯特同時代的貴族政治家波納，卻是反啟蒙意識型態的主要源頭。如果人們想釐清右派民主政治批判——歐洲法西斯主義徹底的反自由主義是這個傳統的極致表現——的脈絡，他們的著作仍是不可或缺的關鍵。

梅斯特原本是個過著平靜鄉居生活的貴族，但法國大革命改變了一切。一七九二年，革命軍入侵梅斯特的故鄉薩伏依（Savoy），迫使他出亡瑞士。五年之後，他發表了《論法蘭西》（*Considerations on France*）一書。這部名著與柏克、康斯坦特（Benjamin Constant）、迪史泰爾夫人（Madame de Stael）的著作，至今仍並列為當時研究法國大革命起因與意義的經典之作。

就像熱中支持革命的左派人士一樣，梅斯特深受當時逐步開展的重大政治變局撼動，因此他認為僅憑**歷史的**詮釋並無法真正理解這些事件。對梅斯特而言，大革命有如世界末日般的規模，顯示「天意」（Providence）佔有決定性的地位。梅斯特最後認定，唯有**神學的**理解才能夠掌握事件的真實意義。

因此梅斯特著作的主旨就是：大革命是上天對法國的報復，因為她在啟蒙思想鼓動之下變節叛教。梅斯特認為，大革命象徵天意要懲罰法國沾染「啟蒙」理念的褻瀆之舉：自我放縱於無神論、物質主義，最後居然犯下弒君大罪。革命份子相信進步與理性的力量，自認為能夠掌控他們發動的事件。然而梅斯特很清楚，他有一句名言：「並不是人在領導革命，而是革命在操控人。」⑩唯有透過這種觀點，人們才能解釋革命期間降臨在法國的悲劇與混亂。

梅斯特將大革命詮釋為規模浩瀚的神學盛事，藉此突顯人類賦予歷史可理解性與意義的努力，全都是一場徒勞。梅斯特嘲諷革命份子，企圖重創啟蒙思想對理性的信心；這種信心正是革命份子的動力來源。他與柏克一樣，深信依照抽象理性的要求來塑造人類社會，實為愚不可及之舉。梅斯特是虔誠的天主教徒，對原罪堅信不移，認定人類的本質既愚蠢又邪惡。唯有倚賴獨裁統治以及對天譴的畏懼，才能夠解救人類免於自作自受的愚行。在《論法蘭西》一書中，梅斯特沾沾自喜地指出一項諷刺：在大革命前途最危急的時刻，拯救它的卻是羅伯斯庇爾與雅各賓派的**獨裁統治**。儘管革命份子懷抱著啟蒙與人文主義的情懷，但是人類永不改變的腐化本性，將迫使他們求助於歷史悠久的專制政治與劊子手的斧頭，否則根本無法統治國家。

梅斯特認定人類本性充滿罪惡的觀點，以及深信獨裁統治有其必要性的理念，成為日後各家各派反啟蒙思想的共通綱領。人類無法理性地塑造自身的命運，人類事務的終極決定者實為某種神祕、非理性的力量，這些正是反革命人士與後現代主義者的共同信念。梅斯特和同時代的波納一樣，深信啟蒙運動必須予以逆轉，言論自由與「個人主義」在本質上都會危害社會組織，人類與生俱來的邪惡使他無法管理好自身。梅斯特推崇西班牙宗教法庭（Inquisition）混合了暴政與殘酷，正好可以對治人類的罪惡。他有一句著名的雋語：我們必須以「權威的證據」（evidence of authority）來取代「證據的權威」（authority of evidence）。啟蒙哲學家宣揚對理性的信心，梅斯特卻說：「我們不應該知道的事，比我們應該知道的事更為重要。」⑪過度信任理性探索力量，將會侵蝕秩序與權威的基礎，最終導致整個社會結構的土崩瓦解，法國大革命之後的天翻地覆就是明證。政治主權永遠不能以理性來闡明，拿來做為社會契約（social contract）的標的物更是錯誤；真正應該當家做主的是不假思索的服從。

在此之前，絕對君權的擁護者都是以天賦君權或傳統權威為論證基礎，但是從梅斯特開始出現重大轉變。他是一個精明老練的思想家，不會否認那些傳統論證在當時已經無以為繼。梅斯特的主權理論剝除了神學論調，與現代獨裁政治概念有重要的相似之處，後者的頭號倡導者就是政治哲學家施米特。施米特在一九二〇年代體認到，政治主權一旦成為討論與辯議的對象，成為一個有待「論證」的問題，那麼自由民主政治就會趁虛而入、無可抵擋。施米特以梅斯特的論調談到，主權究極而言是一種「決定」：「一種絕對的決定，從虛無之中創生。」⑫

因此梅斯特也順理成章地貶抑美國革命的前途。他聲稱假以時日，美國就會步上法國的後塵，一蹶不振。在他眼中，美國憲法將人類理性的傲慢和愚昧表現得淋漓盡致。梅斯特觀察說：「這部憲法中唯一的新意、唯一的共識結果，都是人世間最脆弱的事物；其中充斥著脆弱或腐敗的徵兆，無以復加。」⑬梅斯特還認為，美國這個新生的共和國能夠苟延殘喘，應該歸功於英國傳統的延續，而不是美國開國先賢的精心設計。梅斯特特別注意到十三州之間的內鬨，認定這個國家很快就會像骨牌一樣崩潰：

「我不僅懷疑美國政府的穩定性，英國後裔在美洲建立的社會也令我缺乏信心。舉例而言，各主要城市因為可鄙的嫉妒心態作祟，一直無法對國會的地點達成共識，城市之間為了這項榮銜而互不相讓。爭到最後，他們決定建造一座新城市來充當首都……儘管如此，這個事件之中有太多的考量、太多的**人性**成分；而且我們可以重金打賭，這座城市絕對建不起來，也不會被命名為**『華盛頓』**，而國會也不可能在那裡召開。」⑭

梅斯特《論法蘭西》一書中表現出一種情緒，在後世各個流派的反動份子之間引起極大迴響：「所謂的『人』並不存在。我這一生見過法國人、義大利人、俄羅斯人等等，甚至拜孟德斯鳩之賜，還見過波斯人；然而對於所謂的『人』，我從未見過，就算他存在，我也一無所知。」⑮

根據啟蒙思想的世界觀，人類尊嚴的精髓在於他們超越特定附加條件的能力，這些條件在本質上限制了人類的發展。來到理性的許諾地，意味著刻意揚棄所有的一隅之見，將自身提升到「普遍」的立場觀點。真理獨一無二，而且「普遍」是唯一的探求之道。這種對普遍而非特例的偏好，在啟蒙思想的「共通感」（sensus communis）理念中格外明顯[16]。特例的真理方生方滅，唯有那些在原則上適用於**所有人**類——也就是由啟蒙的個人構成的理想群體——的真理，才能夠被視為理性的或普遍的真理。

梅斯特著名的論斷：「對於所謂的**人**，我從未見過。」嘲諷啟蒙思想的普遍主義。這種觀點在某個層面上，宣揚一種不可辯駁的經驗真理，指向種族性與人性認同的關係。首先，人類的附加條件永遠是特例的，關聯到特定的家庭、氏族、宗教或地區。在另一個層面上，梅斯特試圖揭示「抽象的人」是一種虛構的狂想，出自一種放縱的哲學想像，而且極為危險。最後，梅斯特的論調是一種強而有力的宣示，指出種族差異的無法消弭，要讓啟蒙運動津津樂道的自然權利黯淡無光。

梅斯特關於種族差異無可化約的主張，成為反啟蒙思想必經的出發點，用以對啟蒙哲學家的思想與政治事業發動攻擊。戈比諾在十九世紀中期對大革命影響與歐洲自由主義的批判，也是受到梅斯特的啟發。從此之後，種族主義成為反革命思想的主軸。柏林（Isaiah Berlin）指出：「梅斯特深度悲觀的觀點，是二十世紀極權主義的核心，左派與右派皆如是。」[17]

從反啟蒙信念與後現代主義的傳承關係來看，梅斯特關於「差異」不可磨滅本質的論點有一番新的意義，使他成為今日流行的「差異政治」的鼻祖之一。梅斯特是一位多才多藝的知識份子：天主教徒、波旁王朝支持者、散文家、論戰家。然而就意識型態而言，他和同時代的日耳曼思想家赫德一樣，都是第一代堅定的多元文化主義者。梅斯特關於人類差異不可磨滅的理論，以及他對「人權」的尖刻批判，都在政治史上留下問題重重的影響。

戈比諾：種族作為首要關鍵（Gobineau: Race as a Master Key）

戈比諾生於一八一六年，他和梅斯特一樣是法國貴族出身，對大革命的政治發展感到怵目驚心。一八四八年數場革命引發的民主激進主義令他深信，歐洲文明已經走上不歸路，最終的崩潰只是時間問題。

一八四八年是法國多事之秋，七月王朝（July Monarchy）遭到推翻，共和國建立，勞工階級大舉抗爭。在這一連串事件之後，戈比諾決定寫下他對於歐洲政治衰微緣由的觀察，其成果就是長達四卷的《人類不平等的起源》，在一八五三年至五五年間問世。

儘管戈比諾的政治觀點令人厭惡，但是他和梅斯特一樣，都是有真才實學的人物。除了《人類不平等的起源》之外，他還是一位頗有才華的小說家、優秀的法國外交官。托克維爾在一八四九年接任法國外交部長時，拔擢這位比他年輕十一歲的伯爵擔任他的私人祕書。他們兩人早在一八三〇年代中期就開始魚雁往返，並對戈比諾著作的政治意涵發生激烈爭議。托克維爾是道地的歐洲自由主義者，戈比諾則是典型的反動派，他們對歐洲前途的意見交鋒，預示了之後百年的政治與意識型態紛爭。

梅斯特與波納都對政治自由主義提出強烈指控，然而到了十九世紀中葉，他們的基本攻擊論點——神學的（梅斯特）與傳統主義的（波納）——似乎已經過時。十九世紀是「科學主義」的時代，無法通過這股潮流檢驗的政治信念必定乏人問津。戈比諾的巧妙策略就是，援引將**種族**視為歷史發展普遍關鍵的觀念，在偽科學的基礎上重新建立反啟蒙思想世界觀。以種族為基礎的人種分類學，當時已經廣為人類學家與自然史學家運用；然而戈比諾是第一個在歷史研究中，系統性地將種族視為隱而不顯的主宰法則。早在尼采、史賓格勒、湯恩比（Arnold J. Toynbee）之前，戈比諾已經是第一位重要的歐洲沒落預言家。

戈比諾認為，歐洲歷史已經在遺傳上預先決定。儘管他並不懷疑歐洲文明至高無上的優越性，但仍深信舊大陸的黃金時代早已畫上句點。歐洲文明發展的悲劇在於，雖然種族優越性使它必然走上征服劣等民族之路，但是在宰制這些民族的過程中，種族混合勢不可免，導致歐洲人的遺傳特質遭到稀釋。在戈比諾看來，遺傳發展的法則是金科玉律，毫無例外可言。當高貴的種族與卑劣的種族通婚，前者一定會遭受生物學的消耗。他在《人類不平等的起源》中指出：「當一個民族的原始種族要素因為混雜外國種族而分散或隱沒，無法繼續產生足夠的動力，這個民族及其文化必將消亡。」⑱

對於日後歐洲政治思想的發展，戈比諾的影響極為深遠。他與德國作曲家華格納頗有交情，後者的種族主義世界觀就是來自於他。一九〇〇年，華格納的女婿張伯倫出版《十九世紀的基礎》一書，後來成為納粹種族主義的原典。張伯倫對於亞利安民族優越性的精細論證，顯然與戈比諾一脈相承。納粹也相當推崇戈比諾，以《人類不平等的起源》一書做為種族理念的教義問答（Catechism）。戈比諾開史賓格勒之先聲，主張種族的沒落是必然趨勢，但希特勒對此有所保留，他在一九三三年提出這樣的問題：「我們如何才能遏止種族的衰微？戈比諾伯爵的預言是否必然會實現？」⑲一位學者曾敏銳地觀察道：「戈比諾的思想中蘊含一種歷史性的神話製造，一種價值的理論，一種推理的模式，藉由全面性地濫用邏輯，成為日後所有種族主義者的開路先鋒。」⑳

戈比諾對美國的看法有過重大轉折。剛開始他將美國視為一座避風港，讓亞利安民族遠離衰敗的歐洲文化。然而等到他更加熟稔美國的政治與民情之後，觀點卻產生一百八十度的轉變。戈比諾認為生活在新大陸墮落的程度更甚於歐洲，因為民主政治的弊病——自然權利、社會平等、多數統治——在美國最為猖狂。美國社會有明確的進步傾向與功績主義，與貴族政治的原則格格不入；依據後者，一個人的地位決定於他的出身，而不是他的成就。

此外到了一八五〇年代，一波新的「非亞利安」（non-Aryan）移民——愛爾蘭人、義大利人、種族血統可疑的德國人——湧入美國各大港口。在戈比諾眼中，這些新移民不過是一些歐洲的「渣滓」。美國作為種族純粹聖地的前景，就這樣毀於一旦，萬劫不復。戈比諾將新大陸視為種族不純粹與「雜交」（mongrelization）泥淖的觀點，後來成為歐洲右派的正字標記。在一九三〇年代中期寫作的史賓格勒也認為，美國文化的沒落直接起因於寬鬆的移民政策，導致這個國家的亞利安核心漸趨式微㉑。

戈比諾是一位貴族出身的種族主義者。我們無法讓整個國家變得種族純粹，但菁英階層可以做到。戈比諾像德鮑一樣，嚴辭批評歐洲的殖民事業，認為征服低劣民族只會讓種族混合更為盛行，從而使歐洲加速走上種族劣化。戈比諾基於同樣理由反對美國的蓄奴制度，不過反廢奴主義者（anti-abolitionist）也認定《人類不平等的起源》是為其理念背書的雄辯之作，並且從其中摘錄對他們有利的段落，四處印行散發。在這方面，希特勒也非常認同反廢奴主義者的觀點；他將南方各州組成的美利堅邦聯（Confederate States of America）視為已經失落的「未來真正偉大的美國的雛型」㉒。

在許多方面，戈比諾的種族主義信條帶有一種困獸之鬥的意味，要捍衛本身階級江河日下的特權，儘管他知道這場戰役早已經失敗。法國外交大臣塔列朗（Charles-Maurice de Talleyrand）曾說，唯有在舊體制中生活過的人，才知道生活是何等甜美。戈比諾是個出生太晚的貴族，永遠無法原諒中產階級將貴族從社會金字塔頂端趕下來，他的《人類不平等的起源》是一場精心構思的報復行動。就算中產階級在政治上獲勝，戈比諾也要盡其所能讓他們的勝利黯然失色，指控他們要為歐洲文化的衰微負起最大責任。

戈比諾立場最引人入勝的地方之一，就是其中的歷史決定論。這是一種強而有力的意識型態武器，用以反制進步主義者認為人類歷史可以由意識意志來推動掌控的啟蒙運動觀念。十九世紀的社會科學理性主義（例如孔德與其徒眾）認為，一旦迷信與非理性的力量被擊潰之後，人類的前景就是一片光明。戈比諾試圖藉由生物決定論讓人們明白，新興中產階級的烏托邦夢想根本不可能實現。

這個理論也是戈比諾與托克維爾著名辯論的焦點核心。托克維爾相當愛護這位貴族同儕晚輩，然而兩人因為《人類不平等的起源》而引發的爭論，卻使他們的關係逐漸緊繃。托克維爾向來是「自由」的堅定捍衛者，首先質疑戈比諾論點在經驗上的正確性。他雖然承認不同的人類群體會展現不同的性向與能力，然而認為主張「這些性向能力無法改變超越，這種說法不僅從未被證實，而且就其本質而言也不可能被證實。想嘗試證實它的人，不但得研究過去，也要能預知未來。」㉓

托克維爾進一步質疑戈比諾論點的倫理意涵，指出他認定社會生活在生物層面已被預先決定，意識與意志都無法帶來有意義的歷史變革；這種觀點剝奪了人類最可貴的一項特質：希望。托克維爾也同意，以往的社會改革過度高估人類塑造自身命運的能力；然而我們不能因此就翻轉信念，輕率地宣稱人類的無能已無藥可救。托克維爾以精湛的言辭提出論證：

「你所選擇支持的論點，對我而言正是當代最危險的論點……上個世紀對於人類掌控自身命運——個人生命與社會群體——的能力，懷有過度誇張、略帶天真的信心。這是當時（啓蒙時代）的典型謬誤，然而畢竟是個高貴的謬誤。它雖然導致許多愚行，但也建樹了許多偉大的成就；如果沒有這些成就，後代子孫將認為我們這個時代一無足觀……我們原本相信自己能夠自我轉化，如今卻認為連微不足道的改革都做不到。我們先前過度驕傲，現在卻淪於過度自卑。我們曾經以為自己無所不能，如今卻認定自己一事無成。我們樂於相信從此以後，所有的奮鬥與努力都將徒勞無功，我們的血統、身體與神經系統會永遠宰制我們的意志與能力。這是當代一項奇特的論點……無論你如何調整修正你的論點，它都會支持而非遏阻這個趨勢：它會讓你原本就相當脆弱的同時代人，變得更加脆弱。」㉔

戈比諾在回應時訴諸科學客觀性的庇蔭，聲稱自己的觀點完全沒有道德或不道德的問題。他將自己的預言比擬成醫師對垂死病患的診斷：醫師應該安慰病人，說他會日漸康復嗎？也許如此，但這麼做顯然不誠實。

「我要對讀者說的並不是你有罪或無罪，而是要告訴他：『你來日無多……你已經不再年輕，正一步步走向老朽之年……冬天即將來臨，你沒有子嗣可以繼承。你或許曾經建立王國、大帝國、共和國……酷刑折磨中國人、屠殺土耳其人、併吞波斯，這些事都是做得到的，甚至必然會發生。然而我雖無法禁止這些事，但你的脆弱會日積月累，甚至會因為你的行為而更加惡化。』㉕

托克維爾相當明智，拒絕接受戈比諾薄弱的自我辯解。事實上，戈比諾的動機一點也不科學，而是具有強烈的意識型態色彩。在《人類不平等的起源》一書中，戈比諾想盡辦法控訴一種世界觀（崛起的中產階級），倡導另一種世界觀（他自身所屬的階級），並以「科學」的表象包裝得天衣無縫，好讓廣大的知識界能夠接受。

戈比諾在與托克維爾的通信中提到，他擔心《人類不平等的起源》在祖國法國日後將無人聞問。著有《美國的民主》（*Democracy in American*）的托克維爾則回答或許如此，並以令人悚然的先知先覺預言，戈比諾的亞利安民族至上信念將在另一個國家盛行：萊茵河對岸的德國。

「西方的沒落」（"Decline of the West"）

反革命信念當年頗受法國某些政治組織青睞，諸如「法蘭西行動」、軍事化的「聯盟」、反德雷福斯黨、維琪政權支持者。從大革命時代開始，法國就是共和體制傳統的堅強堡壘，足以抵擋住反動的力量。然而一如托克維爾的理解，德國的情況迥然不同，自由主義政治傳統在德國始終居於邊緣地位。而且德國晚至一八七一年才實現的統一大業，是由俾斯麥從上而下、獨斷獨行地完成，並不是透過由下而上的民主程序。

因此反革命意識型態到了德國才在政治上發揚光大。施特恩（Fritz Stern）曾指出：「從一八七〇年代開始，德意志帝國的保守派作家一直憂心忡忡，認為德國人的靈魂可能會毀於「美國化」（Americanization）：拜金主義（mammonism）、機械化與群眾社會[26]。德國的現代化大器晚成，其突飛猛進的工業化過程震撼了傳統菁英階層：地主貴族、知識份子官僚，以及被迫前往都市謀生的鄉村居民。從一八八〇年代開始，對現代工業社會邪惡面的恐懼，成為德國社會思想的最主要特質。而且這種恐懼經常投射在美國身上；美國既是大西洋彼岸的勃興強權，也是政治自由主義的淵藪。

後現代主義者時興將尼采視為詩人、文體家、美學家，但絕不是政治思想家。然而尼采在著作中曾詳細討論「培育」、「階層」、「種族」與戰爭，只是都被後現代的解讀刻意視而不見。如果我們想要了解德國右翼知識份子的激進化歷程，就必須體認尼采做為一位政治思想家的影響力。法國反革命預言家所有的偏見，在尼采的著作中都變本加厲。

尼采曾說：「（美國人）快得令人無法喘息的工作方式，是新大陸最主要的罪惡，如今也開始嚴重感染老歐洲，並散布一種精神的空虛。」尼采在美國人身上看到「人們思考時手中還拿著錶」、「深思熟慮反而會令人良心不安」。美國人重新定義美德：「美德就是以比別人更短的時間完成工作。」如果這種肆無忌憚的庸俗心態只局限於新大陸，那麼情勢還不算太糟；然而這些心態卻逐漸在別的地區出現。因此「今日歐洲人的信仰和美國人越走越近」㉗。如果「現代」可以界定為一個全然虛無主義的時代，其主要特質是以群眾社會畏縮怯懦、講究平等的道德觀來取代貴族的價值觀；那麼美國就是這個時代的急先鋒。尼采雖然從未踏上美國本土，但這並不妨礙他自信滿滿的判斷。

這種尼采式的情結啟發了德國「保守派革命人士」的世界觀，這些思想家大部分是在兩次大戰之間成年，也是頗具影響力的法西斯主義先行者：容格爾、范登布魯克、施米特、史賓格勒。其中幾位在一九三〇年代曾與納粹合作，對他們而言，「美國化」象徵徹底的種族墮落與文化傾頹。

雖然史賓格勒是其中名聲最響亮的一位，但首先倡導「第三帝國」概念的卻是范登布魯克，他在一九二三年出版的一本書就以「第三帝國」為名。在范登布魯克看來，美國是一個單一面向的社會：「美國所有的事物都是集體存在，講究實用主義，整個國家有如一個泰勒系統（Taylor System）。」[28]他認為自由主義的歷史顯然已經以失敗告終，美國的唯一希望就是擺脫憲政政府的束縛，如此才能夠完全發揮其工業實力與拓荒精神。

在史賓格勒的著作中，德國對工業的熱中已經提升為一種哲學的執迷不悟。《西方的沒落》深受戈比諾理論的影響，認為歐洲的衰敗已無可避免，並且完全呼應了戰後德國的絕望與迷失情緒。《西方的沒落》對一九二〇年代德國社會的衝擊之大，罕見其匹。

一九三一年，史賓格勒出版了影響力等量齊觀的《人與科技》（*Man and Technology*），這本書看待人類歷史整體發展的觀點，是人類與「機械化」（mechanization）力量的爭鬥，而且人類注定要失敗。史賓格勒指出，現代人類的浮士德精神無可避免地會反撲並毀滅其創造者。「文明本身已成為一種機械，以機械化的方式來做或者試圖做任何事。如今我們只以馬力的觀點來思考；看到一座瀑布時，總會心想它能發出多少電力；看到一片鄉野時，總會心想它能餵養多少牛隻、生產多少肉類。」㉙史賓格勒末日迫在眉睫的論調，預示了當代的環境極端主義（environmentalist extremism）：

「世界的機械化已經進入過度且極為危險的階段……再過幾十年，大部分廣袤的森林都會消失殆盡，變成新聞用紙；氣候變遷也因此發生，將威脅到全體人民的土地經濟，無數種類的動物從此滅絕……整個人類被帶上絕路……這種機械科技將終結浮士德式的文明，其本身有朝一日也將遭到粉碎、遺忘——我們的鐵路與輪船會像古羅馬的馳道與中國的萬里長城一樣，淪為歷史陳跡。」㉚

在史賓格勒看來，這類發展在美國達到最極端的形式。他認為蘇聯共產主義與美國生活方式都是「完全依據經濟考量來規劃組織」。史賓格勒並指出：「兩種政權都無視於人類的精神層面或高貴性，同時也都渾然不覺地陷溺於機械化過程之中。」㉛因此對史賓格勒而言，兩個政權分別是現代群眾暴政的兩種形式，並沒有本質上差異。「美國與蘇聯有一樣的輿論獨裁（由社會或是由政黨施加無關緊要），一網打盡地影響西方世界個人僅剩的自由選擇：調情與上教堂；穿鞋與化妝；舞蹈、小說、思想、飲食與娛樂的風格。」㉜

然而對美國發動全面批判、影響現代思想至深且巨的哲學家，當推海德格首屈一指。海德格對「美國化」的意識型態強烈撻伐，也為大部分後現代主義的美國批判定調，我們甚至可以將後現代主義界定為一種「左派海德格主義」。就如一位批評家所云：

> 「海德格對於『美國』這個概念發展的影響，在本世紀無出其右者。儘管海德格援引許多德國前輩思想家——尤其是史賓格勒與容格爾，但他遠遠超出前人，營造出一套象徵，將孤絕、恐怖、無家可歸的主題與美國聯繫起來。海德格將美國從一個國家轉化為重要的文學與哲學領域，讓之後的知識份子無法忽略。」㉝

海德格和史賓格勒所見略同，認為美國主義與蘇聯共產主義在本質上並無二致。

「從形上學觀點來看，」——這似乎是海德格的獨家本領——「俄羅斯與美國可以等量齊觀，一樣單調乏味的科技狂熱，一樣地對尋常百姓進行無止境的組織工作。」海德格上承尼采、范登布魯克與史賓格勒的偏執狂視野，深信這個世界在越來越美國化之後，生活也將日趨機械化、例行化與虛弱化。他在一九三五年出版的《形上學導論》（*An Introduction to Metaphysics*）中寫道：

> 「人類的生活開始滑向一個欠缺深度的世界，而事物的本質永遠來自於深度……電話分機與號碼成為最重要的層面。才智不再意味著可以盡情發揮的豐富才華，而成了人人可學的例行公事，只需要一點努力、一點表現。在美國與蘇聯，這種發展擴張為一種無止境、零星附加的漠不關心與一成不變，以致於『量』也成了一種『質』……這就是我們所謂的『魔鬼的』（demonic）（以毀滅性邪惡的意義而言）猛烈攻擊。」[34]

海德格在別的作品中更堅稱美國是「災難之地」（site of catastrophe）[35]。在他看來，唯有德國——陷入重圍的「中土之國」（nation in the middle）——才能夠為世界帶來救贖的希望。只不過海德格期待帶來救贖的德國，卻是希特勒的德國。一九四三年，史達林格勒（Stalingrad）攻防戰正如火如荼地進行，但海德格仍然宣稱：「整個地球化為火海，人類的本質陷入混亂。唯有德國人才能帶來一種世界史層次的省思，但前提是他們要發現並保存德國特質（Germanness）。」㊱但海德格顯然從來沒有想到，導致他筆下全球性破壞的禍首，正是他所謂的「德國特質」。

儘管海德格對「象徵的美國」（symbolic America）議論風生，將美國視為現代腐化的最極致代表，然而他對「真實的美國」（real America）卻一無所知，因為海德格秉持其生活原則，很少離開德國巴登邦他鍾愛的家鄉㊲。

海德格對美國事物的反烏托邦執迷，可以說傳承並發揚光大德國浪漫主義年代以降的激進文化批判。對浪漫主義者而言，美國在本質上就是個「缺乏文化的社會」（kulturlose Gesellschaft），而且文化本來就是歐洲——尤其是德國——獨擅勝場。既然美國是商業興盛之地；眾所周知，商業與文化的運作目的南轅北轍；因此美國注定要淪為精神貧乏之地，令人不齒。詩人海涅（Heinrich Heine）的朋友勞布（Heinrich Laube）在小說《歐洲青年》（*Das junge Europa*）中形容美國是「一間自稱代表全世界的商業學校……沒有歷史、沒有自由的科學、沒有自由的藝術！自由貿易就等於所有的自由……不能帶來金錢利益的事物毫無用處，毫無用處的事物自然也沒有必要存在。」㊳海涅自己的觀點雖然略帶幽默，但也好不到哪裡，他在一八五一年的〈歌謠〉（Romancero）一詩中寫道：

「我有時想駕船出航
航向美國那自由之邦
航向那自由的馬廄
所有農民都平等共處
然而我擔心那塊土地的人
成群結隊嚼著煙草
眾人平起平坐
連吐痰都不用痰盂。」㊴

二十年之前，海涅曾為文描述美國是「一座可怕而巨大的自由主義監獄；看不見的鎖鏈比家中真實的鎖鏈更具壓迫性；最可憎的一種暴君——群眾——在這裡耀武揚威。」㊵

從這個觀點來看，「真實」的美國或者美國「自身」並不重要，只有一些經驗上的意義。想像的美國具現了德國對西方恐懼的集大成：「資本主義」、「民主」、「個人主義」與「理性」的化身。十九世紀後三分之一時期，當德國開始全力進行工業化，反猶太主義就在德國的政治精神中佔據一席之地。從此之後，認定「資本主義的」美國一定是被猶太人所把持（無視於美國主流的盎格魯薩克遜文化遺產）的信念甚囂塵上。根據這種通行觀點，反美主義與反猶太主義被混為一談，而且越來越走偏鋒；德國在第一次世界大戰之後遭到重大羞辱，並將威爾遜主義（Wilsonianism）視為一種偽善。

早在大戰之前，社會學家桑巴特就在《猶太人與現代資本主義》（*The Jews and Modern Capitalism*）一書中，費盡苦心塑造美國受到猶太人財閥主宰的形象，形容美國是一個「猶太國」（Judenstaat），猶太人利益集團壟斷一切㊶。桑巴特完全沒有提供任何實際佐證，他對於猶太人與資本主義之間必然關聯的論點，有如一種不可否證的形上學演繹：資本主義盛行的地方，猶太人或猶太精神必定扮演重要角色。德國人的性格扎根於血統的深層；但猶太人和美國人一樣，擅長一種膚淺的知識主義。桑巴特結論說：「我們所謂的美國主義，在極大的程度上只是一種**凝滯的猶太人精神**（congealed Jewish spirit）。」㊷對於一九三〇年代的法西斯知識份子，這種關聯性是理所當然。例如塞利納在《小題大作的屠殺》一書中，就表現出標準的法西斯主義觀點，認為美國是個專橫傲慢的資本主義國家，猶太人隱身幕後、操縱一切㊸。

二十世紀德國的文化批判的主導因素，是一種機械論、粗糙、欠缺靈魂的反文明精神；因此縱覽這股文化批判潮流時，我們不可能將它與第三帝國時期達到狂熱高峰的反猶太主義劃清界線。德國在第一次世界大戰一敗塗地之後，這種混合著反資本主義、反美主義、反猶太主義思想雜燴來勢洶洶，三項要素在其中融合互換。在中歐地區的文化想像之中，一提到其中一項要素，就會立即令人聯想到另外兩項要素。因此我們在海德格卷帙浩繁的著作中，不斷看到他論及「科技」、「自由主義」、「美國」與「猶太人」的缺陷㊹。在一九二九年的一份文件中，海德格感嘆德國文化的「猶太化」（Verjudung）㊺。幾年之後，海德格已經是納粹主政下夫來堡大學的校長，他指責韋伯的外甥鮑姆嘉騰（Eduard Baumgarten）過於「美國化」（Americanized），而且與猶太人有所關聯㊻。顯然在某些層面上，海德格這些觀念都可以彼此代換。

從這些事實來看，海德格、史賓格勒等人的反文明口誅筆伐，絕不足以聲稱是客觀而中立的時代弊病診斷。此外，從這樣的角度來看，他們與納粹世界觀令人不安的近似性，也顯得無可辯駁。海德格對於「存在的遺忘」（Seinsvergessenheit）與「諸神的逃逸」（Gottesverlassenheit）的感嘆，以及他反智色彩明顯的主張——「理性是思想最頑強的敵人」，構成後現代世界觀背後的哲學理念㊼。問題與其說是連坐入罪——後現代主義者在政治上各有主張，然而很難一概說他們是「法西斯主義者」——不如說是一種觀念的混淆與思想譜系的無知：對於個人理論立場的政治與思想意涵，後現代主義者不願或不能坦然面對。

「真實的荒漠」（"Desert of the Real"）

做為後現代想像的要素之一，美國扮演何種角色？首先，我們應該先參考法國後現代大師布希亞的著作。布希亞是「擬像」（simulacrum）的理論家，認為後現代時期最主要的特質之一，就是與原作（original）無關的複本與圖像——所謂的「擬像」——大量散布。馬克思的《資本論》（*Capitalist*）專注於生產領域，認為商品流通是衍生性的附帶問題。然而這些假定無法解釋晚期資本主義的動態發展：史無前例的經濟富裕，在麥迪遜大道（Madison Avenue）廣告業刺激之下湧現的商品需求，在在都令馬克思的基礎／上層結構（base/superstructure）模型無力招架。隨著消費社會的來到，上層結構——文化財做為「商品」的流通——已經成為影響與宰制力量的獨立源頭。

在布希亞之前，法蘭克福學派（Frankfurt School）曾試圖藉由「文化的物化」（reification of culture）觀念，來將這種轉變過程理論化。馬克思將「商品拜物主義」（commodity fetishism）的現象局限於生產領域；但是到了一九三〇年代，這樣的過程顯然已大幅擴張。阿多諾在早期一篇討論音樂經驗商品化的文章〈論音樂中的拜物特性和聽覺的退化〉（The Fetish Character of Music and the Regression of Listening）中說：「消費者真正崇拜的是他們買票聽托斯卡尼尼（Arturo Toscanini）音樂會所花的金錢……個人的清算變現（liquidation）是新音樂情境的真正徵兆。」㊽阿多諾的概略之言掌握了一樁事實：在消費者社會之中，「拜物價值」（fetish value）日漸取代了真實文化經驗的地位。西方馬克思主義一直將「文化」理解為一個對立或反抗的領域。對阿多諾及其同仁而言，文化的商品化意味著人類即將進入一個「完全整合」（total integration）的社會——或者一個「單面向的社會」（one-dimensional society）（馬庫色〔Herbert Marcuse〕語）、「一個全面管理的世界」（totally administered world），令其中的個體無力反抗。

布希亞挑上「消費者社會」（consumer society）（也是他第一部著作的書名）做為出發點，但是加入新的分析來因應資訊或媒體時代。在他的詮釋框架之中，古典馬克思主義的基礎／上層結構對立被倒置過來。就本質而言，基礎結構已不復存在；「擬像」理論告訴我們，在這個時代，模型或者複本不需任何原作，就可以自動自發地自我創生。「超真實」（hyperreality）——由媒體製造而大量滋生的圖像與符號——取代了我們過去指稱的「真實」。布希亞說：

「地形不再先於地圖而存在，也無法脫離地圖而存在。從此以後，地圖先於地形而存在——擬像的先行存在……這是一條通道，所通往的空間其曲率（curvature）不再是實在的或真實的；模擬的年代就從一切指涉的清算展開……問題已經不在於模仿，也不在於複製，甚至也不在於戲仿（parody）；問題在於以真實的符號來取代真實本身……真實再也不需要被製造：這是模型在一個**死亡系統**（system of death）之中最重要的功能……只剩下模型有如軌道運行般地規律再現，以及模仿出來的差異產生過程。」㊾

從布希亞的觀點來看，美國就是現代文明淪為模仿主義荒原的極致範例，同時也代表真實的後現代世界末日。當歷史走到終點，文明退化到它原始的出發點。布希亞認為，美國是「現今唯一的原始社會」——「真實的荒漠」㊿。「**烏托邦已經在這裡締造，而反烏托邦也正在這裡建構**：非理性、去疆域化（deterritorialization）、主體與語言不可決定性、所有價值消解、文化死亡的反烏托邦。」(51)在大戰之後的美國，「歷史的終結」已經從理論層面進展到真實世界。就如布希亞所云：「歷史與馬克思主義就像醇酒與美食一樣：並沒有真的來到大西洋彼岸。」52

一九九一年，布希亞寫了一本小書，標題很有創意：《波灣戰爭不曾發生》（The Gulf War Did Not Take Place）。他在書中宣稱，在媒體推波助瀾的戰爭模擬之下，真正的戰爭反而相形失色。「因此這場軍事的『狂歡』（orgy）根本不是狂歡，而是一場模擬的狂歡，一場狂歡的模擬。」「真正的戰爭」是世界輿論的爭奪戰，戰場上的「將軍」是傳播媒體的顧問專家、政治化妝師（spin doctor）以及美國有線電視新聞網（CNN）的「談話頭」（talking heads）。當然，如果真實的戰爭根本沒發生，那麼布希亞又何必寫這本書？既然「指涉」已經死亡，又何必在這座墳場中多加一則後設評論（metacommentary）或後設訃聞（metaobituary）？不過布希亞還算是忠於自己的信念，坦承他這本書應該被解讀為「一本科幻小說」，類似波赫士（Jorge Luis Borges）對那些子虛烏有文化的記錄53。

布希亞認為媒體製造的表象不僅比真實更重要，而且基本上已經**取代**了真實；了解他的擬像觀念之後，人們就可以預知他對其他主題的論述。布希亞的反應方式有如數學運算一般規律，幾乎是事先做好設定。他的小書《美國》（*America*）尤其是如此，這本書是他最成功的作品之一，因為媒體對它相當矚目；這種判定標準正是來自布希亞的觀點，在後現代的宇宙之中：「任何定義都不可能存在……一切都已經完成……它摧毀了自身，解構了自身的整個宇宙，剩下的只有碎片。**玩弄碎片，這就是後現代。**」[54]

身為一位後現代主義者，布希亞的理論工作大多具有諷刺意味。然而我們一旦戳穿他的修辭把戲，就會發現一種不斷循環的法國式理念：美國是墮落衰退的具體化身——史賓格勒與海德格都曾描述的圖像，只是如今染上法國色彩。

因此布希亞的分析觀察與另一個反啟蒙關鍵主題相應：「歷史終結」或者「後歷史」（**posthistoire**）[55]。根據這個理念，民主政治企圖超越舊體制政治文化的努力，注定徒勞無功。這種努力不僅會一敗塗地，而且因為他們雖然自認為代表「進步」，其實卻會引發史無前例悲劇與混亂，最終並將導致新的野蠻時期或「黑暗時代」降臨世間。就這一點而言，後現代主義對現代性的撻伐，再次呼應了早期反啟蒙思想家的論點。

在布希亞眼中，美國是一個負面的烏托邦，是後現代文化自殺的極致表現。從歷史與文化觀點來看，美國多少像一塊白板（**tabula rasa**）：「驅除了起源的問題，既沒有培養出神話真實性的起源，也沒有歷史或是作為國家基礎的真理。」布希亞有時甚至會嫉妒美國的膚淺與花言巧語。美國人具現了自我意識與深度的缺乏，令歐洲人再怎麼努力也無法企及。這種淺薄的美國人性格類型可以如此描述：「如果你無話可說，你就微笑；但最重要的是不要掩飾自己無話可說。自然地表現微笑中空虛又深沉的冷漠……想像一下降到攝氏零度的喜悅與樂趣，微笑，微笑！」㊻。布希亞特別著迷於美國人的肥胖——也就是那些沒有得厭食症的美國人。一位觀察家曾說：「布希亞宣稱美國人肥胖、麻木、沒有文化，但這並不構成認定他是反美人士的理由。」㊼

在美國，生活不再模仿藝術，生活與藝術——尤其是電影藝術——反而調換了位置。如今生活成為電影「超真實」的拙劣化身。布希亞的觀察是：「在美國電影就是真實，因為……生活的整個模式就有如電影：生活即電影。」美國巨大的主題遊樂場如迪士尼樂園，也同樣代表幻象與真實混淆。布希亞說：「迪士尼樂園以想像的姿態呈現，試圖讓我們相信其他的部分都是真實不虛；然而整個洛杉磯與周遭的美國都已經不再真實，只能歸入超真實與擬像。」㊽在有如超真實聖地麥加的美國，意象與真實的關係完全逆轉。

布希亞和尼采不同的是，他確實到過他所描述的國度。但是他的敘述有一點相當怪異：儘管他描寫了無數旅遊景點，但是完全沒有記錄他與任何一位「真正的」美國人的對話。既然布希亞早在出發之前就已形成他對美國生活的理論觀點，也許這些對話都不過是浮光掠影。

雖然布希亞的論述不難預測掌握，但不可否認的是，他偶爾也會表現出聰明的陳述或洞察。然而究極而言，對於一位建議讀者將他的作品視為科幻或波赫士風格小說的社會哲學家，我們能如何嚴肅看待？恐怕得非常嚴肅，因為布希亞對美國社會的老生常譚，已經成為學院後現代主義者的標準觀點。就像他的歐洲右派前輩一樣，布希亞相信人類無法締造有意義的社會變革，骰子已經投下。對我們而言，「超真實」——「擬像」的掌控——有如無可逃避的命運，冷酷無情的後現代「人類情境」。德國保守派革命人士頌揚的「命運之愛」被賦予新的意義並反覆運用，變成學院激進思潮的家常便飯。然而正如布希亞批判者指出的，他獨具一格地融合知識論懷疑主義與政治虛無主義，呼應了「一種廣泛且嘲諷默認的後現代情緒」，造就了一種「無法發動任何有效的批判性反抗」的理論[59]。人們沒有必要去試圖反抗今日的「意識領袖」（captains of consciousness），因為所有的批判與爭論到最後都會被文化產業巨大的符號——科技胃納消化吸收。

在這種典型的後現代政治宿命論之中，布希亞只推薦一種策略：死亡——唯有模仿資訊社會自身的了無生機與惰性（他稱之為「水晶復仇」〔crystal revenge〕），人們才有可能逃脫這個社會的強大掌控[60]。布希亞並指出，媒體社會的內部崩潰，預示了人類解放大業的全面瓦解。他堅持歷史不可能進步的觀點，是重申反動派的一項常見論述，也就是所謂的徒勞性論點——改變社會的嘗試注定失敗㉛。

布希亞論點的虛無主義成分，具體表現在他對九一一恐怖攻擊事件的幸災樂禍上。他認為這樁攻擊是對美國全球霸權的恰當反應。儘管在名義上發動攻擊者是中東恐怖份子，然而事實上這項行動實現了世界各地人們的期盼與渴望。布希亞說：「我們不是都曾夢想過這樁事件；整個世界不是也曾夢想過，無一例外；對於如此霸道的強權，每個人都會夢想到它的毀滅……就本質而言，發動攻擊的是恐怖份子，**但我們也樂觀其成**。」㉜

齊澤克（Slavoj Zizek）對九一一事件的拉岡派心理分析之作〈歡迎來到真實的荒漠〉（Welcome to the Desert of the Real），也表達了類似的論點。他指稱從下曼哈頓（Lower Manhattan）向四方傳播的災難奇觀，其實只是「火燒摩天樓」（The Towering Inferno）與無數一九七〇年代災難電影的實地重演。拉岡派社會心理學指出，群眾社會的成員透過大眾文化，投射自己的希望與恐懼。因此九一一攻擊事件形同「讓美國得到它嚮往的結果」，齊澤克在此處與布希亞一搭一唱，等於暗示美國罪有應得。在齊澤克看來，恐怖攻擊事件只是西方世界自食惡果：美國外交政策的災難性後果，終於讓它自身成為受害者。根據齊澤克的說法，真正重要的是一項「黑格爾式的教訓」（Hegelian lesson）：「每當我們遭遇如此純粹的外來邪惡……我們都應該察覺其中有我們自身稀釋過的本質。」63

這兩種詮釋有一項令人側目的特質：絕口不提道德性或「是非」的問題。後現代主義以其自相矛盾的尼采式論調，使自己與傳統的道德衡量論述絕緣。布希亞與齊澤克都未能論及，西方除了是帝國主義的淵藪之外（西方世界之外的種族屠殺或帝國征伐，經常被略而不提），也是道德論述的誕生地，並催生了國際法、世界人權宣言（Universal Declaration of Human Rights），以及一九四八年的聯合國防止及懲治殘害人群罪公約（Convention on the Prevention and Punishment of the Crime of Genocide）。然而對於布希亞與齊澤克這類後現代主義鋒頭人物，這些律令卻是可悲地「基礎主義」，因此也根本無足輕重。

布希亞、齊澤克等人散播的後現代相對主義迷霧之中，缺少一種極為本質的要素。從古希臘修昔提底斯（Thucydides）的〈米洛斯人對話錄〉（Melian Dialogue）開始，屠殺無辜平民的事件一直是文明道德判斷的試金石，而且至今仍是人權法律與正義之戰理論的基石。然而文化左派盲從尼采與傅科提出的「譜系學」方法，將道德推論視為文明的另一種「規範化」伎倆，因此也是一種必須不計代價避免的思想弱點。再一次，後現代主義來自右派的思想淵源——尼采、史賓格勒與海德格——

使它在道德上欲振乏力，在政治上一籌莫展。

左派多年以來一直有一種傾向，要浪漫化「他者」——胡志明、切．格瓦拉（Che Guevara）、卡斯楚（Fidel Castro），以及無數第三世界的革命使徒；期盼「地球上的苦難人民」能夠為西方世界的政治死胡同找到一條出路。最近我曾出席一場學術會議，遇到一位朋友，他是道道地地的左派，直到蘇聯共產主義崩潰之前，都是無產階級的熱忱擁護者；但他最近搭上泛阿拉伯熱潮，引述幾位默默無聞的穆斯林知識份子，聲稱他們獨樹一格的政治主張能夠對治西方自由主義的弊端。左派可以對道德和國際法的律令視而不見，但這只會讓它們自掘墳墓。左派在浪漫化非西方民族的生活方式與風俗民情的過程中，停止批判性的判斷，摧毀自身的可信度，終於淪為政治上無關輕重的角色。

物極必反（Les extrêmes se touchent）

歐洲右派對美國的病態性恐懼觀點，經常與歐洲左派的類似情結相互呼應。因此在不同的歷史關鍵時刻（冷戰高峰期、越戰、一九八〇年代的歐洲飛彈危機），史賓格勒與海德格對於美國是科技霸權的指控，也相當吻合政治左派的胃口。然而在左派人士之間，對於「科技」的抽象與超歷史（suprahistory）指控，通常會被對於當代資本主義弱肉強食特質的撻伐取代。左派將美國視為資本主義剝削的最高典型，舊大陸的傳統與禮教（politesse）對它不起作用。一如以往，我們必須區分對於美國外交政策的合理批判，以及反美主義特有的狂熱撻伐[64]。

以沙特為例，隨著冷戰情勢日趨緊繃，他揚棄了一九三〇年代對美國較為正面的觀點，那時他對美國文學與電影還相當著迷。後來沙特形容美國已淪為「資本主義最可憎的形式」。對他的存在主義愛人同志波娃（Simone de Beauvoir）而言，美國人在文化層面是「一個膽小溫順如綿羊的民族」（a people of sheep）[65]。義大利馬克思主義哲學家葛蘭姆西（Antonio Gramsci）視美國為一個「福特主義」（Fordism）——裝配線大量生產——大行其道的國家，象徵資本主義將勞動理性化的最高勝利[66]。對法蘭克福學派的霍克海默而言，美國是一個「口香糖」——代表享樂主義式的大量消費——已經獲致形上學意義的國度。「傷害形上學的並不是口香糖，而是形上學本身，這一點必須釐清。」[67]諷刺的是，在整個一九三〇年代，最令霍克海默等人憂慮的並不是美國「新政」（New Deal）的可能缺點，而是它的大獲成功。一樁可笑的憂慮是針對美國農業部長華萊士（Henry Foster Wallace）的口號：「讓每個小孩都能喝到一品脫牛奶。」霍克海默與阿多諾並沒有把這項宣示當做「新政」具有社會主義意味的政治論調，反而視為資本主義的馬基維利式陰謀，意圖平息美國無產階級的革命熱情。

在歐洲左派的世界觀之中，美國對於民主政治史的貢獻——以憲法保障人民主權、人權法案、民主民粹主義創造性的勃興——經常會被視而不見。意識型態一致性的要求，導致所有與之牴觸的政治證據，都無法見容於歷史記錄。簡而言之，美國是中產階級霸權登峰造極的國度，沒有其他任何一個地方——歐洲尤其不會有——的中產階級，能夠獲致如此卓越又廣泛的政治與經濟成就。根據左派的信條，由於中產階級的政治成就在本質上是一種階級宰制，因此這些成就不值一顧。然而就連馬克思在思路比較清晰的時刻，也曾將社會主義構思為中產階級理想的**實現**（「真實的」平等將取代形式的平等），而不是這些理想的抽象否定。

極左派與極右派對美國的觀感不謀而合，是否令人訝異？恐怕不會。儘管這兩個意識型態極端在政治上格格不入，它們還是擁有共同的領域：對於政治自由主義的徹底排斥。兩個政治極端都無法接納獨立公民社會由法律保障以避免政府侵害的自由理想，認為它嚴重阻礙國家對社會的威權式宰制。因此共產主義與法西斯主義，都對自由主義產生意識型態的排斥，真可謂物極必反。

當共產主義在一九八九年崩潰，中歐政治人物與知識份子立刻人手一冊美國憲法。他們認為美國的立國基礎——憲法、人權法案、司法審查（judicial review）原則——是通往政治自由之路的必備南針。就在同一年，法國慶祝大革命兩百週年，然而唯一值得紀念的成就只有一七八九年八月二十日通過的〈人權與公民權利宣言〉。因此，在努力探討大革命的影響與意義兩百年之後，法國的政治理論家和輿論領袖決定，要突顯大革命中最接近政治自由主義的層面——也就是與美國革命精神最能夠相應的層面。共產主義的崩潰正好遇上中美洲、南美洲與南非的「民主化浪潮」⑲。這些天外飛來的政治恩賜帶給我們什麼樣的教訓？義大利民主社會黨領袖波比歐（Norberto Bobbio）認為，我們這個時代的最高政治典範不是馬克思主義，而是「政治自由主義」——法治、人權與人民主權的規範。美國的立國基礎引進一系列基本而恆久的政治原則，這項事實很容易受到忽略。

在這些論戰背後，矗立著後現代主義者對啟蒙理性的否定。儘管他們否定的方式與內涵各有千秋，但其核心要旨仍然一望即知：理性不僅不是政治自由的必要條件，而且會導致我們走向奴役。批評理性是一回事；事實上，如果沒有專家與公眾的經常性批判，理性的各種標準——科學的、政治的與法律的——將永遠不可能「進步」（例如朝向更廣泛的涵蓋性）。合乎理性的主張必須經歷體制化的辯駁與驗證過程。兩個世紀以前，啟蒙哲學家對神學信條與不合理政治特權發動全面攻擊，並為今日的公共理性與政治公平觀念奠立基礎。我們是這群啟蒙哲學家的嫡系傳人與受益者，只是我們對他們的影響有時只知其一、不知其二。

反革命派與後現代主義者絕不會滿足於對理性的單純批判。我們已經討論過，兩種思潮都有更高遠的目標，企圖一舉將理性體系掃蕩廓清。康德之類的啟蒙哲學家將理性與成熟性和自律性的特質聯繫起來，但敵對陣營卻認定理性是一切社會不公不義與災難浩劫的禍首。後現代主義者對理性的厭惡或鄙夷，見諸李歐塔主張的「共識」等於「恐怖」、傅科描述的「話語羅網」所施加的符號學強制性（知識論的「監獄牢房」），以及德希達盛行一時的「邏各斯中心主義」批判（值得注意的是，這個術語是在一九二〇年代由德國反動哲學家克拉格斯首創⑳，這一點再度彰顯後現代主義與反革命意識型態關係匪淺）。在上述所有的案例中，我們都可以印證一種假定：對「總體性」的哲學渴望與政治極權主義之間，有著明顯的對應關係。諷刺的是，透過哲學演繹法則來解釋極權主義，卻會回歸「第一哲學」的方法與程序——以先驗與思辯的方式來處理政治與歷史，這正是後現代主義者亟欲擺脫的路向。

歐洲反革命人士知道，他們希望用以取代自由民主的替代品是「革命的反面」，亦即舊體制的復辟。反革命派的德國傳人——尼采、史賓格勒、施米特與海德格

——都是心生幻滅的現代社會成員，他們很清楚時光不能倒流，因此決定要正面挑戰問題。他們雖然接納工業社會的存在，但前提是要由一個極權獨裁政體來統治。獨裁是對治政治自由主義弊病最有效的方法，並且可以重建「大政治」（尼采）的崇高成就。

另一方面，後現代主義者卻前後矛盾、不知所從。他們享受政治自由主義所賦予的自由，並獲致學術成就，然而他們卻忘恩負義地反噬倒戈。做為「差異」的哲學家，他們自命為政治邊緣團體的代言人，但是他們咄咄逼人的反自由論調卻很可能破壞社會包容性的規範；在歷史上，這種規範盡可能對政治邊緣團體提供政治與法律的保護[71]。如果「差異」的主張要成為「規範」，一如後現代主義者的設想，那麼我們傳承的自我與共同體觀念恐怕會毀於一旦。如果所有形式的認同——個人或集體——都遭到如此強烈的譴責，這世界會變成什麼光景？關於差異的激進主張在這方面與其他方面，很可能會淪為知識論的、倫理的、政治的語無倫次。沃爾澤言簡意賅地指出，一路走到最後，「後現代的計畫不是……可能製造出日趨膚淺的個人與急遽萎縮的文化生活？」[72]缺乏實質倫理與文化內涵的的認同，可以想見會形成一種新的非實體性（immateriality）標準。四分五裂的自我與巴岱伊倡導的「出神共同體」，都不太可能啟動抵抗政治邪惡所需的社會凝聚力。以「美學」自我取代自主性道德自我的危險，再一次昭然若揭。

在後現代主義典型的妖魔化論述（demonology）之中，啟蒙思想要為蘇聯勞改營與納粹集中營直接負起歷史責任。對這些反理性論者而言，現代極權主義政體是啟蒙理性普世性推動力量的結果。就如傅科所云：「理性就是酷刑。」根據「差異」的政治，理性只是一種意識型態的櫥窗擺飾，用以粉飾妝點歐洲中心主義以及伴隨而來的恐怖。這種說法認為，理性化異為同，因此具有極權主義的意涵。保守主義者認為後現代主義者要為近代「西方的沒落」負責，指控他們鼓吹相對主義，傷害傳統的理性與真理觀念。不過保守主義者也嚴重高估了後現代主義者的影響力，後者大多是沾沾自喜地株守不食人間煙火的學院長廊。

後現代主義的缺憾還存在於別的層面。在我們這個年代，包容的價值受到兩種惡勢力的嚴峻挑戰——統合民族主義與宗教基本教義派；後現代主義對政治衝突的新尼采詮釋，牴觸民主政治的規範核心：私人自律性與公眾自律性、基本民主自由與人民主權之間的微妙平衡⑬。後現代主義者宣稱要矯治現實民主政治明顯的弊病，然而他們在後設理論層面厭棄關於平等及公正的考量，因此接納他們對事實的承諾將是不智之舉。諷刺的是，他們對異質性與根本差異的頌揚，有可能會煽動一種新部落主義的精神，將後共產主義世界秩序轉化為種族的爭鬥殘殺。差異應該予以尊重，然而差異有時也應該相互溝通。這個問題唯一的合理解決方法就是，以對等自由的普世原則來統攝各種差異。如此一來，「做為公平的正義」（羅爾斯）的自由主義信念，將提供一個最佳化的倫理學架構，讓文化差異得以在其中百花齊放。如果共識等於脅制，規範在本質上是一種壓制，那麼政治凝聚性與共通的人性夢想，恐怕從一開始就是鏡花水月。

後現代主義的衰敝肇因於其信徒對歷史視而不見，並拒絕承認自身思想譜系的缺陷。頌揚差異與排斥理性，是反革命意識型態的典型手法；梅斯特最先道破並一語中的：「人」權是一種沒有根據的抽象概念，民族之間的具體差異才是一切。施米特進一步指出：「談論人性的人都是騙徒。」在許多層面上，梅斯特與赫德都是第一代的多元文化主義者，他們的後現代傳人追隨尼采的腳步，宣稱自己對思想「譜系學」興致勃勃；然而從所有已知的事證來看，後現代主義者顯然荒廢了學業。

註釋

① Cornelius de Pauw, Recherches philosophiques sur les Américains: Mémoires intéressants pour servir à l'histoire de l'espèce humaine, 3 vols.（1770; reprint, Upper Saddle, N.J.: Gregg Press, 1968）, 12, 7; cited in James Ceaser, Reconstructing America: The Symbol of America in Modern Thought（New Haven: Yale University Press,

1997）, 24.

② Buffon, Histoire naturelle（Paris: Imprimerie Royale, 1749-61）.

③ De Pauw, Recherches I, 26.

④ Durand Echeverria, Mirage in the West: A History of the French Image of American Society to 1815（Princeton: Princeton University Press, 1957）, 10.

⑤ De Pauw, Recherches, vol. 3, 10.

⑥ Federalist, 11.

⑦ Ceaser, Reconstructing America, 40.

⑧ George M. Fredrickson, Racism: A Short History（Princeton: Princeton University Press, 2001）.

⑨ Alan Riding, "Only the French Elite Scorn Mickey's Debut, " New York Times, April 13, 1992, Al, Al3.

⑩ Cited in Massimo Boffa, "Maistre, " The Critical Dictionary of the French Revolution（Cambridge: Harvard University Press, 1990）, 966.

⑪ Ibid., 969.

⑫ See Schmitt, Political Theology, trans. G. Schwab（Cambridge: MIT Press, 1987）.

⑬ Maistre, Oeuvres complètes（Geneva: Slatkine, 1979）, vol. 1, 87; Maistre, Considerations on France, trans. R. Lebrun（Montreal: McGill-Queens University Press, 1974）, 108.

⑭ Ibid., 109.

⑮ Ibid., 97.

⑯關於 Vico 對共通感的運用，見高達美 Truth and Method（New York, Seabury 1975）, 19-29；關於共通感與「輿論」的關係，見哈伯瑪斯 Structural Transformation of the Public Sphere, trans. F. Lawrence（Cambridge:

MIT Press, 1989）, 89-101。

康德在 The Critique of Pure Reason, trans. N. K. Smith（London: MacMillan, 1929）, A 738, B 766，對「理性」與「批判」的關係，作了相當重要的澄清。「理性在其一切事業中，都必須接受批判；理性如以任何禁令限制批判之自由，則必傷害其自身，蒙受有害之疑慮。沒有任何事物其效用是如此重要、其本身是如此神聖，得以倖免於這種探索檢討；而且它對任何人都一視同仁。理性之存在即依賴此種自由。因為理性並無專斷的威權；其裁決永遠來自於自由公民之同意，對於每一位此等公民，都必須容許其在毫無障礙的情況下，自由發表其反對意見乃至其否決權。」

⑰ Berlin, The Crooked Timber of Humanity（New York: Vintage, 1992）, 127. See also, Stephen Holmes, "Maistre and the Antiliberal Tradition," in The Anatomy of Antiliberalism（Cambridge: Harvard University Press, 1993）, 13-36.

⑱ Gobineau, Essai sur l'inégalité des races humaines, ed. H. Juin（Paris: Pierre Belfond, 1967）, 869. For a partial English translation, see Gobineau, Selected Political Writings, ed. Michael Biddiss（New York: Harper and Row, 1970）. See also, Biddiss, Father of Racist Ideology: The Political and Social Thought of Count Gobineau（New York: Weybright and Talley, 1970）.

⑲ Cited in Hermann Rauschning, The Voice of Destruction（New York: Putnam, 1940）, 229.

⑳ Melvin Richter, "A Debate on Race: The Tocqueville-Gobineau Correspondence," Commentary, 160; see also Hannah Arendt, The Origins of Totalitarianism（New York: Meridian, 1958）, 171：「在戈比諾之前，沒有人曾標舉單一的原因、單一的力量，來作為文明興衰的普遍原因。」

㉑史賓格勒在 The Year of Decision（New York: Knopf, 1934）, 70 談到：「除了黑人以外，戰前二十年間，美國的移民只有一部分是德國人，其他則是捷克人、巴爾幹的斯拉夫人、東歐猶太人、希臘人、小亞細亞

居民、西班牙人、義大利人。」關於史賓格勒的種族觀點，參見 Ceaser, Reconstructing America, 120ff。

㉒ Cited in Rauschning, Voice of Destruction, 69.

㉓ Richter, "A Debate on Race, " 154.

㉔ Ibid., 155.

㉕ Ibid., 156.

㉖ Stern, The Politics of Cultural Despair: A Study in the Rise of Germanic Ideology（Berkeley: University of California Press, 1961）, 131.

㉗ Nietzsche, The Gay Science, trans. W. Kaufmann（New York: Vintage, 1974）, 258-259, 303.

㉘ Cited in Ceaser, Reconstructing America, 174.

㉙ Spengler, Man and Technics（London: Allen and Unwin, 1932）, 93-94.

㉚ Ibid., 94-95, 103.

㉛ Spengler, Year of Decision, 100; Ceaser, Reconstructing America, 179.

㉜ Spengler, Year of Decision, 68.

㉝ Ceaser, Reconstructing America, 187.

㉞ Martin Heidegger, Introduction to Metaphysics（New Haven: Yale University Press, 1959）, 37.

㉟ Martin Heidegger, Hölderlins Hymne 'Der Ister, ' Gesamtausgabe58（Frankfurt: Klostermann Verlag, 1985）, 86. In America, trans. C. Turner （London: Verso, 1989）, 7，布希亞以同樣的詞彙來描述美國的「速度文化」。「速度並不是一種植物性的事物，它比較接近礦物，透過晶體折射：它已經是災難之地，是時間的揮霍浪費。」

㊱ Martin Heidegger, Heraklit, GS 55（Frankfurt: Klostermann Verlag, 1987）, 123.

㊲ See, for example, the essay, "Creative Landscape: Why Do I Remain in the Provinces? " in the Weimar Sourcebook, ed. E. Dimendberg et al. （Berkeley: University of California, 1994）, 426-428.

㊳ Cited in Günter Moltmann, "Deutscher Antiamerikanisumus heute und früher, " in Vom Sinn der Geschichte, ed. Otmar Franz（Stuttgart: Seewald, 1976）, 94.

㊴ The Complete Poems of Heinrich Heine: A Modern English Version, trans. Hal Draper（Boston: Suhrkamp, 1982）, 633.

㊵ Heine, The Romantic School and Other Essays, ed. J. Hermand and R. Holub（New York: Continuum, 1985）, 263.

㊶ See Klaus Schwabe, " Anti-Americanism within the German Right, 1917-1933, " in Amerikastudien 21（1）（1976）, 97.

㊷ Sombart, Die juden und das Wirtschaftsleben（Munich and Leipzig, 1918）, xiii（emphasis added）.

㊸ Céline, Bagatelles pour un massacre（Paris: Denoel, 1937）。關於塞利納的反猶太主義，見 David Carroll, French Literary Fascism: Nationalism, Anti-Semitism, and the Ideology of Culture（Princeton: Princeton University Press, 1995）, 171-195。

㊹有兩篇優秀的評論，探討海德格思想中反美主義與反猶太主義的全面性角色，見 Michael Ermarth, "Heidegger on Americanism: Ruinanz and the End of Modernity, " Modernism/Modernity 7（3）（2000）, 379-400; and Heinz Kittsteiner, "Heidegger's Amerika als Ursprungsort der Weltverdüsterung," Deutsche Zeitschrift für Philosophie 45（1997）, 599-617。

㊺ See Ulrich Sieg, "Die Verjudung des deutschen Geistes: Ein unbekannter Brief Heideggers, " Die Zeit 52, December 29, 1989, 19.

㊻ Victor Farias, Heidegger et le nazisme（Lagrasse: Editions Verdier, 1987）, 235; see also Thomas Sheehan, "Heidegger and the Nazis, " New York Review of Books, June 15, 1988, 40.

㊼ Heidegger, "The Word of Nietzsche: 'God is Dead, ' " in The Question Concerning Technology and Other Essays, trans. W Lovitt（New York: Harper and Row, 1977）, 112.

See Stephen Holmes, The Anatomy of Antiliberalism, xi：「為何一些美國知識份子會憎恨一個致力於思想自由的傳統？海德格潛移默化的影響力在一個世代之前，為這種怪異的發展打下基礎。他對『現代性』的嚴厲指控，藉由鄂蘭與 Leo Strauss 等人，進入美國知識份子的心靈世界。」

我對這種關聯性的討論見'Antihumanism in the Discourse of French Postwar Theory, " in Labyrinths: Explorations in the Critical History of Ideas（Amherst: University of Massachusetts Press, 1995）, 175-210。

㊽ Theodor Adorno, "The Fetish Character of Music and the Regression of Listening, " in The Essential Frankfurt School Reader, ed. A. Arato and E. Gebhardt（Oxford: Blackwell, 1978）, 278, 276.

㊾ Jean Baudrillard, "Simulacra and Simulations, " in Selected Writings, ed. M. Poster（Stanford: Stanford University Press, 1988）, 167（emphasis added）.

㊿ Baudrillard, America,（London: Verso, 1996）, 7.

51 Ibid., 97-98.

52 Ibid., 79.

53 Jean Baudrillard, The Illusion of the End, trans. C. Turner（Stanford: Stanford University Press, 1994）, 64; The Gulf War Did Not Take Place, trans. P. Patton（Bloomington: Indiana University Press, 1995）.

54 Jean Baudrillard, "Game with Vestiges, " in On the Beach 5（Winter 1984）, 24.

55 In Posthistoire: Has History Come to an End? trans. P. Camiller（New York: Verso, 1996）, Lutz Niethammer 也

透闢地闡明了反動派與後現代思想的結合，他指出這兩種思想潮流都藉由「歷史終結觀念」，來譴責進步性的歷史變革。

㊽ Baudrillard, America, 34.

㊾ Ceaser, Reconstructing America, 236.

㊿ Jean Baudrillard, Simulations（New York: Autonomedia, 1984）, 25.

59 Christoper Norris, Uncritical Theory: Postmodernism, Intellectuals, and the Gulf War（Amherst: University of Massachusetts Press, 1994）, 27, 29. 類似的評論見 Steven Best and Douglas Kellner, The Postmodern Turn（New York: Guilford, 1997）, 79-123。

60 See Jean Baudrillard, Revenge of the Crystal（London: Pluto Press, 1990）.

61 See Albert O. Hirschman, The Rhetoric of Reaction: Perversity, Futility, Jeopardy（Cambridge: Harvard University Press, 1991）。「徒然觀點」認為「改變的嘗試都不會有結果：從過去、現在到將來，任何改變都只是表面工夫，因此也是虛幻不實，因為『深層』的社會結構紋風不動。」相關討論見此書 43-80。德國少壯保守派與後現代主義兩個陣營，其路徑交會於「歷史終結」，對兩者關係的討論見Niethammer, Posthistoire。

62 Jean Baudrillard, "L'Esprit du terrorisme, " Le Monde, November 3, 2001. For the English version of Baudrillard's article, see The Spirit of Terrorism and Requiem for the Twin Towers, trans. C. Turner（London: Verso, 2002）.

63 Zizek, Welcome to the Desert of the Real: Five Essays on September11 and Related Dates（London: Verso, 2002）.

64 這一點構成法國近來兩部討論反美心態的作品：Jean-François Revel, L'Obsession anti-americaine（Paris: Plon, 2002）, and Philippe Roger, L'Ennemi américain（Paris: Editions du Seuil, 2002）。Revel 此書較能反應

當代與新聞的觀點，Roger 的研究則較為歷史導向。

⑥⑤ Cited in Ceaser, Reconstructing America, 67.

⑥⑥ See Antonio Gramsci, Prison Notebooks（New York: International Publishers, 1971）.

⑥⑦ Cited in Martin Jay, The Dialectical Imagination（Boston: Little and Brown, 1973）, 173.

⑥⑧ See Jean-Philippe Mathy, French Resistance: The French American Culture Wars（Minneapolis: University of Minnesota Press, 2000）, especially chapter 2, "The French Revolution at Two Hundred: The Bicentennial and the Return of Rights-Liberalism, " 57-85.

⑥⑨ See Samuel Huntington, The Third Wave: Democratization in the Late Twentieth Century（Norman: University of Oklahoma Press, 1993）.

⑦⓪ See the discussion of this theme in chapter 6, "Down By Law: Deconstruction and the Problem of Justice."

⑦① 關於這個主題，相當具說服力的事證記錄見 Lynn Hunt 主編的 The French Revolution and the Birth of Human Rights': A Brief Documentary History（New York: Bedford/St. Martin, 1996）。

⑦② See Michael Walzer, On Toleration（New Haven: Yale University Press, 1997）, 91.

⑦③ 對於這個問題最精到的討論，見哈伯瑪斯 Between Facts and Norms: Contributions to a Discourse Theory of Law and Democracy, trans. W. Rehg（Cambridge:MIT Press, 1996）。

國家圖書館出版品預行編目(CIP) 資料

向法西斯靠攏：從尼采到後現代主義/ 理查・沃林(Richard Wolin)著；閻紀宇譯 -- 三版 -- 新北市：立緒文化, 民111.07
面； 公分. --（新世紀叢書）
譯自：The seduction of unreason : the intellectual romance with fascism from Nietzsche to postmodernism
ISBN 978-986-360-193-7（平裝）

1.法西斯主義 2.政治思想

571.192 111009454

向法西斯靠攏：從尼采到後現代主義（初版書名：非理性的魅惑）

The Seduction of Unreason

出版——立緒文化事業有限公司（於中華民國 84 年元月由郝碧蓮、鍾惠民創辦）
作者——理查・沃林（Richard Wolin）
譯者——閻紀宇

發行人——郝碧蓮
顧問——鍾惠民

地址——新北市新店區中央六街 62 號 1 樓
電話——(02) 2219-2173
傳真——(02) 2219-4998
E-mail Address —— service@ncp.com.tw
劃撥帳號——1839142-0 號 立緒文化事業有限公司帳戶
行政院新聞局局版臺業字第 6426 號

總經銷——大和書報圖書股份有限公司
電話——(02) 8990-2588
傳真——(02) 2290-1658
地址——新北市新莊區五工五路 2 號
排版——菩薩蠻數位文化有限公司
印刷——尖端數位印刷有限公司

法律顧問——敦旭法律事務所吳展旭律師

分類號碼——571.192
ISBN —— 978-986-360-193-7
出版日期——中華民國 95 年 5 月初版 一刷（1 ～ 3,000）
中華民國 104 年 11 月二版 一刷（舊版更換封面）
中華民國 111 年 7 月三版 一刷（1 ～ 800）

定價◎ 480 元（平裝）

年度好書在立緒

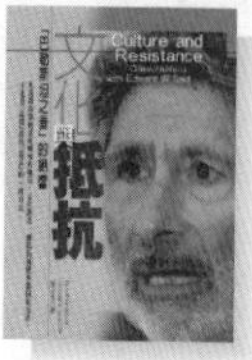

文化與抵抗
- 2004年聯合報讀書人最佳書獎

威瑪文化
- 2003年聯合報讀書人最佳書獎

在文學徬徨的年代
- 2002年中央日報十大好書獎

上癮五百年
- 2002年中央日報十大好書獎

遮蔽的伊斯蘭
- 2002年聯合報讀書人最佳書獎
- News98張大春泡新聞2002年好書推薦

弗洛依德傳
（弗洛依德傳共三冊）
- 2002年聯合報讀書人最佳書獎

以撒・柏林傳
- 2001年中央日報十大好書獎

宗教經驗之種種
- 2001年博客來網路書店年度十大選書

文化與帝國主義
- 2001年聯合報讀書人最佳書獎

鄉關何處
- 2000年聯合報讀書人最佳書獎
- 2000年中央日報十大好書獎

東方主義
- 1999年聯合報讀書人最佳書獎

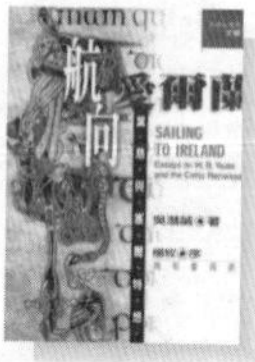

航向愛爾蘭
- 1999年聯合報讀書人最佳書獎
- 1999年中央日報十大好書獎

深河(第二版)
- 1999年中國時報開卷十大好書獎

田野圖像
- 1999年聯合報讀書人最佳書獎
- 1999年中央日報十大好書獎

西方正典(全二冊)
- 1998年聯合報讀書人最佳書獎

神話的力量
- 1995年聯合報讀書人最佳書獎

大緒文化 閱讀卡

姓　名：

地　址：□□□

電　話：(　　)　　傳　眞：(　　)

E-mail：

您購買的書名：____________________

購書書店：__________市（縣）__________書店

■您習慣以何種方式購書？

□逛書店 □劃撥郵購 □電話訂購 □傳真訂購 □銷售人員推薦
□團體訂購 □網路訂購 □讀書會 □演講活動 □其他________

■您從何處得知本書消息？

□書店 □報章雜誌 □廣播節目 □電視節目 □銷售人員推薦
□師友介紹 □廣告信函 □書訊 □網路 □其他________

■您的基本資料：

性別：□男 □女　婚姻：□已婚 □未婚　年齡：民國______年次

職業：□製造業 □銷售業 □金融業 □資訊業 □學生
□大眾傳播 □自由業 □服務業 □軍警 □公 □教 □家管
□其他____________________

教育程度：□高中以下 □專科 □大學 □研究所及以上

建議事項：

愛戀智慧 閱讀大師

廣	告	回	信
北區郵政管理局登記證 北臺字8448號			
免	貼	郵	票

立緒文化事業有限公司 收

新北市 2 3 1

新店區中央六街62號一樓

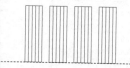

請沿虛線摺下裝訂，謝謝！

立緒文化 閱讀卡

感謝您購買立緒文化的書籍

為提供讀者更好的服務，現在填妥各項資訊，寄回閱讀卡（免貼郵票），或者歡迎上網http://www.facebook.com/ncp231 即可收到最新書訊及不定期優惠訊息。

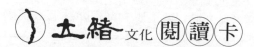